Politik und Moral

Erich Kästner Studien

Für den Förderverein Erich Kästner Forschung e. V.
herausgegeben von Sven Hanuschek und
Gideon Stiening

Wissenschaftlicher Beirat
Hans-Edwin Friedrich, Annette Keck, Helmuth Kiesel,
Stefan Neuhaus, Yvonne Wübben

Politik und Moral

Die Entwicklungen des politischen Denkens
im Werk Erich Kästners

Herausgegeben von
Sven Hanuschek und Gideon Stiening

DE GRUYTER

ISBN 978-3-11-135619-8
e-ISBN (PDF) 978-3-11-074341-8
e-ISBN (EPUB) 978-3-11-074350-0

Library of Congress Control Number: 2021940914

Bibliografische Information der Deutschen Nationalbibliothek
Die Deutsche Nationalbibliothek verzeichnet diese Publikation in der Deutschen Nationalbibliografie; detaillierte bibliografische Daten sind im Internet über http://dnb.dnb.de abrufbar.

© 2023 Walter de Gruyter GmbH, Berlin/Boston
Dieser Band ist text- und seitenidentisch mit der 2021 erschienenen gebundenen Ausgabe.
Druck und Bindung: CPI books GmbH, Leck

www.degruyter.com

Inhalt

Siglenverzeichnis —— **VII**

Sven Hanuschek, Gideon Stiening
Zur Einführung
    Moral und Politik bei Erich Kästner —— **IX**

I. Kästners Lyrik und sein poetisches Selbstverständnis

Markus May
»Zeitgedichte gegen Zeitgeschichte« – Zum Verhältnis von Politik und Moral in Erich Kästners Lyrik —— **3**

Stefan Neuhaus
Erich Kästners lyrische Imperative —— **21**

Michael Ansel
Sprichwörter, Redensarten und literarische Zitate in Erich Kästners Lyrik —— **37**

Sven Hanuschek
Gesinnungswechsel auf Kommando
    Politische Moral im *Blauen Buch* —— **63**

II. Kästners moralische Politik im kulturellen Kontext

Helmuth Kiesel
Erich Kästners Moderatheit —— **77**

Ansgar Lyssy
»Bücher kann man nicht verbrennen«
    Ein Essay über die Symbolik der faschistischen Bücherverbrennungen —— **99**

Christian Sieg
Eine ›verlorene Generation‹?
  Kästners Positionierung im Generationenkonflikt nach 1945 —— 115

Julian Preece
Erich Kästner und der internationale Berlin-Film-Komplex
  Von Billie Wilder zu Konrad Wolf über Marlene Dietrich und Liza Minelli —— 131

Gideon Stiening
Kästners politischer Moralismus im ›Der Gang vor die Hunde‹ —— 145

III. Kästners Politischer Moralismus in soziopolitischer Hinsicht

Laura Schütz
»Es gibt da eine Sorte junge Damen«
  Frauenbilder in Kästners Lyrik um 1930 als Kontrapunkt zu den Weiblichkeitsentwürfen der Zeit —— 173

Carmen Ulrich
Kleiner Grenzverkehr mit Hindernissen
  Erich Kästner und Anna Seghers 1967 —— 201

IV. Moral als Politik in Kästners Kinderliteratur

Oliver Bach
»Unterschiede, die sich schwer begreifen lassen«
  Gesetz und Moral in Erich Kästners *Emil und die Detektive* —— 225

Sebastian Schmideler
Kinder, Literatur, Demokratie
  Politik und Moral in Erich Kästners *Emil*-Romanen und im *Fliegenden Klassenzimmer* —— 253

Autorinnen und Autoren —— 273

Personenregister —— 277

Siglenverzeichnis

AS   Theodor W. Adorno: Gesammelte Schriften. Hg. von Rolf Tiedemann unter Mitwirkung von Gretel Adorno, Susan Buck-Morss und Klaus Schultz. Frankfurt am Main 1997, 20 Bde.

BS   Walter Benjamin: Gesammelte Schriften. Unter Mitwirkung von Theodor W. Adorno und Gershom Scholem hg. von Rolf Tiedemann und Hermann Schweppenhäuser. Revidierte Taschenbuch-Ausgabe. Frankfurt am Main 1991, 14 Bde.

GS   Erich Kästner: Gesammelte Schriften für Erwachsene. München, Zürich 1969, 8 Bde. [Ausgabe Letzter Hand]

HK   Sven Hanuschek: Keiner blickt dir hinter das Gesicht. Das Leben Erich Kästners. München, Wien 1999.

KM   Erich Kästner: Die Montagsgedichte. Mit einem Vorwort von Marcel Reich-Ranicki. Kommentiert von Jens Hacke. Zürich 2012.

KW   Immanuel Kant: Werke in sechs Bänden. Hg. von Wilhelm Weischedel. Darmstadt 1998.

W   Erich Kästner: Werke. Hg. von Franz Josef Görtz. München, Wien 1999, 9 Bde.

ZB   Johan Zonneveld: Bibliographie Erich Kästner. Bielefeld 2011, 3 Bde.

Sven Hanuschek, Gideon Stiening
Zur Einführung
Moral und Politik bei Erich Kästner

1 Zwischen moralischem Politiker und politischem Moralisten

Spätestens seit Kant die klare Unterscheidung zwischen moralischer Politik und politischer Moral[1] vornahm und für polittheoretische und politische Debatten fruchtbar machte, kann und wird das Verständnis von Politik bzw. des Politischen ohne Referenzen zu Prinzipien der Moral kaum mehr debattiert. Es scheint das Signum einer spezifischen Moderne auszumachen, dass sie gegen die machiavellistische Prudentialisierung der Politik durch deren Bindung an kulturhistorisch indifferente moralische Prinzipien deren problematische Konsequenzen zu kompensieren hofft.[2]

Die Unterscheidung von moralischer Politik und politischer Moral scheint nun sowohl für die Interpretation der Texte Erich Kästners als auch für eine Betrachtung seines politischen Handelns aufschließenden Charakter zu haben, und zwar sowohl für nahezu alle der vielfältigen Entwicklungsphasen, die der Autor durchlief, als auch für das Gros der Reflexionsformen und Textgattungen, derer sich Kästner bediente. Bekannt ist, dass Kästner als Person einen festen, wenn auch nicht immer klaren moralischen Standpunkt einnahm und diesen auch in seine Texte einfließen ließ.[3] Klar ist auch, dass er ein phasenweise unmittelbares, phasenweise mittelbares politischen Verständnis seines Schreiben und Handelns hatte.[4] So ging es ihm nach 1945 und bis in die frühen 1950er Jahre um eine bestimmte, konkrete Korrelation von Politik und Moral, wobei er nicht einfach auf

---

[1] Vgl. hierzu Immanuel Kant: Zum ewigen Frieden. In: Ders.: Kant's gesammelte Schriften. Hg. von der Preußischen Akademie der Wissenschaften. Berlin 1900 ff., Bd. VIII, S. 372.
[2] Dass dies auch unter systematischen Gesichtspunkten gilt, lässt sich nachlesen bei Vittorio Hösle: Moral und Politik. Grundlagen einer Politischen Ethik für das 21. Jahrhundert. München 1997.
[3] Vgl. hierzu die allerdings sehr ergänzungsbedürftige Studie von Andreas Drouve: Moralist mit doppeltem Boden. Marburg 1999.
[4] Sven Hanuschek: »Wie lässt sich Geist in Tat verwandeln?« Zu Erich Kästners Politikbegriff. In: Sebastian Schmideler (Hg.): Erich Kästner – so noch nicht gesehen. Impulse und Perspektiven. Marburg 2012, S. 87–99.

eine moralische Grundlegung der Politik abzielte. Kästner inthronisiert die Moral weder als Grund noch als Zweck der Politik, die sich – wie er weiß und häufig betont – um das ›Gemeine Wohl‹[5] zu kümmern hat, nicht aber zunächst und zumeist um die moralische Gesinnung der Bürger. Gleichwohl scheint ihm eine intakte moralische Gesinnung – wenn nicht Grund, so doch entscheidende Voraussetzung auch für politisch kluges bzw. richtiges Verhalten gewesen zu sein.

Dieser Befund gilt auch und besonders anschaulich für seine Kinderliteratur: Figuren wie Gustav mit der Hupe aus *Emil und die Detektive* oder der ›Nichtraucher‹ aus dem *Fliegenden Klassenzimmer* sind – trotz individueller Schwächen – als Personen gezeichnet, denen das ›Herz auf dem rechten Fleck‹ gewachsen ist, die also ohne differenzierte Reflexion und auf der Grundlage eines moralischen Gefühls je und je das Richtige tun – moralisch wie politisch. Überhaupt scheint Kästner dem Gefühl als normativem Vermögen des Menschen eine große Bedeutung beigemessen zu haben – ohne die Verstandesleistungen zu depotenzieren. Einen Romantiker wird man aus ihm nicht machen können. Das zeigt selbst der große Moralist Fabian in Kästners gleichnamigem Roman, dessen komplexe Reflexionen bei konkreten Handlungen doch dem moralischen Gefühl den Vortritt lassen. Zu welcher Form von Politik führt aber solch moralischer Emotionalismus?

Sicher ist, dass Kästner vor 1933 zwar sozial- und kulturpolitisches Engagement im Sinne einer ›adäquaten Moderne‹ zeigte,[6] zugleich aber ein ›Pathos der Distanz‹ zu den staats- und gesellschaftspolitischen Ereignissen kultivierte, die ihm u. a. den Vorwurf »linker Melancholie« eintrugen.[7] Auch diese Haltung verdichtet sich – wenngleich kritisch reflektiert – im *Fabian*.[8] Während des nationalsozialistischen Regimes und noch während des Krieges kultiviert Kästner allerdings eine kompromisslerische Haltung,[9] deren Ausrichtung auf

---

[5] So etwa in Der tägliche Kram. In: Erich Kästner: Werke. Hg. von Franz-Joseph Görtz. München, Wien 1998, Bd. II, S. 7–185, hier S. 24 f. u. S. 132 f.

[6] Siehe hierzu Hans-Edwin Friedrich: Expressionismus, Dokumentarismus, Politisierung der Literatur. In: Silke Becker, Sven Hanuschek (Hg.): Kästner und die Moderne. Marburg 2016, S. 213–234.

[7] So bekanntermaßen Walter Benjamin: Linke Melancholie. In: Ders.: Gesammelte Schriften. Hg. von Rolf Tiedemann und u. Herrmann Schweppenhäuser. 12 Bde. Frankfurt a. M. 1980, Bd. VIII, S. 279–283.

[8] Vgl. hierzu in Ansätzen Heinz-Peter Preusser: Gegen die Realpräsenz. Das tiefere Einverständnis mit der Welt des Sekundären in Erich Kästners Roman *Fabian*. In: Gerhard Fischer (Hg.): Die Kästner-Debatte. Kritische Positionen zu einem kontroversen Autor. Würzburg 2004, S. 127–144.

[9] Siehe hierzu Sven Hanuschek: »Keiner blickt dir hinter das Gesicht«. Das Leben Erich Kästners. München ²2010, S. 212 ff.

Klugheitsprinzipien mit dem moralischen Rigorismus der Weimarer Jahre schwer zu vermitteln ist – moralisch wie politisch.

Gleichwohl knüpft Kästner nach dem Krieg an sein politisches Engagement der späten 1920er und frühen 1930er Jahre an, ja verstärkt es noch im Wissen um die prekäre Situation der jungen westdeutschen Demokratie, die er – wie viele andere Autoren – von weiteren Kriegen bedroht sieht. Bis in die frühen 1950er Jahre hält diese im Primat journalistischen Arbeitens sich ausdrückende politische Haltung des Autors Kästner an, um sich anschließend in eine eher resignierte Literatur einerseits und ein ausdauerndes Engagement im PEN und im öffentlichen politischen Diskurs andererseits aufzuspalten.[10]

Während all dieser ausnehmend unterschiedlichen Einstellungen und Haltungen zur Politik werden diese jedoch stets durch Prinzipien einer Moralität begründet, die auf ein Primat des Individuums vor der Gesellschaft – zumindest im Hinblick auf die Grundlagen des Politischen – hindeuten. Aber wie genau verhalten sich Moral und Politik bei Kästner? Es gibt eine Reihe von Indizien dafür, dass Kästner den Positionen der *politischen Moral* näher ist als denen der *moralischen Politik*, auch wenn er das nicht immer klar formuliert.[11] Diese Frage sollte die Tagung prägen, die dem hier vorliegenden Band zugrunde liegt. Zu bedenken bleibt bei diesen Überlegungen allerdings, dass Kästners Positionen vor allem zur Politik – weniger zur Moral – sich grundlegend wandelten, so dass auch deren Zusammenhang mit der Moral Veränderungen unterlag.

2 Moral ohne Gott – aber mit Humor

Eine Aufgabe der nachfolgenden Beiträge besteht daher in einer präzisen Rekonstruktion des moralischen Emotionalismus Erich Kästners, den er von seiner frühen Lyrik bis zu seinen spätesten Artikeln und Solidaritätsadressen wie selbstverständlich ausprägte und der ohne jede metaphysische Referenz auskommt.[12] Besonders komplex gerät diese Aufgabe, weil Kästners bisweilen rigoristischer Moralismus mit den Instrumenten eines ganz eigentümlichen Humors abgefedert wird, der mehr verstärkend als entlastend wirkt.

---

[10] Siehe hierzu u. a Sven Hanuschek: Geschichte des bundesdeutschen PEN-Zentrums von 1951 bis 1990. Tübingen 2004, S. 45 ff.
[11] Vgl. hierzu Gideon Stiening: Die Form der politischen Moral. Ästhetische Modernität in Kästners *Der tägliche Kram* und *Die kleine Freiheit*. In: Silke Becker, Sven Hanuschek (Hg.): Erich Kästner und die Moderne. Marburg 2016, S. 147–170.
[12] Zu Metaphysik-Ferne Kästners schon in seiner frühen Lyrik siehe auch Helmuth Kiesel: Geschichte der deutschsprachigen Literatur 1918–1933. München 2017, S. 1046 ff.

Ein weiteres Desiderat der Forschung besteht in der methodisch, systematisch und historisch angemessen differenzierten Korrelation dieser moralischen Grundhaltung Kästners zu seiner sich ändernden politischen Position. Zwar wurde der ›politische Kästner‹ – auch in seiner vielfältigen Problematik – durchaus schon mehrfach betrachtet;[13] aber Kästners substanzielle Bindung aller Politik an die Moral sowie die Bindung der Umsetzungsmöglichkeiten der Moral an politische Bedingungen wurden bislang kaum in den Blick genommen.

Zu diesem Zweck werden im Folgenden viele Felder des Werkes und der Biographie Kästners betrachtet. Neben der Lyrik werden erstmals auch die jüngst edierten Kriegstagebücher kritisch betrachtet. Darüber hinaus werden real- und medienhistorische Kontexte und Kästners Handeln in und zu ihnen in den Blick genommen, die die Perspektive über die Texte des Autors hinaus erweitern können und sollen. Das derzeit intensiv bearbeitete, durchaus problematische Geschlechterverhältnis des für die Weimarer Republik noch progressiven Autors[14] wird ausführlich rekonstruiert werden. Letztlich werden prominente Beispiele der Kinderliteratur sowie Kästners literarische Prosa einer Interpretation auf das in ihnen gestaltete Verhältnis von Moral und Politik unterzogen. Insgesamt soll sich ein neuer Blick auf Kästners Haltung zu den Normfeldern der Moral und der Politik eröffnen, der auch die genuin dichterischen Verfahren und Formationen zu berücksichtigen hat.

3 Aufbau und Beiträge des Bandes

Der Band bietet Beiträge zum übergreifenden Thema in vier thematischen Abschnitten: Nach einem Schwerpunkt zu Kästner Lyrik und seinen privaten Tagebuchnotizen während des Krieges wird sein Verständnis einer moralisch fundierten Politik in den unterschiedlichen kulturellen Kontexten von Weimar über die NZ-Zeit bis in die Nachkriegszeit nachgezeichnet. Anschließend wird seine Haltung zu einer politisch ausgerichteten Moral in soziopolitischen Hinsichten beleuchtet, und zwar insbesondere hinsichtlich seines Geschlechterverständnisses sowie seiner Position im Rahmen der durch den kalten Krieg erschwerten deutsch-deutschen Beziehungen. Abgeschlossen wird der Band durch zwei Beiträge, die das eigentümliche Verhältnis von Politik und Moral, das Kästner in seiner Kinderliteratur entfaltet und reflektierte, darstellen. Der Versuch, die un-

---

13 Vgl. u. a. Dieter Mank: Erich Kästner im nationalsozialistischen Deutschland 1933–1945: Zeit ohne Werk? Frankfurt a. M. 1981.
14 Siehe hierzu u. a. Tao Zhang: Vom Premake zum Remake: Gender-Diskurse und intermediale Bezüge in den deutschen Verfilmungen der Kinderromane Erich Kästners. Heidelberg 2018.

terschiedlichen Werkphasen ebenso wie die verschiedenen Gattungen, durch die und in denen Kästner das für ihn zentrale Thema der Korrelation von Moral und Politik bearbeiten, prüfte, verwarf und neu entwickelte, kann nur paradigmatisch erfolgen, und zwar in der Hoffnung, dadurch weitere Forschung anzustoßen.

Markus May eröffnet die Reihe der Beiträge mit einer Interpretation der frühen Lyrik Kästners, die er als kulturkritische Chronik des Alltags der Weimarer Republik liest und damit ihren spezifisch politischen Gehalt von jeder Parteipolitik oder gar parteilichen Politik abgrenzt. Dabei kann May dokumentieren, dass bewusste Zeitgebundenheit von Kästners Lyrik, so in der Reflexion auf die Nachwirkungen des Ersten Weltkrieges in die kulturelle und politische Atmosphäre der Weimarer Republik zugleich mit einer gewissen Überzeitlichkeit ihrer Wirkung einhergeht. *Stephan Neuhaus* stellt Kästners frühe Lyrik dagegen in den Kontext der zeitgleich sich entwickelnden kritischen Theorie. Kästner habe nämlich die Widersprüche der Modernitätsbildung und die daraus sich ableitende Dialektik der Aufklärung früh erkannt und im Medium der gebundenen Sprache publikumswirksam ausgestellt. Diese bemerkenswerten Thesen, die ganz zu Recht auf den für Kästner prägenden Kontext aufklärerischen Denkens verweisen, dürften zu weiteren Debatten führen, weil keineswegs als ausgemacht gelten kann, dass Kästner schon so früh ein kritisches Verhältnis zur Aufklärung ausgebildet hatte. *Michael Ansel* weitet den Blick anschließend auf Sprichwörter und Redensarten, Sprachfloskeln bzw. Exklamationen und literarische Zitate sowie Anspielungen aus. In minutiösen Wortfeldanalysen entfaltet Ansel vielfältiges Material zur Verifikation seiner These, die aufgrund ihrer grundlegenden Infragestellung der Ausrichtung Kästners an einer wertorientierten soziopolitischen Analyse zur weiteren Diskussion Anlass geben wird. *Sven Hanuschek* stellt in dieser Sektion anschließend zentrale Darstellungs- und Reflexionsfelder des Politischen in dem von ihm jüngst neu herausgegebenen Kriegstagebuch *Das Blaue Buch* vor. Hanuschek kann hierbei nicht nur Kästners außergewöhnliches Gespür für die Durchdringung des Alltags durch die nationalsozialistische Ideologie dokumentieren, sondern auch die allmählichen Veränderungen des Tagebuchschreibers durch die verheerenden Ereignisse des Krieges und die ihn tief schockierenden Berichte aus den Konzentrationslagern. Es muss nach Hanuschek von einem echten Bruch in Kästner Auffassungen von einer Unverbrüchlichkeit des moralischen Gefühls im Menschen ausgegangen werden. Dieser Bruch ließe sich auch durch den bisweilen schwer erträglichen Zynismus des Schreibers belegen.

Die zweite Abteilung wird eröffnet durch *Helmuth Kiesels* Ausführungen zu Kästners politischer Moderatheit. Kiesel weist dabei zum einen darauf hin, dass Kästners präzise inszenierte Abgrenzung zu allen politischen Radikalismen einer der entscheidenden Gründe für den Erfolg seiner Dichtung beim Publikum ausgemacht habe. Das gelte schon für die von einer zunehmenden Radikalisierung geprägte Zeit der Weimarer Republik, das gelte aber auch und verstärkt für die Nachkriegszeit. Der Philosophiehistoriker *Ansgar Lyssy* setzt diese Perspektive mit einigen philosophischen Bemerkungen zur Widersprüchlichkeit und Widersinnigkeit von Bücherverbrennungen fort, die sich nur am materialen Träger, nicht aber an der intellektuellen Substanz eines Buches vergehen könnten. Lyssys zunächst allgemeine, dann auch auf Kästner, der die Verbrennung seiner Bücher mitansehen musste, sich konzentrierende Ausführungen weiten sich ausgehend von der Interpretation derartiger Pogrome auf die sich wandelnde Rolle des Intellektuellen unter reflexionsfeindlichen und repressiven Bedingungen aus. *Christian Sieg* schließt an diese Ausführungen an, weil er die Stellung Kästners im Generationenkonflikt der Intellektuellenmilieus der Nachkriegszeit darlegt und analysiert. Ebenso präzise wie sensibel für die eigentümlichen Probleme jener Autorengruppe, die nicht ins Exil ging, dokumentiert Sieg das enorme Konfliktpotential bei der Suche Kästners nach einer angemessenen Rolle in Zeiten, die er von einem neuen Krieg bedroht sah. *Julian Preece* wendet den Blick von Kästners Dichtung und Publizistik auf eine Reihe von Verfilmungen insbesondere seiner Kinderbücher. Dabei zeigt sich, dass sowohl im Hinblick auf die in diesen Texten auftretenden Autoritätsfiguren, wie Eltern, Polizisten oder Lehrer, als auch im Hinblick auf die soziale Herkunft und die Formen der Vergemeinschaftung der auftretenden Kinder erhebliche Modifikationen zu verzeichnen sind, die den jeweiligen Zeitgeist anschaulich dokumentieren. Vor allem für die Verfilmungen der Nachkriegszeit belegt Preece, dass Kästners häufig tolerante Haltung gegenüber individuellen Eigenheiten und sozialen Devianzen durch vielfältige Eingriffe bis zur Verfälschung verändert wurde. *Gideon Stiening* sucht demgegenüber das komplexe Verhältnis von Moral und Politik in der Urfassung von Kästners Roman *Fabian*, der den Titel *Der Gang vor die Hunde* trug, zu rekonstruieren. Hier nämlich steht die Moral insofern im Zentrum, als der Protagonist sich selbst die Frage nach dem Eingreifen in die sich radikalisierenden politischen Verhältnisse oder in den Rückzug auf die Rolle des bloßen Beobachters der Vorgänge zu einem moralischen Problem macht. Bis zum unglücklichen Ende dieser »Geschichte eines Moralisten«, so der vom Verlag gewählte Untertitel der veröffentlichten Buchfassung, schwankt Fabian zwischen der antinomischen Alternative ›Eingreifen versus Beobachten‹, um im Moment moralisch fundierter Handlung der Rettung eines in die Elbe gefallenen Jungen jeden Selbstschutz zu ignorieren. Im *Gang vor die Hunde* dokumentiert sich in besonders anschaulicher Weise die von Kästner lebenslang reflektierte Korrelation von Moral und Politik.

Laura Schütz eröffnet die dritte Abteilung des Bandes und konzentriert sich dabei auf das von Kästner in seiner Lyrik der 1930er Jahre gezeichnete Bild von in der Bürokratie oder im Kulturbetrieb arbeitenden jungen Frauen, die eine spezifische Misogynie Kästners dokumentiere. Diese Haltung habe bis zur herablassenden Verobjektivierung von Revuegirls oder Sekretärinnen geführt. In ihrem ebenso detailreichen wie anschaulichen Beitrag belegt Schütz ihre kritischen Thesen, die zu weiteren kontroversen Diskussion führen dürften und sollen. Erneut erweist sich an Schütz' Überlegungen die – gegen allen äußeren Schein der Simplizität – zu konstatierende Komplexität der Dichtung Kästners. *Carmen Ulrich* konzentriert sich anschließend auf den letztlich gescheiterten Versuch einer kulturpolitischen Kooperation der beiden deutschen PEN-Zentren im Jahre 1967. Geplant und auch durchgeführt wurde eine gleichzeitige Dichterlesung Kästners in seiner Geburtsstadt Dresden (DDR) und Anna Seghers in Heidelberg (BRD). Dabei wurde Seghers Lesung zu einem großen Erfolg unter erheblicher Publikumsbeteiligung, während Kästner vor nur wenigen ausgewählten Zuhörern las, weil keinerlei öffentliche Werbung für seinen Auftritt gemacht worden war. An diesem »kleinen kulturpolitischen Grenzverkehr« zeigt sich, so Ulrich, einerseits Kästners politisches Engagement im deutsch-deutschen Spannungsverhältnis, anderseits aber auch die eigentümliche Naivität des Autors gegenüber dem Repressionsapparat des ostdeutschen Regimes.

Mit *Oliver Bachs* Beitrag beginnt die letzte Abteilung des Bandes. Bach weist auf den moralischen Emotionalismus einer Reihe von Figuren in *Emil und die Detektive* hin, so Gustavs mit der Hupe oder Pony Hütchens. Darüber hinaus analysiert Bach in seinem Beitrag das in diesem Roman gestaltet Rechts- und Gesetzesverständnis, dessen enge Bindung an die Formen moralischer Normativität ausführlich dargestellt wird; der Interpret kann zudem mit einigen neuen Quellen zu Gesetzinhalten im *Emil* aufwarten. *Sebastian Schmideler* beschließt diese Sektion mit detaillierten und präzise kontextualisierten Ausführungen zum Demokratieverständnis und zur Demokratieerziehung in den *Emil*-Romanen und im *Fliegenden Klassenzimmer*. Dabei zeigt sich mit Nachdruck, dass Kästner hinsichtlich der Willensbildung von Kindergruppen durchaus zu Formen direkter Demokratie neigte und zudem dem Mehrheitsprinzip eher kritisch gegenüberstand.

Der vorliegende Sammelband geht auf eine Tagung zurück, die von den Herausgebern vom 22. bis 24. Februar 2019 an der Ludwig-Maximilians-Universität München in Zusammenarbeit mit dem Lyrik Kabinett und dem Förderverein Erich Kästner Forschung e.V. ausgerichtet wurde. Die Tagung wurde von der Fritz-Thyssen-Stiftung in großzügiger Weise unterstützt, wofür sich die Organisatoren ausdrücklich bedanken. Für die wertvollen praktischen und administrativen Hilfen vor, während und nach der Tagung seien an dieser Stelle Sylvia und Peter

Beisler, Marie-Lena Faig und dem Team des Lyrik Kabinetts, hier vor allem Pia-Elisabeth Leuschner, ganz herzlich gedankt. Schließlich gilt ein besonderer Dank dem Verlag Walter de Gruyter, insbesondere Marcus Böhm und Stella Diedrich, die sich für unseren Band zu *Moral und Politik im Werk Erich Kästners* mit großem Engagement einsetzten.

München und Münster im Juli 2021

I. Kästners Lyrik und sein poetisches Selbstverständnis

Markus May
»Zeitgedichte gegen Zeitgeschichte« – Zum Verhältnis von Politik und Moral in Erich Kästners Lyrik

> Durch das Freisein, in dem die Gabe der Freiheit, des Anfangenkönnens, zu einer greifbar weltlichen Realität wird, entsteht zusammen mit den Geschichten, die das Handeln erzeugt, der eigentliche Raum des Politischen. Es gibt ihn immer und überall, wo Menschen in Freiheit, ohne Herrschaft und Knechtschaft miteinander leben, aber er verschwindet – auch wenn das institutionell-organisatorische Gerüst, das ihn einschliesst, intakt bleiben sollte – sofort, wenn das Handeln aufhört, das Sicher-Verhalten und Verwalten anfängt oder auch einfach die Initiative erlahmt, neue Anfänge in die Prozesse zu werfen, die durch das Handeln entstanden sind.
>
> Hannah Arendt: *Freiheit und Politik* (1958)[1]

> Wenn einmal die große Philosophie die freilich heute von der Wissenschaftslogik verschmähte Wahrheit konstruierte, Subjekt und Objekt seien überhaupt keine starren und isolierten Pole, sondern könnten nur aus dem Prozeß bestimmt werden, in dem sie sich aneinander abarbeiten und verändern, dann ist die Lyrik die ästhetische Probe auf jenes dialektische Philosophem. Im lyrischen Gedicht negiert, durch Identifikation mit der Sprache, das Subjekt ebenso seinen bloßen monadologischen Widerspruch zur Gesellschaft, wie sein bloßes Funktionieren innerhalb der vergesellschafteten Gesellschaft. Je mehr aber deren Übergewicht übers Subjekt anwächst, um so prekärer die Situation der Lyrik.
>
> Theodor W. Adorno: *Rede über Lyrik und Gesellschaft* (1957)[2]

Schon ein flüchtiger Blick auf Kästners lyrisches Œuvre im Kontext des Gesamtwerks des Autors verrät einen Paradigmenwechsel, der sich mehr noch als in den eigentlichen Schreibweisen selbst als ein Wechsel des Genres entpuppt: Während die lyrische Produktion in Kästners frühen Jahren bis zur Machtergreifung Hitlers 1933 stetig und kontinuierlich floss, kam mit der erzwungenen Veröffentlichungspause – mit Ausnahme des 1936 in der Schweiz publizierten Bandes *Doktor Erich Kästners lyrische Hausapotheke*[3] – der poetische Schaffensprozess

---

[1] Hannah Arendt: »Freiheit und Politik«. In: Neue Rundschau 69 (1958), H. 4, S. 670–694. Hier zitiert nach der Online-Transkription: https://gellhardt.de/arendt_bluecher/7_Freiheit_u_Politik.pdf (zuletzt aufgerufen am 28.05.2020).
[2] Theodor W. Adorno: Rede über Lyrik und Gesellschaft. In: Ders.: Gesammelte Schriften. Hg. von Rolf Tiedemanns unter Mitwirkung von Gretel Adorno, Susan Buck-Morss und Klaus Schultz [im Folgenden AS, Band, Seitenzahl], hier Bd. 11: Noten zur Literatur. Frankfurt a. M. 2003, S. 49–68, hier S. 57.
[3] Vgl. Sven Hanuschek: Keiner blickt dir hinter das Gesicht. Das Leben Erich Kästners. München, Wien ³2017 [im Folgenden HK, Seitenzahl], S. 240–243.

allmählich ins Stocken, bis er Mitte der 1950er Jahre mehr und mehr versiegte. Zwar plante Kästner noch 1949 einen neuen Gedichtband, die dafür vorgesehenen Texte erschienen allerdings erst 1969 unter dem Titel *Nachlese* in den *Gesammelten Schriften für Erwachsene*.[4] Der 1955 beim Züricher Atrium-Verlag erschienene Zyklus *Die 13 Monate* markiert den letzten Gedichtband mit neuen Texten;[5] später wurden zwar Kästners frühere Gedichte wiederaufgelegt und erfreuten sich durchaus einer im Grunde bis heute in Konjunkturwellen anhaltenden großen Beliebtheit beim Publikum, allerdings kamen keine neu entstandenen lyrischen Texte hinzu. Dies ist bemerkenswert bei einem Autor, der seinen ersten literarischen Ruhm vor allem seinen Gedichten zu verdanken hatte, die – glaubt man den Kritiken der Zeitgenossen – gewissermaßen seismographisch die Befindlichkeiten der Jahre der späten Weimarer Republik registrierten[6] und in lakonischen Versen, deren Tonlage von leiser Melancholie bis zum ätzend-zotigen Spott changieren konnte, wiedergaben. So lässt sich durchaus mutmaßen, dass Kästners schleichender Abschied vom lyrischen Vers einiges mit den politischen Gegebenheiten und Repressalien zu tun hatte, er also als Lyriker gewissermaßen zum ›Opfer der Politik‹ geworden ist. Denn keineswegs wandte sich Kästner in seinem Schreiben nach 1945 von aktuellen politischen Fragen ab, wie seine Kabarettprogramme (mit lyrischen Einlagen bzw. Chansons) oder Stücke wie die groteske Komödie *Die Schule der Diktatoren* von 1956, seine zahlreichen Essays oder auch seine Kinderbücher wie der 1949 veröffentlichte Roman *Die Konferenz der Tiere* belegen. Dort werden die großen politischen Themen wie Totalitarismus, Wiederaufrüstung und atomare Bedrohung ebenso verhandelt wie etwa die ökologische Bedrohung der Natur, also das, was viel später, in unserer Gegenwart, unter dem Stichwort des »Anthropozän« gefasst werden würde[7] – die anthropozentrische Hybris des Menschen, der seine eigenen Lebensgrundlagen zerstört und die aller anderen Lebewesen gleich mit. Diese aktuellen, und teilweise sogar tagesaktuellen Probleme werden in allen möglichen Genres und Diskursformen

---

4 Vgl. den Kommentar dazu in: Erich Kästner: Werke. Hg. von Franz Josef Görtz Bd. 1: Zeitgenossen haufenweise. Gedichte. Hg. von Harald Hartung in Zusammenarbeit mit Nicola Brinkmann. München, Wien 1998 [im Folgenden W, Band, Seitenzahl], S. 448.
5 Vgl. dazu Remo Hug: Gedichte zum Gebrauch. Die Lyrik Erich Kästners: Besichtigung, Beschreibung, Bewertung. Würzburg 2006, S. 58f. Dieser Zyklus hat allerdings nicht mehr die satirische Schärfe und gesellschaftskritische Ausrichtung der Lyrikbände der Weimarer Zeit: Hug spricht mit Blick auf die zeitgenössischen Kritiken, dass hier »jener Idylliker und Romantiker am Werk [sei], der Kästner eigentlich und im Grunde eben immer (auch) schon gewesen sei« (S. 58).
6 Hermann Kesten nannte Kästner einen »Zeitchronist[en]«. Zit. nach Gerhard Seidel: »Links vom Möglichen«. In: Rudolf Wolff (Hg.): Erich Kästner. Werk und Wirkung. Bonn 1983, S. 61–69, hier S. 68.
7 Z.B. Eckart Ehlers: Das Anthropozän. Die Erde im Zeitalter des Menschen. Darmstadt 2008.

von Kästner behandelt, nur nicht in Gestalt von Gedichten im engeren Sinn. Vieles von seinen lyrischen Energien floss beispielsweise ein in seine Texte fürs Kabarett. Es scheint also, dass sich ein Funktionswechsel vollzogen hat, der die Lyrik insgesamt und nicht nur als Mittel gesellschaftlicher und politischer Polemik betrifft – »schlechte Zeit für Lyrik« in der Tat.[8] Dies ist insofern bedenkenswert, als dass sich Kästner bereits in seiner Dissertation *Friedrich der Große und die deutsche Literatur* von 1925 mit dem Thema des Verhältnisses eines politisch Mächtigen zur Literatur befasst hatte, die sich auf die »Erwiderungen auf die Schrift ›De la Litterature allemande‹« durch die deutschen Schriftsteller des späten 18. Jahrhunderts bezog.[9] In seinem Traktat versuchte der Preußenkönig bekanntlich darzulegen, dass das Deutsche als Literatursprache nicht tauge und dass die deutsche Literatur bedeutungslos sei – auch dies eine Form der Literaturpolitik des repressiven preußischen Ancien Régime, die allerdings nur ein schwacher Vorbote für die rigide, durch Zensur, Verbot und Verfolgung der Autoren geprägte Praxis des ›Dritten Reiches‹ sein sollte.

Kästner hat die innige und zugleich prekäre Verknüpfung seines lyrischen Schaffens hinsichtlich der Themen und Stillagen mit dem Zeitgeist, den gesellschaftlichen und politischen Gegebenheiten der Weimarer Republik wie auch deren gemeinsames Ende in der Retrospektive angedeutet, ebenso wie die literarhistorische Bindung an das Etikett »Gebrauchslyrik«, mit dem man diesen neuen Ton in der Dichtung zu charakterisieren suchte. Dabei wird, neben der bei Kästner kaum vermeidbaren Kritikerschelte, auch die Frage nach dem lyrischen Charakter dieser Texte überhaupt berührt. So heißt es rückblickend im »Vorwort zur Taschenbuchausgabe von *Herz auf Taille*«, die 1960 im Cecilie Dressler Verlag in Berlin publiziert wurde:

> Das Buch erschien und hatte, bei Freund und Feind, Erfolg. Nur so sei zur Zeit Lyrik möglich, schrieb man. Und man schrieb, es sei überhaupt keine Lyrik. Nun, es war Anklage, Elegie, Satire, Feuilleton, Glosse, Ulk, Frivolität, Epistel, Pamphlet und Bänkeltext. Und wenn's keine Lyrik war, konnten wir den Kritikern auch nicht helfen. Man musste sie nicht einmal bedauern. Es gab ja noch Lyrik, schlechte und sogar gute, zur Genüge! Ganz und gar verschwand das literarische Unbehagen erst, als das Schlagwort »Gebrauchslyrik« auftauchte. Mit diesem Etikett war die bedrohte Etikette wieder hergestellt. Und die Platzanweiser atmeten erleichtert auf. Aber das politische Unbehagen wuchs. Mit der ›Gebrauchslyrik‹ schien man sich auch abgefunden zu haben, doch keineswegs mit dem Gebrauche, den ich und andere davon machten. Zeitgedichte gegen Zeitgeschichte, ein ungleicher Wettkampf! Sein

---

[8] Bertolt Brecht: »Schlechte Zeit für Lyrik«. In: Ders.: Gesammelte Werke in acht Bänden. Bd. IV: Gedichte. Hg. vom Suhrkamp Verlag in Zusammenarbeit mit Elisabeth Hauptmann. Lizenzausgabe. Darmstadt o. J., S. 743 f.
[9] Vgl. HK, S. 84–86.

Ausgang konnte nicht zweifelhaft sein. Als Ende 1932 der vierte Band, ›Gesang zwischen den Stühlen‹, erschien, kam er gerade noch zur Bücherverbrennung zurecht.[10]

Mit der Formel vom »ungleiche[n] Wettkampf« der »Zeitgedichte gegen Zeitgeschichte« scheint Kästner dem eben konstatierten Befund des Ausdünnens und letztlichen Verschwindens seiner lyrischen Produktion eine schlüssige Erklärung zu liefern. Kästners Gedichte sind auch in dieser Hinsicht »Zeitgedichte«, da sie ihrer Entstehungszeit verhaftet sind, was allerdings nicht heißt, dass sie nicht darüber hinaus wirksam geblieben sind. Und auch die launige Formulierung, man habe sich mit »Gebrauchslyrik« »abgefunden«,[11] jedoch nicht mit dem »Gebrauche«, weist in die Richtung jener zeitgeschichtlichen und politischen Faktoren, die für Kästners verschwindendes Gedichtschaffen mit verantwortlich gemacht werden können.

Es stellt sich allerdings die Frage, welchen ›Gebrauch‹ Kästner vom Politischen in seiner Gebrauchslyrik gemacht hat.[12] Dabei wäre auch zu fragen, in welchen Gestalten und Gestaltungen das Politische sich in den Gedichten Kästners manifestiert. Denn neben Gedichten, die sich durch ihre Thematik ganz direkt der politischen Lyrik im engeren Sinne zuordnen lassen, wie etwa die berühmte Kontrafaktur zu Goethes Mignon-Lied, *Kennst Du das Land, wo die Kanonen blühn?*,[13] sind die Auswirkungen der Politik in den Lebenswirklichkeiten der vielfältigen Figuren der Gedichte, von der Bardame bis zu den Lehrern, von den Fabrikanten bis zu den Kindern, die in Rollenspielen soziale Muster nachahmen, so präsent, dass man meinen könnte, Kästner habe den Slogan der Frauenbewegung im Gefolge der Achtundsechziger »Das Private ist politisch« (wieder zu hören auf der Berlinale 2019)[14] antizipiert. Oder in An-

---

10 Erich Kästner: Vorwort zur Taschenbuchausgabe von Herz auf Taille. In: W I, S. 372–374, hier S. 373.
11 Zum Postulat des »Gebrauchswert[s]« in der Ästhetik der Literatur der Neuen Sachlichkeit vgl. Sabina Becker: Neue Sachlichkeit. Bd. 1: Die Ästhetik neusachlicher Literatur (1920–1933). Köln, Weimar, Wien 2000, S. 230–242.
12 Einen kurzen Überblick zur Konzeption des Begriffs und zur Historie des Phänomens »Politische Lyrik« bietet Frieder von Ammon: Politische Lyrik. In: Dieter Lamping (Hg.): Handbuch Lyrik. Theorie, Analyse, Geschichte. Stuttgart, Weimar 2011, S. 146–153.
13 Vgl. Alexander von Bormann: Weimarer Republik. In: Walter Hinderer (Hg.): Geschichte der politischen Lyrik in Deutschland. Stuttgart 1978, S. 261–290, hier S. 281f. Bormann konstatiert für die Schlussverse von Kästners *Kennst Du das Land, wo die Kanonen blühn?* mit Blick auf die künftige politische Entwicklung sogar »einen prophetischen Anklang« (S. 281).
14 Vgl. Gillian Dell: Das Private ist politisch. Berlinale – 69. Internationale Filmfestspiele. Humanistischer Pressedienst. Online: www.https://hpd.de/artikel/private-politisch-16495 (zuletzt aufgerufen 3. 4. 2020).

lehnung an den Jargon der Kritischen Theorie: Die Kategorien »System« und »Lebenswelt« sind wie bei Adorno und anders als bei Habermas in Kästners lyrischer Weltsicht nicht, oder jedenfalls nur mit äußerster Mühe, zu trennen.[15] Es dominiert der soziologische Blick auf die kleinen und großen Lebenswelten, weshalb bereits Hans Fallada in seinem im Jahrgang 1931/32 von *Die Literatur* publizierten Aufsatz *Auskunft über den Mann Erich Kästner* hinsichtlich der Lyrik Kästners konstatierte: »Was er seinen Lesern also gibt, ist ein Ausschnitt aus ihrer Alltagswelt: genau, nüchtern, illusionslos. [...] Aber im Zusehen erweitert sich der Rahmen immer mehr, unser ganzer Alltag ist darin, und was wäre auf dieser Welt, das nicht in diesen Alltag reichte –?«[16] Die intrinsische Verflechtung von Individuum und Gesellschaft ist, neben einer undogmatischen und keineswegs parteipolitisch zu fixierenden, aber in einzelnen Positionen (wie z. B. dem Antimilitarismus) kompromisslosen Haltung, ein wesentliches Merkmal von Kästners Lyrik. Als Chronist des Alltags der Weimarer Republik mit seinen Innovationen, neuen Sozialtypen und neuen Sensibilitäten lässt Kästner in seiner »indirekte[n] Lyrik« (ein Terminus, den Kästner 1928 selbst in einem Aufsatz zur Kennzeichnung seiner Poetik gebrauchte)[17] ein kritisches Panorama der Epoche entstehen. Die Einklammerung der Einzelexistenzen in den politischen und gesellschaftlichen Gesamtzusammenhang lässt sich bereits an der Anlage des Gedichtbands *Herz auf Taille* von 1928 beobachten, mit dem Kästner seinen Ruhm als Lyriker der Stunde begründete. In dem Band, der von Kästners Freund Erich Ohser (bekannter unter seinem Pseudonym e.o. plauen) mit einer Vignette und acht Illustrationen versehen wurde, bilden das Anfangsgedicht, *Jahrgang 1899* (G, 9 f.), und das den Band beschließende Gedicht, *Stimmen aus dem Massengrab* (G, 61 f.), durch ihren Bezug aufeinander einen thematischen Rahmen.[18] Ihr gemeinsamer Bezugspunkt ist der Krieg, dessen Konsequenzen

---

15 Mit der Trennung dieser Bereiche in seiner *Theorie des kommunikativen Handelns* entfernt sich Habermas von Adornos umfassender, auf der marxistischen Entfremdungstheorie fußender Sicht, in der die ökonomischen Determinanten der Gesellschaftsstruktur auch die Intimsten Momente des Subjekts in ganz entschiedener Weise erfasst – bündig formuliert in *Minima Moralia:* »Es gibt kein richtiges Leben im falschen« – in ganz entschiedener Weise (Theodor W. Adorno: Minima Moralia. Reflexionen aus dem beschädigten Leben. AS 4, S. 43). Vgl. Jürgen Habermas: Die Theorie des kommunikativen Handelns. 2. Bde. Band 2: Zur Kritik der funktionalistischen Vernunft. Berlin 2011, S. 173–296.
16 Hans Fallada: Auskunft über den Mann Erich Kästner. In: Rudolf Wolff (Hg.): Erich Kästner. Werk und Wirkung. Bonn 1983, S. 54–60, hier S. 55 f.
17 Erich Kästner ›Indirekte‹ Lyrik. In: W 6, S. 131–134.
18 Vgl. Harald Hartung in seinem Nachwort »Der sachliche Romantiker. Erich Kästners Lyrik – wiedergelesen« zu dem Band der Gedichte in der Werkausgabe Kästners, G, S. 377–400; hier S. 380 f.

aus doppelter Perspektive beleuchtet werden. In beiden Fällen spricht ein Kollektivsubjekt als Ausdruck einer das Individuum übergreifenden Sichtweise, die Kollektivierung wird in den beiden Texten als Resultat der gemeinsamen Erfahrung suggeriert. Während in *Jahrgang 1899* die Generation der jungen, von der Schulbank in den Ersten Weltkrieg geworfenen und diesen überlebt habenden Männer zu Wort kommt,[19] um von den Auswirkungen dieses Krieges auf ihre Entwicklung von der Adoleszenz ins Erwachsenenleben zu berichten, kommen in *Stimmen aus dem Massengrab* diejenigen zu Wort, die als Soldaten dem Krieg zum Opfer gefallen sind.[20]

Generation 1899 und *Stimmen aus dem Massengrab* weisen schon in formaler und kommunikationsstruktureller Hinsicht auf ihren wechselseitigen Bezug:[21] Neben dem kollektiven Sprechgestus und dem kollektiven Adressaten ist die Versgestaltung augenfällig: Beide Gedichte bestehen – wie bei Kästner in Anklang an die Traditionen von Romanzen- oder Vagantendichtung häufig – aus Strophen von je vier kreuzgereimten Versen mit wechselnder Kadenz, in beiden Fällen wird das Schema in der letzten Strophe um einen Vers zum Reimschema abaab erweitert, beide Texte schließen mit einer an ein Adressatenkollektiv gerichteten Warnung bzw. Mahnung. In eben diesem Sinne ist Werner Schneyders an diesen Gedichten exemplifizierter Befund zu verstehen: »Kästners politische Gedichte sind fast immer Projektionen. Das hätte sie damals brauchbar gemacht, das macht sie – als Modell – brauchbar für immer.«[22] Komplementär sind die beiden Gedichte auch hinsichtlich ihrer Sprechsubjekte, zusammen ergeben sie die Summe der Stimmen einer Generation, der jungen Männer, die in den Ersten Weltkrieg gezwungen wurden. Der Sinnlosigkeit des Sterbens im Abschlussgedicht von *Herz auf Taille* steht die Orientierungslosigkeit und Reduzierung der Existenz- und Zukunftsmöglichkeiten der durch den

---

19 In der amerikanischen Literatur wird diese Generation junger Kriegsteilnehmer um Hemingway, wie Kästner 1899 geboren, nach einem Diktum Gertrude Steins als »Lost Generation« adressiert. Siehe Ernest Hemingway: A Moveable Feast. New York 1996, S. 29.
20 Es drängt sich bei dem Gedicht *Stimmen aus dem Massengrab*, das den Kriegstoten des Ersten Weltkriegs wieder eine Stimme verleiht, unwillkürlich die Erinnerung an ein anderes Gedicht auf, das einen Band eröffnet, nämlich *Stimmen* von Paul Celan, welches den Auftakt bildet zu dessen Band *Sprachgitter*, erschienen 1959, in dem den Toten der Shoah gedacht wird: »Es sind/ nur die Münder geborgen. Ihr/ Sinkenden, hört/ auch uns.« (Paul Celan: Die Gedichte. Neue kommentierte Gesamtausgabe in einem Band. Mit den dazugehörigen Radierungen von Gisèle Celan-Lestrange. Hg. und kommentiert von Barbara Wiedemann. Berlin 2018, S. 95 f, hier S. 96). Beide Gedichte sind, auf je eigene Weise in ihrer Situation nach einem mörderischen Krieg, eine Mahnung gegen das Vergessen.
21 Vgl. Helmuth Kiesel: Erich Kästner. München 1981, S. 67.
22 Werner Schneyder: Erich Kästner. Ein brauchbarer Autor. München 1982, S. 78.

Krieg entwurzelten, vorzeitig zur Reife verdammten, und daher verlorenen *Generation 1899* gegenüber, für die zur transzendentalen Obdachlosigkeit auch noch die ideelle, die existenzielle und die materielle Obdachlosigkeit hinzugekommen sind. In beiden Gedichten wird der Erste Weltkrieg, die »Urkatastrophe des zwanzigsten Jahrhunderts«,²³ für diese Misere verantwortlich gemacht. Der Attitüde der Illusionslosigkeit, die in kalkuliert abgeklärt-schnoddriger Ausdrucksweise in *Jahrgang 1899* präsentiert und als Folge eines zu langen, zu frühen und zu intensiven Kontaktes mit der Weltgeschichte verbucht wird (bemerkenswerterweise in einer unpersönlichen und passivisch wirkenden reflexiven Form – »man hat uns [...] beschäftigt«), folgt nach einer durch die Doppelung nochmals verlangsamten Retardation (»Noch einen Moment. Bald sind wir bereit«), die wiederum die mangelnde Tatkraft dieser Generation herausstreicht, dann am Ende mit der Formulierung »Dann zeigen wir euch; was wir lernten!« eine mehr oder minder versteckte Drohung, die sich an die Gesellschaft insgesamt richtet. Anders als das verharmlosende »bißchen Revolution« in Vers 9, das die turbulenten politischen Ereignisse bei Kriegsende 1918/19 diminuierend bezeichnet, die schließlich zur Gründung der Weimarer Republik und deren Verteidigung gegen ihre Gegner von rechts und links führten, lässt der Schlussvers in seiner vagen Drohung nicht unbedingt an einen konkreten politisch-ideologischen Umsturz denken, wie er schließlich dann in der Machtübernahme Hitlers und der Nationalsozialisten eintrat.²⁴ Denn dazu bedurfte es immerhin des Glaubens an die Wirksamkeit der Macht einer Ideologie, zu dem die im vorausgehenden Text des Gedichts porträtierte Generation kaum mehr fähig sein dürfte. Es ist vielmehr der nihilistische Geist einer unbestimmten Revolte, eines Aufruhrs, einer Umkehr der und Abkehr von den als unwirksam erkannten alten Werten. Kästner partizipiert hier noch ein wenig am expressionistischen Pathos, das sich auf Nietzsches Fundamentalkritik der abendländischen Kultur mit der Zerstörung der alten Götzen und der »Umwertung aller

---

23 Siehe dazu Ernst Schulin: Die Urkatastrophe des zwanzigsten Jahrhunderts. In: Wolfgang Michalka (Hg.): Der erste Weltkrieg. Wirkung, Wahrnehmung, Analyse. München 1994, S. 3–27.
24 Für Dirk Walter, der den Charakter des Rollengedichts besonders akzentuiert, ist der Schlussgestus von *Jahrgang 1899* Teil einer provokatorischen Strategie Kästners, die in der Formulierung der Drohung keineswegs resignativ zu bewerten ist, sondern vielmehr auf eine kritische und distanzierende Reaktion bei der Leserschaft abzielt: »Für das Jahr 1928 und das Gedicht *Jahrgang 1899* muß jedoch als Erkenntnis gelten, daß Kästner sich von Gewaltdrohung und Resignation seines Jahrgangs gleichermaßen abhebt, indem er einen öffentlichkeitsbezogenen Protest mit künstlerischen Mitteln formuliert. Das heißt aber: Er rechnet mit einer provozierbaren Öffentlichkeit.« (Dirk Walter: Lyrik in Stellvertretung? Zu Erich Kästners Rollengedicht *Jahrgang 1899*. In: Harald Hartung [Hg.]: Gedichte und Interpretationen. Bd. 5: Vom Naturalismus bis zur Jahrhundertmitte. Stuttgart 1987, S. 310–319, hier S. 319).

Werte« berufen konnte.[25] Das Ziel einer solchen Revolte führt jedoch bei Kästner, anders als im Expressionismus,[26] nicht mehr zu einem irgendwie heroisch gezeichneten Typus des »neuen Menschen«.[27] Vielmehr sind die Lektionen eines deformierten Bildungsgangs, wie ihn Kästners Gedicht entwirft, nicht mehr mit irgendeiner holistischen Auffassung vom Menschen vereinbar, ebensowenig wie mit einer festen parteipolitischen Gesinnung, einer zu verfolgenden und zu realisierenden Programmatik. Bereits bei diesem für den gesamten Gedichtband *Herz auf Taille* den Kammerton setzenden Gedicht zeigt sich ansatzweise, was Kästner an Ringelnatz, Brecht und anderen Lyrikern seiner Zeit unter dem poetologischen Stichwort der »indirekten Lyrik« exemplifiziert hat:

> Der Lyriker spielt nur auf seine Gefühle an; er spricht sie nicht aus. Er verspottet sie eher, als sie unbedenklich zu beichten. Wenn seine Verse am sachlichsten klingen, gerade dann birgt sich dahinter Erschütterung. Und gerade wenn er von wildfremden Dingen schwadroniert, ist die dichterische Konfession am nächsten. – [...] Sein [Wedekinds; M.M.] Werk und, genau so, die indirekte Lyrik unserer Tage provozieren Mißverständnisse, weil beide »verschämte Kunst« sind. Wer sich maskiert, will nicht erkannt werden. Es ist ihm weniger peinlich, für frech und albern, als für zart und traurig gehalten zu werden. (P, S. 132)

Wie in seiner anderen Lyrik teilweise auch, doch besonders bei seinen politischen Gedichten, die Obrigkeitshörigkeit, Militarismus, die kapitalistische Wirtschaftsordnung und die Repressionsmächte von Kirche und Staat und dergleichen Missstände mehr geißeln, werden die im Zitat genannten Qualitäten ergänzt um die Dimension des Grotesken, die sich auch den eben erläuterten Gedichten *Generation 1899* und *Stimmen aus dem Massengrab* ablesen lässt und die für eine Verschärfung der satirischen Drastik sorgt. Im Einsatz des Grotesken als einer ästhetischen Grundmodalität zur gesellschaftspolitischen Kritik ist Kästner als Autor ein Pendant zu Malern wie etwa Otto Dix oder Max Beckmann (auch die Brüder Herzfelde wären hier zu nennen, besonders John Heartfield mit seinen Bild- und Textelemente integrierenden Collagen). Das Groteske zeichnet sich ja durch eine Hybridität heterogener, eigentlich nicht zusammengehörender Ele-

---

25 Vgl. Friedrich Nietzsche: Ecce Homo. In: Ders.: Sämtliche Werke: Kritische Studienausgabe. 15 Bde. Hg. von Giorgio Colli u. Mazzino Montinari. Bd. 6: Der Fall Wagner. Götzen-Dämmerung. Der Antichrist. Ecce Homo. Dionysos-Dithyramben. Nietzsche contra Wagner. München 1988, S. 365.
26 Zur Distanz zum Expressionismus in Kästners Lyrik vgl. Egon Schwarz: Die strampelnde Seele: Erich Kästner in seiner Zeit. In: Reinhold Grimm u. Jost Hermand (Hg.): Die sogenannten Zwanziger Jahre. First Wisconsin Workshop. Bad Homburg, Berlin, Zürich 1970, S. 109–141, hier S. 127–133.
27 Zum »neuen Menschen« als expressionistische Leitvorstellung siehe Thomas Anz. Literatur des Expressionismus. Stuttgart, Weimar 2002, S. 47 f.

mente aus, die in wirkungsästhetischer Hinsicht die sich eigentlich ausschließenden Affekte von Grauen und Lächerlichkeit in einer Kippfigur miteinander verschmilzt. Im engeren Sinne erscheint das Groteske in Kästners Lyrik in einer Weise, die besondere Affinitäten zu einer bestimmten Auffassung vom Grotesken zu haben scheint, nämlich derjenigen des russischen Literatur- und Kulturtheoretikers Michail M. Bachtin.[28] Bachtin entwickelte seine maßgeblichen Konzepte und Theoreme ebenfalls in den 1920er bis 1940er Jahren, also zeitgleich zur Entstehung von Kästners lyrischem Werk. Bei Bachtin ist die Konzeption des Grotesken eingebunden in seine Theorie vom Karneval als einem kulturanthropologischem Modell, dessen einzelne Phänomene ebenfalls Eingang gefunden haben in die Literatur, was Bachtin als »Karnevalisierung der Literatur« bezeichnet.[29] Die im Karneval – zumindest in seiner Blütezeit vom ausgehenden Mittelalter bis ins frühe Barock – dominanten Phänomene als Ausdruck einer wahrhaften Volkskultur, als einer gegen die Obrigkeit gerichteten gelebten, ausagierten Weltsicht waren gekennzeichnet durch »Exzentrizität«, »Familiarisierung«, »Profanierung« und »karnevalistische[] Mesalliancen«.[30] Die Umkehrung der hierarchischen Ordnung war Teil einer anderen Wahrheit über die Welt, in der nun Ambivalenzen betont wurden.[31] Zentraler Ausdruck hierfür war der groteske Karnevalskörper, bei dem die sonst tabuisierten Bereiche wie Sexualität, Essen, Trinken und Ausscheidungen, Gebären und Tod, alle Formen des Kontaktes und des Austausches des Körpers mit der Welt, miteinander verbunden dargestellt wurden. Der groteske Körper, den Bachtin als kollektive Körpervorstellung entwirft, ist ständig im Wandel, Oberes wird zuunterst gekehrt, Inneres nach außen gestülpt.[32] Die vielstimmige, heteroglossische, dialogisch ambivalente »Sprache des Marktplatzes« mit ihrer Vulgarität und Obszönität, die sonst offiziell unterdrückt wurde, regiert.[33] Mit dem Niedergang des Karnevals als einer kulturhistorisch gelebten Realität wanderten, so Bachtin, diese Formen des Grotesken

---

28 Vgl. Markus May: Bachtin im Dialog – Über den Gesprächspartner. In: Ders. u. Tanja Rudtke (Hg.): Bachtin im Dialog. Festschrift für Jürgen Lehmann. Heidelberg 2006, S. 9–27.
29 Michail Bachtin: Probleme der Poetik Dostoevskijs. Aus dem Russischen von Adelheid Schramm. München 1971, S. 120.
30 Ebd., S. 138.
31 Vgl. Jürgen Lehmann: Ambivalenz und Dialogizität. Zur Theorie der Rede bei Michail Bachtin. In: Friedrich A. Kittler u. Horst Turk (Hg.): Urszenen. Literaturwissenschaft als Diskursanalyse und Diskurskritik. Frankfurt a. M. 1977, S. 355–380.
32 Siehe dazu die Kapitel »Die groteske Körperkonzeption und ihre Quellen« und »Materiell-leibliche Motive« in Michail Bachtin: Rabelais und seine Welt. Volkskultur als Gegenkultur. Übersetzt von Gabriele Leupold. Hg. und mit einem Vorwort versehen von Renate Lachmann. Frankfurt a. M. 1995, S. 345–412 u. S. 413–481
33 Siehe das Kapitel »Die Sprache des Marktplatzes« in ebd., S. 187–237.

zunehmend in die Literatur ein und prägten eine bestimmte Tradition, eben die der »karnevalisierten Literatur«. Diese kritischen Potenziale einer karnevalisierten Literatur lassen sich in Kästners Lyrik finden, mit ihrer Betonung des unmittelbar Körperlichen, der Thematisierung der tabuisierten Bereiche des Sexuellen (auch in seinen devianten Formen), überhaupt die Betonung des Körperlich-Materiellen, einer die vormals subliterarischen Sprechweisen des Kolloquialen (der »Sprache des Marktplatzes«, wie dies bei Bachtin heißt) orchestrierenden Polyphonie, ebenso wie die den offiziellen Diskurs und seine Phrasen ambiguisierenden Dialogisierungsstrategien. Wenn in *Stimmen aus dem Massengrab* als eine Art paratexueller Gebrauchsanleitung steht: »Für den Totensonntag, anstatt einer Predigt«, wird die Profanierungsstrategie ostentativ als performative Dimension ausgestellt, ebenso wie die Verlogenheit klerikaler Phrasen durch die groteske Grundkonstruktion der Sprecher (redende Tote, deren fragwürdige Körperlichkeit bereits im ersten Vers durch die oxymoronische Fügung »Da liegen wir und gingen längst in Stücken« exponiert erscheint) als Heuchelei dekuvriert wird (Verse 17 und 18: »Wir lagen unten, und sie standen oben. / ›Das Leben ist der Güter höchstes nicht.‹«). In der Bezeichnung der Kleriker als »Angestellte[] Gottes« und in der Titulierung Gottes als deren »Chef« erweist sich die stilistisch pointierte Treffsicherheit der familiarisierenden Profanierung, die ein dem Anspruch nach spirituelles Verhältnis durch die banale Struktur der nach materiellen und hierarchischen Erfordernissen und Gegebenheiten organisierten, kapitalistischen Arbeitswelt ersetzt und so die eigentlichen, äußerst profanen Strukturen und Motivationen der Institution und ihrer Repräsentanten bloßlegt. Der zweimal erwähnte und variierte »Mund voll Dreck« ist ebenfalls ein Signal einer karnevalisierten Körpergroteske, ein Akt des makabren Körperdramas, das mit dem Schweigen paradoxal-ambivalent den performativen Sprechakt des Rollengedichts konterkariert. Zu dieser Tendenz einer karnevalisierten Literatur gehört, dass sich, gemäß den oben zitierten poetologischen Ausführungen Kästners zur Maskierung in seinem Konzept von »indirekter Lyrik«, relativ viele Rollengedichte in seinem lyrischen Œuvre, häufig in sozialtypisch charakterisierender Funktion, finden – diese Prädisposition zur Rollendichtung wird in Kästners Arbeiten für das Kabarett in der Nachkriegszeit, die einen Funktionswechsel in Genre und Performanz nun zum wirklich Histrionischen darstellen, ebenfalls seinen Niederschlag finden.

Wie sehr die »Zeitgeschichte« letztlich über die »Zeitgedichte« Kästners triumphierte, lässt sich an dem Gedicht *Frau Pichlers Ankunft im Himmel* und seiner Publikationsgeschichte ablesen. Nach Auskunft Harald Hartungs, des Herausgebers der Gedichte im Rahmen der von Franz Josef Görtz verantworteten Werkausgabe Kästners, befand sich dieser Text im Nachlass von Walter Karsch, der in den dreißiger Jahren als Redakteur für die von Carl von Ossietzky geleitete Wochenzeitschrift *Die Weltbühne* tätig war.[34] Die Zeitschrift erschien zum letzten Mal am 7. März 1933, bevor sie von den Nationalsozialisten verboten wurde. Das Gedicht fand sich in den Satzfahnen zur geplanten Ausgabe der *Weltbühne* für den 14. März 1933, die nicht mehr veröffentlicht werden konnte. Das Nachrichtenmagazin DER SPIEGEL berichtete in seiner Ausgabe vom 11. März 1996 über die Wiederauffindung des Konvoluts in den Archiven der Berliner Staatsbibliothek und wählte in Anspielung auf Kästners Gedicht »Himmlische Fahnen« als Titel des Artikels.[35] Das Gedicht ist ein Rollenmonolog besagter Frau Pichler aus dem Jenseits, vergleichbar den *Stimmen aus dem Massengrab*, in dem sie Auskunft gibt über die Umstände ihres Todes. Während sie auf ihren Mann Max wartet und den klassischen hausfraulichen Tätigkeiten wie Waschen und Abendbrot vorbereiten nachgeht, kommt es zu Krawallen und Kämpfen auf der Straße. Als sie auf den Balkon hinaustritt, um zu prüfen, ob die gewaschenen Socken schon trocken sind,[36] fallen unten Schüsse, von denen einer sie tötet – ob versehentlich oder mit Absicht, lässt der Text offen. Der Kontrast zwischen den banalen Alltagstätigkeiten der Hausfrau, die sich noch nach ihrem Ableben Sorgen um das Überkochen der Nudeln macht, und ihrem tragischen Ende könnte kaum größer sein. Das Gedicht kulminiert in den Versen, welche die zentrale Frage nach dem Warum dieses völlig sinnlosen Todes aufwerfen: »Warum leb ich denn nicht mehr?/ Wenn ich nicht gestorben wär,/ würden wir jetzt abendessen [...]«. Wenn eingestandenermaßen die Ironie bezüglich der stark eingeschränkten Perspektive Frau Pichlers und die damit einhergehende Sentimentalität diese Figur relativieren, so bleibt ihr Schicksal und die entscheidende Frage nach dem Warum davon unberührt: Auch hier wird ein einfacher Mensch zum Opfer der Zeitgeschichte; der Tod dieser Frau ist durch nichts gerechtfertigt und durch nichts zu rechtfertigen. Die desillusionierende Quintessenz ist: Selbst wenn man mit den politischen Auseinandersetzungen gar nichts zu schaffen hat, fällt man ihnen letztlich zum Opfer – was besonders für die kleinen Leute zutrifft, denen Kästners Sympathie hier gilt. Dieses Gedicht ist nicht zuletzt ein Beispiel für Kästners Kunst, aus den zeitgebundenen politischen und gesellschaftlichen Verhältnissen Texte zu

---

34 Vgl. G, S. 396.
35 DER SPIEGEL 11/1996 (SPIEGEL ONLINE): www.spiegel.de/spiegel/print/d-8892660.html [zuletzt aufgerufen am 20.02.2019].
36 Die auch scheinbar mühelos ins Soziologische und Sozialpsychologische hinübergleitende Evidenz solcher Details in der Lyrik Kästners hob schon Volker Klotz hervor und sprach ihnen eine »eigene phänomenale Wertigkeit« zu (Volker Klotz: Lyrische Anti-Genrebilder. Notizen zu neusachlichen Gedichten Erich Kästners. In: Walter Müller-Seidel in Verbindung mit Hans Fromm und Karl Richter (Hg.): Historizität in Sprach- und Literaturwissenschaft. Vorträge und Berichte der Stuttgarter Germanistentagung 1972. München 1974, S. 497–495, hier S. 482).

schaffen, die bei genauer Beobachtung der Details und des Verhaftetseins in konkreten historischen Gegebenheiten und Ereignissen trotzdem über den engeren Zeitbezug hinausweisen. Denn der Tod der Frau auf dem Balkon erinnert in seiner Spezifik auffallend an die Ereignisse während der Berliner Mai-Unruhen von 1929, als bei Auseinandersetzungen zwischen der von KPD-Funktionären geführten Arbeiterschaft und der Polizei unter ihrem Präsidenten Karl Zörgiebel von der SPD, 33 unbeteiligte Zivilpersonen getötet wurden. Die vom 1. bis zum 3. Mai andauernden Kämpfe wurden von der Polizei mit äußerster Härte und unter dem massiven Einsatz von Schusswaffen geführt, so dass zahlreiche Zivilpersonen als eine Art ›Kollateralschaden‹ durch Polizeikugeln starben. Der Tod der von dem Ausbruch der Gewalt überraschten Frau Pichler auf dem Balkon ist eine deutliche Reminiszenz an diese für die Berliner Bevölkerung insgesamt traumatischen Tage, die als »Blut-Mai« ins kollektive Gedächtnis eingegangen sind.[37] Hierzu eine kleine Randbemerkung: In der ersten Staffel der ebenso erfolgreichen wie ambitionierten Kriminalserie *Babylon Berlin* nach den Romanen Volker Kutschers spielt der Tod zweier Frauen, die während der Mai-Unruhen 1929 auf einem Balkon durch Polizeikugeln getötet werden, eine wesentliche Rolle – da hier, wie auch in der Realität, die Polizeiführung bemüht war, die Ursachen zu vertuschen und die Tötung dieser Frauen wie auch der anderen Zivilisten den demonstrierenden Kommunisten in die Schuhe zu schieben.[38] Kästners Gedicht wiederum ist bei aller Einbindung der historischen Gegebenheiten jedoch so offen formuliert, dass sich die dargestellte Szene auch auf andere Fälle militanter politischer Auseinandersetzungen der späten Weimarer Republik beziehen ließe – und darüber hinaus. Dies trägt nicht wenig zur überdauernden Wirkung auch von Kästners politischer Dichtung bei.

Allerdings ist an Kästners politisch wenig entschiedener, eher ethisch als parteipolitisch grundierten Haltung, die sich ideologischer Instrumentalisierung widersetzte, obgleich sie irgendwie, aber doch – zu unbestimmt? – im gesellschaftspolitischen Spektrum ›links‹ verortet ist, auch seitens der eigentlichen Marxisten, Sozialisten und Kommunisten Anstoß genommen worden. Die prominenteste der Stimmen aus dem linken Lager, die Einspruch gegen Kästners Dichtung erhoben, ist sicherlich die Walter Benjamins. In einer vor Sottisen strotzenden Rezension von 1931 zu Kästners kurz zuvor erschienenem dritten Gedichtband, *Ein Mann gibt Auskunft*, wirft Benjamin Kästner vor, ein Exponent

---

37 Vgl. Thomas Kurz: Blutmai. Sozialdemokraten und Kommunisten im Brennpunkt der Berliner Ereignisse von 1929. Mit einem Geleitwort von Heinrich August Winkler. Berlin 1988.
38 Vgl. Babylon Berlin. Staffel 1. Drehbuch und Regie: Tom Tykwer, Achim von Borries, Hendrik Handloegten. Produktion: Stefan Arndt, Uwe Schott, Michael Polle. X Film Creative Pool, Beta Film, Sky Deutschland, Degeto Film. Deutschland 2017.

dessen zu sein, was der Kritiker als »[l]inke Melancholie« (so der Titel der Besprechung)³⁹ apostrophiert. Die ungewöhnliche Schärfe dieser Besprechung und ihr unversöhnlich parteiischer Duktus verdanken sich sicherlich Benjamins damaliger Nähe zum »Bund proletarisch-revolutionärer Schriftsteller«, worauf Helmuth Kiesel hingewiesen hat.⁴⁰ Kästners Melancholie, so Benjamin, sei »[r]outiniert«,⁴¹ ebenso wie dessen Ironie, was an ihrer Herkunft wie auch an dem Publikum liege, auf das diese Dichtung vermeintlich abzielt, nämlich einer kleinbürgerlichen Mittelschicht. Diese dominiere Benjamin zufolge die literarische Bewegung der Neuen Sachlichkeit, die Ausdruck einer dem Bürgerlichen verhafteten linken Intelligenz sei, zu der auch Kästner zähle. Benjamin behauptet: »Mit der Arbeiterbewegung hat sie wenig zu tun.«⁴² Daher bliebe ihre gesellschaftliche Wirkung beschränkt, sie gefiele sich in der Pose: »Die linksradikalen [!] Publizisten vom Schlage der Kästner, Mehring oder Tucholsky sind die proletarische Mimikry des zerfallenden Bürgertums.«⁴³ Im Gegensatz zu Benjamins merkwürdiger Zuweisung Kästners zum ›Linksradikalismus‹⁴⁴ ließe sich im Hinblick auf dessen frühe Positionen wohl eher mit Dirk Walter von »linksbürgerlicher Literatur« sprechen.⁴⁵ Benjamins Verdikt gerät zu einer Generalabrechnung mit der Neuen Sachlichkeit am Beispiel Kästners. Die von Kästner und den genannten anderen Autoren vertretene Haltung, von Melancholie wie von Ironie durchwaltet, sei eine, die keine politische Aktion mehr nach sich ziehen könne, da sie der »revolutionären Dialektik das klassenmäßig unbestimmte Gesicht des

---

39 Walter Benjamin: Linke Melancholie. Zu Erich Kästners neuem Gedichtbuch. In: Ders.: Gesammelte Schriften. Unter Mitwirkung von Theodor W. Adorno und Gershom Scholem hg. von Rolf Tiedemann und Hermann Schweppenhäuser [Im Folgenden BS, Band, Seitenzahl]. Bd. III: Kritiken und Rezensionen. Frankfurt a. M. 1991, S. 279–283.
40 Helmuth Kiesel: Geschichte der literarischen Moderne. Sprache – Ästhetik – Dichtung im 20. Jahrhundert. München 2004, S. 260. Vgl. dazu auch Walter Fähnders: Erich Kästner und die linke Literaturkritik: Walter Benjamin und andere. In: Silke Becker u. Sven Hanuschek (Hg.): Erich Kästner und die Moderne. Marburg 2016, S. 237–257.
41 Benjamin: Linke Melancholie (s. Anm. 38), S. 280.
42 Ebd.
43 Ebd. Benjamin hat dieses Verdikt in dem 1934 gehaltenen Vortrag »Der Autor als Produzent« in einem Selbstzitat, maskiert als Zuschreibung zu einem »einsichtige[n] Kritiker«, wiederholt. Vgl. Walter Benjamin: Der Autor als Produzent. Ansprache im Institut zum Studium des Fascismus in Paris am 27. April 1934. In: BS II.2, S. 683–701, hier S. 695.
44 Benjamin spricht in der Tat mit Blick auf Kästner, Mehring und Tucholsky von »linksradikalen Publizisten« und »linke[m] Radikalismus« (Benjamin: Linke Melancholie [s. Anm. 39], S. 280 u. S. 281).
45 Vgl. Dirk Walter: Zeitkritik und Idyllensehnsucht. Erich Kästners Frühwerk (1928–1933) als Beispiel linksbürgerlicher Literatur in der Weimarer Republik. Heidelberg 1977.

gesunden Menschenverstands aufzusetzen« verstanden habe.⁴⁶ Aus dem Mangel an echter ›revolutionärer Dialektik‹, die der Benjamin der dreißiger Jahre zunehmend exklusiv bei den Marxisten und Kommunisten beheimatet sah, bliebe diese ›linksmelancholische‹ literarische Position politisch folgenlos:

> Kurz, dieser linke Radikalismus ist genau diejenige Haltung, der überhaupt keine politische Aktion mehr entspricht. Er steht links nicht von dieser oder jener Richtung, sondern ganz einfach links vom Möglichen überhaupt. Denn er hat ja von vornherein nichts anderes im Auge als in negativistischer Ruhe sich selbst zu genießen. Die Verwandlung des politischen Kampfes aus einem Zwang zur Entscheidung in einen Gegenstand des Vergnügens, aus einem Produktionsmittel in einen Konsumartikel – das ist der letzte Schlager dieser Literatur. Kästner, der eine große Begabung ist, beherrscht ihre sämtlichen Mittel mit Meisterschaft.⁴⁷

Benjamins Kritik ist – wie man aus der historischen Distanz und in Kenntnis der Biographien Kästners wie Benjamins sowie der weiteren geschichtlichen Entwicklung beurteilen kann – ebenso böswillig wie – zumindest teilweise – nicht ganz unzutreffend. Für Benjamin, der die »Politisierung der Kunst«,⁴⁸ wie er sie bei den Kommunisten, etwa bei Brecht, realisiert sah, als eine Antwort auf die durch den Faschismus inszenierte »Ästhetisierung der Politik«⁴⁹ propagierte, war angesichts der sich dramatisch verschärfenden politischen Situation eine Kunst, die zwar gesellschaftliche Missstände aufzeigt und kritisiert, aber nicht zu konkreten politischen Positionen und vor allem Aktionen führt, keine wirkliche Option. Im Grunde skizziert Benjamin in dieser Kritik schon die Umrisse dessen, was sein Nachfolger Theodor W. Adorno in seinen umfangreichen Arbeiten unter dem Begriff der »Kulturindustrie«⁵⁰ als Ausdruck der künstlerischen Perpetuierung des »falsche[n] Bewußtsein[s]«⁵¹ brandmarken würde, bei der auch die scheinbar oberflächlich als Kritik der Verhältnisse daherkommenden Kulturprodukte in ihrer Goutierbarkeit die realen gesellschaftlichen Gegebenheiten und Machtverhältnisse nur stärken.⁵² Mit Blick auf die frühen Gedichte Kästners erfasst Ben-

---

46 Benjamin: Linke Melancholie (s. Anm. 39), S. 281.
47 Ebd.
48 Walter Benjamin: Das Kunstwerk im Zeitalter seiner technischen Reproduzierbarkeit. Mit Ergänzungen aus der Ersten und Zweiten Fassung. Hg., kommentiert und mit einem Nachwort von Burkhardt Lindner. Stuttgart 2018, S. 55.
49 Ebd., S. 54.
50 Adorno: Ästhetische Theorie. In: AS 7, S. 32.
51 Ebd., S. 178.
52 Bekanntermaßen ist für Adorno letztlich die Avantgarde-Kunst (vor allem exemplifiziert an den Werken Samuel Becketts) die Ausdrucksform, die aufgrund ihrer komplexen Relationen von ästhetischer Struktur und Darstellungsinhalten das Unverfügbare, das Inkommensurable be-

jamin in der Tat einen wesentlichen Punkt, wenn er dessen »Nihilismus«[53] als Ausdruck einer sich nicht ideologisch (und damit parteilich) festlegen wollenden Disposition geißelt. Die »lyrischen Imperative«[54] Kästners, von denen Stefan Neuhaus spricht, finden sich vermehrt erst in Kästners Epigrammatik, vor allem in dem Band *Kurz und bündig*, der 1950 erschien. Dort werden, wie dies in der Epigrammatik traditionell üblich ist, Maximen und Reflexionen geboten, die häufig eine Lehre oder eine andere Form normativ zu verstehenden Aussagen beinhalten, wie etwa die folgende – die zugleich Kästners wohl berühmtesten Satz beinhaltet:

Moral
Es gibt nichts Gutes
außer: Man tut es.[55]

Bemerkenswerterweise ist dieses Epigramm bereits in der 1936 beim Atrium-Verlag in Basel erschienenen Sammlung *Doktor Erich Kästners Lyrische Hausapotheke* enthalten, mit den kleinen, aber aussagestarken Varianten des kleingeschriebenen »man« und des Ausrufezeichens am Ende des Satzes.[56] Obgleich hier schon der Ton der späteren Epigrammatik Kästners vorgeprägt ist, erhält der ethische Impetus, wie allgemein er auch verbatim formuliert sein mag, durch die historische Situation und den Veröffentlichungsort eine gesteigerte Dringlichkeit gegenüber seinem späteren Veröffentlichungskontext im Nachkriegsdeutschland. In seinen ersten Gedichtbänden jedoch ist Kästners Realismus der eines desillusionierten Idealisten (der Begriff vom »sachlichen Romantiker«[57] greift meines Erachtens zu kurz). Benjamins Kritik der »linken Melancholie« trifft bei aller ideologischer und polemischer Überspitztheit und unter Vernachlässigung jeglicher genuin ästhetischer Kriterien insofern doch einen problematischen Punkt, als das »Engagement«, das Kästner selbst auch theoretisch einforderte, mit dessen eigenen, letztlich nicht allzu unkomfortablen Distanz zu den Berührungsebenen der Politik sich nicht immer gut vertrug. Denn anders als

---

wahrt und sich so vor der Reduktion auf den reinen Tauschwert, dem alles tangierenden Prinzip des Kapitalismus, retten kann. Vgl. Adorno: Ästhetische Theorie (s. Anm. 50), S. 229–235.
53 Benjamin: Linke Melancholie (s. Anm. 39), S. 282.
54 Siehe dazu den Beitrag von Stefan Neuhaus im vorliegenden Band.
55 W 1, S. 277.
56 Vgl. Erich Kästner: Doktor Erich Kästners Lyrische Hausapotheke. Gedichte für den Hausbedarf der Leser. Nebst einem Vorwort und einer nutzbringenden Gebrauchsanweisung samt Register. Neuausgabe. 2. Aufl. Zürich 2018, S. 35.
57 So etwa Harald Hartung im Titel seines Nachwortes zu den Gedichten in Kästners Werkausgabe in Anlehnung an dessen Gedicht *Sachliche Romanze* (W 1, S. 377).

andere Autoren seiner Couleur und kritischen Grundhaltung begab sich Kästner 1933 nicht ins Exil, sondern gab einen Teil seiner öffentlichen Person als Autor auf, nämlich den des Gesellschaftskritiker und Satirikers, so wie er ihn zuvor in seinen ebenso populären wie zeitkritischen Gedichten etabliert hatte – obwohl er weiterhin ein genauer Beobachter der Zeitläufte blieb, wie seine Tagebücher, *Das Blaue Buch* oder *Notabene 45*, sowie die Fragmente zu zwei später nicht weiter verfolgten Romanprojekten[58] eindringlich belegen.[59] Die unüberbrückbare Kluft zwischen Theorie und Praxis bleibt das Dilemma eines Moralisten, wie Kästner ihn in seinem Roman *Fabian* bzw. *Der Gang vor die Hunde* gezeichnet hat, an dessen Ende der Protagonist genau am Widerspruch zwischen Anspruch und eigenen Fähigkeiten zugrunde geht – weil er ein einziges Mal seinen Posten als distanzierter Beobachter, den er sonst stoisch gegenüber der Gesellschaft einnimmt, aufgibt.[60] Dies war seinem Autor durchaus eine War-

---

58 Enthalten in Erich Kästner: Das Blaue Buch. Geheimes Kriegstagebuch 1941. Hg. von Sven Hanuschek in Zusammenarbeit mit Ulrich von Bülow und Silke Becker. Aus der Gabelsberger'schen Kurzschrift übertragen von Herbert Tauer. Zürich 2018, S. 265–336.
59 Die Tatsache, dass Kästner auch die Deportation der Juden registrierte und sich zumindest Gedanken über deren Verbleib und weiteres Schicksal machte, belegt ein Eintrag in sein in Gabelsberger'scher Kurzschrift verfasstes Kriegstagebuch vom Oktober 1941: »Und seit Tagen werden die Juden nach dem Warthegau abtransportiert. Sie müssen in ihren Wohnungen alles stehen und liegen lassen und dürfen pro Person nur einen Koffer mitnehmen. Was sie erwartet, wissen sie nicht. – Ein jüdisches Ehepaar, das in meinem Haus wohnt, hat mich gefragt, ob ich Möbel, Bilder, Bücher, Porzellan usw. kaufen will. Sie hätten sehr schöne ausgesuchte Dinge. Aber das Geld werden sie ja wohl auch nicht mitnehmen dürfen.« (Kästner: Das blaue Buch, S. 97). Im Februar 1946 wird Kästner, nachdem er den Film *Die Todesmühlen*, eine amerikanische Dokumentation über die Konzentrationslager, gesehen hat, in einem Artikel für die *Neue Zeitung* mit dem Titel »Wert und Unwert des Menschen« seiner Erschütterung angesichts der Konfrontation mit der Shoah Ausdruck verleihen: »Es ist Nacht. – Ich bringe es nicht fertig, über diesen unausdenkbaren, infernalischen Wahnsinn einen zusammenhängenden Artikel zu schreiben. Die Gedanken fliehen, sooft sie sich der Erinnerung an die Filmbilder nähern. Was in den Lagern geschah, ist so fürchterlich, daß man darüber nicht schweigen darf und nicht sprechen kann.« (Erich Kästner: Wert und Unwert des Menschen. In: Ders.: Werke. Hg. von Franz Josef Görtz. Bd. 2: Wir sind so frei. Chanson, Kabarett, Kleine Prosa. Hg. von Hermann Kurzke in Zusammenarbeit mit Lena Kurzke. München, Wien 1998, 67–71, hier S. 67). Bereits der Tagebucheintrag von 1941 enthält vage Spekulationen, in der Konfrontation mit den schockierenden Aufnahmen aus den Lagern formuliert Kästner dann die Notwendigkeit der Darstellung des eigentlich Undarstellbaren (»daß man darüber nicht schweigen darf und nicht reden kann«), die zur entscheidenden Fragestellung einer Kunst nach Auschwitz werden sollte. Allerdings hinterlässt auch dies, die Shoah und ihre Folgen, keine weiteren Spuren in Kästners späteren literarischen Werken.
60 Diese ideologische Nähe zwischen *Fabian* und der frühen Lyrik Kästners konstatiert schon Dirk Walter in seiner Studie zum Frühwerk des Autors: »Vielmehr weist auch die weltanschaulich-politische Grundeinstellung des Autors in Lyrik und Prosa keine wesentlichen Unterschiede auf.« (Walter: Zeitkritik und Idyllensehnsucht [s. Anm. 45], S. 239).

nung. So kann man vielleicht den Lyriker Kästner der späten Weimarer Republik als einen Flaneur des Politischen bezeichnen: Er betrachtet aus der Distanz, er spottet über die Übel der Epoche, aber er bleibt, oder vielmehr, er scheint uninvolviert (wie dies ja in seinen Ausführungen zu »indirekten Lyrik« bereits angeklungen ist). Andreas Drouve hat dies zutreffend als die »fatale Unbestimmtheit des Moralisten«[61] charakterisiert. Kästner ist in dieser Phase ein Moralist ohne dezidierte Moral, ein homo politicus ohne Partei. In seiner Dankesrede zur Verleihung des Georg-Büchner-Preises von 1957 spricht Kästner mit Blick auf Büchner »Über die Ungleichzeitigkeit des Gleichzeitigen«.[62] Für Kästner ist Büchner kein Autor seiner Zeitgenossen des »Jungen Deutschland«, vielmehr sieht Kästner eine »Wahlverwandtschaft und [...] Zeitverwandtschaft«[63] Büchners zum jungen Goethe des Sturm und Drang. Diese Strategie der Umpositionierung literarhistorischer Situierungen gemäß wahlverwandtschaftlicher Affinitäten lässt sich auch rückprojizieren auf den Autor selbst, so dass man folgende Zuordnung vornehmen könnte: Kästner ist – auch in seiner Lyrik – in dem Sinne ein »Moralist«, wie es die französischen Moralisten des 17. und 18. Jahrhunderts, La Rochefoucauld, Vauvenargues, Montesquieu, Chamfort,[64] waren[65] und vielleicht auch noch Charles Baudelaire, den man den ersten Moralisten der Großstadt nennen könnte:[66] kritischer Zeitzeuge und spöttischer Chronist seiner Gegenwart, der mit den Mitteln der Ironie und der Satire Distanzierungsstrategien zu den von ihm geschilderten und inkriminierten Zu- und Missständen entwickelte, ohne diesen Missständen jedoch eine wirklich normative Moralkonzeption entgegenzustellen. Der Widerspruch zwischen Theorie und Praxis, zwischen Erkenntnis und Handlungsfähigkeit, an dem sein Romanheld Fabian zugrunde geht,[67] ist auch Kästners Lyrik eingeschrieben.

---

61 Andreas Drouve: Erich Kästner. Moralist mit doppeltem Boden. Marburg 1999, S. 187.
62 P, S. 624.
63 P, S. 626.
64 Vgl. Fritz Schalk: Französischen Moralisten. La Rochefoucauld, Vauvenargues, Montesquieu, Chamfort. Zürich 1995.
65 Diesen Bezug auf die französischen Moralisten der Aufklärung betont auch Sven Hanuschek. Vgl. Hanuschek: Erich Kästner (s. Anm. 3), S. 8f.
66 Vgl. Alexander Kupfer: Moderne Blasphemien eines Moralisten. Charles Baudelaire und die künstlichen Paradiese. In: Ders.: Die künstlichen Paradiese. Rausch und Realität seit der Romantik. Ein Handbuch. Stuttgart 2006, S. 563–593.
67 Helmut Lethen hat mit Blick auf den von Kästners Protagonisten Fabian verkörperten Typus vom »Moralist als Existenzialist« (S. 148) gesprochen und in dessen von radikalem Praxisverzicht bestimmter Haltung ein Identifikationspotenzial für die Position der ›inneren Emigration‹ bürgerlichen Intellektuellen während der folgenden NS-Zeit erkannt: »Der ›Moralist‹ hält an der Moral fest, obwohl er erkennt, daß sie nur noch selbstzerstörerischen Effekt hat. Die Selbstzer-

störung wird ihm zum einzigen Indiz seiner moralischen Identität. Mit Fabian scheint ein existenzialistischer Typus die politische Szene zu betreten, der sich in der ›Absurdität‹ heimisch macht, um zu überleben; und überlebt um den Preis, dem gesellschaftlichen Antagonismus den Schein der Absurdität zu verleihen. Das scheint eine Disposition für die innere Emigration im NS-Staat gewesen zu sein. Die zeitgenössischen Rezensionen bezeugen den hohen Identifikationswert der Gestalt des Dr. Fabian für bürgerliche Intellektuelle.« (Helmut Lethen: Neue Sachlichkeit 1924–1932. Studien zur Literatur des »Weißen Sozialismus«. Stuttgart 1970, S. 149f.).

Stefan Neuhaus
Erich Kästners lyrische Imperative

Die Grenzen der Aufklärung

Ob Sonnenschein, ob Sterngefunkel:
Im Tunnel bleibt es immer dunkel
(G, 293).[1]

1 Der kategorische Imperativ und die Folgen

Die Bedeutung von Kants Transzendentalphilosophie ist bekanntlich nicht zu überschätzen, sie gehört zum Ideenfundament der Moderne und Postmoderne. Immanuel Kant hat seinen kategorischen Imperativ immer wieder neu formuliert, um ihn stark zu machen, ist er doch die für sein Konzept wichtigste Handlungsmaxime des Menschen, aus der sich alle anderen Maximen ableiten lassen. Im kategorischen Imperativ gehen Handeln, Wollen, Moralität, Individualität und Gemeinschaft eine unauflösliche Verbindung ein. Kant erhebt seinen kategorischen Imperativ per Analogieschluss sogar in den Status eines Naturgesetzes:

> Der kategorische Imperativ ist also nur ein einziger, und zwar dieser: *handle nur nach derjenigen Maxime, durch die du zugleich wollen kannst, daß sie ein allgemeines Gesetz werde.* Wenn nun aus diesem einigen Imperativ alle Imperativen der Pflicht, also aus ihrem Prinzip, abgeleitet werden können, so werden wir, ob wir es gleich unausgemacht lassen, ob nicht überhaupt das, was man Pflicht nennt, ein leerer Begriff sei, doch wenigstens anzeigen können, was wir dadurch denken und was dieser Begriff sagen wolle. Weil die Allgemeinheit des Gesetzes, wornach Wirkungen geschehen, dasjenige ausmacht, was eigentlich *Natur* im allgemeinsten Verstande (der Form nach), d. i. das Dasein der Dinge, heißt, sofern es nach allgemeinen Gesetzen bestimmt ist, so könnte der allgemeine Imperativ der Pflicht auch so lauten: *handle so, als ob die Maxime deiner Handlung durch deinen Willen zum allgemeinen Naturgesetz werden sollte.*[2]

Kant sieht den Menschen als ein Wesen, das dazu in der Lage ist, sich an den Anfang einer Entwicklung zu setzen. Somit hat der Mensch einen freien Willen

---

[1] Folgender Band wird in diesem Beitrag nur mit der Sigle G und Seitenzahl zitiert: Erich Kästner: Zeitgenossen, haufenweise. Gedichte. Hg. von Harald Hartung in Zusammenarbeit mit Nicola Brinkmann. München, Wien 1998 (W 1).
[2] Immanuel Kant: Grundlegung zur Metaphysik der Sitten. In: Ders.: Kritik der praktischen Vernunft. Grundlegung zur Metaphysik der Sitten. Hg. von Wilhelm Weischedel. Frankfurt a. M. 1974 [im Folgenden KW], S. 9–102, hier S. 51.

und er kann sich für das moralisch Gute entscheiden, weil es das Vernünftige ist. Moralisch gut ist, was zu einem durch gegenseitige Rücksichtnahme geprägten Zusammenleben freier Individuen beiträgt. Individualität und Gemeinschaft sind in ein optimales Verhältnis zu bringen:

> Niemand kann mich zwingen auf seine Art (wie er sich das Wohlsein anderer Menschen denkt) glücklich zu sein, sondern ein jeder darf seine Glückseligkeit auf dem Wege suchen, welcher ihm selbst gut dünkt, wenn er nur der Freiheit Anderer, einem ähnlichen Zwecke nachzustreben, die mit der Freiheit von jedermann nach einem möglichen allgemeinen Gesetze zusammen bestehen kann [...], nicht Abbruch tut.³

Die wichtigste Voraussetzung dafür ist die freie Meinungsäußerung im Rahmen der im 18. Jahrhundert entstandenen bürgerlichen Öffentlichkeit: »Zu dieser Aufklärung aber wird nichts erfordert als *Freiheit*; und zwar die unschädlichste unter allem, was nur Freiheit heißen mag, nämlich die: von seiner Vernunft in allen Stücken *öffentlichen Gebrauch* zu machen.«⁴

Um den Prozess zu skizzieren, der zu einer solchen idealen Gemeinschaft führen kann, und vor allem, um die Rolle der Kunst und besonders der Literatur für diesen Prozess herauszustellen, hat Friedrich Schiller sein Programm einer ›ästhetischen Erziehung des Menschen‹ entworfen. Immerhin scheint kein anderes Medium für die Herstellung eines öffentlichen Diskurses so geeignet zu sein wie die Literatur, wobei diese Feststellung das Theater als wichtigste Vermittlungsinstanz mit einschließt. Es ist vor allem die sprachliche Form, durch die ein Konzept von Schönheit gestaltet wird, das den Menschen zur Reflexion über die Defizite des Lebens als Individuum in einer Gemeinschaft bewegen kann. Durch die ›schöne‹ Literatur kann dem Menschen »eine vollständige Anschauung seiner Menschheit« ermöglicht werden, um so »einen neuen Trieb« in ihm aufzuwecken, den »*Spieltrieb*«.⁵ Nur wer sich selbst so weit entwickelt, dass er Gefühl und Verstand in Einklang bringt, kann auch ganz selbstverständlich das moralisch Richtige tun und sowohl seine eigene Individualität ausleben als auch ein rücksichtsvolles Mitglied einer Gemeinschaft sein, in der jeder und jedem die Möglichkeit der weitestgehenden Selbstverwirklichung gegeben ist: »Durch die Schönheit wird der sinnliche Mensch zur Form und zum Denken geleitet; durch

---

3 Zitiert nach: Jonas Pfister (Hg.): Texte zur Freiheit. Stuttgart 2014, S. 266.
4 Immanuel Kant: Beantwortung der Frage: Was ist Aufklärung? In: Ehrhard Bahr (Hg.): Was ist Aufklärung? Thesen und Definitionen. Kant, Erhard, Hamann, Herder, Lessing, Mendelssohn, Riem, Schiller, Wieland. Bibliogr. erg. Ausg. Stuttgart 1996, S. 9–17, hier S. 11.
5 Friedrich Schiller: Über die ästhetische Erziehung des Menschen in einer Reihe von Briefen. In: Ders.: Sämtliche Werke. Fünfter Band: Erzählungen. Theoretische Schriften. Aufgrund der Originaldrucke hg.v. Gerhard Fricke u. Herbert G. Göpfert. Darmstadt ⁹1993, S. 570–669, hier S. 612.

die Schönheit wird der geistige Mensch zur Materie zurückgeführt und der Sinnenwelt wiedergegeben.«⁶ Darauf zielt auch der berühmte Satz: »Denn, um es endlich auf einmal herauszusagen, der Mensch spielt nur, wo er in voller Bedeutung des Worts Mensch ist, und *er ist nur da ganz Mensch, wo er spielt.*«⁷

Kant und Schiller sind Konstruktivisten und Idealisten zugleich. Schiller ist dabei realistisch genug, um zu erkennen: »Dieses Gleichgewicht bleibt aber immer nur Idee, die von der Wirklichkeit nie ganz erreicht werden kann.«⁸ Eine Überzeugung übrigens, die in Kästners Epigramm *Variante zum »Abschied«*, das von der Selbsterziehung handelt, auf spöttische Weise geteilt wird:

> Ein Mensch, der Ideale hat,
> der hüte sich, sie zu erreichen.
> Sonst wird er eines Tages statt
> sich selber andern Menschen gleichen (G, 279).

Zwischen Schiller und Kästner liegt eine Entwicklung, die gezeigt hat, wie weit der Mensch von dem Ideal eines ›Spieltriebs‹ entfernt ist. Sigmund Freud hat 1917 die Grenzen menschlichen Wollens und Könnens prägnant auf die Formel der drei ›Kränkungen der Menschheit‹ gebracht und die »Zerstörung dieser narzißtischen Illusion« des Menschen festgestellt. Mit der ›Kopernikanischen Wende‹ (der Mensch ist nicht mehr Mittelpunkt des Universums), Darwins Anthropologie (der Mensch »ist selbst aus der Tierreihe hervorgegangen«) sowie der Psychoanalyse ist nach Freud das vormals so mächtige Subjekt dezentriert worden. Die Psychoanalyse selbst habe gezeigt, »daß das *Ich nicht Herr sei in seinem eigenen Haus*«.⁹

Die in ihrem Verständnis totalitär gewordene Aufklärung haben Horkheimer und Adorno nicht zuletzt aus dem hier skizzierten, mit der Zeit immer offensichtlicher gewordenen Problem erklärt: »Die Anstrengung, das Ich zusammenzuhalten, haftet dem Ich auf allen Stufen an, und stets war die Lockung, es zu verlieren, mit der blinden Entschlossenheit zu seiner Erhaltung gepaart.«¹⁰ Nur eine dialektische Auffassung von Aufklärung, ihre Weiterentwicklung durch einen Einbau von Reflexion kann aus Sicht der Kritischen Theorie, und nicht nur

---

6 Ebd., S. 624.
7 Ebd., S. 618.
8 Ebd., S. 619.
9 Sigmund Freud: Eine Schwierigkeit der Psychoanalyse. In: Ders.: Werke aus den Jahren 1917–1920. Hg. von Anna Freud u. a. Frankfurt a. M. 1999 (Gesammelte Werke, Bd. 12), S. 3–12, hier S. 7.
10 Max Horkheimer u. Theodor W. Adorno: Dialektik der Aufklärung. Philosophische Fragmente. 15. Aufl. Frankfurt a. M. 2004, S. 40.

aus ihrer Sicht,[11] gegen die Versuchungen imprägnieren, sich wieder dem Mythos zu überantworten.[12]

Die Entwicklung aus der Sicht des neuen Jahrtausends bilanzierend, hat Andreas Reckwitz festgestellt:

> Die Moderne produziert keine eindeutige, homogene Subjektstruktur, sie liefert vielmehr ein Feld der Auseinandersetzung um kulturelle *Differenzen* bezüglich dessen, was das Subjekt ist und wie es sich formen kann. Kennzeichnend für die Moderne ist gerade, dass sie dem Subjekt keine definitive Form gibt, sondern diese sich als ein Kontingenzproblem, eine offene Frage auftut, auf die unterschiedliche, immer wieder neue und andere kulturelle Antworten geliefert und in die Tat umgesetzt werden.[13]

Das skizzierte Problem zeigt sich in der Literatur nicht zuletzt in der Differenz von Handeln und Schreiben. Erich Kästner gehört zu jenen Autoren, die dem aufklärerisch-klassischen Konzept einer ›ästhetischen Erziehung‹ durch Literatur stark verpflichtet sind. Kästner selbst hat sich bekanntlich als »Urenkel der Aufklärung« bezeichnet. In seiner 1949 erstveröffentlichten Rede *Kästner über Kästner* nimmt er eine für sein Werk typische Distanzierung vor, indem er sich in die Rolle des Beobachters seiner selbst versetzt:

> Er ist ein Moralist. Er ist ein Rationalist. Er ist ein Urenkel der deutschen Aufklärung, spinnefeind der unechten »Tiefe«, die im Lande der Dichter und Denker nie aus der Mode kommt, untertan und zugetan den drei unveräußerlichen Forderungen: nach der Aufrichtigkeit des Empfindens, nach der Klarheit des Denkens und nach der Einfachheit in Wort und Satz.[14]

---

11 Es würde zu weit führen zu zeigen, inwiefern z. B. für die Diskurs-, System- oder Gendertheorien von Michel Foucault, Niklas Luhmann oder Judith Butler das Moment der Reflexion die Grundlage bildet – und entsprechend auch als solche prominent mit reflektiert wird, etwa in Luhmanns Modell der Beobachtung zweiter und dritter Ordnung.
12 Vgl. Horkheimer, Adorno: Dialektik der Aufklärung (s. Anm. 10), z. B. S. 44 u. 199. – Für einen Versuch, die Konzepte Kästners und der Kritischen Theorie in Verbindung zu bringen, vgl. Stefan Neuhaus: »Urenkel der Aufklärung«. Eine synoptische Lektüre von Werken Erich Kästners und der *Dialektik der Aufklärung*. In: Klaus Müller-Salget u. Sigurd Paul Scheichl (Hg.): Nachklänge der Aufklärung im 19. und 20. Jahrhundert. Für Werner M. Bauer zum 65. Geburtstag. Innsbruck 2008, S. 267–278.
13 Andreas Reckwitz: Das hybride Subjekt. Eine Theorie der Subjektkulturen von der bürgerlichen Moderne zur Postmoderne. Weilerswist 2006, S. 14.
14 Erich Kästner: Kästner über Kästner. In: Ders.: Wir sind so frei. Chansons, Kabarett, Kleine Prosa. Hg. von Hermann Kurzke in Zusammenarbeit mit Lena Kurzke. München, Wien 1998 (W 2), S. 323–328, hier S. 326 f.

Ebenso typisch für Kästners Stil ist die unmittelbar folgende paradoxe Feststellung: »Er glaubt an den gesunden Menschenverstand wie an ein Wunder, und so wäre alles gut und schön, wenn er an Wunder glaubte, doch eben das verbietet ihm der gesunde Menschenverstand.«[15]

Dieser Rede als zweitletztem Text des Bandes *Die Kleine Freiheit. Chansons und Prosa 1949–1952*, erschienen 1952, folgt, somit den Band abschließend, ein Epigramm:

> Eine unliterarische Antwort
> »Woran arbeiten Sie?« fragt ihr.
> »An einem Roman?« An *mir*.[16]

Kästners Leben mag aus seiner subjektiven Sicht durch das Streben nach dem skizzierten, einer reflexiv gewordenen Aufklärung verpflichteten Ideal gekennzeichnet gewesen sein, wir können ihn nicht mehr danach fragen. Von außen und retrospektiv betrachtet finden wir in seiner Biographie gescheiterte Beziehungen, einen weitgehend ohne seinen Vater aufwachsenden Sohn und zunehmenden Alkoholismus im Alter. Wie bereits Schiller meinte, kann man nur strebend sich bemühen. Es gehört außerdem nicht zu den Aufgaben der Literaturwissenschaft, an Autoren die moralischen oder sonstigen Maßstäbe anzulegen, die ihre Texte entwickeln. Vielmehr kann es aus literatur- und kulturwissenschaftlicher Perspektive nur darum gehen zu fragen, welche Maßstäbe literarische Texte entwickeln und wie diese Texte rezipiert werden können.

In der Folge soll also nun gezeigt werden, wie die skizzierten aufklärerisch-klassischen Maßstäbe in Kästners lyrischem Werk weiterwirken und welche besondere Prägung sie in diesem Werk erhalten.

2 Bausteine von Kästners Lyrik-Konzept

Der Lyriker Kästner bemüht sich schon in der Weimarer Republik – hier entstehen die Gedichte und die vier Gedichtbände, die den Grundstock seiner lyrischen Produktion bilden – um Kritik »gegenüber den Gewohnheiten und Richtungen des Zeitgeistes«,[17] an jeder auf totalitäre Entwicklungen in Politik, Wirtschaft und

---

15 Ebd., S. 327.
16 Ebd., S. 329.
17 Horkheimer, Adorno: Dialektik der Aufklärung (s. Anm. 10), S. 1.

Gesellschaft gerichteten »Affirmation«.[18] Die Texte können teils als analytisch verstanden werden, indem sie versuchen, »die Ursache[n] des Rückfalls von Aufklärung in Mythologie«[19] zu benennen.

Den ersten Gedichtband *Herz auf Taille* von 1928 eröffnet das Gedicht *Jahrgang 1899*. Es handelt sich um eine kritische Reflexion über die Folgen des Großen Krieges auf der Basis persönlicher, verallgemeinerter Erfahrungen, programmatisch beginnend mit dem kollektivierenden »Wir«. Es geht um die Erfahrungen einer Generation junger Männer, die zu »Kanonenfutter« degradiert wurden und von denen jene, die überlebten, »ein bißchen Revolution« erleben durften (G, 9). Der Text, den man durchaus als Exposition des Bandes lesen kann, endet mit einer Drohung gegenüber der älteren Generation, die für die skizzierten Erfahrungen verantwortlich zeichnen müsste, wenn sie nicht, wie das Gedicht suggeriert, vollkommen verantwortungslos wäre. Die Bedeutung der Aussage wird durch die überzählige fünfte Verszeile unterstrichen, alle vorherigen Strophen sind Quartette:

> Die Alten behaupten, es würde nun Zeit
> für uns zum Säen und Ernten.
> Noch einen Moment. Bald sind wir bereit.
> Noch einen Moment. Bald ist es so weit!
> Dann zeigen wir euch, was wir lernten! (G, 10)

Viele Gedichte arbeiten mit einer solchen imperativischen Rollensprache, die nicht selten satirisch-drohend daherkommt, etwa im *Chor der Fräuleins* (G, 12). Vertreter*innen einer Gruppe drohen einer anderen Gruppe, die für die Misere verantwortlich ist und zu der auch die Leser*innen gezählt werden, denn sie werden ja direkt angesprochen. Allerdings können sich die kleinbürgerlichen Leser*innen auch in die Rolle der Sprecher*innen hineinversetzen und sie als Sprachrohr der eigenen Kritik betrachten, sich mit ihnen solidarisieren. Es sind vor allem solche Solidarisierungseffekte, die initiiert werden, um Empathie aufzubauen. Allerdings wird zugleich eine kritische Distanz zur Sprecher*innenrolle aufgebaut, um eine möglichst illusionslose Reflexion über das eigene (Fehl-)Verhalten zu ermöglichen. Diese für alle derartigen Gedichte konstitutive kritische Reflexion und Selbstbeobachtung ist beispielsweise von Walter Benjamin in seiner vielzitierten, sozialistisch-instrumentellen Kritik über Kästners lyrische *Linke Melancholie* (wohl absichtsvoll) nicht beachtet worden.[20]

---

18 Ebd., S. 2.
19 Ebd., S. 3.
20 Vgl. den Auszug aus der 1931 erschienenen Rezension in: Sven Hanuschek: Erich Kästner. Reinbek ⁴2018, S. 146.

Nicht immer sind die Sprecher*innenrolle oder die Rolle der Adressaten auf eine bestimmte Gruppe bezogen, so heißt es in *Die Welt ist rund:* »Mensch, werde rund, Direktor und borniert«, oder: »Sei dumm. Doch sei es mit Verstand. / Je dümmer, desto klüger« (G, 17). Mit solchen paradoxen Formulierungen soll auf das Paradoxon der gesellschaftlichen Existenz, das stets als sozial grundiert konzipiert wird, hingewiesen werden, auch in der ironischen Bezugnahme auf eine philosophisch-literarische Tradition, in diesem Fall auf das zum geflügelten Wort gewordene, berühmte Zitat von Angelus Silesius: »Mensch, werde wesentlich!« In *Die Tretmühle* wird in das Register der religiösen Sprache gewechselt: »Du sollst für Laut- und Leisetreter beten« (G, 21). Angeschlossen wird dabei stets an alltägliches kulturelles Wissen, an Traditionen, die auf solche Weise verfremdet und dadurch als historische Konstruktionen sichtbar gemacht werden.

Das Spektrum der lyrischen Imperative reicht von gut gemeinten, ganz privaten Ratschlägen wie in dem Rollengedicht *Frau Großhennig schreibt an ihren Sohn:* »Laß Dein Zimmer heizen« (G, 19), also von auf den kleinbürgerlichen Alltag bezogenen Texten, bis hin zu bekannten, radikalen Varianten wie im *Marschliedchen:*

> Ihr und die Dummheit zieht in Viererreihen
> in die Kasernen der Vergangenheit.
> Glaubt nicht, daß wir uns wundern, wenn ihr schreit.
> Denn was ihr denkt und tut, das ist zum Schreien (G, 220).

Der Rückfall in die Vormoderne, der Rückschritt hinter die Aufklärung wird hier (und nicht nur hier) satirisch-lyrisch vorhergesagt: »Die Seele kocht, und die Vernunft erfriert« (ebd.). Die schließende Drohung soll aufrütteln, um genau das, was prognostiziert wird, durch die Drastik der Darstellung zu verhindern:

> Wie ihr's euch träumt, wird Deutschland nicht erwachen.
> Denn ihr seid dumm und seid nicht auserwählt.
> Die Zeit wird kommen, da man sich erzählt:
> Mit diesen Leuten war kein Staat zu machen! (G, 221)

Zu den warnenden politischen Gedichten gehört auch das ebenso bekannte *Kennst Du das Land, wo die Kanonen blühn?*, mit dem das *Lied der Mignon* aus Goethes *Wilhelm Meisters Lehrjahre* parodiert wird und das bekanntlich so beginnt: »Kennst Du das Land, wo die Kanonen blühn? / Du kennst es nicht? Du wirst es kennenlernen!« (G, 26). Ebenfalls parodistisch ist das *Weihnachtslied, chemisch gereinigt* mit folgendem Anfang: »Morgen, Kinder, wird's nichts geben!«, später gefolgt von ironischer imperativischer Rede: »Lauf ein bißchen durch die Straßen! / Dort gibt's Weihnachtsfest genug« (G, 49).

Die *Ansprache an Millionäre* aus dem dritten Gedichtband *Ein Mann gibt Auskunft* (1930) beginnt bereits mit einer drohenden rhetorischen Frage:

> Warum wollt ihr solange warten,
> bis sie euren geschminkten Frauen
> und euch und den Marmorpuppen im Garten
> eins über den Schädel hauen? (G, 133)

Die zahlreichen folgenden rhetorischen Fragen identifizieren die adressierte Gruppe als die Schuldigen an Armut und sozialer Not, die Schluss-Strophe enthält wieder einen satirischen Imperativ:

> Ihr seid nicht klug. Ihr wollt noch warten.
> Uns tut es leid. Ihr werdet's bereuen.
> Schickt aus dem Himmel paar Ansichtskarten!
> Es wird uns freuen (G, 135).

Noch radikaler sind jene satirischen lyrischen Texte, die den Tod prognostizieren oder die den Toten warnende Stimmen geben. Letzteres gilt für *Stimmen aus dem Massengrab*, prominent am Ende des ersten Gedichtbandes positioniert. Die Feststellung »Vier Jahre Mord« (G, 61) kann zunächst auf den Ersten Weltkrieg, aber auch auf die mörderische Verfolgung der Linken in der Weimarer Republik bezogen werden, wie sie Emil Julius Gumbel in seinem 1922 erschienenen, seinerzeit sehr bekannten Buch *Vier Jahre politischer Mord* eindrucksvoll dargestellt hat. Die Ermordeten jedenfalls drohen am »*Totensonntag*« (G, 61) den Überlebenden:

> Vier Jahre Mord, und dann ein schön Geläute!
> Ihr geht vorbei und denkt: sie schlafen fest.
> Vier Jahre Mord, und ein paar Kränze heute!
> Verlaßt Euch nie auf Gott und seine Leute!
> Verdammt, wenn Ihr das je vergeßt! (G, 62)

Inhaltlich noch radikaler, dafür in der Adressierung zurückgenommener (und dadurch den Eindruck verstärkend und nicht abmildernd), ist das letzte Gedicht von *Ein Mann gibt Auskunft* mit dem bezeichnenden Titel *Das letzte Kapitel*, in dem die »Weltregierung« die Vernichtung der Menschheit beschließt und ausführen lässt, um »endgültig Frieden zu stiften«:

> Zu fliehen, wurde erklärt, habe keinen Zweck.
> Nicht eine Seele dürfe am Leben bleiben.

> Das Giftgas krieche in jedes Versteck.
> Man habe nicht einmal nötig, sich selbst zu entleiben (G, 171).

Die Adressierung wird auf der Ebene der *histoire* durch den Filter der Wiedergabe in indirekter Rede gebrochen, weil gar keine Reaktion mehr erwartet wird. Auf der Ebene des *discours* wirkt durch die fehlende Möglichkeit der Reaktion das Zynische der Situation nur noch eindringlicher. Die Paradoxie von gleichzeitiger Apokalypse und Idylle zum Schluss könnte nicht größer ausfallen:

> Jetzt hatte die Menschheit endlich erreicht, was sie wollte.
> Zwar war die Methode nicht ausgesprochen human.
> Die Erde war aber endlich still und zufrieden und rollte,
> völlig beruhigt, ihre bekannte elliptische Bahn (G, 172).

Die imperativische lyrische Rede zeigt sich, und dies könnte an anderen Beispielen noch weiter perspektiviert werden, als äußerst variabel, wenn es um die Gruppe der Sprecher*innen oder der Adressat*innen geht. Die Funktion ist aber meist die gleiche: Es wird auf soziale Ungleichheit hingewiesen, deren Ursache ein Machtgefälle ist. Nur die Gedichte, die entweder die sehr politische oder die sehr private Situationen schildern, wären hier auszunehmen, auch wenn bei den sehr privaten Gedichten die Ursachen für die stets als sozial gedachten Beziehungen zwischen den Figuren vor dem Hintergrund gesellschaftlicher Verhältnisse zu diskutieren wären. Die politischen, in der Regel satirischen Entwürfe ergeben sich aus der kollektiven Missachtung aufklärerisch-reflexiver Prinzipien.

Dass Kants kategorischer Imperativ die Folie eines Konzepts operativer Lyrik bildet, zeigt bereits Kästners wohl berühmtestes Epigramm, das erstmals in *Doktor Erich Kästners Lyrische Hausapotheke* von 1936 gedruckt wurde, also wohl nicht zufällig in finsterster Zeit, zu der Kästner bereits Publikationsverbot hatte – ein Berufsverbot sollte wenig später folgen:

> Moral
>
> Es gibt nichts Gutes
> außer: Man tut es (G, 277).

Einmal mehr ist die für viele Texte Kästners typische, paradoxale Struktur zu vermerken, die hier natürlich, durch die sprachliche Konzentration, besonders prägnant wirkt: Zunächst wird festgestellt, dass es nichts Gutes gibt, um in der zweiten Zeile diese apodiktische Behauptung zu relativieren und zu modifizieren. Umso nachdrücklicher wird die Bedeutung der Tat herausgestellt.[21]

Das Epigramm schließt an eine Tradition an, die beispielsweise auch am Anfang von Goethes *Faust. Eine Tragödie* (1808) thematisiert wird, dort überlegt die Titelfigur:

> Wir sehnen uns nach Offenbarung,
> Die nirgends würd'ger und schöner brennt
> Als in dem Neuen Testament.
> Mich drängt's, den Grundtext aufzuschlagen,
> Mit redlichem Gefühl einmal
> Das heilige Original
> In mein geliebtes Deutsch zu übertragen.
> *Er schlägt ein Volum auf und schickt sich an.*
> Geschrieben steht: ›Im Anfang war das *Wort!*‹
> Hier stock' ich schon! Wer hilft mir weiter fort?
> Ich kann das *Wort* so hoch unmöglich schätzen,
> Ich muß es anders übersetzen,
> Wenn ich vom Geiste recht erleuchtet bin.
> Geschrieben steht: Im Anfang war der *Sinn*.
> Bedenke wohl die erste Zeile,
> Daß deine Feder sich nicht übereile!
> Ist es der *Sinn*, der alles wirkt und schafft?
> Es sollte stehn: Im Anfang war die *Kraft!*
> Doch, auch indem ich dieses niederschreibe,
> Schon warnt mich was, daß ich dabei nicht bleibe.
> Mir hilft der Geist! Auf einmal seh' ich Rat
> Und schreibe getrost: Im Anfang war die *Tat!*[22]

In der Bibel heißt es: »Im Anfang war das Wort, und das Wort war bei Gott, und Gott war das Wort« (1. Mose 1.1; Johannes 17.5; 1. Johannes 1.1–2; Offenbarung 19.13). Goethe und Kästner modifizieren diesen Glaubenssatz; Goethe in seiner Figur Faust, nachdem diese sich etwas vornimmt, das bekanntlich bereits Martin Luther folgenreich getan hat – das Neue Testament ins Deutsche zu übersetzen. Kästners epigrammatische Feststellung scheint auf den ersten Blick weniger dazu geeignet, die Sprecherrolle zu ironisieren, wie dies bei dem sich ständig selbst überschätzenden (und dadurch ironisierten) Faust der Fall ist. Allerdings finden sich solche Ironisierungen moralischer Positionen bei Kästner auch in anderen lyrischen Texten. So endet die *Ballade vom Defraudanten*, in der es der Figur – in

---

[21] Ähnlich argumentiert das Epigramm *Anonymer Grabstein* (G, 275).
[22] Johann Wolfgang von Goethe: Werke. Hamburger Ausgabe in 14 Bänden. Textkritisch durchgesehen und kommentiert von Erich Trunz u. a. München 1998, Bd. 1, S. 43 f.

einer abermals paradoxalen Situation – wegen mangelnder Französischkenntnisse nicht gelingt, Selbstmord zu begehen, mit folgender Strophe:

> Moral:
> Da sitzt er nun und deutet damit an,
> daß Bildungsmangel gräßlich schaden kann.
> Es ist der Tiefsinn dieses Sinngedichts:
> Lernt fremde Sprachen!
> Weiter will es nichts.
> Anmerkung: Lernt fremde Sprachen!
> Eßt deutsches Obst! (G, 29).

Der Imperativ ist erkennbar der Nonsenslyrik verpflichtet, die »Moral« ist keine, zumindest keine offensichtliche. Erst der Nachsatz deutet auf einen kritischen Subtext, denn der Nationalismus der Zeit wird parodiert, so wie Kästner dies beispielsweise auch in *Der Handstand auf der Loreley* getan hat (G, 182f.), enthalten im vierten Gedichtband *Gesang zwischen den Stühlen* von 1932.

Moral hat also in den Gedichten Kästners immer einen doppelt-doppelten Boden: Einerseits zeigt sie sich vielfach als Doppelmoral, wenn auf die Heuchelei und Scheinheiligkeit des – im Sinne des Epigramms – unmoralischen Handelns der Figuren hingewiesen wird. Andererseits wird mit sprachlichen Mitteln, vor allem mit Satire, Ironie und Parodie eine ironisch-kritische zweite Ebene eingezogen, die zur Reflexion nicht nur über das Verhalten der Figuren, sondern auch über die eigene Position anregt. Die Adressaten werden als Akteure im lyrischen Spiel immer wieder neu besetzt, der Rollen- und Kleidertausch vollzieht sich von Gedicht zu Gedicht in atemberaubender Schnelle.

3 Die Kontingenz der Existenz

Skizzenhaft sollte deutlich geworden sein, wie in Kästners Lyrik Individuum und Gemeinschaft in ein Verhältnis gesetzt werden. Die menschliche Existenz ist kontingent, sie ist von zahlreichen Faktoren abhängig, die sich vom Individuum nur sehr bedingt beeinflussen lassen. In Kästners Lyrik finden sich zahlreiche Figuren, die sich dadurch aus der Bahn werfen lassen, doch ist dies, wie gezeigt, als Provokation gemeint, es ihnen nicht gleichzutun. Die entsprechende Adressierung, auch in imperativischer Form, wird in den »*Epigramme[n] aus zwei Jahrzehnten*« (G, 270), die Kästner 1946 unter dem Titel *Kurz und bündig* veröffentlicht hat, auf gattungstypisch besonders prägnante Weise inszeniert. Hier finden sich nun auch lyrische Imperative, die Mut machen:

Kalenderspruch

Vergiß in keinem Falle,
auch dann nicht, wenn vieles mißlingt:
Die Gescheiten werden nicht alle!
(So unwahrscheinlich das klingt.) (G, 271)

Die erste Relativierung steckt bereits im Titel, ein »Kalenderspruch« ist in der Regel nicht viel mehr wert als eine gut gemeinte Redewendung oder ein Horoskop. Auch die letzte Zeile in Klammern, die das letzte Wort behält, ist nicht dazu angetan, die Hoffnung zu einer berechtigten zu erklären. Vielmehr wird klar gesagt, dass es »unwahrscheinlich« ist, darauf zu bauen, dass es die »Gescheiten« gibt oder dass sie aufhören zu existieren.

Es sind die nun schon an vielen Beispielen deutlich gewordenen Paradoxien, die Hoffnung geben, weil sie mit Hilfe der lyrischen Form – und das meint hier eben auch das alternierende Versmaß und den Reim – Kontingenzen zu bändigen imstande sind.

Die damit einher gehende Rolle, auch das ist dem lyrischen Sprecher bewusst, lässt sich nicht ausblenden oder sie lässt sich sogar explizit betonen:

Unsanftes Selbstgespräch

Merk dir, du Schaf,
weil es immer gilt:
Der Fotograf
ist nie auf dem Bild (G, 273).

Ebenso könnte man sagen, vorausweisend auf erst viel später entfaltete und diskutierte Theorien über die Rolle des Autors für die Literatur,[23] dass sich der Autor durch abwesende Anwesenheit auszeichnet. Er ist nicht Teil des Textes, aber er ist es doch, denn er ist der Autor. Der Text spricht, nicht der Autor – aber der Text ist das Produkt des Autors. Die Analogie der Fotografie legt aber auch nahe, dass die Codierungen und Instrumente, deren sich der Urheber bedient (Motiv, Kamera, Film, Fotopapier, Lösung – Sprache, Schreibmaschine, Farbband, Papier), potentiell von allen genutzt werden können.

---

23 Vgl. Roland Barthes' *Der Tod des Autors* und Michel Foucaults *Was ist ein Autor?* und die Folgen, dokumentiert in: Fotis Jannidis u. a. (Hg.): Texte zur Theorie der Autorschaft. Stuttgart 2000, S. 185–197 u. 198–229.

4 Die Rolle der Lyrik im Leben

Das hohe Reflexionsniveau der Lyrik Kästners wird auch in einer anderen Form der Adressierung deutlich, durch sie wird die mitlaufende Selbstreflexivität auf die Stufe der Metafiktionalität gehoben. Dies geschieht in der *Prosaischen Zwischenbemerkung* (G, 87 f.) von *Lärm im Spiegel* ebenso wie in dem zweitletzten Gedicht von *Ein Mann gibt Auskunft* mit dem Titel *Und wo bleibt das Positive, Herr Kästner?*, nicht zufällig gefolgt von dem bereits zitierten *letzten Kapitel*. Die *Prosaische Zwischenbemerkung* entwirft ein Konzept von Gebrauchslyrik, das mit vergleichbaren Konzepten von Bertolt Brecht und Kurt Tucholsky etwa die eingängige Sprache und die aufklärerisch-reflexive Adressierung gemeinsam hat,[24] also Gedichte operativ nutzbar machen will, ohne sie des formal-ästhetischen[25] literarischen Anspruchs zu entkleiden.

Entscheidend ist dabei, nicht von der Literatur zu erwarten, dass sie Antworten gibt – denn dann würde sie wieder totalitär, sie würde die Leser*innen manipulieren, ihnen eher direkt oder eher indirekt eine bestimmte Auffassung diktieren. Die Antwort kann nur eine Frage sein, oder eine Antwort, die auf die Frage zurückverweist:

> Und immer wieder schickt ihr mir Briefe,
> in denen ihr, dick unterstrichen, schreibt:
> »Herr Kästner, wo bleibt das Positive?«
> Ja, weiß der Teufel, wo das bleibt (G, 170).

Die Zumutung, eine Antwort zu verlangen, mündet wieder in einen lyrischen Imperativ, der über die (im Sinne der Aufklärung nach Kant)[26] nicht selbst denkenden Leser*innen spottet:

> Habt Sonne in sämtlichen Körperteilen
> und wickelt die Sorgen in Seidenpapier!
> Doch tut es rasch. Ihr müßt euch beeilen.

---

24 Vgl. bereits Stefan Neuhaus: Gebrauchslyrik. Vorüberlegungen zum Studium einer vernachlässigten Gattung. In: Literatur in Wissenschaft und Unterricht 34, H. 2 (2001), S. 99–116. Zu Kästners Lyrik allgemein und besonders zur Gebrauchsfunktion vgl. außerdem und ausführlich: Remo Hug: Gedichte zum Gebrauch. Die Lyrik Erich Kästners: Besichtigung, Beschreibung, Bewertung. Würzburg 2006.
25 Zum Begriff vgl. Renate von Heydebrand u. Simone Winko: Einführung in die Wertung von Literatur. Systematik – Geschichte – Legitimation. Paderborn u. a. 1996, S. 29.
26 »Sapere aude! Habe Mut, dich deines *eigenen* Verstandes zu bedienen! ist also der Wahlspruch der Aufklärung.« Kant: Beantwortung der Frage: Was ist Aufklärung? (s. Anm. 4), S. 9.

> Sonst werden die Sorgen größer als ihr.
> Die Zeit liegt im Sterben. Bald wird sie begraben.
> Im Osten zimmern sie schon den Sarg.
> Ihr möchtet gern euren Spaß dran haben ...?
> Ein Friedhof ist kein Lunapark (G, 171).

Nun folgt also *Das letzte Kapitel* und es wird einmal mehr deutlich, dass auch die Anordnung der einzelnen Gedichte keineswegs zufällig erfolgt ist.

5 Fazit

Der kategorische Imperativ Immanuel Kants ist durch Friedrich Schiller in ein Programm der ›ästhetischen Erziehung des Menschen‹ überführt worden. Nicht erst (das zu zeigen fehlt hier der Raum), aber auch Sigmund Freud hat die Grenzen der Aufklärung aufgezeigt und auf die drei narzisstischen Kränkungen der Menschheit hingewiesen, deren erste den Namen Kopernikus trägt. Freud sah die Psychoanalyse als die Möglichkeit einer Weiterentwicklung des Konzepts der Aufklärung, während Kästner (und nicht nur er, auch das kann hier nicht gezeigt werden) einen erneuten Versuch unternahm (und zwar, wie hoffentlich deutlich geworden ist, einen ganz besonderen, für ihn typischen), Aufklärung durch eine unabschließbare Reflexion gegen Totalitarismen zu imprägnieren. Insofern ist Kopernikus nicht nur der Name der ersten Kränkung, sondern auch der Name der ersten Hoffnung. Daran lässt das den Band *Kurz und bündig* beschließende, für ein Epigramm eigentlich zu lange Gedicht *Kopernikanische Charaktere gesucht* keinen Zweifel:

> Wenn der Mensch aufrichtig bedächte:
> daß sich die Erde atemlos dreht;
> daß er die Tage, daß er die Nächte
> auf einer tanzenden Kugel steht. (G, 296)

Man könnte auch sagen: Wenn sich der Mensch einerseits nicht so wichtig nehmen und andererseits seine Existenz auf Erden als das für ihn Wichtige, Unwiederholbare erkennen würde, »dann würd er so, wie Kästner werden möchte« (ebd.), und das ist prototypisch gemeint. Der Autor bringt sich als Figur selbst ins Bild. Er bekennt Farbe, indem er die Kontingenz der Existenz nicht nur anerkennt, sondern als Impuls für eine aktive und positive Gestaltung postuliert.

Darin ist Kästner Brecht sehr ähnlich, ein Vergleich mit der *Hauspostille* (1927) liegt hier nahe. Brechts Sammlung wird gerahmt durch eine *Anleitung zum Ge-*

brauch der einzelnen Lektionen[27] und durch ein *Schlusskapitel*, das aus dem Gedicht *Gegen Verführung* besteht.[28] Die *Anleitung* zeugt von dem »Gebrauchswert« der Sammlung: »*Diese Hauspostille ist für den Gebrauch der Leser bestimmt. Sie soll nicht sinnlos hineingefressen werden.*«[29] Besonderen Stellenwert hat das letzte Gedicht: »*Überhaupt empfiehlt es sich, jede Lektüre in der Taschenpostille mit dem Schlußkapitel zu beschließen.*«[30] Jeder Vertröstung auf Belohnung religiösen Handelns im Jenseits wird darin eine klare Absage erteilt:

> 1
> Laßt euch nicht verführen!
> Es gibt keine Wiederkehr.
> Der Tag steht in den Türen;
> ihr könnt schon Nachtwind spüren:
> Es kommt kein Morgen mehr. [...]
>
> 4
> Laßt euch nicht verführen!
> Zu Fron und Ausgezehr!
> Was kann euch Angst noch rühren?
> Ihr sterbt mit allen Tieren
> und es kommt nichts nachher.[31]

Aus den Kontingenzerfahrungen der Moderne ziehen Kästners wie Brechts Gedichte einen positiven Schluss. Die lyrischen Imperative, wie sie sich hier auch bei Brecht finden, sind Bestandteil der Konzeption einer Art von Lyrik, die operativ und dennoch Literatur sein will, auch und gerade, weil sie Literatur als Reflexionsmedium auf eine neue, besondere Weise stark macht.

---

27 Vgl. Bertolt Brecht: Bertolt Brechts Hauspostille. In: Ders.: Gedichte I. Frankfurt a. M. 1997 (Ausgewählte Werke in sechs Bänden 3), S. 37–120, hier S. 39.
28 Vgl. ebd., S. 116.
29 Ebd., S. 39.
30 Ebd., S. 40.
31 Ebd., S. 116.

Michael Ansel
Sprichwörter, Redensarten und literarische Zitate in Erich Kästners Lyrik

Kästners Lyrik ist in der Spätphase der Weimarer Republik erschienen. Sie wird der Neuen Sachlichkeit zugeordnet und mit dem Begriff der Gebrauchslyrik bezeichnet. Sowohl ihre epochenspezifische Einordnung als auch ihre Bezeichnung verweisen auf den Neorealismus der 1920er Jahre, der Gegenwartsbezug und Alltagsnähe von Kunst und Literatur forcierte und durch Tatsachenorientierung das moderne Lebensgefühl sowie die aktuellen Bewusstseinsinhalte der urbanen Mittelschichten[1] ausdrücken wollte. Und so war auch Kästners Gebrauchslyrik auf Eingängigkeit und leichte Verständlichkeit ausgerichtet. Sie sollte Aktualität demonstrieren und vermeidbare, mit einer elaborierten Stillage verbundene Rezeptionsbarrieren minimieren. Diese intendierte Aktualität und ihr Bestreben, mentale Strukturen des Großstadtlebens sowohl zu erfassen als auch anzusprechen, werfen eigentlich von selbst die Frage auf, ob sie sich vertrauter, in der Alltagskommunikation verwendeter Phrasen bedient. Deshalb ist aus naheliegenden Gründen eine Untersuchung der Thematik angebracht, wie es um die Integration von Sprichwörtern, Redensarten und (geläufigen) literarischen Zitaten in ihr bestellt ist. Dennoch ist der Rekurs auf solche Phrasen in Kästners Gedichten noch nicht systematisch untersucht worden,[2] obwohl Wolfgang Mieder schon 1977 ausdrücklich darauf hingewiesen hatte, dass »[g]erade die moderne Lyrik von Bertolt Brecht, Erich Kästner, Hans Magnus Enzensberger, Günter Kunert etc. [...] reich an sprichwörtlichem Material [ist]«.[3] Diese Forschungslücke soll nun geschlossen werden. Ausgewertet wurden alle vier in der Weimarer Republik

---

[1] Gabriele Sander: Neusachliche Angestellten-Lyrik von Tucholsky, Kästner und Kaléko. In: Recherches germaniques hors-série n° 14/2019. Lectures de textes poétiques de la Frühe Moderne 1890–1930 / Modellanalysen zur Lyrik der Frühen Moderne 1890–1930, S. 189–213.
[2] Das gilt auch für die umfangreichste Untersuchung über Kästners Lyrik: Remo Hug (Gedichte zum Gebrauch. Die Lyrik Erich Kästners: Besichtigung, Beschreibung, Bewertung. Würzburg 2006) geht im Rahmen seiner zwar materialreichen, konzeptionell aber wenig überzeugenden und redundanten Monographie nur kurz auf diese Frage ein und vermengt sie überdies mit Kästners davon zunächst unabhängig zu analysierenden Techniken des Sprachspiels. Auch die Unterscheidung zwischen Sprichwörtern und literarischen Zitaten bleibt bei ihm völlig unberücksichtigt: »Der nie nachlassenden Lust am Wortwitz verdanken sich auch die schier unzähligen Stellen, an denen Kästner scherzhaft Sprichwörter abwandelt und Redensarten umbildet, provokativ Bibelzitate persifliert oder genüsslich bekannte Lied- und Gedichtzeilen verballhornt« (S. 140 f.).
[3] Lutz Röhrich und Wolfgang Mieder: Sprichwort. Stuttgart 1977, S. 91.

https://doi.org/10.1515/9783110743418-005

publizierten Gedichtbände Kästners sowie jene im selben Zeitraum erschienenen Montagsgedichte, die nicht darin eingegangen sind. Allerdings wird aus Raumgründen exemplarisch, also nicht mit dem Anspruch auf quantitative Vollständigkeit vorgegangen, da hier natürlich nicht alle, sondern nur ausgewählte Belegtexte präsentiert werden können.

1 Terminologisches

Im Folgenden werden (1) Sprichwörter und Redensarten, (2) Sprachfloskeln bzw. Exklamationen und (3) literarische Zitate sowie Anspielungen voneinander unterschieden. Sprichwörter sind kurze, in sich abgeschlossene Sätze der Alltagskommunikation, die »nach Form und Gehalt [...] sprachlich oder gedanklich zugespitzt formuliert und mit allgemeinem Geltungsanspruch auf typisierend wahrgenommene Situationen des menschlichen Lebens beziehbar« sind und »dazu dien[en], einen besonderen Fall in analogischem Rückbezug auf konsensfähiges Erfahrungs- und Orientierungswissen zu beurteilen oder zu entscheiden«.[4] Mit literarischen, oftmals in Sammlungen vorgelegten Spruchtexten etwa im Sinne von Gnomen oder Sentenzen hat der hier verwendete Wortgebrauch nichts zu tun. Allerdings ist der Übergang zwischen Sprichwörtern und (popularisierten) literarischen Zitaten fließend, wenn man an die »Geflügelten Worte« Büchmanns,[5] also an jene Klassiker-Zitate denkt, die sich in der alltäglichen Rede so etabliert haben, dass ihre Provenienz aus der elaborierten Dichtung oftmals gar nicht mehr bekannt ist. Solche Textbausteine werden den literarischen Zitaten zugeordnet und gesondert betrachtet, da ihr originärer Ursprung interessiert und da ihre reflektierte Verwendung durch Kästner vorausgesetzt werden kann. Literarische Zitate müssen wörtlich oder – da sie vermutlich meistens aus dem Gedächtnis aufgerufen wurden – mit der erkennbaren Absicht, sie als solche dechiffrieren zu können, platziert worden sein.

---

4 Manfred Eikelmann: [Art.] Sprichwort. In: Jan-Dirk Müller gemeinsam mit Georg Braungart u. a. (Hg.): Reallexikon der deutschen Literaturwissenschaft. Neubearbeitung des Reallexikons der deutschen Literaturgeschichte. Band III (P – Z). Berlin, New York 2003, S. 486–489, hier S. 486 f.
5 Wolfgang Frühwald: Büchmann und die Folgen. Zur sozialen Funktion des Bildungszitates in der deutschen Literatur des 19. Jahrhunderts. In: Reinhart Koselleck (Hg.): Bildungsbürgertum im 19. Jahrhundert. Teil II: Bildungsbürger und Bildungswissen. Stuttgart 1990 (Industrielle Welt. Schriftenreihe des Arbeitskreises für moderne Sozialgeschichte, 41), S. 197–219; dort (S. 204) die Wiedergabe der Definition des »geflügelten Wortes« durch Walter Robert-tornow als »ein in weiteren Kreisen des Vaterlandes dauernd angeführter Ausspruch, Ausdruck oder Name, gleichviel welcher Sprache, dessen historischer Urheber, oder dessen literarischer Ursprung nachweisbar ist«.

Die Parömiologie unterscheidet zwischen Sprichwörtern und (sprichwörtlichen) Redensarten bzw. Redewendungen, da letztere sich zwar ebenfalls durch »Bildhaftigkeit und Volkstümlichkeit« auszeichnen, »aber keine in sich abgeschlossene[n] Aussage[n sind], sondern [...] erst in den jeweiligen syntaktischen Rahmen eingepasst werden [müssen]«.[6] Sie sind also ergänzungsbedürftige »nichtsatzwertige Phraseologismen«.[7] Während »Not lehrt beten« ein vollständiger Mikrotext und daher ein Sprichwort ist, handelt es sich bei »das Gras wachsen hören« um eine Redewendung. Obwohl die strikte Unterscheidung zwischen den beiden Phraseologismentypen notwendig ist, werden diese Typen in den folgenden Untersuchungen gemeinsam behandelt, weil es hier nicht um sprachwissenschaftliche Fragen, sondern um die Erörterung der Integration distinkter Textbausteine aus der Alltagssprache in literarische Texte geht. Unter Sprachfloskeln, Füllwörtern und Exklamationen werden schließlich solche kurzen, oftmals aus einem oder zwei Wort(en) bestehenden Phrasen verstanden, die im Gegensatz zu den bislang behandelten keine eigene substanzielle Semantik aufweisen, sondern sich primär kommentierend, ergänzend oder modifizierend auf ihren meistens unmittelbaren sprachlichen Kontext beziehen.

Sprichwörter, Redensarten und literarische Zitate sind nicht von selbst oder zufällig in Kästners Lyrik hineingeraten, sondern wurden von ihrem Urheber dort bewusst integriert. Sie stellen Fremdpartikel unterschiedlicher Provenienz dar, die in eine quantitativ wesentlich umfangreichere Textumgebung eingebettet worden sind und sich als intertextuelle Elemente begreifen lassen. Der Begriff der Intertextualität wird also nicht im Sinne Michail Bachtins oder Julia Kristevas als apriorische ontologische Dialogizität aller Texte, sondern als Resultat der absichtsvollen Auswahl und Übernahme von Textbausteinen verstanden. Außerdem wird er in einem engen Wortsinn verwendet, der aus Gründen methodischer Stringenz ausschließlich das textuelle Verhältnis zwischen einem vollständig oder selektiv zitierten Prätext und einem zitierenden Aufnahmetext betrifft. Dieser Hinweis scheint insofern angebracht, als man auch den weiteren Begriff der Intermedialität zumindest partiell für das im folgenden untersuchte Textkorpus heranziehen könnte: »Da sich die Elemente eines Diskurses verschiedener medialer Formen bedienen (Schrifttext, mündliche Rede, Bild, Film usw.), ergibt sich daraus zugleich, dass ›Intertextualität‹ im Grunde immer als ›Intermedialität‹

---

6 D[ietmar] Peil: [Art.] Sprichwort. In: Gert Ueding (Hg.): Historisches Wörterbuch der Rhetorik. Band 8: Rhet-St. Tübingen 2007, Sp. 1292–1296, hier Sp. 1293.
7 R[ainer] Weickert: [Art.] Redewendung. In: Gert Ueding (Hg.): Historisches Wörterbuch der Rhetorik. Band 7: Pos–Rhet. Tübingen 2005, Sp. 850–860, hier Sp. 858. Vgl. auch Lutz Röhrich: Einleitung. In: Ders.: Das große Lexikon der sprichwörtlichen Redensarten. Band I (A–Ham). Freiburg, Basel, Wien 1991, S. 23–49.

konzeptualisiert werden muss«.[8] Kästners moderne, intermedial vielfältig vernetzte Gebrauchslyrik könnte von der Applizierung einer solchen erweiterten, vielfältige Rechercheoptionen eröffnenden Begrifflichkeit profitieren. Gerade darin liegt aber auch das Problem dieser Herangehensweise, die, einmal ganz abgesehen von der Notwendigkeit weiterer terminologischer Klärungen,[9] den Bereich der zu bearbeitenden Fragestellungen auf eine operativ kaum mehr kontrollierbare Weise ausdehnen und den Rahmen eines Aufsatzes sprengen würde. Daher wird im Folgenden ausschließlich mit dem eben definierten, Text-Text-Relationen beschreibenden Intertextualitätsbegriff gearbeitet.

2 Sprichwörter und Redewendungen

Sprichwörter und Redewendungen tauchen in Kästners Gedichten in großer Anzahl auf. Es handelt sich um die Textgruppe mit dem größten Umfang. Nicht verwunderlich ist, dass letztere in dieser Gruppe überwiegen, weil sie wegen ihrer syntaktischen Offenheit leichter als die in sich abgeschlossenen, eine eigene profilierte Bedeutung aufweisenden Sprichwörter in eine andere Sprach- bzw. Textumgebung eingebaut werden können. Vier Präsentationsweisen dieser Textübernahmen sind zu unterscheiden.

Zunächst gibt es unverändert übernommene Phraseologismen. »So ist das Leben« und »Na ja, man muß nicht alles wissen wollen« (S. 22, *Herr im Herbst*),[10] sinniert ein gehörnter Ehemann. In *Kennst Du das Land, wo die Kanonen blühen* »wird befördert, wer die Schnauze hält« (S. 26). In *Mutter und Kind* wundert man

---

8 Wolfgang Hallet: Intertextualität als methodisches Konzept einer kulturwissenschaftlichen Literaturwissenschaft. In: Marion Gymnich, Birgit Neumann und Ansgar Nünning unter Mitarbeit von Martin Butler u. a. (Hg.): Kulturelles Wissen und Intertextualität. Theoriekonzeptionen und Fallstudien zur Kontextualisierung von Literatur. Trier 2006, S. 53–70, hier S. 59.
9 Den Versuch einer systematischen Begriffsklärung unternimmt Irina O. Rajewski: Intermedialität. Tübingen, Basel 2002. Vgl. auch Werner Wolf: Intermedialität: Konzept, literaturwissenschaftliche Relevanz, Typologie intermedialer Formen. In: Walter Bernhard (Hg.): Selected Essays on Intermediality by Werner Wolf (1992–2014). Theory and Typology, Literature-Music Relations, Transmedial Narratology, Miscellaneous Transmedial Phenomena. Leiden, Boston 2014, S. 173–210.
10 Zur Entlastung des Fußnotenteils werden die Fundstellenhinweise in den Haupttext integriert. Sie beziehen sich auf diese Ausgabe: Erich Kästner. Zeitgenossen, haufenweise. Gedichte. Hg. von Harald Hartung in Zusammenarbeit mit Nicola Brinkmann. München 2014 (Erich Kästner: Werke. Hg. von Franz Josef Görtz. Band 1: Gedichte). Ist der Seitenangabe die Sigle KM vorangestellt, wird nach folgender Ausgabe zitiert: Erich Kästner. Die Montagsgedichte. Mit einem Vorwort von Marcel Reich-Ranicki. Kommentiert von Jens Hacke. Zürich 2012.

sich, »[w]ie schnell doch die paar Jahr vergangen sind!« (S. 52) Am Ende von *Der Scheidebrief* kombiniert dessen Verfasserin Erna Schmidt mit »Rutsch mir den Buckel lang und hab mich gern« (S. 38) gleich zwei Redensarten. Dasselbe geschieht in *Kyritz-Pyritz*, wo die Propaganda der Landjunker angeblich unhaltbare Zustände beklagt: »[D]as könne nicht länger so dauern! // Das müsse – äh! – anders werden!« (KM, S. 65) Eine Pubertierende, die über die Vorteile ihrer sexuellen Ausstrahlung auf Männer sinniert, weiß zu berichten: »Mein Bruder will mir manchmal untern Rock« (S. 58, *Mädchens Klage*). Eine im Gegensatz dazu bereits lebenserfahrene Chansonette »kennt den Kakao, durch den man uns zieht / [...] und sie weiß zu dem Thema so manches Lied« (S. 144, *Ankündigung einer Chansonette*). Ein von seiner inneren Leere bedrückter Melancholiker tröstet sich mit den Worten, »[m]al ist man unten, und mal ist man oben« (S. 205, *Traurigkeit, die jeder kennt*). Im *Marschliedchen* verspottet dessen Sprecher den prahlerischen, die eigene Dummheit durch großspurige Paraden kaschierenden Aktionismus der Nationalsozialisten mit den Worten, »was man nicht im Kopfe hat / hat man gerechterweise in den Beinen« (S. 221). »Also, Sorgen haben diese Leute!«, meint ein am Sonntagmorgen im Bett liegender Zeitungsleser (KM, S. 45, *Politik vom Bett aus*), und ein Unterhaltungskünstler preist im *Rundschreiben an Geschäftsleute* seine preisgünstigen Dienste mit den Worten »10 Mark pro Stunde. Und das ist kein Geld« (S. 114) an.

Eine eigene Gruppe bilden durch Wortwitz bzw. Wortspiele modifizierte Redensarten bzw. Sprichwörter. Im *Chor der Girls* wird »das ewig gleiche Beinerlei« (S. 105) der Revuetänze verspottet. In *Und wo bleibt das Positive, Herr Kästner?* wehrt sich das lyrische Ich gegen den Vorwurf des berufsmäßigen Pessimismus mit der antithetischen Metapher »Die Zeit ist schwarz, ich mach Euch nichts weis« (S. 170). Den Nationalsozialisten wird ins Stammbuch geschrieben: »Glaubt nicht, daß wir uns wundern, wenn ihr schreit. / Denn was ihr denkt und tut, das ist zum Schreien« (S. 220, *Marschliedchen*), und eine von einem Schicksalsschlag getroffene Person stellt am Ende des *Spaziergangs nach einer Enttäuschung* trotzig fest: »Mich müssen noch viele Schläge treffen, / Bevor mich der Schlag trifft!« (S. 223) Wortwitz entsteht auch durch die mittels eines Zeugmas hergestellte Kombination von zwei Redewendungen: »Der Lenz geht dies diesmal auf die Nerven, / und gar nicht, wie es heißt, ins Blut« (S. 59, *Atmosphärische Konflikte*). Gegen einen Minister, der sich über die seines Erachtens zu niedrige Geburtenrate in Deutschland mokiert, wird im *Patriotischen Bettgespräch* mit der Formulierung polemisiert: »Er tut, als käm er für uns auf und nieder« (S. 137).

Des Weiteren gibt es durch Substitutionen veränderte Phraseologismen. Dabei sind zwei Teilgruppen zu unterscheiden: Entweder entstehen Komik bzw. (sinnentstellende) Bedeutungsänderungen durch den Austausch einzelner Wörter oder durch die Hinzufügung mehrerer, das eigentliche Textzitat erweiternder und bisweilen ein eigenes Kolon bildender Wörter. Zur ersten Teilgruppe gehören »Not lehrt treten!« (S. 21, *Die Tretmühle*), »Geld macht arm« (S. 27, *Die Hummermarseillaise*), »Und wo ein Kopf ist, ist auch meist ein Brett« (S. 60, *Elegie mit Ei*), »Es ist [...] nicht alles Hund, was bellt« (S. 69, *Lob der Volksvertreter*), »Arbeit ist das halbe Leben« (S. 85, *Bürger, schon eure Anlagen*), »Sie hatte den Mund auf dem rechten Fleck« (S. 108, *Polly oder das jähe Ende*), »Habt Sonne in sämtlichen Körperteilen« (S. 171, *Und wo bleibt das Positive, Herr Kästner?*), »Gras könnte über die Menschheit wachsen« (S. 222, *Ein Kubikkilometer genügt*), »Wer langsam fährt, kommt schnell vom Fleck« (KM, S. 19, *Die Gustavs*), »Gut geschwommen ist halb verdaut« (KM, S. 42, *Olympia*), »Dörfer mit sieben Siegeln« (KM, S. 85, *Wie lese ich den Handelsteil?*) und »so weit sein blaues Auge reicht« (KM, S. 208, *Tag des Buches*). Den weniger zahlreichen, sich durch Erweiterungen charakterisierenden Belegtexten zuzurechnen sind »Ist wohl der Zufall nur per Zufall blind?« (S. 36, *Paralytisches Selbstgespräch*), »Und wenn sie euch [...] belögen, / daß sich des Reiches Balken bögen!« (S. 56, *Knigge für Unbemittelte*), »Nicht mehr froh zu sein und noch nicht wieder [froh]« (S. 101, *Ganz vergebliches Gelächter*), »Selbst die falschen Zähne sind behaart« (S. 129, *Familiäre Stanzen*), »Das geht auf keinen Fall so weiter / Wenn das so weitergeht« (S. 193, *Rezitation bei Regenwetter*) oder »Gott (oder irgendwem sonst) sei's geklagt!« (KM, S. 83, *Nur für Herrschaften?*) Dass man die Formulierung vom per Zufall blinden Zufall auch als Wortspiel begreifen oder das Paradoxon vom keinesfalls so weitergehbaren Weitergehbaren auch der im Folgenden dargelegten Textgruppe zuordnen könnte, demonstriert den Reichtum und die Komplexität von Kästners Phrasenverarbeitung, die sich selbstverständlich nicht um die ihr gelegentlich verursachten Nöte hinsichtlich ihrer akademische Klassifizierung schert.

Viertens schließlich sind Textkontaminationen zu beobachten: Sprichwörter oder Redensarten werden miteinander vermengt oder direkt nebeneinander gesetzt, so dass sie einander semantisch reiben und sich im Gegensatz zu ihrer eigentlichen Funktion keine homogene Aussage ergibt. Jugendliche Arbeitslose, die sich als unnütze, falsch ausgebildete Mitglieder der Gesellschaft vorkommen, bringen ihre Frustration so zum Ausdruck: »Wir werden von euch ausgehalten / und halten das nicht länger aus!« (S. 190, *Das Riesenspielzeug*). »Wem Gott ein Amt gibt, raubt er den Verstand« (S. 15), heißt es im *Hymnus an die Zeit* und das *Paralytische Selbstgespräch* wartet mit folgender Lebensregel auf: »Irrsinn ist menschlich und hat Gold im Munde« (S. 36). In der *Ballade vom Defraudanten* wird die Hauptperson mit den Redewendungen eingeführt: »Er war ein guter Mensch. Denn das kommt vor« (S. 28). Niemand käme im Alltag auf die Idee, die erste Redewendung mit der zweiten zu kommentieren, die im Normalfall prophylaktisch auf Unwahrscheinlichkeitsvermutungen reagiert und deshalb hier deplatziert wirkt. Alternde Paare, die sich resignativ in ihren Lebenslügen eingerichtet haben, werden im dritten Vers der ersten und letzten Strophe von *Gewisse Ehepaare* mit der somit rahmend eingesetzten Antithese »Man sprach sich aus. Man hat sich ausgeschwiegen« (S. 160 u. 161) bedacht. Ein besonders schönes, zwei Redewendungen mit »Hund« raffiniert kombinierendes und im ersten Fall auch noch mit einer Zitaterweiterung arbeitendes Beispiel findet sich in *Inschrift auf einem sächsisch-preußischen Grenzstein:* »Hier liegt ein Teil des Hunds begraben, / auf den ein Volk gekommen ist« (S. 191). Diese Satire gegen deutsche Kleinstaaterei verwendet die an zweiter Stelle gesetzte Redewendung nicht im materiellen, sondern im übertragenen Sinn als moralisch-intellektuelles Defizit. In einigen, allerdings wenigen Fällen wie z. B. im *Offenen Brief an Angestellte* steigern sich die aneinandergereihten Phraseologismen zu semantisch harten Fügungen bzw. geradezu absurden Textkaskaden: »Vorgesetzte muß es geben. / Angestellte müssen sein. / Ordnung ist das halbe Leben. / Brust heraus und Bauch hinein!« (S. 80)

3 Sprachfloskeln und Exklamationen

Solche beiläufigen, die Alltagssprache simulierenden und dort zur Sicherstellung des kommunikativen Erfolgs eingesetzten Phrasen sind in Kästners Lyrik so häufig zu finden, dass man sie als eigene Textgruppe bezeichnen und lediglich mittels einer in quantitativer Hinsicht kleinen Auswahl dokumentieren kann. Sie werden meist unverändert aus der Alltagskommunikation übernommen, was kaum überrascht: Wegen ihrer Kürze, ihrer stereotypen Konventionalität und ihrer vergleichsweise geringen semantischen Eigenständigkeit eignen sie sich kaum als sprachliches Spielmaterial. Man begegnet unter Anderem folgenden Floskeln, Grußformeln und Imperativen: »[W]issen Sie« (S. 11), »na ja« (S. 22 u. KM, S. 113), »Na hörnse mal« (KM, S. 119), »Scher dich fort!« (S. 194), »Donnerwetter!« (KM, S. 134), »sapperlot« (KM, S. 171), »verflucht!« (S. 32), »die Augen rechts!« (S. 26 u. 57), »Kehrt! und Marsch! und Schwenkt!« (KM, S. 55), »Hin und Her« (S. 41), »Gott sei Dank!« (S. 42), »Gott sei gelobt!« (KM, S. 49), »bei jedem Dreck« (S. 44), »raus mit die ... / rin mit die ...« [Simulation des Berliner Dialekts] (S. 59), »pfui Teufel!« (S. 78), »was soll man machen!« (S. 143), »Nun aber Schluss!« (S. 149), »Es wird Zeit!« (KM, S. 147), »Viele Grüße« (S. 160), »weiß der Teufel« (S. 170), »Grüß Gott« (S. 186), »Viel Glück« (S. 186), »Frohes Fest!« (KM, S. 120), »Bitte, nichts zu danken!« (S. 188), »Bitte sehr!« (KM, S. 53), »Danke sehr!« (KM, S. 62), »Und was wird nun?« (S. 190), »Das wäre!« (S. 216), »prost, zum Wohl!« (KM, S. 22), »Amen!« (KM, S. 28), »Mich trifft der Schlag« (KM, S. 39), »Of course!« (KM, S. 89), »wir möchten doch sehr bitten« (KM, S. 167), »Das geht zu weit« (ebd.), »Ich bin so frei« (S. 113), »Fahrkarten; bitte!« (KM, S. 163). Abschließend seien zwei jener seltenen Beispiele aus dieser Textgruppe genannt, in deren Fall Kästners sprachspielerischer Witz doch zum Tragen kommt: »Die Augen rechts! Und mit dem Rückgrat rollen!« (S. 26) Während hier eine Art der Augenbewegung als Enallage auf ein anderes Körperteil bezogen und damit phonetisch eine eingangs durch »rechts« verstärkte Alliteration sowie inhaltlich Komik erzeugt werden, arbeitet das Kompositum »Kreuzhimmelbombensortiment!« (KM, S. 209), mit dem sich Autoren über den Verkauf ihrer Bücher durch Bahnhofsbuchhandlungen freuen, mit dem Umstand, dass sich durch »-sortiment« eine Assoziation zu der klanglich partiell übereinstimmenden Interjektion »Sapperment« einstellt.

4 Literarische Zitate

Die nun behandelten Textbausteine sind bisweilen schwieriger als die anderen Belegtexte zu identifizieren. Insbesondere solche Bausteine, die mit Substitutionen arbeiten – dazu gleich mehr –, können nicht immer zweifelsfrei bestimmt werden. Das hat damit zu tun, dass fiktionale Vorlagen im Gegensatz zu faktualen, lebensweltlich verankerten Aussagen immer eine spezifische Uneigentlichkeit aufweisen, und gilt insbesondere, wenn relevante bedeutungstragende Worte der Vorlage nicht vorhanden sind bzw. nicht erkennbar durch andere Begriffe substituiert werden. So ist nicht wirklich entscheidbar, ob der Satz »Nun wirft der Herbst die Blätter auf den Markt« (S. 22, *Herr im Herbst*) auf Rilkes Sonett *Spätherbst in Venedig*[11] anspielt, das mit dem Vers »Nun treibt die Stadt schon nicht mehr wie ein Köder« beginnt. Zwar sind die Satzeingänge grammatikalisch mit einem identischen Temporaladverb, einem sich anschließenden Verb und einem darauf folgenden, mit einem bestimmten Artikel eingeführten Subjekt völlig analog gebaut, doch können die Substitutionen (»treibt« für »wirft« und »der Herbst« für »die Stadt«) – sofern von solchen gesprochen werden kann – so wenig aufeinander bezogen werden, dass man die auf den Herbst verweisenden Titel der beiden Gedichte und den Umstand, dass beide Vergleichstexte deren ersten Vers bilden, heranziehen muss, um in diesem Fall eine Anspielung erkennen zu können. Als weiteres Beispiel sei die *Fantasie von übermorgen* angesprochen, die mit den Versen »Dann zogen sie, in jedem Land, / Wohl vor des Hauptmanns Haus« (S. 72) an Uhlands *Der Wirtin Töchterlein* angelehnt sein könnte, das mit dem Vers »Es zogen drei Bursche wohl über den Rhein« beginnt. Das nachgestellte »wohl« in Verbindung mit der gleichen Konjugation von »ziehen« spricht

---

[11] Textentlehnungen aus Werken bekannter, durch gängige Werkausgaben zugänglicher Autoren werden im Folgenden nicht philologisch nachgewiesen.

für eine solche bewusste Anlehnung, ist aber kein definitiver Beleg dafür. Schließlich glaubt Egon Schwarz in »Tagsüber pünktlich; abends manchmal Gäste« (S. 15, *Hymnus an die Zeit*) eine Variation des drittletzten Verses (»Tages Arbeit! Abends Gäste!«) von Goethes Ballade *Der Schatzgräber* erkennen zu können.[12]

Auch bei dieser Textgruppe gibt es mehr oder minder unverändert übernommene, ggf. durch Füllwörter der eigenen Versumgebung angepasste Zitate. Der *Chor der Fräuleins* stellt unter Anspielung auf den Chor der Brautjungfern in Carl Maria von Webers *Freischütz* lapidar fest: »Wir winden keine Jungfernkränze mehr« (S. 12). Da unmittelbar darauf der Vers »Wir überwanden sie mit viel Vergnügen« folgt, hätte man diesen Belegtext auch der gleich anschließend dargelegten Textgruppe der (durch Substitutionen) erweiterten Zitate zuordnen können. Das offenbar nicht ganz zurechnungsfähige lyrische Ich im *Paralytischen Selbstgespräch* bemüht gleich zwei Mal das *Matthäus-Evangelium* (Mt 27,43 u. Mt 5,3), wenn es betont »Denn ich bin Gottes Sohn« und sich abschließend mit dem Vers »Wo steht doch: Selig sind die Geistesschwachen?« (S. 36) auf die Bergpredigt beruft. *Ballgeflüster* und *Stimmen aus dem Massengrab* zitieren mit den Worten »Liebchen, was willst Du noch mehr?« (S. 39) und »›Das Leben ist der Güter höchstes nicht‹« (S. 61) Heines *Heimkehr LXII* und den vorletzten Vers von Schillers *Braut von Messina*. Angesichts seiner vielen Rollengedichte, in denen Kinder die aus den Fugen geratene Welt der Erwachsenen nachspielen, erstaunt es nicht, dass Kästner auch Kinderlieder oder -gebete auswertet. So wird im *Lob des Einschlafens* ein bis heute sich großer Beliebtheit erfreuendes Kindergebet zitiert: »Und sagte mühelos: ›Mein Herz ist rein‹« (S. 104). In *Goldne Jugendzeit* wird der drei Mal verwendete refrainartige Schlussvers aus Hermann von Gilms Gedicht *Allerseelen*, das durch Richard Strauss' Vertonung (*Acht Lieder*, op. 10) größere Bekanntheit erlangt hat, parodistisch verwendet, wenn der Lebenshunger der jungen, sich nach dem abendlichen Tanzvergnügen auf Parkbänke zurückziehenden Generation mit den Worten kommentiert wird: »Und es ist aufs Haar wie einst im Mai« (S. 168).[13] Und *Der eingeseifte Barbier* scheint während seiner Schulzeit mit Schillers *Lied von der Glocke* vertraut gemacht worden zu sein:

---

[12] Egon Schwarz: Die strampelnde Seele: Erich Kästner in seiner Zeit. In: Reinhold Grimm u. Jost Hermand (Hg.): Die sogenannten Zwanziger Jahre. First Wisconsin Workshop. Bad Homburg v. d. H. Berlin, Zürich 1970, S. 109–141, hier S. 114.

[13] Im »Liebe« durch »Wetter« substituierenden Gedichttitel *Und lass uns wieder von dem Wetter reden ...* (KM, S. 23) wird das Gedicht ein weiteres Mal verwendet (vgl. Hermann von Gilm: Gedichte. Gesamtausgabe. Mit dem Bildnis und einem Faksimile des Dichters. Hg. von Rudolf Heinrich Greinz. Leipzig o.J. [1903], S. 132.

»Wenn gute Reden, sagt er, sie begleiten, / dann fließt die Arbeit, sagt er, munter fort« (KM, S. 165).

Literarische Zitate oder Anspielungen kommen ebenfalls als substituierte Textbausteine vor, bei denen entweder durch den Austausch einzelner Wörter oder durch die Hinzufügung mehrerer Wörter veränderte, sinnentstellte Phraseologismen entstehen, die wegen dieser Verfremdung komische Wirkung entfalten. *Besagter Lenz ist da* und *Die Reichsbahnzeitung* spielen auf den vierten Vers von Nietzsches *Vereinsamt* (»Wohl dem, der jetzt noch – Heimat hat!«) an: »Wohl dem, der solche Blumenkästen [eine deutsche Reichsbahn] hat!« (S. 16 u. KM, S. 175) »Kennst Du das Land, wo die Kanonen blühn?« (S. 26), fragt der Sprecher des gleichnamigen Gedichts einleitend unter Bezug auf Mignons Lied aus Goethes *Wilhelm Meisters Lehrjahre*, um gleich im dritten Vers unter Anspielung auf Franz Kuglers *An der Saale hellem Strande* ...[14] fortzufahren: »Dort stehn die Prokuristen stolz und kühn« (ebd.). In *Ballgeflüster* rühmt sich eine Prostituierte, die das *Vorspiel auf dem Theater* aus Goethes *Faust* (»Greift nur hinein ins volle Menschenleben! [...] / Und wo Ihr's packt, da ist's interessant« [V. 167–169]) kennt, ihrer unwiderstehlichen Authentizität: »Und wo man mich packt, bin ich echt« (S. 38). *Die goldnen Worte, nicht ganz nüchtern* bedienen sich desselben Dramas, wenn aus Mephistopheles' Appell »Grau, teurer Freund, ist alle Theorie / Und grün des Lebens goldener Baum« (V. 2038f.) folgende Verballhornung wird: »Grün, sagt Goethe, sei des Lebens Baum, / aber grau sei alle Diarrhoe« (S. 51). Die *Elegie mit Ei* bemüht Victor von Scheffels *Trompeter von Säckingen*[15] mit dem Satz, es sei »im Leben häßlich eingerichtet, / daß nach den Fragen Fragezeichen stehn« (S. 60; UVL, Nr. 156). Auch Shakespeare entgeht nicht dem Spott des Gebrauchslyrikers, wenn im *Lied vom feinen Mann* die berühmte Hamlet-Frage mit den Worten »Fein oder nicht fein, das ist hier die Frage« (S. 90) gestellt wird. Dasselbe gilt für Texte wie Jakob van Hoddis' *Weltende*, das noch keineswegs die Patina der Klassizität angesetzt, gleich nach seiner Veröffentlichung jedoch große Aufmerksamkeit unter der Avantgarde seiner Zeit erfahren hatte. Dessen zweiter Vers (»In allen Lüften hallt es wie Geschrei«) wird im *Handstand auf der Loreley* zu »Von allen Dampfern tönte Angstgeschrei« (S. 182) umgeschrieben. Ein interessanter homonymer Sonderfall der Substitution liegt mit »Wandern ist / des Müllers Lust!« (KM, S. 26, *16 Tage, die die Welt erschütterten*) vor, weil damit trotz der scheinbar wörtlichen Übernahme der Berufsbezeichnung aus dem von Franz

---

14 Vgl. A[ugust] H[offman] von Fallersleben: Unsere volkstümlichen Lieder. 4. Auflage. Hg. und neu bearbeitet von Karl Hermann Prahl. Leipzig 1900 [Reprint Hildesheim 1966], Nr. 65. Diese Sammlung wird im Folgenden mit dem Kürzel UVL im Haupttext zitiert.
15 Scheffels Werke. Hg. von Friedrich Panzer. Kritisch durchgesehene und erläuterte Ausgabe. Zweiter Band. Leipzig [o.J.], S. 350.

Schubert vertonten Prätext Wilhelm Müllers (UVL, Nr. 172) der sozialdemokratische Reichskanzler Hermann Müller gemeint ist. Der *Strafprozess auf Kugellagern* bezieht sich mit »Man weiß nicht, was soll es bedeuten ...« zunächst (fast) unverändert auf Heines *Heimkehr II*, um dann in der nächsten Strophe deren Schlussverse ebenfalls am Gedichtende mit signifikanten Veränderungen zu verwenden: »Und das hat mit ihrem Betriebe / Die deutsche Justiz getan!« (KM, S. 22).

Einander kontaminierende Textbausteine sind in der Gruppe der literarischen Zitate kaum vorzufinden. Allerdings gibt es einige Kontaminationen zwischen literarischen Zitaten und Sprichwörtern bzw. Redensarten. »Es braust ein Ruf von Rüdesheim bis Oppeln: / ›Der Schlaf vor Mitternacht ist doch der beste‹« (S. 15), heißt es im *Hymnus an die Zeit* unter Rückgriff auf Max Schneckenbergers 1840 anlässlich der Rheinkrise gedichtetes, im Kaiserreich zum nationalistischen Kampflied avanciertes *Die Wacht am Rhein*. Wollte man sich allerdings dazu entschließen, in »von Rüdesheim bis Oppeln« eine Anspielung auf die Verse 5 und 6 von Hoffmann von Fallerslebens *Lied der Deutschen* (»Von der Maas bis an die Memel, / Von der Etsch bis an den Belt« [UVL, Nr. 242]) zu erblicken, dann läge immerhin eine Verschmelzung zweier Zitate vor, die jedoch wegen ihrer Provenienz – beide stammen aus Gedichten, die von deutschnationalen Reaktionären seit den 1870er Jahren instrumentalisiert wurden – eine homogene, einander keineswegs irritierende Bedeutung erzeugen. *Die Tretmühle* kontrastiert mit »Rumpf vorwärts beugt! Genug ist nicht genug!« (S. 21) einen (para)militärischen Exerzierbefehl mit der alle drei Strophen von Conrad Ferdinand Meyers Gedicht *Fülle* anaphorisch einleitenden schwelgerisch-kontemplativen Exklamation. In der *Hummermarseillaise* ist unter zusätzlicher verquerer Verballhornung der Schlussverse von Schillers *Braut von Messina* (»Das Leben ist der Güter höchstes nicht / Der Übel größtes aber ist die Schuld«) zu lesen: »Der Güter höchstes Übel ist die Pflicht. / Da kann man nichts dage... dagegen machen« (S. 27). Höchst hybrid ist die Versfolge im *Choral für Ruhrbarone:* »Gott lehrt die andern beten. / Ein feste Burg ist unser Geld. / Und von der Maas bis an den Belt / hilft da kein Volksvertreten« (KM, S. 68). Hier liegen sowohl eine Kontamination literarischer Prätexte von Luther und Hoffmann von Fallersleben – letzterer wird überdies von »Von der Maas bis an die Memel, / Von der Etsch bis an den Belt« zu einer einversigen Version komprimiert – als auch deren Kontamination mit einem Sprichwort (»Not lehrt beten«) als auch Formen der verfremdenden Substitution des Sprichworts und des Luther-Textes vor.

Abschließend soll dargelegt werden, aus welchen Überlieferungskontexten die literarischen Zitate und Anspielungen stammen, sofern es für sie mindestens drei Belegstellen in Kästners Lyrik gibt. Die Gruppe der ältesten Textbausteine stammt aus der Bibel und der Religionsexegese. Daran schließen die Weimarer

Klassik und Shakespeare an, der laut Wolfgang Frühwald im deutschen Sprachgebrauch der Gebildeten seit dem letzten Drittel des 19. Jahrhundert wie ein deutscher Klassiker behandelt wurde.[16] Interessanterweise ist es weniger – wie man hätte erwarten können – die rhetorisch durchformte dichterische Sprache Schillers, die Kästners Kreativität stimuliert hat, als vielmehr Goethes Werk mit den eindeutigen Schwerpunkten des *Faust. Eine Tragödie* und der lyrischen Einlagen Mignons und des Harfners in *Wilhelm Meisters Lehrjahre*. An dritter und vierter Stelle folgen die Prätextgruppen der Lyrik der Befreiungskriege (Ernst Moritz Arndt, Theodor Körner) und der vormärzliche Zeitgedichte (Max Schneckenberger, Hoffmann von Fallersleben, Georg Herwegh). Beachtenswert ist im Fall dieser Textverarbeitungen, dass Kästner sich vorrangig an deren nationalchauvinistischer Rezeption seit dem letzten Drittel des 19. Jahrhunderts abarbeitet. Eine weiteres, sich partiell mit den beiden letztgenannten Gruppen überlappendes Reservoir stellt die Lyrik des 19. Jahrhunderts (Ludwig Uhland, Heinrich Heine, Franz Kugler, Hermann von Gilm, Joseph Victor von Scheffel, Conrad Ferdinand Meyer, Friedrich Nietzsche) dar. Auffällig schwach vertreten, das Quorum nicht erreichend sind Vorlagen aus der Literarischen Moderne (Rainer Maria Rilke, Jakob van Hoddis). Ein letztes und im Gegensatz dazu relativ umfangreiches Textkorpus wird konstituiert von oftmals keine nachweisbaren individuellen Verfasser besitzenden Kinderliedern, -reimen und -gebeten (»Schlaf ein, mein Kind ...« [S. 14, *Wiegenlied*], »Das Geld ist hin ...« [S. 24, *Ansprache einer Bardame*], »Wenn man so ganz allein im Walde steht...« [S. 91, *Meyer IX. im Schnee*]).

5 Der infratextuelle Kontext

Nun soll die Frage nach den infratextuellen Kontexten[17] der übernommenen Textbausteine gestellt werden. Wie ist deren Beziehung zum gesamten Gedicht zu bewerten? Als Ausgangsthese dient folgende Annahme: Je geringer das semantische Potenzial der eingefügten Bausteine ist, desto problemloser können sie mit dem Gehalt des gesamten Gedichts harmonisiert werden. Deutlich zeigen lässt sich dies bei der Gruppe der Sprachfloskeln und Exklamationen. Meistens verstärken oder modifizieren sie die Aussage des jeweiligen Sinnzusammenhangs, in den sie eingebettet sind. Sie lassen sich also problemlos in den Gesamtkontext der

---

16 Frühwald: Büchmann (s. Anm. 5), S. 202f.
17 Zur hier verwendeten Terminologie vgl. Lutz Danneberg: [Art.] Kontext. In: Harald Fricke gemeinsam mit Georg Braungart u. a. (Hg.): Reallexikon der deutschen Literaturwissenschaft. Band II (H–O). Berlin, New York 2000, S. 333–337.

Gedichte integrieren. Das hat nicht zuletzt damit zu tun, dass sie an gängigen Stellen, also immer dort positioniert werden, wo sie auch in der Alltagskommunikation Verwendung finden. Ein größeres semantisches Potenzial besitzen Sprichwörter sowie Redensarten und natürlich literarische Zitate bzw. Anspielungen. Das hat zwei Gründe: Sie haben nicht nur einen größeren, erhöhte Aufmerksamkeit generierenden Textumfang, sondern bringen auch Reminiszenzen an den ursprünglichen Verwendungszusammenhang bzw. den Prätext mit, dem sie entnommen sind. Allein dieser Abgleich zwischen Spender- und Nehmerkontext kann, je nach Kenntnisstand bzw. Bildungsniveau der Rezipierenden, vielfältige Assoziationen auslösen. Außerdem wird durch Wortspiele, Substitutionen, Ergänzungen oder wechselseitige Kontaminationen die Aufmerksamkeit auf diese Textgruppen gelenkt. Es muss also jeweils im Einzelfall entschieden werden, wie stark sie sich vom Gedichtkontext abheben.

Zwei Tendenzen scheinen verallgemeinerbar zu sein. Erstens haben literarische Zitate und Anspielungen generell ein höheres Distinktionspotenzial als Sprichwörter und Redensarten. Obwohl »Sie kann uns am –! Sie soll uns nur –!« (S. 48, *Die Zunge der Kultur reicht weit*) zwei drastische Sprichwörter aneinanderreiht, wirken sie selbst in dieser Doppelung schwächer als der Eingangsvers »Morgen, Kinder, wird's nichts geben!« (S. 49, *Weihnachtslied, chemisch gereinigt*), der den ebenfalls am Textanfang stehenden Vers eines bekannten deutschen Weihnachtslieds (UVL, Nr. 888) mittels dessen Negation aufgreift. Und das Sprichwort »Und das ist kein Geld« im *Rundschreiben an Geschäftsleute* verblasst im Gegensatz zu der dort ebenfalls verwendeten Sentenz »Oft ist Gelächter erste Bürgerpflicht« (S. 114), welche die sprichwörtlich gewordene, in der berühmten Bekanntmachung nach der Schlacht von Jena (1806) benutzte und Willibald Alexis zu einem Romantitel inspirierende Formulierung »Jetzt ist Ruhe die erste Bürgerpflicht« aufgreift. Die höhere Signifikanz literarischer oder literaturaffiner Zitate im Vergleich zu Sprichwörtern oder Redensarten setzt natürlich voraus, dass erstere als literarische Zitate erkannt werden. So muss man – um ein bereits angeführtes Beispiel zu nennen – »wie einst im Mai« auf von Gilms *Allerseelen* oder »Mensch, werde rund« (S. 17, *Die Welt ist rund*) auf Angelus Silesius' Epigramm *Zufall und Wesen* (»Mensch, werde wesentlich [...]«) beziehen können, was im zweiten Fall sowohl wegen der Kürze des substituierten Zitats als auch angesichts der Tatsache, dass das Motiv der Rundheit den Gedichtkontext insgesamt prägt, leicht überlesen werden kann.

Zweitens ist das Distinktionspotenzial generell sowohl bei Sprichwörtern wie literarischen Zitaten umso größer, je stärker die aufgezeigten literarischen Techniken des Wortwitzes, der Substitution, Ergänzung oder Kontamination zum Einsatz kommen. »Es ist zum Heulen ...« (S. 25, *Ansprache einer Bardame*) ist weniger auffällig als »Sie feiern die Feste, nur wenn sie fallen« (S. 79, *Karneval der*

Mißvergnügten), und beide werden überboten von »also: Wenn ich die Wahrheit sagen sollte, / Müßt ich lügen« (S. 211, *Eine Animierdame stößt Bescheid*). Gleichfalls irritiert »Im wunderschönen Monat Mai« (KM, S. 19, Die Gustavs) weniger als »Reißt die Bretter von den Stirnen« (S. 50, *Weihnachtslied, chemisch gereinigt*) womit die Eingangsverse der ersten und letzten Strophe von Georg Herweghs *Aufruf* („Reißt die Kreuze aus den Erden!") karikiert wird. In allen diesen und vergleichbaren Fällen geht die Wirkungsintensität von der Komplexität der Überarbeitung im Verhältnis zum ursprünglichen, verfremdet anzitierten Prätext aus. Erkennbar wird die hinter allen jenen literarischen Techniken stehende Absicht, die integrierten Textbausteine zu markieren, hervorzuheben und ihnen damit Aufmerksamkeit zu sichern.

Es gibt jedoch einen weiteren Punkt der Aufmerksamkeitserzeugung, der mit den bisher genannten Aspekten nichts zu tun hat und als Technik der Dislokation bezeichnet werden soll. Die Dislokation unterscheidet sich von der Kontamination, weil sie ein infra- und kein intratextuelles Phänomen beschreibt, also nicht das Verhältnis einzelner Textteile zueinander, sondern das Verhältnis eines einzelnen Zitats zum Gesamttext betrifft. Wenn eingefügte Bausteine nicht zum übergeordneten Gedichtkontext passen, fallen sie allein schon dadurch auf. Unabhängig davon, ob sie unverändert oder bearbeitet übernommen werden, harmonieren sie nicht mit dem Kontext und umgekehrt. Da der Kontext die umfangreichere, bedeutungsprägende Umwelt bildet, erscheint das Zitat tendenziell als Fremdkörper. Es braucht dann weder semantisch komplex noch mit einer der dargelegten literarischen Techniken umgestaltet worden zu sein. Entscheidend ist in diesem Fall, dass der Gehalt des Gedichts eine Erwartungshaltung erzeugt, die durch das eingefügte Zitat nicht erfüllt und dadurch irritiert wird. Nicht im engeren Sinne zur Dislokation zählen parodistische Textverwendungen, die dem eingeübten Schema des Stilbruchs oder des Stilhöhenwechsels folgen und primär auf einen komischen Effekt abzielen. Obwohl im Verlauf der bisherigen Ausführungen bereits einige Beispiele dafür mitgeteilt worden sind, seien nochmals zwei geradezu idealtypische Belegstellen angeführt: »Das war sehr peinlich für den Mann. / Er pfiff, soviel ich glaube: / ›Rasch tritt der Tod den Menschen an.‹ / Dann machte er sich aus dem Staube« (S. 108, *Polly oder das jähe Ende*). Hier wird der Tod einer Prostituierten von ihrem Freier mit dem ersten Vers des Chors der Barmherzigen Brüder kommentiert, die in Schillers *Wilhelm Tell* den soeben getöteten Reichsvogt Geßler besingen (V. 2833; UVL, Nr. 972). Das zweite Beispiel stammt aus demselben Milieu: »Sobald die Onkels Schnaps bestellen, / rutsch ich daneben, lad mich ein / und sage nur: ›Ich heiße Ellen. / Lasst dicke Männer um mich sein!‹« (S. 210, *Eine Animierdame stößt Bescheid*). Ellen zitiert Julius Caesar aus Shakespeares gleichnamigem Stück (I/2), der aus Argwohn gegenüber dem hageren, ihn missgünstig betrachtenden Cassius wohlbeleibte Männer um sich zu scharen wünscht, die den Freuden des Lebens und der Künste zugetan und nicht von persönlichem Ehrgeiz zerfressen seien. Nicht umsonst sind die zitierten Vorlagentexte aus Dramen von Schiller und Shakespeare, da sich das Genus grande besonders zur parodistischen Verulkung eignet.

Dislokationen im eigentlichen Sinne des Wortes liegen z. B. vor, wenn Formulierungen wie »Es braust ein Ruf wie Donnerhall« (S. 15 u. KM, S. 155 u. 198) aus Max Schneckenbergers *Die Wacht am Rhein* oder »Behüt Dich Gott, es hat nicht sollen sein« (S. 16, 72 u. KM, S. 24) aus Victor von Scheffels *Trompeter von Säckingen*[18] als disfunktionale, belanglos-inhaltsleere Phrasen verwendet werden. Auch sprichwörtlich gewordene, von Kästner überdies mit Substitutionen bearbeitete Goethe-Zitate müssen sich ihren dislokativen Einsatz gefallen lassen. So räsoniert das röntgendurchleuchtete lyrische Ich in *Das Herz im Spiegel:* »Das war mein Herz, das dir gehört, geliebte Hildegard? // Laß uns vergessen, was geschah, / und mich ins Kloster gehen. / Wer nie sein Herz im Spiegel sah, / der kann das nicht verstehn« (S. 220). Schon die Schlussfolgerung, dass das sichtbar gemachte Organ ein Trennungsgrund sei, ist wenig überzeugend. Damit aber nicht genug – zur weiteren Irritation und zur nur scheinbaren Erklärung dieses Sachverhalts wird ein bearbeitetes Zitat aus *Wilhelm Meisters Lehrjahre* (UVL, Nr. 1257) nachgeschoben. Sehr salopp und – zumindest aus heutiger Perspektive – dem Schicksal der Betroffenen wenig angemessen heißt es in *Zweimal Hochzeit:* »Ein siamesischer Zwilling zu sein, / ist kein Genuss. / Ständig zu zwein, niemals allein, / auch wenn man mal muss ... // Zwei Körper, ach!, in einer Haut. / Gott ist kein Kavalier« (KM, S. 138). Kombiniert werden eine verhüllende Redensart mit einem bearbeiteten Zitat aus Goethes *Faust* (V. 1112), wobei keine Kontamination vorliegt, weil beide Phraseologismen satirisch in dieselbe Richtung zielen und sich daher kaum aneinander reiben.

Es gibt aber auch ernst zu nehmende Fälle, in denen die deplatzierte Lokalisierung von Textbausteinen weniger (sprach)spielerisch, sondern mit der erkennbaren Absicht vorgenommen wird, einen Moment des betroffenen Innehaltens auszulösen. In *Der Mensch ist gut* heißt es gleich eingangs ›programmatisch‹: »Der Mensch ist gut! Da gibt es nichts zu lachen! / [...] / Der Mensch ist gut. Da kann man gar nichts machen« (S. 33). Während das zuerst eingepflegte Sprichwort unmittelbar einleuchtet, weil es als bekräftigender Kommentar für eine durchaus bezweifelbare Aussage und somit regelkonform eingesetzt wird, kann man die Funktion des zweiten Sprichworts nicht wirklich nachvollziehen: »Da kann man nichts machen«, pflegt man normalerweise zu sagen, wenn man sich mit einer unerwünschten, aber unabänderlichen Sache zu arrangieren hat. Daher löst die

---

[18] S. Anm. 15.

sinnwidrige Verwendung dieses Kommentars Befremden aus. Abscheu hingegen aktiviert in *Stimmen aus dem Massengrab* die heuchlerische Rechtfertigung des Kriegstodes durch eine autoritätsgläubige Pastorenschaft: »Sie sprachen schön am Massengrab von Pflicht. / [...] / ›Das Leben ist der Güter höchstes nicht‹« (S. 61). Diese Dislokation bringt auf schockierende Weise zu Bewusstsein, dass die Sinnlosigkeit des Massensterbens im Ersten Weltkrieg durch ein völlig aus seinem Kontext gerissenes, eigentlich um die Frage individueller Schuld und Verantwortung kreisendes Zitat aus Schillers *Braut von Messina* (V. 2838) geleugnet und die Autorität eines Klassikers auf obszöne Weise für die nationalistische Propaganda missbraucht wird. Beide Beispiele zeigen außerdem, dass die Technik der Dislokation gewissermaßen hohle Pointen erzeugt, weil sie Sentenzen durch deren Fremdheit im Verhältnis zum Kontext isoliert und ihnen damit Aufmerksamkeit sichert, während echte Pointen trotz des mit ihnen beabsichtigten Überraschungseffekts oftmals als thematisch vorbereitete Zuspitzungen fungieren.

Sowohl Sprichwörter wie Redensarten als auch literarische Zitate können in unverändert übernommener oder bearbeiteter Form disloziert werden. Tendenziell scheinen der Überarbeitung bei dieser Zitatverwendung jedoch gewisse Grenzen gesetzt zu sein, da es hier primär auf den Kontrast zwischen Text und Kontext ankommt, weshalb ersterer als Zitat gut erkennbar sein muss und nicht in Folge aufwändiger, artifizieller Verfremdung die Konzentration allein auf sich fokussieren darf. Deshalb eignen sich auch einfache, wegen ihrer semantischen Eindimensionalität an sich wenig ansprechende Texte wie »Da kann kann man [gar] nichts machen« für ihre dislokative Positionierung.

6 Neusachliche Gebrauchslyrik und Textmontage

Obwohl die mit der Technik der Dislokation eingefügten Zitate als Fremdkörper im Gedicht wirken, und obwohl auch die literarischen Techniken der Substitution, Ergänzung und Kontamination dazu führen können, dass die damit bearbeiteten Zitate ein gewisses Eigenleben im Verhältnis zu ihrer Textumwelt zu führen beginnen, kann man kaum davon sprechen, dass Kästner im eigentlichen Sinne mit Montagen arbeitet. Zumindest dann, wenn man aus Gründen der terminologischen Präzision die Montage einem avantgardistischen Kunstverständnis vorbehalten wissen möchte,[19] sollte man diesen Begriff im Hinblick auf Kästners Lyrik

---

19 Vgl. Georg Jäger: [Art.] Montage. In: Reallexikon der deutschen Literaturwissenschaft. Band II (s. Anm. 17), S. 631–633.

vermeiden. Zwar verwendet sie mit dem Rückgriff auf Partikel der Alltagskommunikation außerkünstlerisches Rohmaterial und entfernt es seinem ursprünglichen Kontext. Und sie ist als Gebrauchslyrik mit ihrem Gegenwartsbezug und ihrer Eingängigkeit dezidiert gegen die autonome Dichtung und deren ästhetische Leitvorstellungen gerichtet. Insofern greift sie einzelne Aspekte eines avantgardistischen Kunstverständnisses auf bzw. steht sie – literaturgeschichtlich betrachtet – in seiner Nachfolge. Dennoch hält Kästner am Gedicht in seiner überlieferten Form als metrisch, reimspezifisch, strophisch und thematisch homogenes Gebilde durchaus fest, wie ein kurzer Vergleich mit zwei anderen, ebenfalls außerästhetische Materialien und Dokumente integrierenden Texten veranschaulichen soll.

Walter Mehrings *Die Reklame bemächtigt sich des Lebens*, 1918 in Berliner Kabaretts als dadaistische *Reportageballade* vorgetragen,[20] besteht aus der montierten Aneinanderreihung vorgefertigter Textbausteine, die von Plakaten, Lichtreklamen, Werbeinseraten, öffentlichen Bekanntmachungen und Straßenschildern übernommen werden. Obwohl der Text mit der Suggestion eines Stadtbummels in Berlin Unter den Linden und der dabei stattfindenden Wahrnehmung quasi simultan auf den Flaneur einströmender Sinnesreize eine einheitsstiftende Klammer schafft, besteht er aus heterogenem Textmaterial, könnte beliebig gekürzt oder erweitert werden und ist deshalb lediglich in einem quantitativen Sinn als Einheit zu betrachten. Da er weder formal noch inhaltlich als Gedicht und schon gar nicht als Ballade mit kohärenzbildenden narrativen Erzählstrategien begriffen werden kann, lassen sich die in ihm verarbeiteten disparaten Textelemente nur bedingt infratextuell, sondern eigentlich nur intratextuell relationieren.[21]

---

20 In: Walter Mehring. Chronik der Lustbarkeiten. Die Gedichte, Lieder und Chansons 1918–1933. Düsseldorf 1981 (Walter Mehring. Werke [ohne Bandzählung]. Hg. von Christoph Buchwald), S. 146 f. Vgl. dazu Karl Riha: Cross-Reading und Cross-Talking. Zitat-Collagen als poetische und satirische Technik. Stuttgart 1971, S. 47–49.
21 Als aufschlussreicher Vergleichstext dazu eignet sich das nicht in ein Gedichtbuch Kästners aufgenommene *Ballgeflüster* (KM, S. 91 f.), das nicht mit dem Gedicht gleichen Titels (S. 38 f.) und dem Eingangsvers »Ich bin aus vollster Brust modern ...« verwechselt werden darf. Man kann hier von einer zusammenhanglosen Aneinanderreihung disparater Gesprächsfetzen der sogenannten feinen Gesellschaft sprechen, die allerdings im Gegensatz zu Mehrings Montagepartikeln durch die üblichen und erwartbaren Themen wie Klatsch, gesellschaftliche Etikette, Geltungsbedürfnis und (erotische) Vergnügungssucht thematisch eng miteinander verklammert sind. Darüber hinaus bilden sie durch ihre regelmäßige, jeweils einen Vers einnehmende Integration in gleich gebaute, meistens aus vierhebigen Jamben mit gleichbleibendem Reimschema gebildete Strophen ein homogenes Gedicht.

Ebenfalls von Montage in der hier verstandenen Bedeutung kann im Fall von Kurt Tucholskys Text-Bild-Collage *Hände an der Schreibmaschine* (1928)[22] gesprochen werden. Der Gedichttext ist konventioneller als Mehrings vermeintliche Ballade, weil er aus vier isometrisch gebauten, mit Frakturschrift gesetzten achtversigen Strophen und einer davon auch typographisch abweichenden sechsversigen Schlussstrophe besteht, die ein resümierendes hymnisches Lob über die zeitgemäße, für alle Berufs- und Lebenslagen taugliche Schreibmaschine enthält. Gewissermaßen zu dessen Beglaubigung sind zwischen diese Strophen ein Geschäfts- und ein Liebesbrief, ein Amts- und ein privates Denunziationsschreiben mit jeweils ›moderner‹ Couriertype einmontiert worden. Man kann also ein herkömmliches, sich auch druckgraphisch abhebendes Gedicht erkennen und darf sich, anders als bei Mehring, überdies fragen, ob man es bei der dazwischen eingefügten Briefprosa tatsächlich mit Objets trouvés und nicht vielmehr mit fingiertem Alltagsmaterial zu tun hat. Dennoch stehen das Gedicht und die anderen, unterschiedliche Briefgattungen bedienenden Prosatexte einander formal so schroff gegenüber und nehmen letztere sowie vier jeweils unterschiedlich auf den Druckseiten positionierte Photographien von Händen an Schreibmaschinentastaturen angesichts ihrer räumlichen Ausbreitung und Disparatheit einen so großen Stellenwert in Tucholskys Mischtext ein, dass es dessen rahmenden Strophen trotz Schlussresümee kaum gelingt, einen abgeschlossenen Gesamteindruck zu erzeugen.

Im Gegensatz zu diesen Vergleichsobjekten, die man mit Volker Hage als Mosaik- (Mehring) und Parallelmontage (Tucholsky) begreifen kann,[23] werden die Phraseologismen in Kästners Gedichten so eingebettet, dass auch im Fall der Verwendung von Textbausteinen aus der Alltagskommunikation die Grenze zwischen Kunst und Nichtkunst nicht aufgehoben und die Leitvorstellung eines organischen Kunstwerks nicht ernsthaft erschüttert wird. Das von den integrierten Zitaten ausgehende Irritations- bzw. Verfremdungspotenzial löst nie die Assoziation eines fragmentierten, partiell oder gar gänzlich desorganisierten Gedichts aus, weil die quantitativ und qualitativ dominierende Textumgebung in einem traditionellen Sinn bedeutungsprägend bleibt. Diese Feststellung betrifft, nebenbei bemerkt, die Frage nach der Beschaffenheit der Zitattechnik in Kästners Lyrik und hat nichts mit deren Qualität zu tun. Nicht nur wird man den eleganten

---

22 In: Kurt Tucholsky: Texte 1928. Hg. von Ute Maack (Kurt Tucholsky. Gesamtausgabe. Texte und Briefe. Hg. von Antje Bonitz u. a.). Reinbek bei Hamburg 2001, Bd. 10, S. 181–185. Das ebd. (S. 184 f.) faksimilierte Text-Bild-Mischprodukt kann im Rahmen der obigen Vergleichsperspektive nur exemplarisch angesprochen werden.
23 Volker Hage: Collagen in der deutschen Literatur. Zur Praxis und Theorie eines Schreibverfahrens. Frankfurt a. M. u. a. 1984, S. 73–78, hier S. 77 f.

und geschmeidigen Versen Kästners[24] einen höheren ästhetischen Wert zubilligen müssen als manchen Montagearbeiten eines radikalen, sich in seinem Innovationspotenzial ohnehin rasch erschöpfenden avantgardistischen Ikonoklasmus. Man darf in diesem Zusammenhang auch an Gottfried Benn, einen zweifellos erstklassigen Dichter und Zeitgenossen Kästners, denken, der die Technik der reintegrierenden Montage sowohl in seinem lyrischen als auch essayistischen Werk dermaßen perfektioniert hat, dass die Forschung dieser Art der Texterstellung (und den daraus resultierenden interpretatorischen Konsequenzen) erst seit den Arbeiten von Holger Hof[25] richtig auf die Spur gekommen ist. Zur Veranschaulichung avantgardistischer, sich hermeneutischen Lesarten bewusst widersetzender Texturen oder Montagen wird oft auf Nietzsches Formulierung in *Der Fall Wagner* zurückgegriffen, dass »[d]as Wort [...] souverän [wird] und [...] aus dem Satz hinaus [springt ...], die Seite [...] Leben auf Kosten des Ganzen [gewinnt] – das Ganze ist kein Ganzes mehr«.[26] Bezieht man diese Formulierung auf Kästners Lyrik, dann kann man sagen, dass dort das Wort bzw. die in Rede stehenden Textbausteine bisweilen erste Anstalten zu einem solchen Sprung machen, ohne ihn wirklich auszuführen. Sie sind nicht immer nahtlos mit einer ihnen bedeutungsmäßig übergeordneten Textumgebung verbunden, lösen sich aber niemals definitiv von ihr ab.

7 Funktionen und Wertevermittlung

Die Frage, welchen Werten das integrierte Textmaterial in Kästners Lyrik Ausdruck verleihen soll, ist nicht leicht zu beantworten, weil dies von seiner soeben untersuchten Beschaffenheit abhängt, die nur bedingt semantisch qualifiziert werden kann: von seinem Inhalt, von seiner Bearbeitung und von seinen – sofern vorhanden – intratextuellen sowie infratextuellen Bezügen. Da hiermit bis auf den ersten Punkt handwerkliche, die Faktur betreffende stilistische und formale

---

24 Vgl. dazu Hug: Gedichte (s. Anm. 2), S. 130 f. u. 136., der sich zu Recht gegen anderslautende Urteile über Kästners virtuose Handhabung der Metrik wendet.
25 Holger Hof: Montagekunst und Sprachmagie. Zur Montagetechnik in der essayistischen Prosa Gottfried Benns. [Diss. masch.] Wiesbaden 1991. Und es dauerte weitere 30 Jahre bis zu der Entdeckung, dass der junge Benn diese Schreibtechnik als Verfasser einer nichtliterarischen Textsorte eingeübt hatte; vgl. Christoph Hoffmann und Lida Westermann: »Literatur-Auszüge«. Gottfried Benn als Referent der »Berliner Klinischen Wochenschrift«. In: Zeitschrift für Germanistik. N. F. XX (2010), S. 636–648.
26 Friedrich Nietzsche: Der Fall Wagner. Ein Musikanten-Problem. In: Friedrich Nietzsche. Werke in drei Bänden. Hg. von Friedrich Schlechta. Zweiter Band. 9. Auflage. München 1981, S. 901–938, hier S. 917.

Aspekte angesprochen werden, wird die intendierte Wertevermittlung über die Erörterung der unterschiedlichen Funktionen dargelegt, die der Aufnahme der Textbausteine zuerkannt werden können. Die Überlegungen folgen der einschlägigen Monographie Rüdiger Zymners, deren komplexe methodologische Ausführungen nicht referiert werden können. Unverzichtbar sind allerdings die Hinweise, dass zwischen lyrikimmanenten, internen Funktionen und externen, die kontextuelle Außenseite lyrischer Texte betreffenden Funktionen unterschieden und dass der Funktionenbegriff im Sinne einer auktorialen »prospektiven Zuweisung[]« verwendet wird.[27] Gefragt wird also danach, was der Autor mit der Einpflegung dieser Textbausteinen bezweckt (haben mag). Die Beantwortung dieser Frage kann nicht auf programmatische Äußerungen zurückgreifen – zur intertextuellen Anreicherung seiner Lyrik hat sich Kästner nicht systematisch geäußert –, sondern soll anhand von Textbeobachtungen auf der Basis des gesamten untersuchten Textkorpus erfolgen und damit Repräsentativität beanspruchen können. Nochmals ausdrücklich betont sei, dass die folgenden Ausführungen nicht Kästners Gebrauchslyrik insgesamt, sondern ausschließlich deren intertextuelle Bezüge thematisieren.[28]

Als lyrikinterne, die Gattung selbst betreffende Funktion ist zunächst festzuhalten, dass die Übernahme literarischer oder literaraffiner Zitate der Traditionsbildung in einem weiteren Wortsinn dient. Das gilt unabhängig von ihrer keineswegs affirmativen, sondern meist kritischen, parodistischen oder satirischen Verwendung. Rolf Selbmann hält bezüglich der Rezeption der Weimarer Klassik in den 1920er Jahren fest, wegen ihrer Einschätzung als längst überholte Epoche sei sie »nur mehr in der Form der Parodie« aufgegriffen worden, und betont zugleich, dies dürfe keineswegs nur »als Verhöhnung, als Verächtlichmachung oder als ein der Lächerlichkeit-Preisgeben [...] aufgefasst«, sondern müsse eher im Sinne einer kreativen Überschreibung der Prätexte oder gemäß der ursprünglichen griechischen Bedeutung des Wortes »Parodie« als Gegengesang verstanden werden.[29] Dies gilt auch für Kästner, wobei hinzuzufügen ist, dass er keineswegs nur aus dem Fundus der Weimarer Klassik schöpfte und dass allein in Anbetracht der vielfältigen Zitatverwendung seiner Gedichte sich Selbmanns Begriff der Parodie als epochentypischer Modus der Klassiker-Rezeption als allzu

---

27 Rüdiger Zymner: Funktionen der Lyrik. Münster 2013, S. 110 u. S. 79.
28 »Funktionsinterpretationen der Lyrik können sich [...] nicht allein auf die Sammelkategorie, sondern auch und besonders auf intratextuelle, intertextuelle und transtextuelle Beziehungen richten« (Zymner: Funktionen [s. Anm. 27], S. 107).
29 Rolf Selbmann: Realistisches Schreiben im Zeichen des Idealismus? Zur literarischen Rezeption der Weimarer Klassik in der Weimarer Republik. In: Sabine Kyora und Stefan Neuhaus (Hg.): Realistisches Schreiben in der Weimarer Republik. Würzburg 2006, S. 15–26, hier S. 25.

eng erweist. Kästners (bearbeitende) Adaption literarischer Zitate rückt seine Lyrik in den Kontext der deutschsprachigen Literatur seit dem Barock, die als verfügbares Spielmaterial erscheint. Da sie gleichwohl als literarisches Erbe aufgegriffen und damit als Bezugskontext und Resonanzraum eigener dichterischer Kreativität sichtbar wird, kann Kästners Verwendung literarischer Zitate die Funktion der Traditionsbildung zuerkannt werden.

Andererseits zeugt diese Verwendung von einer durchweg kritischen, bisweilen sogar definitiv ablehnenden Haltung gegenüber den Prätexten der Vergangenheit, so dass man damit auch die Innovationsfunktion verwirklicht sehen kann. Diese Funktion liegt auf jeden Fall ohne Abstriche den integrierten Exklamationen, Sprichwörtern und Redensarten zugrunde, die die Modernität der Lyrik demonstrieren sollen. Sie sollen signalisieren, dass das neusachliche Gedicht offen genug ist, um mit der Zeit gehen und nicht nur thematisch, sondern auch sprachlich den Anschluss an die konkrete Alltagswirklichkeit halten zu können. Die Lyrik wird als keineswegs obsolete, sondern wandlungsfähige literarische Gattung präsentiert, die die Kommunikationsformen der zeitgenössischen Gesellschaft sowie der Massenmedien problemlos aufzunehmen vermag. Zugleich – das haben die Darlegungen über ihren Unterschied zu Montageverfahren im eigentlichen Wortsinn gezeigt – verfolgt die spezifische Art der Einbettung der in Rede stehenden Phraseologismen das Ziel, traditionellen Vorstellungen eines organischen Gedichts Genüge zu tun und damit die Lesekompetenz auch eines nicht im engeren Sinne literarisch gebildeten Publikums nicht zu überfordern. Der Wille zur Demokratisierung der Leserschaft temperiert ästhetische Innovation und bestätigt auch in dem erörterten speziellen Fall, dass Kästners Verständnis von Gebrauchslyrik maßgeblich von außerliterarischen Motiven geprägt war.

Damit soll zu den nun darzulegenden lyrikexternen Funktionen übergegangen werden. Wenn sich in Sprichwörtern oder Redensarten adressatenspezifische und situativ gültige Lebensregeln mit einer gewissen Allgemeinverbindlichkeit und unterschiedlichen Kommentierungsabsichten niederschlagen, dann verweist deren Übernahme auf jene pragmatischen Kommunikationskontexte, in denen sie Verwendung finden. Ebenso wie die aufgenommenen Sprachfloskeln und Exklamationen simulieren sie Alltagsnähe[30] und Teilhabe an jenem dort verhandelten Common sense, der die Verständigen und Schlagfertigen sowie all jene

---

[30] Dasselbe gilt für die Erwähnung von Marken- und Firmennamen, Medikamenten und (medizinisch verwendeten) Chemikalien oder Konsumartikeln wie Sherry Cobler, Schwedenpunsch, Mokkaflip, Dujardin (alle S. 25), Vitriol (S. 27), Lysol (S. 28), Aspirin (S. 42 u. 75), Cyankali, Jodtinktur (beide S. 43), Osrambirnen (S. 50), Corned Beef (S. 55 u. 148), Steinwayflügel (S. 55), Laxin (S. 79), Petroleum (S. 97), Pianola (S. 142), Pilsner Bier (S. 148), Vaseline (S. 170), Lunapark (S. 171), Standard Oil, Karbol (beide S. 186) und Deutsche Bank (S. 211).

auszeichnet, die zu diesem Personenkreis gehören möchten und für die der Autor stellvertretend spricht. Der Integration alltagssprachlicher Phraseologismen kommt also sowohl eine kommunikative als auch eine soziale Funktion zu. Diese Funktionen bestehen darin, populäre bzw. populäre Elemente enthaltende Lyrik für alle Leserinnen und Leser zu offerieren, die an einem vernünftigen sowie leicht nachvollziehbaren Verständigungsdiskurs partizipieren (möchten). Eine so angereicherte Lyrik soll in diametralem Gegensatz zu hermetischen Texten als Appell an das übergreifende, den Autor und seine Lesegemeinde einigende Wir-Gefühl fungieren und personenübergreifende Solidarität stiften.

In einem zumindest latenten Spannungsverhältnis hierzu steht die dispositive Funktion der in Rede stehenden Textbausteine, die auf die Dechiffrierungskompetenz der Leserschaft angewiesen sind. Im Gegensatz zu deren kommunikativer Funktion geht es dabei nicht primär um die Wahrnehmung der Sprichwörter und Redensarten, sondern um deren Identifikation als solche. Das gilt insbesondere dann, wenn sie bearbeitet worden und deshalb schwerer erkennbar sind. Der Vorgang der Erkenntnis dieser sowie natürlich literarischer, per se weniger eingängiger Zitate löst Entdeckerfreude und damit Lustgefühle aus, die sowohl durch deren satirisches Arrangement als auch durch deren als attraktiv bzw. belustigend empfundene Bearbeitung gesteigert werden können. Dabei sind jedoch komplizierte Wirkungsverhältnisse zu beachten: Einerseits erhöht eine Spaß machende, auf der Suche nach externem Textmaterial Erfolgserlebnisse zeitigende Lektüre die Lesebereitschaft und stimmt auf eine vergnügliche Rezeption ein. Dies steigert die Attraktivität der damit angereicherten Gedichte und hat zur Folge, dass man sich auch künftig gern wieder mit Texten desselben Autors beschäftigen wird. Andererseits setzt eine solche Lektüre Lesekompetenz und literarische Bildung voraus. Solche besonderen, das Unterhaltungsbedürfnis befriedigenden Kompetenzen können vorrangig den Käufern von Kästners Gedichtbänden oder von (literarischen) Zeitschriften, aber wohl nur in eingeschränktem Umfang den auf flüchtige Rezeption eingestellten Zeitungsleserinnen und -lesern unterstellt werden.

Außerdem soll mittels der spezifischen Präsentation ver- bzw. überarbeiteter Textstellen aus dem Korpus der deutschen ›Nationalliteratur‹ der Stellenwert von offenbar obsolet gewordener Dichtung relativiert und die Einstellung der Zeitgenossen zu ihr neu justiert werden. Insofern führt die dispositive Funktion dieser übernommenen Textpartikel über Kästners Lyrik hinaus und betrifft die Klassiker bzw. vor allem deren unkritische, affirmative Rezeption, der mit satirischem Spott begegnet wird. Auch der seit dem letzten Drittel des 19. Jahrhunderts immer stärker um sich greifende nationalistische Missbrauch der Dichtungen Uhlands, der Befreiungskriege und des Vormärz wird ridikülisiert. Die Leserschaft soll auf nichtdidaktische, spielerische Weise ermutigt werden, sich von einer devoten und autoritätsgläubigen, den Herrschaftsinteressen des Militärs und der reaktionären Großindustrie Vorschub leistenden Haltung gegenüber der kulturellen Überlieferung zu emanzipieren und stattdessen ein unbefangenes oder kritisches, sich gegen chauvinistische Vereinnahmung wendendes Verhältnis zu ihr einzunehmen. Deshalb kann man sogar von der Reflexionsfunktion der Integration literarischer oder literaturaffiner Zitate sprechen, die Zymner hauptsächlich bei metalyrischer oder poetologischer Lyrik verwirklicht sieht, und damit abschließend den Blick wieder auf eine lyrikinterne Funktion richten. Einschränkend müsste wohl von einer *impliziten* Reflexionsfunktion gesprochen werden, weil mittels der angeführten Zitate nicht diskursiv oder programmatisch über Bedingungen und Möglichkeiten von Lyrik gehandelt wird. Gleichwohl wird durch solche Zitate aus unterschiedlichen Epochen der deutschsprachigen Literatur der Status von Lyrik in einem sehr grundsätzlichen Sinn zur Disposition und überdies die Frage gestellt, wie die Gegenwart angemessen mit ihr umzugehen habe. Damit werden metalyrische Reflexionsleistungen angestoßen, die sowohl den Funktionen der anzitierten Gedichte in ihrem historischen Entstehungskontext als auch den Voraussetzungen ihrer angemessenen späteren Rezeption gewidmet sein können.

Insgesamt arbeiten die Phraseologismen und deren Verarbeitung bzw. Textintegration der generellen Werteorientierung von Kästners Gebrauchslyrik zu. Sie sind in unterschiedlichen, jeweils im Einzelnen zu bestimmenden Relationen auf die dort verhandelten Werte der Moral und der richtigen gesellschaftlichen und kulturellen Leitbilder bezogen. Dabei leisten sie einen originären Beitrag zur ethischen Profilierung der für Kästners neusachliche Lyrik wichtigen Themenfelder wie generationelle Konflikte, massenmediale Kommunikation, Urbanität und Geschlechterrollen, Prostitution und Sexualität, soziale Partizipation, ökonomische Ungleichheit, Weltkriegserinnerung, Militarisierung der Gesellschaft oder Gefahr durch den erstarkenden Nationalsozialismus. Auf geschickte, nur vermeintlich selbstverständliche Weise macht sich Kästner die vielfältigen Funktionen der Sprichwort- sowie Zitatverwendung wie z. B. Belehrung, Appell, Kommentierung oder Ironisierung für eigene aufklärerische Zwecke zunutze. Die Phraseologismen werden mittels der beschriebenen literarischen Techniken fit gemacht bzw. zurecht geschnitten, um ihren Beitrag zur Präsentation einer atmosphärisch modernen und inhaltlich zeitgemäßen, mit Bezug auf das konkrete Alltagsleben geschriebenen und dem Primat der demokratisierten Kultur für Alle verpflichteten Dichtung zu leisten. Obwohl man bestimmte Bildungsvoraussetzungen und eine Vertrautheit im Umgang mit lyrischen Texten benötigt, um die (literarischen) Zitate erkennen und Genuss an ihrer Verfremdung empfinden zu können, ist der mit ihnen verbundene Aspekt der Wertevermittlung vorrangig. Das ästhetische Vergnügen steht im Dienst der Wirkungsabsicht, das kritische Reflexionspotenzial der Leserschaft zu stärken.

8 Kästners Lyrik in literaturgeschichtlicher Perspektive

Nach den vielfältigen Versuchen der Zerstörung des bürgerlichen Literatursystems Kunst durch die Avantgarden[31] musste sich auch die Lyrik neu positionieren. Wie erfolgreich diese im deutschsprachigen Raum insbesondere durch den Dadaismus und Expressionismus vorangetriebenen Zerstörungsversuche waren, ist umstritten und soll hier nicht diskutiert werden. Jedenfalls haben die Texte der bereits angesprochenen Autoren Mehring, Tucholsky und Benn, aber auch die Gedichte z. B. von Arno Holz, Christian Morgenstern und Bertolt Brecht, so sehr sie von der individuellen künstlerischen Physiognomie ihrer Verfasser geprägt sind, eine übergreifende Gemeinsamkeit: Sie alle sind als direkte oder indirekte, bewusste oder unbewusste Reaktionen auf die von den Avantgarden erzwungenen Innovationsschübe zu betrachten, die die moderne Literatur bzw. Lyrik definitiv von der Tradition des 19. Jahrhunderts trennt. Dasselbe gilt für Kästners Lyrik, wie man sehr gut an Dubravka Oraić Tolićs semiotisch fundierter Theorie der Avantgarde[32] demonstrieren kann, die zwischen einem zentralen und einem peripheren Modell der avantgardistischen Kultur unterscheidet. Das erstere bezeichnet die europäischen Avantgarden im eigentlichen Sinn und wird durch das destruktive, der gesamten bisherigen Zivilisation feindselig gegenüberstehende Prinzip der großen zitathaften Polemik charakterisiert. Als ihr Derivat setzt sich seit den 1920er Jahren und dem offenbar werdenden Scheitern ihrer radikalen Destruktionsarbeit zunehmend das periphere Modell durch, das erfolgreich die Poetik des großen zitathaften Dialogs gepflegt hat. Bezugnehmend auf ihr kategoriales semiotisches Viereck der Zitathaftigkeit ordnet Oraić Tolić diesem peripheren Modell – in Klammern folgen ihre Zuschreibungen zu den eigentlichen Avantgarden – eine konstruktive, innovative Bedeutungen kreierende (destruktive, alle Sinn-

---

[31] Georg Jäger: Die Avantgarde als Ausdifferenzierung des bürgerlichen Literatursystems. Eine systemtheoretische Gegenüberstellung des bürgerlichen und avantgardistischen Literatursystems mit einer Wandlungshypothese. In: Michael Titzmann (Hg.): Modelle des literarischen Strukturwandels. Tübingen 1991, S. 221–244.
[32] Dubravka Oraić Tolić: Das Zitat in Literatur und Kunst. Versuch einer Theorie. Aus dem Kroatischen übersetzt von Ulrich Dronske. Wien, Köln u. Weimar 1995, S. 56–113 (Begründung des kategorialen zitathaften Vierecks) u. 115–153 (Erörterung der idealtypischen und historischen Ebenen der Modelle der zentralen und der peripheren Avantgarde).

konfiguration radikal leugnende) Semantik, eine intellektuell montierende bzw. zitierende (aleatorische) Syntaktik, eine moderat dialogische (radikal monologische) Pragmatik und eine konziliante (umstürzlerische), die Zivilisation kritisch aufbewahrende (grundsätzlich negierende) kulturelle Globalfunktion zu.

Natürlich handelt es sich hierbei um idealtypische bzw. – wie Oraić Tolić schreibt – universale Kategorien, die in der Kunst- und Literaturgeschichte in diversen Mischungsverhältnissen und unterschiedlicher Intensität aufgetreten sind. Analysiert man Kästners Lyrik aus deren Perspektive, dann zeigt eine Gesamtbetrachtung der eben dargelegten Funktionen der integrierten Phraseologismen deutlich, dass sie eindeutig zum peripheren Modell der Avantgarde gehört. Sie ist sicherlich als eine gemäßigte, vergleichsweise unauffällige Variante dieses Modells zu betrachten, gehört aber wegen ihrer (verarbeitenden) Zitatintegration und wegen ihrer andernorts analysierten Titelzusätze und gattungssprengenden Prosaanmerkungen[33] eindeutig dazu. Und wenn man den Blick von ihr aus nach vorn richtet, so kann man ihre Zukunftstauglichkeit erkennen, weil Sprichwortbearbeitungen, wie die keineswegs nur auf die Belletristik beschränkte, sondern journalistische Formate, Werbetexte, Karikaturen und Comics einbeziehende Sammlung von Wolfgang Mieder zeigt, zwar schon im Barock durchgeführt wurden, aber im 20. Jahrhundert in einer vormals unerreichten Häufigkeit aufgetreten sind. Mieder skizziert nicht nur literarische Techniken des Umgangs mit Sprichwörtern, die schon Kästner virtuos angewandt hatte.[34] Seine Sammlung dokumentiert außerdem einen übergreifenden Diskurszusammenhang zwischen Belletristik und massenmedialer Literatur bzw. Kultur, in dem der nie von Berührungsängsten gegenüber dem Journalismus geplagte Verfasser einer antiesoterischen, die Nähe zur Alltagskommunikation suchenden Gebrauchslyrik sich zweifellos wohlgefühlt hätte.

---

[33] Michael Ansel: Annotierte Lyrik. Die Funktion der Titelzusätze und Anmerkungen in Kästners Gedichtbänden der Weimarer Republik. In: Silke Becker und Sven Hanuschek (Hg.): Erich Kästner und die Moderne, Marburg 2016, S. 97–116.
[34] Wolfgang Mieder: Vorwort. In: Ders.: Antisprichwörter. Band I. 3. Auflage. Wiesbaden 1985, S. VII–XVI, hier S. X–XII. Vgl. auch Ders.: Antisprichwörter. Band II. Wiesbaden 1985; Mieder hat auch Kästners Werk ausgewertet (Nr. 133, 180, 211, 217 f., 319, 361, 393, 536, 584, 650, 695, 950, 1463, 1498, 1706, 2095, 2464 u. 2835), erfasst aber mit den 19 gelisteten Fundstellen nur einen Bruchteil der einschlägigen Belege.

Sven Hanuschek
Gesinnungswechsel auf Kommando
Politische Moral im *Blauen Buch*

1 Kästners Konzeptionen: gegenseitige Hilfe

Erich Kästner ist ein politischer Autor, den wir alle zu kennen meinen; am Anfang dieses Beitrags soll dieses vertraute Bild stehen. Im Folgenden (2.) skizziere ich einige Beobachtungen, die bei der Lektüre des *Blauen Buchs* gemacht werden können und die dem Bild dieses politischen Autors zu widersprechen scheinen. In einem dritten Schritt versuche ich zu klären, was dieses neue Bild mit dem doch recht konsistenten System des Autors vor 1933 zu tun hat (3.); womöglich handelt es sich doch um einen Neuansatz, eine Anpassung an die Zeitläufte.

Kästner gilt als politischer Autor, in beinah jedem Lebensalter, nicht nur in der Weimarer Republik, sondern auch in den Nachkriegsjahren als Journalist, in den Fünfzigern als PEN-Präsident, später als Ostermarschierer und Friedensprotestierer, am stärksten aber sicher in den Jahren bis 1933. Die Lust am politischen Kommentar, am zwangsläufig politischen Blick beginnt bereits in den Leipziger Studienjahren, wo er keineswegs nur Feuilletons und Kritiken für Zeitschriften und Tageszeitungen geschrieben hat, sondern auch ein paar politische Kommentare. Sie sind zum Teil anonym und nicht im Feuilleton, sondern im politischen Teil der *Neuen Leipziger Zeitung* erschienen. Es ist auch zu vermuten, dass seine ›Versetzung‹ nach Berlin ganz andere Gründe hatte als die vorgegebenen – bekanntlich wurde er mitsamt Erich Ohser gefeuert, weil ein (von Ohser illustriertes) leicht erotisches Gedicht angeblich eine Beleidigung Beethovens gewesen sein soll, das *Abendlied des Kammervirtuosen* mit Versen wie »Komm wie ein Cello zwischen meine Knie / Und laß' mich zart in Deine Seiten greifen.« Dieser Erotik-Vorwurf ist ja lächerlich und war es auch damals, so prüde war man schon im Leipzig Mitte der zwanziger Jahre nicht. Man kann sich also denken, dass vermutlich gerade die politischen Kommentare des jungen Journalisten gestört haben.[1]

In Berlin hat er aus einer soliden Mittellage heraus geschrieben, schon tendenziell eher auf der linken Seite, wenn auch für Walter Benjamin und andere

---

[1] Die Affäre ist ausführlicher dargestellt in Sven Hanuschek: »Keiner blickt dir hinter das Gesicht«. Das Leben Erich Kästners [im Folgenden HK, Seitenzahl]. München 2003, S. 95–97.

nicht links genug; ich erinnere nur an einige seiner berühmtesten Gedichte, an *Die andere Möglichkeit* oder *Das Führerproblem, genetisch betrachtet*. Kästner hat sehr genau verfolgt und in Kritiken kommentiert, was Horváth, Brecht und Piscator auf der Bühne getrieben haben, mal kritisch, mal bewundernd, er hat dabei vor allem Piscator gewarnt, die »Parteipolitik« sei »des Regisseurs Piscator größter Feind. Daß er ihn erkennte!«[2] Dessen Theater-Innovationen feierte er in den höchsten Tönen, die szenischen Lösungen seien »überwältigend«.[3] Nach Kästners politischen Konzeptionen oder seinem Weltbild in dieser Zeit lässt sich schon fragen, und man kann den Eindruck haben, als bestünde hier tatsächlich etwas wie eine klare, konsequente und durchdachte Konzeption. Er kannte sich in der Epoche der Aufklärung sehr gut aus, recherchierte länger für eine Dissertation über Lessings *Hamburgische Dramaturgie* (1767–69), die er dann nicht schrieb, sondern sie als Habilitationsschrift seiner Figur Labude im *Fabian* bzw. dem *Gang vor die Hunde* (1931/2013) vermachte. Auch seine wirkliche Dissertation bewegte sich in dieser Zeit, die Antworten der deutschen Aufklärer auf die Schrift *Über die deutsche Litteratur* (1780) von Friedrich dem II. von Preußen; und Antworten heißt: Kritik am Monarchen, an dessen Abwertung der deutschen Literatur, die Autoren wehrten sich gegen die Beschränktheiten und Ahnungslosigkeiten des Monarchen.

Durch diese Dissertation[4] und ihre Vorarbeiten kannte Kästner sich in der deutschen Aufklärung außerordentlich gut aus, vor allem über die Schriftsteller- und Publizisten-Szene hatte er durchaus Spezialwissen. In der philosophischen Aufklärung, der deutschen wie der französischen, dürften seine Kenntnisse über die eines humanistisch gebildeten Abiturienten mit anschließendem literaturwissenschaftlichen Studium kaum hinausgegangen sein. Er hat diesen Fundus auch an unerwarteten und entlegenen Stellen seines Werkes benutzt, die keinen aufklärerischen Zusammenhang erwarten lassen; so kommen gelegentlich in seinen Erzählwerken die Namen entlegener, vergessener Autoren der Aufklärung als Figurennamen vor.[5] Er hat sich selbst in einem sehr allgemeinen Sinn als Aufklärer verstanden, in der bekannten Selbst-Vorstellung für den PEN in Zürich

---

[2] Erich Kästner: Dokumentarisches Theater. Piscators »Rasputin«. In: Ders.: Gemischte Gefühle. Literarische Publizistik aus der »Neuen Leipziger Zeitung« 1923–1933. Hg. Alfred Klein. Band 2. Berlin, Weimar 1989, S. 34–36, hier S. 35.
[3] Ebd.
[4] Für ein größeres Publikum erst in den 70er Jahren veröffentlicht: Erich Kästner: Friedrich der Große und die deutsche Literatur. Die Erwiderungen auf seine Schrift »De la littérature allemande«. Stuttgart u. a. 1972.
[5] Beispielsweise in Erich Kästner: Der Herr aus Glas. Erzählungen. Hg. von Sven Hanuschek. Zürich 2015.

(1949) hat er über sich gesagt, er sei ein »Moralist«, ein »Rationalist«, ein »Urenkel der deutschen Aufklärung, spinnefeind der unechten ›Tiefe‹ [...], untertan den drei unveräußerlichen Forderungen nach der Aufrichtigkeit des Empfindens, nach der Klarheit des Denkens und nach der Einfachheit in Wort und Satz«.[6] Alfred Andersch als sein Redaktionsassistent bei der Neuen Zeitung 1945 fand sogar, Kästner sehe Voltaire immer ähnlicher, je älter er werde – aber das war eher ein hoch gegriffenes Kompliment als eine Tatsache.

Seine Haltung lässt sich noch etwas präzisieren, Kästner hat wahre Hymnen auf einige Weltanschauungsromane von Herbert G. Wells geschrieben (*Menschen, Göttern gleich*, 1923/dt. 27, *Die Welt des William Clissold*, 1926/dt. 27), die tatsächlich für sein Weltbild und auch sein wirkliches Verhalten in vielerlei Hinsicht prägend gewesen sein müssen. Hier kommt die Vorstellung her, man müsse für die politischen Auffassungen, die man als gut und richtig für die Menschheit erkannt habe, Werbung machen (Propaganda hieß das damals); und von Wells stammt die Vorstellung, die ›guten‹ Millionäre müssten die Menschheit retten, eine Vorstellung, die sich durch viele Texte Kästners zieht, von der Weimarer Lyrik bis hin zu *Drei Männer im Schnee* 1935, wo der Millionär freilich nur eine einzige Person rettet, das Kästner-alter ego Fritz Hagedorn.[7] Wichtiger vielleicht noch ist die Vorstellung der gegenseitigen Hilfe: Jeder, jede soll in seinem, ihrem unmittelbaren Umfeld den Menschen helfen, denen er oder sie eben über den Weg läuft. Das ist eine Maxime, die auch mit der *Fabian Society*, den Vorläufern von Labour, und den angelsächsischen Vorstellungen von *charity* zu tun hat; Wells war eines der prominentesten Mitglieder der zeitgenössischen *fabians*, neben Bernard Shaw und Bertrand Russell.

Kästners Romanfigur Jakob Fabian lebt diese Vorstellungen auch vor, er hilft alle naselang jemandem, einem kleinen Mädchen im Kaufhaus, das aus Armut einen Aschenbecher gestohlen hat, um ihn zu verschenken; einem möglicherweise verwirrten Erfinder auf der Flucht vor seiner Familie gewährt Fabian Zuflucht in der eigenen Untermieter-Bude, inklusive der Benutzung von Sofa und Badewanne; und er lädt einen Arbeitslosen vom Betteln auf der Straße weg geradezu zum Essen ein. Das sind frühsozialistische Vorstellungen, auch solche des Anarchismus, ich erinnere an Pjotr Kropotkins Werk *Gegenseitige Hilfe in der Tier-*

---

6 Hier zit. nach Erich Kästner: Kästner über Kästner. In: Ders.: Werke. Hg. von Franz Josef Görtz [im Folgenden W, Band, Seitenzahl], hier Bd. II: Wir sind so frei. Chanson, Kabarett, Kleine Prosa. Hg. von Hermann Kurzke in Zusammenarbeit mit Lena Kurzke. München, Wien 1999, S. 323–328, hier S. 326 f.
7 Vgl. schon den Titel der *Clissold*-Rezension, Erich Kästner: Die Revolution von oben. In: Ders.: Gemischte Gefühle. Literarische Publizistik aus der »Neuen Leipziger Zeitung« 1923–1933. Hg. Alfred Klein. Band 1. Berlin, Weimar 1989, S. 117–121.

und Menschenwelt, 1902 in London publiziert, 1904 zum ersten Mal in der deutschen Übersetzung von Gustav Landauer erschienen. Kropotkins Werk ist eine Breitseite gegen den Sozialdarwinismus, das in der Tier- und Menschheitsgeschichte aufzufinden trachtet, wo es diese gegenseitige Hilfe überall gibt, von den Bienen und Vögeln bis zu den menschlichen Clan- und Dorfgemeinschaften, die es nach Kropotkins Empfinden bis in die Moderne gibt, und die weit verbreiteter und dem evolutionären Überleben dienlicher seien als der ›Kampf ums Dasein‹. Ob diese Vorstellungen von gegenseitiger Hilfe mit denen Kästners übereinstimmen, bei denen es immer um Hilfe für ganz unbekannte Menschen geht, sei dahingestellt. Jedenfalls hat er ein solches Konzept gegenseitiger Hilfe nicht nur seinen ›moralischen‹ Figuren zugeschrieben, besonders prominent in den Kinderbüchern, sondern er hat es auch gelebt, wir wissen das besonders für die Jahre der Diktatur: er hat den jüdischen Musiker Konrad Latte, der im Berlin der Kriegsjahre die Vernichtungspolitik des Regimes im Untergrund überlebte, mehrfach finanziert, ihm Geld wie Kleidung geschenkt.[8] Und Kästner hat einen Konflikt von Horst Lange und seiner Frau Oda Schaefer mit einem NS-Kriegsgerichtsrat beendet: Lange hatte an der Bar ›defätistische‹ Bemerkungen gemacht, und als der Offiziale schon zum Telefon schreiten und die Gestapo holen wollte, schraubte Kästner geistesgegenwärtig die Sicherungen der Bar heraus, zog Lange vor die Tür und stieß ihn in eine gerade anfahrende Straßenbahn.[9] Dies nur als kleine Episoden direkter Hilfe auch in der Diktatur, die ja stark politisch aufgeladen sind – allemal so aufgeladen wie der *Fabian*-Roman mit seiner Bürgerkriegs-Prophetie und seiner Aufforderung an die Leserinnen und Leser in der Überschrift des letzten Kapitels, doch schwimmen zu lernen (anders als der Protagonist, der's nicht kann und deshalb ganz lakonisch, man möchte sagen knochentrocken, auf der letzten Seite des Romans ersäuft).

2 ›Idealistische‹ Politik im *Blauen Buch*?

Genug der Vorgeschichte: Offensichtlich war Kästner ein politischer Autor, ich habe auch schon einen kleinen Schwenk in die Zeit der NS-Diktatur gemacht, der zeigt, dass sich am eigenen Handeln jedenfalls in Sachen Gegenseitiger Hilfe auch da nichts verändert hat. Wenn man nun das *Blaue Buch* auf sein Bild von Politik hin liest, das Kriegstagebuch Kästners, in dem er die Jahre 1941, 1943 und 1945

---

8 Vgl. Peter Schneider: »Und wenn wir nur eine Stunde gewinnen...« Wie ein jüdischer Musiker die Nazi-Jahre überlebte. Berlin 2001, S. 125.
9 Vgl. Oda Schaefer: Auch wenn du träumst, gehen die Uhren. Lebenserinnerungen. München 1970, S. 307.

festgehalten hat, dazu noch Skizzen und Strukturplanungen für zwei Romane gesammelt, können schon hie und da Irritationen eintreten.

Das *Blaue Buch* ist nicht zur Veröffentlichung gedacht, sondern als Gedächtnisstütze. Mitgeschrieben werden Flüsterwitze, alltags- und mentalitätsgeschichtliche Beobachtungen, vor allem Meldungen der NS-Medien, die Kriegsberichterstattung, oft mit dem Versuch, sich eine Meldung klar zu machen, das Manipulative, Propagandistische zu durchdringen, mit unterschiedlichem Erfolg. Oft durchschaut Kästner die Meldungen, ebenso oft erliegt er ihnen oder kursierenden Gerüchten auch. Typisch sind Nachrichten, die zum Teil stimmen, zum Teil aber Gerüchte sind wie etwa das Gerücht, Hasenclever und Benjamin hätten sich in Südfrankreich umgebracht, Benjamin habe sich die Pulsadern durchgeschnitten – Kästner kriegt dann noch erzählt, gerade diese Todesart habe Benjamin als unvorstellbar für sich zurückgewiesen, man müsse tief schneiden, sie sei nicht sicher genug.[10] Daran stimmt der Selbstmord, die Todesart ist nicht mitkolportiert worden (beide Autoren haben sich mit Tabletten vergiftet). Das nur als Beispiel für die Schwierigkeiten eines im Land Gebliebenen, sich ein zuverlässiges Bild zu machen – und Kästner war kein Durchschnittsbürger, er kannte Journalisten aus der Weimarer Zeit, ging weiterhin an deren Stammtische, war also gemessen an seinem Umfeld nicht schlecht informiert. Und er scheute auch den Umgang mit NS-Funktionsträgern nicht: er notiert zum Beispiel, er habe den Abend mit einem Gestapo-Offizier verbracht (ein »harmloser, quietschvergnügter Junge«, 46), in dessen Wohnung mit ihm zusammen Cognac getrunken, sich die geschobenen Luxusartikel zeigen lassen und noch spät ein paar Stunden in einer Halbwelt-Bar verbracht. Eine wichtigere Rolle spielt Hans-Georg Kemnitzer, mit dem Kästner regelrecht befreundet war, ein NS-Ministerialer, seit 1925 in der Partei, 1934 Referent im Propagandaministerium, 1935–37 Referent in der Schrifttumskammer, 1938/39 Referent beim »Obersten SA-Führer« in München, seit 1940 dann in der Auslandsabteilung des »Deutschen Nachrichtendienstes« in Berlin, bis er 1943 doch noch eingezogen wurde (vgl. S. 379). Er dürfte eine wichtige Quelle für Kästner gewesen sein, was Nachrichten aus dem Inneren des Systems anging, die Freundschaft war aber nicht eng genug, dass er nicht hätte aufpassen müssen, was er sagte:

---

10 Vgl. Erich Kästner: Das Blaue Buch. Geheimes Kriegstagebuch 1941–1945. Hg. von Sven Hanuschek in Zusammenarbeit mit Ulrich von Bülow und Silke Becker. Aus der Gabelsbergerschen Kurzschrift übertragen von Herbert Tauer. Zürich 2018 [zuerst 2006], S. 48. – Zitate und Verweise aus dem *Blauen Buch* im Folgenden nach dieser Ausgabe im fortlaufenden Text in Klammern.

> Kemnitzer zitierte vorhin, in irgendwelchem Zusammenhang: »Der ganzen Menschheit Jammer packt mich an.« Ich fragte: »Was heißt der ›ganzen Menschheit Jammer-Pakt?‹« Es war nicht böse gemeint, aber Kemnitzer merkt sich alles. Das soll nicht heißen, dass er alles merkt. (S. 79)

Der Eintrag stammt vom 27. März 1941, der Hitler-Stalin-Pakt gilt noch, deshalb gibt es in den 1941er-Eintragungen auch noch singende Russen in Berlin. Kästner scheut solche Verbindungen nicht, es ist aber immer klar, wie vorsichtig er sein muss; es wird auch sehr klar, dass es unter den Bedingungen der Diktatur mit der gegenseitigen Hilfe mitunter nicht weit her sein kann. So überlegt Kästner angesichts seiner Cousine Johanna Wolschke, deren behindertes Kind im Zuge der ›Euthanasie‹-Aktion ermordet worden ist – ihr Mann muss im Heimaturlaub die Urne abholen – dass er »nichts darüber« sagt: »Man täte den armen Eltern keinen Gefallen; sie sollen ja sogar solche Mütter, die in ihrer Verzweiflung laut geworden sind, eingesperrt haben.« (47)

Es kann kein Zweifel daran bestehen, was er von der NS-Politik hält; immer wieder finden sich kritische Bemerkungen, die sehr deutlich machen, dass es sich keineswegs um moralische Politik handelt, sondern um das Gegenteil, milde gesagt: »Situationen, wo einen die Unsinnigkeit der Situation geradezu platt drückt, als würde man von einem idiotischen Riesen wie eine Blume gepresst.« Er skizziert, dass die Verantwortlichen sich von einem Zauberkünstler bespaßen lassen, dass sie »wissen, dass es keinen siegreichen Ausweg gibt, und warten, in der Nase bohrend, geduldig ab, dass eine Stadt nach der anderen in Pompeji verwandelt wird« (127); hier ist offenbar Goebbels gemeint. Es gibt eine ähnliche Bemerkung über Stalin, bei der von Politik im Allgemeinen die Rede ist (9. 9. 1943):

> Stalin hat die Spitzen der russischen Kirche empfangen, die Metropoliten und ihren Synodalzusammentritt genehmigt. »Religion ist Opium fürs Volk.« Ergo, er führt wieder »Opium« ein! Politik ist wirklich ein schamloseres Gewerbe als Unzucht, Kuppelei, Engelmacherei oder ähnliche Lappalien. Der Magen dreht sich einem um. (140)

Kästner äußert aber auch Verständnis – nicht für die Politik, aber immerhin für die Informationspolitik des Regimes: Im Krieg könne »eine Regierung [...] dem Volke die Wahrheit« nicht sagen, und sie könne sie ihm nicht verschweigen, beides sei falsch, einen »Ausweg scheint es nicht zu geben« (106). Gegenläufig dann wieder seine Auffassung, das Ziel der ganzen NS-Politik sei es, »den Charakter eines ganzen Volkes tief zu verderben«, der größte Versuch dazu überhaupt. In den Notizen für zwei Romane, die ebenfalls im *Blauen Buch* festgehalten sind, wird konstatiert, dieses Ziel sei mit enormem Erfolg erreicht worden: »Denuziantentum, falscher Hochmut, Gesinnungswechsel auf Kommando, Feigheit usw.« (245), wobei diese Perspektive aufs Große Ganze manchmal doch merkwürdig verrutscht ist, als wolle Kästner sich selbst und seinem Kinderpublikum erklären, was da gerade passiert, wenn er sich an »Kindheitskameraden« erinnert fühlt, »die hinterrücks frech wurden, aber dann, wenn man ihnen Gleiches vergelten wollte, wehleidig bestritten, was sie vorher unverschämt getan hatten. Ganze Völker können sich wie Richard Naumann benehmen«. (165 f.) In allem fehlt Kästner das Maß, »das winckelmannische Griechenideal« (180), wie er Nietzsche vorwirft, viele Seiten im *Blauen Buch* sind der Nietzsche-Analyse gewidmet oder dem, was die Nationalsozialisten samt Elisabeth Förster aus ihm gemacht haben.

So weit, so gut; es wird immer wieder deutlich, wie schwierig es ist, ein einigermaßen zutreffendes Bild von Wirklichkeit zu erlangen, wenn die Informationsquellen so unterschiedlich und so vielfach verfälscht sind, sei es durch die Stategien der NS-Propaganda, sei es durch die subjektiven, kleinteiligen Wahrnehmungen der Zuträger. Was aber wirklich irritierend ist, ist die permanente Selbsteinschätzung des Tagebuchschreibers als unpolitischem Idealisten, kombiniert mit handfester Volksverachtung:

> Unpolitische Idealisten, wie ich einer war, erleben wohl immer das Gleiche: Eines Tages verachten sie die Menge, aber doch eben nur, weil sie die Menge vorher überschätzten. [...] Sie schließlich zu verachten erscheint mir immer noch als eine erträglichere Lösung, als etwa den Satz auszusprechen: »Vergib ihnen, denn sie wissen nicht, was sie tun.« Dass sie es nicht wissen; dass sie es noch immer nicht wissen, ist unverzeihlich. Man schämt sich, im Namen aller, vor der Geschichte. (21. 1. 1941; S. 51)

Immer wieder ist vom *Idealismus* die Rede, auch Politik sei ein »entwaffnend lächerliches Geschäft, leider aber für solche Männer, die Idealisten waren und sind, das heißt also keine Geschäftsleute, Tod und Schande«. (71) Es gibt offenbar auch nationalsozialistische Idealisten, Rudolf Heß wird als »an Astrologie glaubender Idealist« bezeichnet, der nach England geflogen sei, »um seine englischen Freunde zum Frieden zu ermahnen, ehe das englische Weltreich endgültig zerbreche« (89) – indirekte Rede, weil Kästner hier eine Rundfunkmeldung mitschreibt, offenbar also nicht seine Auffassung, sondern NS-Propaganda; er sieht in Heß' Flug den Stoff für ein zeitnahes Theaterstück.

Auch in den Roman-Notizen geistert die Kategorie Idealismus herum, als »Thema«: »[E]in Wahnsinn, Idealist zu sein und für die Masse, dieses Pack, die tödlichen Konsequenzen zu ziehen. Ossietzky, der außerdem auch für Tucholsky den Kopf hinhielt. Was allerdings auch Tuch nicht vor seinem Schicksal bewahrte.« (246)

Der Held des *Doppelgänger*-Romans (das zweite Projekt sollte eine Art Sittengeschichte des ›Dritten Reiches‹ werden, gewissermaßen ein *Fabian* II) sollte parallel geführt werden zu dem Bild, das Gilbert Keith Chesterton von Bernard Shaw hatte (wir sind wieder bei den *fabians*): Shaw sei »auf die Menschen böse, weil sie seinen vorgefassten Idealen nicht entsprechen« (237), und damit sei er im Unrecht. Auch der Romanheld hätte »vor dem Wendepunkt« die Menschen nicht sehen sollen, »wie sie waren«, er war »gewissermaßen blind und hatte Ideale von Wesen, die keine Menschen waren, sondern eine falsche Vorstellung davon, er sah sie klug und uneigennützig, wenn's ihnen gut ging« (237 f.); nach dem Wendepunkt hätte sich der Held nach Voltaires *Candide* (1759) ausrichten und seinen Kohl ziehen sollen, »die Menschheit links liegen« lassen, »sich nur dem eignen Charakter, dem Privatleben, den Nächsten widmen und das Leben lieben. Bis auf weiteres.« (238)

3 Zu Kästners Idealismus-Begriff

Was soll man nun damit anfangen, wie verträgt sich dieses Bild mit dem politischen Autor der Weimarer Republik, das ich eingangs skizziert habe? Welchen Begriff von Idealismus, von Idealen hat Kästner hier überhaupt? Soweit ich sehe, gibt es drei Möglichkeiten: er verwendet einen nicht klar konturierten umgangssprachlichen Begriff; er setzt auf den deutschen Idealismus, den genuin philosophischen Begriff also; oder er hat sich von dem umherschwirrenden Begriff der Zeit anstecken lassen und gibt sich darüber keine Rechenschaft (ich erinnere nochmal daran, dass das *Blaue Buch* eine Gedächtnisstütze ist, kein literarischer Text im engeren Sinn).

Im Einzelnen und in historischer Reihenfolge: Die deutsche idealistische Philosophie muss Kästner mindestens in groben Umrissen bekannt gewesen sein, es lässt sich aber kaum präzisieren, wie weit das ging. Er hat unter ferner liefen in Leipzig auch Philosophie belegt, und bei seiner Verankerung in der Aufklärung wäre doch eine gewisse Kenntnis von Kants Werken zu erwarten; ob er *Das älteste Systemprogramm des deutschen Idealismus* (1796/97) kannte, sei dahingestellt, ich werde mich der Kürze halber besonders auf diesen kleinen Text beziehen. Er ist pointiert, wurde 1917 zum ersten Mal gedruckt – herausgegeben von Franz Rosenzweig –, und genoss in der Folge große Aufmerksamkeit, also gerade in Kästners Studienjahren. Praktischerweise ist an diesem Doppelblatt in der Handschrift Hegels auch trotz der intensiven Debatten über Jahrzehnte unklar, wer der Verfasser ist, ob Hölderlin, Schelling oder eben Hegel; Verfasserfragen sind auch in der Kästner-Forschung ein Thema, auch deshalb bin ich überzeugt, dass ihm dieser Text gefallen hätte. Praktischerweise auch, weil sich das *Systemprogramm* als pars pro toto für den Idealismus direkt nach Kant nehmen lässt.[11] Ethik ist in dieser Skizze ein »vollständiges System aller Ideen«, wobei die »erste Idee [...] natürlich die Vorstellung *von mir selbst* als einem absolut freien Wesen« sei. Mit diesem freien, selbstbewussten Wesen trete »zugleich eine ganze Welt – aus dem Nichts hervor«. Für unser Thema sind die Ableitungen für den Staat und seine Institutionen besonders interessant; die Idee der Menschheit wird zwar statuiert, es solle aber gezeigt werden, so die Formulierung des *Systemprogramms*,

> daß es keine Idee vom *Staat* gibt, weil der Staat etwas *Mechanisches* ist, so wenig als es eine Idee von einer *Maschine* gibt. Nur was Gegenstand der *Freiheit* ist, heißt *Idee*. Wir müssen also über den Staat hinaus! – Denn jeder Staat muß freie Menschen als mechanisches Räderwerk behandeln; und das soll er nicht; also soll er *aufhören*. Ihr seht von selbst, daß hier alle die Ideen vom ewigen Frieden usw. nur *untergeordnete* Ideen einer höheren Idee sind. Zugleich will ich hier die Prinzipien für eine *Geschichte der Menschheit* niederlegen und das ganze elende Menschenwerk von Staat, Verfassung, Regierung, Gesetzgebung bis auf die Haut entblößen.[12]

Am Ende einer Entwicklung von Ideen einer moralischen Welt, von Gott und Unsterblichkeit steht die Freiheit aller Geister, die »die intellektuelle Welt in sich tragen«; die Idee, die »alle vereinigt, ist die Idee der *Schönheit*«; der höchste Akt der Vernunft, der alle Ideen umfasst, soll ein »ästhetischer Akt« sein, »*Wahrheit und Güte*« seien nur »*in der Schönheit* verschwistert«.[13] Die wahre Philosophie ist eine ästhetische Philosophie, der Philosoph muss dem Dichter an ästhetischem Sinn gewachsen sein, sonst betreibt er nur schnöde Buchstabenphilosophie. – Es sollte schon mit diesen kleinen Auszügen klar geworden sein, dass ein solcher Idealismus für einen Lyriker und Schriftsteller höchst attraktiv sein könnte (ohne dass ich bei aller Plausibilität wirklich nachweisen kann, dass Kästner nun gerade diesen kleinen Text kannte).

Der Neue Mensch des Nationalsozialismus war gleichfalls ›idealistisch‹ und heroisch, natürlich und mutig, ja schön; im Gegensatz zum ›fremdrassigen Untermenschen‹ – der war materialistisch und parasitär, feige und hässlich.[14] Die

---

11 Zur Einordnung des *Ältesten Systemprogramms* vgl. Walter Jaeschke: Hegel-Handbuch. Leben – Werk – Schule. Stuttgart, Weimar ²2010, S. 76–80.
12 Alle Zitate nach Georg Wilhelm Hegel: [Das älteste Systemprogramm des deutschen Idealismus]. In: Ders.: Werke. Auf der Grundlage der *Werke* von 1832–1845 neu edierte Ausgabe. Redaktion Eva Moldenhauer und Karl Markus Michel. Band 1: Frühe Schriften. Frankfurt a. M. 1986, S. 234–236.
13 Ebd., S. 235.
14 Vgl. hierzu und auch zum Nietzsche-Bezug ausführlicher Albrecht Betz: Der »Neue Mensch« im Nationalsozialismus. Deutschlandfunk, Erstsendung am 7.11.2010; nachlesbar unter https://

›Herrenrasse‹ und ›Übermenschen‹ sind heruntergekommener Nietzsche, vor allem aus der Nachlass-Kompilation *Der Wille zur Macht* (1906), mit der Kästner sich im *Blauen Buch* immer wieder auseinandersetzt. Für den NS-Begriff des Idealismus braucht es allerdings keinen Nietzsche, man könnte direkt *Mein Kampf* (1925/26) lesen. Im 11. Kapitel des 1. Bandes heißt es:

> Da nun aber wahrer Idealismus nichts weiter ist als die Unterordnung der Interessen und des Lebens des einzelnen unter die Gesamtheit, dieses aber wieder die Voraussetzung für jede Art der Bildung organisatorischer Formen darstellt, entspricht er im innersten Grunde dem letzten Wollen der Natur. Er allein führt die Menschen zur freiwilligen Anerkennung des Vorrechts der Kraft und der Stärke und lässt sie so zu einem Stäubchen jener Ordnung werden, die das ganze Universum formt und bildet. Reinster Idealismus ist unbewusst tiefste Erkenntnis.[15]

Der ›wahre‹ Idealismus ist hier also die Organisation eines totalitären Staates, der Einzelne hat sich unterzuordnen und eigene Interessen, auch das eigene Leben hintan zu stellen. Zudem war der NS-Staat (mit Nietzsche übrigens) der Auffassung, der Neue Mensch sei herstellbar, durch Züchtung zu erzeugen. Hier sitzt eine der Paradoxien des NS-Idealismus im Unterschied zum philosophischen: Das Mechanische wird gerade nicht ausgeschlossen, sondern geradezu als Königsweg verstanden, um den Übermenschen zu erzeugen, soweit hier überhaupt irgendein Gedankengang konsistent geworden ist. Und Hitler schreibt von »organisatorischen Formen«, die als »Wollen der Natur« angesehen werden; hier ein weiterer direkter Gegensatz zum *Ältesten Systemprogramm*. Jedenfalls: Idealismus ist tatsächlich ein inflationär gebrauchter Begriff in der Diktatur, mit dem über das kriminelle politische Agieren, den Massenmord in den Konzentrationslagern und ebenso die dezidiert eingeplanten und schließlich herbeigeführten Millionen von Kriegstoten hinweggetäuscht werden sollte.

Im umgangssprachlichen Begriff schließlich ist von alldem bis heute nur übrig geblieben, dass Idealismus ein »[mit Selbstaufopferung verbundenes] Streben nach Verwirklichung von Idealen« ist, eine »durch Ideale bestimmte Weltanschauung, Lebensführung«.[16] – Was hat das alles nun mit Kästners Politikbegriff in der Diktatur zu tun? Nachdem die Idealismus-Nennungen eher am

---

www.deutschlandfunk.de/der-neue-mensch-im-nationalsozialismus.1184.de.html?dram:article_id=185410 (5.10.2020).
15 Adolf Hitler: Mein Kampf. Eine kritische Edition. Hg. Christian Hartmann, Thomas Vordermayer, Othmar Plöckinger, Roman Töppel. Im Auftrag des Instituts für Zeitgeschichte. Band I. München, Berlin 2016, S. 775.
16 Duden. Deutsches Universalwörterbuch. 4., neu bearbeitete und erweiterte Auflage. Hg. von der Dudenredaktion. Mannheim u. a. 2001, S. 816.

Anfang von Tagebuch wie Roman-Notizen liegen, ließe sich noch diskutieren, ob das zur Schreibstrategie gehört: Das ganze Buch ist zwar in Gabelsberger Kurzschrift notiert, um nicht sofort von jedem lesbar zu sein. Es war aber bei einem zeitweise auch von der Gestapo bedrohten verbotenen Autor gut möglich, dass das Buch in falsche Hände kam und gelesen werden konnte – damals hatten viele Menschen noch Steno-Unterricht auf der Schule, und das Gabelsberger System war neben der Deutschen Einheitskurzschrift das meist verbreitete. Ist das Um-sich-Werfen mit dem ›Idealismus‹ also eine Schreibstrategie, vergleichbar mit den patriotischen Zungenschlägen in den Mitschriften von Meldungen der Kriegsberichterstattung aus dem Radio, die sich besonders 1941 finden?

So ganz befriedigt mich diese Lesart nicht, dazu erscheint der Begriff zu häufig und in zu unterschiedlichen Kontexten. Auch dass er einfach ›unterlaufen‹ ist, weil Kästner permanent damit beschallt wurde, halte ich für ausgeschlossen; die spöttische Bezeichnung von Heß als Idealisten zeigt ja durchaus ein Bewusstsein vom Propaganda-Begriff. Tatsächlich scheint Kästner einen individuellen, ja privaten Begriff von Politik entwickelt zu haben; einer der Vorwürfe an Nietzsches Adresse ist auch, dass er den Begriff vom Individuum zu einem Schimpfwort gemacht habe (128 f.), dass dann nach dem Krieg – das Tagebuch geht bis Ende Juli 1945 – weiterhin der Individualismus zum Untergang verurteilt sei, weil es nur noch zwei Kulturformen genormter Menschen geben werde, den amerikanischen und den russisch-kommunistischen (276 f.). Kästners eigener Weg nach dem Krieg sollte sein, nach der Volksverachtung durch die Verbrechen der NS-Diktatur »doch wieder in die Hände zu spucken, für die Jugend« (277), er als Person, als ›idealistische‹ Person, darf ergänzt werden.

Damit ist er in gewisser Weise wieder bei der ›fabianischen‹ Auffassung aus den Vorkriegsjahren angekommen, er als Person wollte sich für bestimmte Personen engagieren, die womöglich noch in einem moralischen Erwachsenenalter landen könnten. Darin stecken sehr konkrete Vorstellungen einer Kommunikation von Mensch zu Mensch, auch wenn sie sich durch Texte ereignet. In ganz ähnlicher Weise wie das *Älteste Systemprogramm* gibt es großes Misstrauen gegen den Staat und seine Mechanik der Institutionen, »das ganze elende Menschenwerk«. Das Politikbild des *Blauen Buchs* offenbart sozusagen eine Schwäche, die schon im Weimarer Modell der gegenseitigen Hilfe, der *fabian society* eingebaut ist, da aber noch keine Folgen hatte: Kästner als politischer Denker ist tatsächlich *kein* politischer Denker, insofern er keinen Gedanken an staatliche Institutionen wendet, an Fragen, wie solche Institutionen funktionieren (sollten). Die leere Mechanik kann in der Diktatur dazu bringen, zu versuchen, ob und wie man verschiedene Institutionen gegeneinander hetzen kann, wie Kästner das für seine Sondergenehmigung zum Schreiben des *Münchhausen*-Drehbuchs (1943) zustande gebracht hat. Sie kann nicht dazu führen, in politischer Detailarbeit wie in einer Demokratie zu versuchen, sie zu verändern. Das ist für die Jahre der Diktatur gesprochen; nach dem Krieg hat sich diese Haltung für Kästner wieder gravierend verändert, das ist aber ein neues Thema.

II. Kästners moralische Politik im kulturellen Kontext

Helmuth Kiesel
Erich Kästners Moderatheit

1 Wider Walter Benjamins *Linke Melancholie*

Moderatheit – verstanden als Mäßigung oder schonungsvolle Zurückhaltung in der Benennung und Darstellung von Dingen, als Gegenteil von krasser Beschreibung oder polemischer Benennung – wurde Kästner vielmals attestiert, manchmal als schwächlich vorgehalten und gelegentlich als Versagen vorgeworfen. In schroffster und auf Vernichtung zielender Form geschah dies in dem vielzitierten Artikel *Linke Melancholie*,[1] den Walter Benjamin 1930 nach dem Erscheinen von Kästners drittem Gedichtband *Ein Mann gibt Auskunft* schrieb.[2] An Kästner bleibt darin nichts Gutes. Mit seinen Gedichten ist er, wie der erste Abschnitt mit herabsetzender Metaphorik zum Ausdruck bringt, ein Nutznießer trüber sozialer Verhältnisse:

> Kästners Gedichte liegen heute schon in drei stattlichen Bänden vor. Wer aber dem Charakter dieser Strophen nachgehen will, hält sich besser an ihre ursprüngliche Erscheinungsform. In Büchern stehen sie gedrängt und ein wenig beklemmend, durch Tageszeitungen aber flitzen sie wie ein Fisch im Wasser. Wenn dieses Wasser nicht immer das sauberste ist und mancherlei Abfall darin schwimmt, desto besser für den Verfasser, dessen poetische Fischlein daran dick und fett werden konnten.[3]

Die weiteren Abschnitte bekräftigen dies Schlag um Schlag: Kästners Lyrik ist der trübsinnige Gesang einer »Zwischenschicht« von Emporkömmlingen, die sich als »Agenten, Journalisten, Personalchefs« zwischen der Großbourgeoisie und dem Kleinbürgertum sowie dem Proletariat eingenistet hat, ausschließlich die eigenen »ständischen Belange« vertritt, dabei aber nicht »wie die Finanzmagnaten auf Jahrzehnte für die Familie« disponiert, »sondern nur für sich selbst, und das kaum über Saisonabschlüsse hinaus«.[4] Als Sprecher dieser egoistischen und kurzsichtigen Schicht produziert Kästner Gedichte, die, wenn sie sich den anderen sozialen Sphären nähern, »schief« werden: »auf schiefe Art familiär«, wenn er

---

1 Walter Benjamin: Linke Melancholie. Zu Erich Kästners neuem Gedichtbuch. In: Ders.: Gesammelte Schriften. Unter Mitwirkung von Theodor W. Adorno u. Gershom Scholem hg. von Rolf Tiedemann u. Hermann Schweppenhäuser. Band III / Werkausgabe Band 8. Hg. von Hella Tiedemann-Bartels. Frankfurt a. M. 1972/1980, S. 279–283.
2 Zur Entstehung ebd., S. 644 f.
3 Ebd., S. 279.
4 Ebd.

gelegentlich den Bankiers ins Gewissen redet, und »auf schiefe Art ökonomisch«, wenn er »die nächtlichen Gedanken einer Proletarierfrau darstellt«.[5] Das kommt nicht von ungefähr: Zu mehr reichen seine ideologischen und politischen Kräfte nicht. Und es hat Folgen: Dem, was da zum Ausdruck kommt, entspricht »keine politische Aktion« mehr.[6] Es geht dieser »linken Intelligenz«,[7] zu der Benjamin neben Kästner noch Mehring und Tucholsky zählt, nur noch darum, »in negativistischer Ruhe sich selbst zu genießen«.[8] Dafür müssen »revolutionäre Reflexe« in »Gegenstände der Zerstreuung«, des »Amüsements« und des »Konsums« überführt werden,[9] muss der »politische Kampf aus einem Zwang zur Entscheidung in einen Gegenstand des Vergnügens, aus einem Produktionsmittel in einen Konsumartikel« verwandelt werden,[10] darf der Dichter »Kritik und Erkenntnis«, die »zum Greifen naheliegen«, »unter keiner Bedingung zu Worte kommen« lassen, sondern muss – um der erträglichen Moderatheit willen – sie »knebeln«.[11] Kurz: Kästners Lyrik ist der Qualität nach eine Mischung aus Unbedarftheit und gruppenspezifischem Egoismus, dem Effekt nach ein Sedativum für die traurige »Zwischenschicht« der »Agenten« und »Journalisten«, die ihr schlechtes Gewissen beruhigen müssen. Das gelegentliche »Kollern« in Kästners Versen hat »mehr von Blähungen als vom Umsturz«; seine Gedichte »machen die Luft nicht besser«.[12]

Benjamins Kästner-Rezension ist das Dokument einer radikalen Verurteilungs- und Verwerfungsabsicht, die mit gehässiger Ingeniosität exekutiert wird. Kaum ein Mittel ist Benjamin zu schlecht, um den von Kästner repräsentierten Typus zu schmähen, weder die primitive Blähungsmetapher noch die infame physiognomische Kennzeichnung. »Wer hat«, so fragt Benjamin, die Vertreter dieser Schicht »nicht vor sich: ihre verträumten Babyaugen hinter der Hornbrille, die breiten weißlichen Wangen, die schleppende Stimme, den Fatalismus in Gebärde und Denkungsart«. Und diese Erbärmlichkeit spiegelt sich in Kästners Gedichten: »Die Abstände zwischen seinen Strophen sind in ihrem Nacken die Speckfalten, seine Reime ihre Wulstlippen, seine Zäsuren Grübchen in ihrem Fleisch, seine Pointen Pupillen in ihren Augen.«[13] Breite weißliche Wangen,

---

5 Ebd., S. 280.
6 Ebd., S. 281.
7 Ebd., S. 280.
8 Ebd., S. 281.
9 Ebd.
10 Ebd.
11 Ebd., S. 282.
12 Ebd., S. 283.
13 Ebd., S. 279.

Wulstlippen und Specknacken waren um 1930 vor allem auf antisemitischen Karikaturen zu sehen, was man, wenn diese Sätze nicht von Walter Benjamin, sondern beispielsweise von dem *Volkstum*-Herausgeber Wilhelm Stapel (einem aufreizenden Polemiker) stammten, nicht nur beiläufig anmerken würde.

Man muss sich, um die Radikalität dieser Rezension zu verstehen, die literaturstrategische Situation von 1930 vor Augen halten.[14] Es war die Zeit, in der Kunst als »Waffe« betrachtet wurde, und die Zeit der verschärften Frontbildung, die von und auf der linken Seite vielleicht noch fanatischer betrieben wurde als auf der rechten Seite. Die kommunistische Linke, vertreten durch den an Moskau orientierten *Bund proletarisch-revolutionärer Schriftsteller*, machte Front nicht nur gegen rechte (völkische, nationalistische) Autoren, sondern ebenso stark gegen Autoren, die – wie Alfred Döblin, Gottfried Benn, Kurt Tucholsky, Walter Mehring – als »linksbürgerlich« galten; nicht umsonst wurden Döblin und Benn um 1930 Ziel von scharfen BPRS-Attacken. Benjamin und Brecht, der an der Kästner-Rezension wohl inspirierend beteiligt war,[15] gehörten zwar dem BPRS nicht an, standen ihm aber nahe und verfolgten, wie außer der Kästner-Besprechung auch eine Mehring-Rezension zeigt,[16] dieselbe Strategie. Sie zielte darauf, die moderat und reformerisch redende »linksbürgerliche« Literatur als Literatur des Verrats am Proletariat zu entlarven und durch rigide klassenkämpferische Literatur zu ersetzen. In diesem Sinne wird am Ende der Kästner-Rezension auf die aktuellen (»heute«) Gedichte von Brecht verwiesen, womit wohl die Gedichte der 1930 erschienenen Sammlung *Aus dem Lesebuch für Städtebewohner* gemeint waren. Nach welchen Prinzipien Literaturkritik dabei verfahren sollte, hatte Benjamin schon 1928 – zeitgleich mit Friedrich Wolfs berühmter »Feststellung« *Kunst ist Waffe!* – in seiner *Einbahnstraße* unter der Überschrift *Die Technik des Kritikers in dreizehn Thesen* mit dem skrupellosen Selbstbewusstsein dessen, der sich auf der geschichtlich richtigen Seite weiß, beschrieben:

> I. Der Kritiker ist Stratege im Literaturkampf.
> II. Wer nicht Partei ergreifen kann, der hat zu schweigen. [...]
> V. Immer muß ›Sachlichkeit‹ dem Parteigeist geopfert werden, wenn die Sache es wert ist, um welche der Kampf geht. [...]
> IX. Polemik heißt, ein Buch in wenigen seiner Sätze vernichten. Je weniger man es studierte, desto besser. Nur wer vernichten kann, kann kritisieren.

---

14 Vgl. dazu Helmuth Kiesel: Geschichte der deutschsprachigen Literatur 1918 bis 1933. München 2017, S. 840–921.
15 Vgl. den entstehungsgeschichtlichen Kommentar in Benjamin: Gesammelte Schriften III (s. Anm. 1), S. 644 f.
16 Walter Benjamin: Gebrauchslyrik? Aber nicht so! In: Benjamin: Gesammelte Schriften III (s. Anm. 1), S. 183 f.

> X. Echte Polemik nimmt ein Buch so liebevoll vor, wie ein Kannibale sich einen Säugling zurüstet.
> XI. Kunstbegeisterung ist dem Kritiker fremd. Das Kunstwerk ist in seiner Hand die blanke Waffe im Kampfe der Geister. [...][17]

Nun könnte man sich den ›kannibalischen‹ Umgang mit Kästners Gedichten ja gefallen lassen, wenn er sachlich überzeugend begründet wäre. Aber es bleibt bei Einschätzungen, über die man streiten kann, und bei pauschalen Verwerfungen, für die es keine Belege gibt. Brechts berühmte Devise »Laßt euch nicht verführen« hat Kästner, so ist mit Hans Fallada zu erkennen, mit vielen Gedichten wiederholt und exemplifiziert. Fallada schrieb – ebenfalls unter dem Eindruck des dritten Gedichtbands *Ein Mann gibt Auskunft* – im Anschluss an ein exemplarisch genommenes Gedicht (*Das Lied vom feinen Mann*): »Ein Trost, eine Ermunterung für die kleinen Schwachen: laß dich nicht verführen, du bist recht so und die anderen sind unrecht so. Jedes Kästnersche Gedicht, man kann nehmen, welches man will, irgendwo hat es diesen ethischen Kern.«[18] Vielleicht haben Kästners Gedichte die Luft hie und da doch besser, das Atmen für den einen oder andern Leser doch leichter gemacht. Auch ist überaus fraglich, ob Brechts Gedichte die Luft immer besser gemacht haben. Die ›Kältelehre‹ des *Lesebuchs für Städtebewohner*, das im übrigen keinerlei öffentliche Resonanz hatte,[19] ist von einer solchen Rücksichtslosigkeit, dass Brecht selbst sich nicht direkt zu ihr bekennen mochte und ihr seine Stimme nur zitatweise lieh (»Das habe ich schon Leute sagen hören« und dergleichen mehr). Über die sozialen Effekte der vorausgehenden *Hauspostille* kann man in Zweifel geraten, zumal wenn man an die *Chroniken* und die *Mahagonnygesänge* denkt. Und was die an Kästner kritisierte Verwandlung »revolutionärer Reflexe [...] in Gegenstände der Zerstreuung« und »des Amüsements« angeht –: selbst der blutrünstige Rache-Song der als Barmädchen ausgebeuteten Seeräuber-Jenny aus der *Dreigroschenoper* wurde zu einem Gassenhauer, den die »goldenen Zwanziger« kurz vor dem großen Börsenkrach dazu nutzten, sich auf beschwingte Art ein bisschen vor der Revolution zu gruseln. Schließlich sollte man auch nicht länger das Vorurteil pflegen, dass Benjamin mit seiner Begeisterung für den Marxismus und die stalinistische Sowjetunion politisch besser

---

17 In: Benjamin: Werke IV/1 (s. Anm. 1), S. 108f.
18 Hans Fallada: Auskunft über den Mann Kästner. In: Die Literatur 34 (1931/32), S. 367–371, hier S. 369.
19 Vgl. Bertolt Brecht: Werke. Große kommentierte Berliner und Frankfurter Ausgabe. Herausgegeben von Werner Hecht, Jan Knopf, Werner Mittenzwei, Klaus-Detlef Müller. Band 11: Gedichte 1. Berlin und Weimar sowie Frankfurt a. M. 1988, S. 351: »Öffentliche Besprechungen des *Lesebuchs* sind nicht bekannt.«

beraten gewesen wäre als Kästner; vielleicht hat er mit dieser Begeisterung nur seine eigene linke Melancholie überspielt.

2 Mangel an »Schöpferfreude« oder »Zeugungslust«?

Benjamins radikale Kästner-Verwerfung ist nicht, zumindest nicht allein das Ergebnis einer unvoreingenommenen Reflexion des Charakters und des möglichen Wirkungspotentials von Kästners Gedichten, sondern einer literaturstrategischen Vorentscheidung und Parteinahme. Gegen sie muss Kästner in Schutz genommen werden. Das heißt indessen nicht, dass sie ganz verkehrt wäre; Kästner scheute in der Tat radikale Postulate und Feinderklärungen, weil er auf Menschlichkeit und Versöhnlichkeit setzte. Es heißt auch nicht, dass man Kästner nicht eine gewisse Moderatheit attestieren und möglicherweise als konstitutionelle poetische Schwäche zuschreiben dürfte. Carl Zuckmayer hat dies in seinem 1943/44 für den amerikanischen Geheimdienst geschriebenen *Geheimreport* getan. Zuckmayer sprach dort von einer »gewissen rationalistischen Beengtheit seines [Kästners] Schaffens und seines Weltbilds« und von einem »erstaunlichen Mangel an unbedingter Schöpferfreude (Zeugungslust) und Welt-Begreifen, – der durch Lehrhaftigkeit und Dialektik – wenn auch in amüsanter, oft ironisch-überspitzter, manchmal wirklich humornaher Form – ersetzt wird«.[20] Wieviel Gültigkeit dem zukommt, ist jedoch auch eine Frage. Sven Hanuschek schrieb dazu in einem Aufsatzband, dessen Beiträge sich mit Zuckmayers Einschätzungen auseinandersetzen:

> Die Wertungen beiseite, scheint Zuckmayer auf den ersten Blick so falsch nicht zu liegen: Kästner hat sich überzeugt immer wieder auf die deutsche Aufklärung berufen, er hat sich (durchaus anders als Zuckmayer) nach dem Maßstab der *clarté* in Wort und Gedanke nichts Halbgares, Undeutliches durchgehen lassen. Die unbedingte Klarheit macht einen Großteil seiner Haltbarkeit, stilistischen Prägnanz und Faszination aus, seine ›Popularität‹ wohl auch. Der pädagogische Eros ist, wie Zuckmayer auch konzediert, durch Ironie und Humor gebremst. Kästner hat anscheinend vergleichsweise wenig produziert und mit den Jahren unter immer größeren Mühen geschrieben. Also tatsächlich ein ›Mangel an unbedingter Schöpferfreude (Zeugungslust)‹?
>
> Nein, dieses Urteil ist doch ziemlich ungerecht, und zwar gerade für die Jahre bis 1943 [...]. Sein publizistisches Werk zwischen 1923 und 1933 umfaßt mehr als 2.000 Artikel, die zu einem großen Teil bis heute nicht nachgedruckt worden sind. Die berühmtesten Bücher

---

[20] Carl Zuckmayer: Geheimreport. Herausgegeben von Gunther Nickel und Johanna Schrön. Göttingen 2002, S. 104 f.

Kästners entstanden binnen fünf Jahren, zwischen 1929 und 1933. Auch während des Nationalsozialismus hat er weitergeschrieben, die erwähnten Unterhaltungsromane, dazu Stücke, Drehbücher, Kinderbücher, Tagebücher, Epigramme. Er hat als Regimegegner das ›Dritte Reich‹ überlebt, in Deutschland, und das mußte auch bei einem weniger empfindlichen Geist Spuren hinterlassen. [...] Er hat durch diese Jahre die Leichtigkeit des Produzierens verloren.[21]

Das ist eine respektable Apologie, doch vermisst man Hinweise auf nachhaltig eindrucksvolle schöpferische Gestaltungen, wie sie Thomas Mann mit dem Hans Castorp seines *Zauberberg*, Alfred Döblin mit dem Franz Biberkopf von *Berlin Alexanderplatz* oder Robert Musil mit dem Helden seines *Mann ohne Eigenschaften*, Bertolt Brecht mit seinem Baal und mit der Johanna und dem Mauler seiner *Schlachthöfe* geschaffen haben. Gehört Fabian in diese Reihe? Man zögert, umstandslos »ja« zu sagen. Prinzipiell ist Fabian so gut wie der »mittelmäßige« Hans Castorp ein Repräsentant seiner Zeit[22] oder »Ausdruck und Exponent eines Geistig-Allgemeinen, einer ganzen Gefühls- und Gesinnungswelt, welche in ihm ihr mehr oder weniger vollkommenes Sinnbild gefunden hat«;[23] aber allein schon, wenn man den Blick auf die breit rekapitulierte Jugendgeschichte Castorps wirft, tut sich eine Differenz auf, die man mit Zuckmayer als »Mangel an Schöpferfreude (Zeugungslust)« bezeichnen könnte.

Ähnlich verhält es sich, wenn man auf Kästners zeitanalytische Überlegungen blickt. Hierzu gibt es einen aufschlussreichen Aufsatz von Stefan Neuhaus mit dem Titel *»Urenkel der Aufklärung«: eine synoptische Lektüre von Werken Erich Kästners und der ›Dialektik der Aufklärung‹ von Max Horkheimer und Theodor W. Adorno.*[24] Dem zufolge hat Kästner – so die wichtigsten Befunde in aller Kürze – den Optimismus der Aufklärung hinter sich gelassen; hat, wie Horkheimer und Adorno, den totalitären Anspruch der Aufklärung erkannt und in satirischen Gedichten bloßgestellt; hat, wie Horkheimer und Adorno, die ausweglose Zirkularität oder Rotation der geschichtlichen Fortschrittsbemühungen gesehen; hat jenen Humor und jenes Lachen gepflegt und verbreitet, welche von Horkheimer und Adorno als Ausdruck der kritischen Selbstreflexion eines aufgeklärten Bewusstseins anerkannt werden, als Ausdruck der »Zwickmühle«, in der sich das

---

21 Sven Hanuschek: Eine »gewisse rationalistische Beengtheit«? Carl Zuckmayers Bemerkungen über Erich Kästner. In: Zur Diskussion: Zuckmayers *Geheimreport* und andere Beiträge zur Zuckmayer-Forschung [= Zuckmayer-Jahrbuch 5 (2002). Hg. von Gunther Nickel, Erwin Rotermund und Hans Wagener]. Göttingen 2002, S. 415–424, hier S. 421f.
22 Thomas Mann: Der Zauberberg, Kap. »Bei Tienappels«.
23 Ebd., gegen Ende des Kap. »Fülle des Wohllauts«.
24 In: Nachklänge der Aufklärung im 19. und 20. Jahrhundert. Hg. von Klaus Müller-Salget u. Sigurd Paul Scheichl. Innsbruck 2008, S. 267–278.

Bewusstsein angesichts der unheilvollen Dialektik der Aufklärung befindet. Das ist alles zutreffend, und doch stellt sich, wenn man Kästners Bücher und die *Dialektik der Aufklärung* nebeneinanderhält, ein Gefühl der Inkompatibilität der Werke und der Unangemessenheit des Vergleichs ein. In der *Dialektik der Aufklärung* sprechen Propheten des Unheils mit dem Gestus der Allwissenheit und dem Pathos einer Unerbittlichkeit, die keine Abschwächung durch Humor zulässt: »Seit je hat die Aufklärung im umfassendsten Sinn fortschreitenden Denkens das Ziel verfolgt, von den Menschen die Furcht zu nehmen und sie als Herren einzusetzen. Aber die vollends aufgeklärte Erde strahlt im Zeichen triumphalen Unheils.« Diese berühmten Eingangssätze bestimmen den Ton der ganzen Abhandlung, die sich gedanklich und sprachlich auf einer ganz anderen Ebene als Kästners Gedichte, Romane und Essays bewegen. Und dies ist nicht etwa nur eine Frage der unterschiedlichen Disziplinen und Formen, der Differenz zwischen philosophischer und poetischer Ausdrucksweise. In Hermann Brochs Roman *Huguenau oder die Sachlichkeit*, dem letzten und gewichtigsten Teil der *Schlafwandler*-Trilogie, finden sich Passagen, die an gedanklicher und sprachlicher Wucht der *Dialektik der Aufklärung* nicht nachstehen. Für Kästner kam das wohl nie in Betracht – was man mit Hanuschek als Vorliebe für »clarté« rühmen oder mit Zuckmayer als Mangel an Ausdruckskraft oder Ausdruckslust monieren, vielleicht aber auch als schätzenswerte Mischung aus beidem werten kann. Indessen muss dieses Problem hier nicht gelöst werden; es reicht, den Sachverhalt zu beschreiben und festzustellen, dass bei Kästner Werke fehlen, die an gedanklicher Eindringlichkeit und sprachlicher Evokationskraft – beispielsweise – Gottfried Benns Gedicht *Chaos*, Marieluise Fleißers *Mehlreisende Frieda Geier* und Bertolt Brechts *Heilige Johanna der Schlachthöfe* heranreichen.

3 Vergleichsmöglichkeiten und Vergleichsprobleme

Kästners Moderatheit ist also mit Benjamin, dessen Kritik trotz ihrer Überzogenheit Indikationswert hat, auf der politischen Ebene als Mangel an Radikalität zu sehen, mit Zuckmayer auf der poetischen Ebene als Mangel an Gestaltungskraft oder -lust. Sie zeigt sich aber auch auf der Ebene der historischen Repräsentativität der von ihm – insbesondere im *Fabian*-Roman – gestalteten Verhältnisse und Figuren. Das wird deutlich, wenn man den 1931 erschienenen *Fabian*-Roman im

Kontext anderer Krisenromane jener Zeit betrachtet.[25] In Frage kommen insbesondere der 1932 erschienene Roman *Das fressende Feuer* von Hans Lilienfein, der ebenfalls 1932 erschienene Roman *Volk im Fieber* von Josef Maria Frank und der im Herbst 1932 mit üblicher Vordatierung auf 1933 erschienene Roman *Der Götze* von Felix Riemkasten. Alle drei Romane reflektieren fast unmittelbar den letzten Kampf um die Republik. Zwei davon, *Das fressende Feuer* und *Volk im Fieber*, plädieren für demokratisches Engagement zur Rettung der Republik, machen ihre Helden aber zu Verlierern und schicken sie – darin dem *Fabian* gleichend – in den Tod; in Riemkastens *Götze* darf der Held überleben, aber ansonsten hat der Roman verblüffende Ähnlichkeiten mit dem *Fabian*. Alle drei Romane sind heute – anders als der *Fabian* – völlig vergessen. Die Gründe dafür dürften allerdings bemerkenswert unterschiedlich sein. Lilienfeins *Fressendes Feuer* und Franks *Volk im Fieber* sind politisch (republikanisch) gutgemeinte und erzählerisch versierte, aber plakativ einfache und literarisch nicht eben eindrucksvolle Romane. Davon hebt sich Riemkastens gestaltenreicher und aufreizend geschriebener *Götze* deutlich ab. Und doch kann man sich heute an ihm nicht erfreuen, und zwar aus zwei Gründen: Zum einen stellt der *Götze* die Verhältnisse im Medienbereich, in dem jüdische Intellektuelle bekanntlich eine herausragende Rolle spielten, auf eine – vorläufig gesagt – überaus beklemmende Weise dar, und zum andern erwies sich der Autor nach der ›Machtergreifung‹ der Nationalsozialisten als Opportunist, der sich nicht scheute, den Nationalsozialisten plakativ antisemitisch nach dem Mund zu reden,[26] obwohl er sich im *Götze*-Roman keineswegs als dezidierter Antisemit gezeigt hatte und Juden in seinen früheren Romanen überhaupt keine Rolle spielten.

Bevor nun Kästners *Fabian* und Riemkastens *Götze* einer vergleichenden Betrachtung unterzogen werden, sind zwei Vorbemerkungen nötig:

Zum ersten stellt sich die Frage, ob Literatur von Autoren, die sich durch NS-affine Texte kompromittiert haben, aus der Vergessenheit geholt und in der Weise, in der es hier geschieht, einer neuen Beachtung zugeführt werden sollen. Dies ist keine nur wissenschaftliche, sondern auch eine moralische Frage, in der die Meinungen auseinandergehen. Einerseits gibt es viele Literaturwissenschaftler und Literaturkritiker, die in dieser Sache den moralischen Aspekt über den wissenschaftlichen stellen und die Meinung vertreten, solche Autoren hätten die *damnatio memoriae* verdient und sollten davon möglichst nicht befreit werden.

---

25 Vgl. dazu Kiesel: Geschichte der deutschsprachigen Literatur 1918 bis 1933 (s. Anm. 14), S. 984–993.
26 Das gilt für die Romane *Weggetreten* (1933 mit Vordatierung auf 1934), *Drei Brüder* (1936) und *In Gottes eigenem Land* (1939), die als systemkonforme Kolportageromane zu bezeichnen sind und darüber hinaus – anders als der *Götze* – keinerlei zeitdiagnostisch nutzbaren Wert haben.

Andererseits ist für jeden Literaturhistoriker, der sich um ein differenziertes und stimmiges Bild der Zeit der ›Weimarer Republik‹ und des ›Dritten Reichs‹ bemüht, unabweisbar klar, dass auch die Texte dieser Autoren in die Beobachtung einbezogen und in den Punkten, in denen sie von zeitdiagnostisch oder literaturgeschichtlich bemerkenswerter Symptomatik sind, zur Geltung gebracht werden müssen. Auch die Historiker können nicht davon absehen, Hitlers Reden zu lesen, sie unter inhaltlichen und rhetorischen Gesichtspunkten zu analysieren und in ihren Darstellungen in gebotenem Maß zu vergegenwärtigen.

Zum zweiten rückt eine vergleichende Betrachtung der beiden Romane Komponenten in den Blick, deren Erörterung aus sachlichen und terminologischen Gründen außerordentlich schwierig ist. Dies betrifft vor allem die im Vergleich mit *Fabian* sehr viel intensivere, aber auch problematische (um das Mindeste zu sagen) Darstellung von Nationalsozialisten und Juden im *Götzen*. Drei gleichermaßen verfängliche Probleme tun sich hier auf: erstens das Problem, ob die Empathie mit dem Helden des Romans, die sich unwillkürlich einstellt und aus analytischen Gründen auch zugelassen werden muss, trotz methodologischer Kontrolle nicht auf Anerkennung und Salvierung hinausläuft; zweitens das Problem, wie der zur Debatte stehende Sachverhalt der statistischen Überrepräsentanz von Juden im hauptstädtischen Medienbereich um 1930 zu bewerten ist; drittens das terminologische Problem, das zunächst einmal im fragwürdigen Sprachgebrauch der Zeitgenossen besteht, dann aber auch in der Differenz zwischen dem damaligen und dem heutigen Sprachgebrauch. Über die Frage, mit welchem Recht deutsche Staatsbürger (oder genauer: Bürger der verschiedenen Länder des Deutschen Reiches, weil es eine einheitliche deutsche Staatsbürgerschaft erst ab 1934/35 gab) als »Juden« bezeichnet wurden und bezeichnet werden dürfen, gibt es eine Debatte, ebenso über die Frage, ob man zwischen (religiös-kulturellem) Antijudaismus und (biologistisch-rassistischem) Antisemitismus unterscheiden müsse oder ob diese Unterscheidung im Licht der jüngeren Geschichte nicht irreführend und letztlich hinfällig sei. Alle diese Punkte müssen später noch einmal thematisiert werden; hier ging es nur darum, die Probleme zu benennen, die sich bei einer vergleichenden Betrachtung von Kästners *Fabian* und Riemkastens *Götze* auftun und mit der Gefahr von Missgriffen und Missverständnissen verbunden sind.

4 Zwei Romane im Vergleich: Erich Kästners *Fabian* und Felix Riemkastens *Götze*

Zwischen Kästners *Fabian* und Riemkastens *Götze* gibt es frappierende Parallelen, aber auch signifikante Unterschiede. Um dies zu verdeutlichen, müssen beide Romane, auch der zweifellos gut bekannte *Fabian*,[27] knapp rekapituliert werden:

Jakob Fabian, Dr. phil., Germanist, zweiunddreißig Jahre alt, ledig, stammt aus einer kleinen Provinzstadt, lebt nun aber, von der Mutter mit Wäschepaketen versorgt, in Berlin als Werbetexter. Er verkehrt fast ausschließlich in Intellektuellenkreisen und ist ein guter Kenner des Journalismus und der Kulturindustrie, aber auch der erotischen Sphäre. Er hat das Glück, eine reizende Jurastudentin als Freundin gewinnen zu können, verliert aber gleich danach seine Anstellung und kurz danach auch seine Freundin, die sich einem Filmmagnaten an den Hals wirft, um sich »eine Karriere zu erschlafen«. Bald darauf verliert er auch seinen Freund Labude, der sich aus Verzweiflung an der politischen Situation und aufgrund einer akademischen Intrige das Leben nimmt. Im Kontext einer allgemeinen Krisenzeit, in der alle Normen und Bindungen in Auflösung begriffen sind, erlebt Fabian also in kurzer Zeit ein mehrfaches Desaster, aus dem er sich durch die Flucht in die provinzielle Heimat zu retten sucht. Er wird zum Treffen mit ehemaligen Schulkameraden eingeladen, sieht sich dort aber mit stockreaktionären und moralisch verlogenen Spießern konfrontiert, unter denen zu leben für ihn unmöglich ist. Das mag erklären, warum Fabian, ein Nichtschwimmer, eines Tages von einer Brücke in einen Fluss springt, um einen Jungen, der zuvor vom Geländer gestürzt war, zu retten, und dabei ertrinkt, während der Junge ans Ufer schwimmt. Mit der letzten Überschrift ruft der Erzähler dem Leser zu: »Lernt schwimmen!«

Der Held von Riemkastens *Götze*, Georg Hallbau, Dr. jur., sechsundzwanzig Jahre alt, ledig, stammt aus einer kleinen Provinzstadt, lebt nun aber, von der Mutter mit Wäschepaketen versorgt, in Berlin als Referendariatsanwärter in der Warteschleife und hat einen überschaubaren, aber sozial breit gefächerten Bekanntenkreis. Ein jüdischer Zimmernachbar vermittelt dem begabten jungen Mann einen hochdotierten Redakteursposten bei einer neuen Berliner Tageszeitung, die – ohne als »jüdisches« Blatt kenntlich zu werden – von einem jüdischen Pressemagnaten finanziert wird und die Werte des Internationalismus und der

---

[27] Den folgenden Ausführungen liegt die Druckfassung von 1931 zugrunde. Die Differenzen zwischen ihr und der von Sven Hanuschek unter dem Titel *Der Gang vor die Hunde* publizierten »Urfassung« fallen hier nicht ins Gewicht und müssen deswegen nicht vermerkt werden.

Demokratie, der Zivilisation und der Moderne vertreten soll.[28] Wie Fabian lernt Hallbau den Presse- und Kulturbetrieb kennen, ebenso die exzessive Lebensweise der high society. Er wird mit seinem Blatt extrem erfolgreich und heiratet eine mondäne Frau, die aber bald darauf eine lesbische Beziehung eingeht. Berufliche Überlastung, gesellschaftliche Überreizung und eheliche Enttäuschung führen zu einem schweren Nervenzusammenbruch, aus dem sich Hallbau durch die Flucht in die provinzielle Heimat zu retten sucht. Es kommt zu Gesprächen mit ehemaligen Schulkameraden, die für Hallbau aber – trotz seiner inzwischen gewachsenen Skepsis gegenüber dem »Götzen« der modernen Lebensart – zu reaktionär sind, als dass er sich mit ihnen verbinden möchte. So steht er am Ende ratlos in der politischen Krisenlandschaft. Ob er schwimmen kann, weiß man nicht, und wohin ihn seine Schwimmfähigkeit gegebenenfalls tragen wird, ist nicht abzusehen.

Auch erzählerisch ähneln die beiden Romane einander. Beide folgen grundsätzlich dem Muster des realistischen Romans, bleiben, bei großem Episodenreichtum, etwas an der Oberfläche, tendieren zur satirischen Zuspitzung und witzig-pointierten Formulierung. Beim *Fabian* kann man das dank der Zurückhaltung gegenüber politisch brisanten Themen heute mehr oder minder problemlos genießen; beim *Götzen* stockt einem immer wieder der Atem.

Neben den Ähnlichkeiten zwischen den beiden Romanen sind bemerkenswerte Unterschiede zu beobachten. Sie liegen zum einen in der Breite der Wahrnehmung der sozialen Verhältnisse, zum andern in der Intensität der Diskussion der damit verbundenen politischen Fragestellungen.

Fabians Lebens- und Wahrnehmungsraum[29] ist auf die Sphäre der Intellektuellen und Journalisten sowie des Kultur- und Amüsierbetriebs beschränkt. Blicke auf den gewerbetreibenden und krisengeschüttelten Mittelstand fehlen, ebenso, was für die Situation um 1931 wichtiger wäre, auf die unter Verdienstlosigkeit und Hunger leidende Arbeiterschaft in den überfüllten Wohnquartieren, Stempelstellen, Suppenküchen und Versammlungssälen,[30] ebenso auf die verwahrloste großstädtische Jugend der Wirtschaftskrisenzeit.[31] Nichts davon wird ausdrücklich in den Blick gerückt und erzählerisch ausgebreitet; auch die im sechsten Kapitel erwähnte Schießerei zwischen einem Nationalsozialisten und einem Kommunisten wird nicht etwa in den Rahmen der damaligen politischen

---

28 Felix Riemkasten: Der Götze. Berlin 1933, S. 173 ff. und S. 267 ff.
29 Vgl. dazu Melanie Möllenberg: Eine ausweglose Krise? Gesellschafts- und Zeitkritik in Erich Kästners Roman »Fabian«. In: Erich Kästner Jahrbuch 5 (2008), S. 103–133.
30 Einschlägige Titel bei Kiesel: Geschichte der deutschsprachigen Literatur 1918 bis 1933 (s. Anm. 14), S. 940 ff.
31 Einschlägige Titel ebd., S. 630 ff.

Auseinandersetzungen und Straßenkämpfe gestellt. Kästner beschreitet den Weg der Abstrahierung, der den Vorzug der Prägnanz hat, aber jener Konkretheit, die zur Empathie herausfordern würde, entbehrt. Im zehnten Kapitel charakterisiert Fabian die sozialen Verhältnisse des Viertels, in dem er lebt, und beendet seine Darstellung mit einer soziomoralischen Kartographie Groß-Berlins in drei Sätzen:

> Soweit diese riesige Stadt aus Stein besteht, ist sie fast noch wie einst. Hinsichtlich der Bewohner gleicht sie längst einem Irrenhaus. Im Osten residiert das Verbrechen, im Zentrum die Gaunerei, im Norden das Elend, im Westen die Unzucht und in allen Himmelsrichtungen der Untergang.[32]

Das ist beispielhaft für Kästners Evokationsstil, der sowohl gerühmt als auch kritisiert wurde. In Beate Pinkerneils Nachwort zu ihrer *Fabian*-Ausgabe liest man: »Die Weimarer Verhältnisse werden heraufbeschworen, ohne daß sie geschildert würden. [...] Kästners Stil ist elegant, von höchster Einfachheit und atmosphärischer Dichte.«[33] Anders das Urteil der Schauspielerin und Kritikerin Else Rüthel in der *Sozialistischen Arbeiter-Zeitung* vom 4. Dezember 1931. Dort heißt es:

> Die Handlung besteht aus anekdotisch aneinandergereihten Episoden, deren Milieu Berlin ist: Möblierte Zimmer und Pensionen, Cafés, Warenhäuser, Kinos, die Zeitungsredaktion, das Büro, ein Atelier und Lokale. Das alles ist wie mit der Schere aus Glanzpapier bunt und etwas knisternd ausgeschnitten und auf schwarzen Grund geklebt. Berlin: ›Im Osten [... wie oben ...] Untergang.‹ Etwas vom Jargon eines äußerst gehobenen Conférenciers geistert um die Figuren, deren Umriß nicht naturalistisch das Leben, sondern sehr vornehm und streng der Stilwille des Scherenschneiders bestimmt.[34]

In Riemkastens *Götze* ist dies alles deutlich anders. Hallbau wohnt in einem proletarisch-kleinbürgerlichen Elendsviertel zur Untermiete bei einer Arbeiter- und Kriegswitwe. Deren Sohn ist arbeitslos, ein junger Kommunist, voller Hass auf die bürgerliche Gesellschaft. Die Tochter, ein bildhübsches Mädchen, ist ebenfalls arbeitslos und geht auf den Strich. Zum Bekanntenkreis zählen – außer der Zimmerwirtin, dem kommunistischen Jungarbeiter und seiner Schwester – ein Nachhilfeschüler aus einer großbürgerlichen Familie; ein Jurastudent, der Hallbaus Repetitorium besucht und der NSDAP angehört; ein wohlhabender jüdischer Zimmernachbar, Beiträger der *Roten Fahne*, der sich bei der Arbeiterwitwe ein-

---

32 Erich Kästner: Werke. Hg. von Franz Josef Görtz. Band 3: Romane 1: Möblierte Herren. Hg. von Beate Pinkerneil. München 1998, S. 85.
33 Ebd., S. 377.
34 Else Rüthel: Der Moralist von Gestern. In: Sozialistische Arbeiterzeitung vom 4. Dezember 1931 / Literaturblatt (unpaginiert).

quartiert hat, um das proletarische Milieu zu studieren; später eine Reihe von zumeist jüdischen Verlags- und Presseleuten; dann Verwandte und Bekannte in der Provinz, darunter ein evangelischer Pfarrer und ein Unternehmer, der Hallbau durch seine Fabriken führt und mit ihm über die Probleme der Maschinisierung, der Rationalisierung und der Beteiligung der Arbeiterschaft am Erlös diskutiert. Zugleich sind die Verhältnisse durch die damals virulenten Gegensätze von jung und alt, modern und antimodern, Metropole und Provinz, deutsch und nichtdeutsch geprägt. Gegenüber *Fabian* ist eine deutliche Erweiterung des Beobachtungs- und Erfahrungsraums festzustellen, insbesondere hinein in den proletarischen Raum und in die politische Sphäre. Damit verbunden ist eine starke Intensivierung der sozialen und politischen Problemlage, was an drei Punkten gezeigt werden soll.

5 Brisante Themenfelder

5.1 Nationalsozialisten und Kommunisten

Die um 1931 auf einen Bürgerkrieg zutreibende Konfrontation von Kommunisten und Nationalsozialisten[35] wird in *Fabian* im sechsten Kapitel auf vier Seiten in den Blick gerückt. Fabian und Labude finden in der Nähe des Märkischen Museums zunächst einen Kommunisten, dann einen Nationalsozialisten, die sich gegenseitig mit der Pistole verwundet haben und nun von Fabian und Labude in einem Taxi zu einem Krankenhaus gefahren werden. Die Auseinandersetzung zwischen den beiden geht im Austausch von Schlagworten und primitiven Beschimpfungen weiter:

> ›Volksverräter!‹ sagte der Nationalsozialist. Er war größer als der Arbeiter, etwas besser gekleidet und sah etwa wie ein Handlungsgehilfe aus.
> ›Arbeiterverräter!‹ sagte der Kommunist.
> ›Du Untermensch!‹ rief der eine.
> ›Du Affe!‹ rief der andere.[36]

Dem Nationalsozialisten gibt Labude zu verstehen, seine Partei wisse »nur, wogegen sie kämpft, und auch das weiß sie nicht genau«. Der Kommunist darf immerhin sagen, er kämpfe »gegen die Ausbeuter des Proletariats«, was Fabian zu

---

35 Vgl. dazu Kiesel: Geschichte der deutschsprachigen Literatur 1918 bis 1933 (s. Anm. 14), S. 959 ff.
36 Kästner: Fabian (s. Anm. 32), S. 55 f.

der Bemerkung veranlasst, es sei die »Pflicht« des Proletariats, für sein »Recht« zu kämpfen, doch sei zu befürchten, dass »die Ideale der Menschheit« mit der Ermächtigung des Proletariats nicht viel gewinnen würden: »Man ist noch nicht gut und klug, bloß weil man arm ist.« Das Schlusswort zu diesem politischen Kapitel erhält dann der Arzt, der die Verwundeten in Empfang nimmt:

› Sie bringen mir zwei Politiker?‹ fragte er lächelnd. ›Heute Nacht sind insgesamt neun Leute eingeliefert worden, einer mit einem schweren Bauchschuß. Lauter Arbeiter und Angestellte. Ist ihnen auch schon aufgefallen, daß es sich meist um Bewohner von Vororten handelt, um Leute, die einander kennen? Diese politischen Schießereien gleichen den Tanzbodenschlägereien zum Verwechseln. Es handelt sich hier wie dort um Auswüchse des deutschen Vereinslebens. Im übrigen hat man den Eindruck, sie wollen die Arbeitslosenziffer senken, indem sie einander totschießen. Merkwürdige Art von Selbsthilfe.³⁷

Das ist witzig und hat in dem Hinweis darauf, dass es sich bei diesen Konflikten um »Auswüchse des deutschen Vereinslebens« handle, sogar ein Quentchen Wahrheit; die extremen ›Bewegungen‹ konnten tatsächlich das in Deutschland traditionell starke und sozial wichtige Vereinsleben für die Rekrutierung und Organisation nutzen. Auch ist nicht zu übersehen, dass Fabian sich aus Gründen der sozialen Gerechtigkeit prinzipiell mit dem Proletariat solidarisiert. Insgesamt aber wird die Schießerei-Passage weder der sozialen Motivierung und politischen Zielsetzung der Auseinandersetzungen noch der Verbissenheit der Akteure gerecht; die sowohl nötige als auch mögliche Eindringlichkeit der Analyse und Darstellung werden der Kürze und der witzigen Pointe geopfert.

Riemkasten gibt all dem mehr Gewicht und Ernsthaftigkeit. Der junge Kommunist bekommt mehrfach Gelegenheit, seinen Hass auf die bürgerliche Gesellschaft und kapitalistische Wirtschaftsordnung zu artikulieren: auf ihre Profitgier, ihre Ausbeutungstechnik durch einkalkulierte Arbeitslosigkeit, ihre polizeistaatlichen Unterdrückungsmaßnahmen, ihre Gleichgültigkeit gegenüber dem Massenelend und der Verwahrlosung der jungen Generation. Ebenso darf der Nationalsozialist seine Phrasen von der Bedeutung der Nation, vom Wert der Volksgemeinschaft, von der Notwendigkeit von Führung und von der jüdischen Gefahr vortragen. Dem Helden Hallbau geht dieses Schwadronieren gegen den Strich. Er distanziert sich davon, bezeichnet den jungen Nationalsozialisten als dumm, macht ihn aber nicht lächerlich, verachtet ihn auch nicht, sondern betrachtet ihn mit einer etwas ungeklärten Empathie: »Für Behringhaus [so der Name] empfand er [nach einiger Zeit] Wärme und Angst und nur selten noch Unwillen, denn das Unbedingte und Ganze an dem jungen Menschen rührte

---

37 Ebd., S. 57.

ihn.«[38] Dergleichen wirkt heute umstandslos diskreditierend und wird als eine Haltung, deren Folgen schon damals hätten erkennbar sein können, in der Regel außerhalb dessen angesiedelt, was historisches Verständnis beanspruchen darf. Indessen verlangt eine vorurteilslose Betrachtung der Geschichte, dass man auch eine solche Fehlhaltung in ihrer zeitbedingten ›Plausibilität‹ erkennt und für das historische Verständnis der Zeit nutzt. Es sei, um dies zu verdeutlichen, daran erinnert, was Ernst Bloch 1924 in dem von Stefan Großmann und Leopold Schwarzschild herausgegebenen *Tage-Buch* über die jugendlichen Anhänger Hitlers schrieb und 1935 in *Erbschaft dieser Zeit* erneut drucken ließ:

> Immerhin trägt die Hitlerjugend zurzeit die einzige revolutionäre Bewegung in Deutschland, nachdem das Proletariat durch die mehrheitssozialistischen Führer um seine eigene, um die einzig gültige, widerspruchsfreie Revolution gebracht worden ist. Der Fascismus in Deutschland und der gesamten außerrussischen Welt ist gleichsam der schiefe Statthalter der Revolution, ein Ausdruck dessen, daß die soziale Lage auf keinen Fall statisch ist; die Jugend der Bourgeoisie selber spürt und hält den Prozeß. Dieser sonderbare Zustand wird voraussichtlich solange dauern, bis ein Erstarken des Proletariats aus der Unruhe das falsche Bewußtsein vertreibt. Bis ein lebendiger Begriff auch in den Fascismus vorstößt und das trübrevolutionäre Moment darin endlich in die Linie konkreter Revolution, konkreter Vermenschlichung des Lebens einspielen läßt.[39]

Gemessen an diesen Beobachtungen und Schlussfolgerungen eines Zeitgenossen, der nicht im Verdacht steht, ein Sympathisant des Nationalsozialismus gewesen zu sein, leistet Riemkastens *Götze* in der Reflexion der »Hitlerbewegung« sehr viel mehr als Kästners *Fabian*, in dem der Nationalsozialismus weder Gesicht noch Wort erhält, sondern mit einer knappen Bemerkung Labudes als eine einzige Unbedarftheit abgetan wird. Das ist historisch gesehen ein Manko, im Hinblick auf die heutigen Rezeptionsmöglichkeiten aber ein Vorzug: Anders als *Der Götze* ist *Fabian* nicht mit einer Figur und mit Sätzen belastet, die den Nationalsozialismus als verfehlte Protest- oder Revolutionsbewegung verständlich machen und der Haltung der »Unbedingtheit«,[40] die das Kennzeichen der jungen Nationalsozialisten und der Ausdruck ihres fehlgeleiteten Idealismus ist, eine gewisse Anerkennung zuteil werden lassen würden.

---

38 Riemkasten: Der Götze (s. Anm. 28), S. 121.
39 Ernst Bloch: Hitlers Gewalt. In: Das Tage-Buch 5 (1924), H. 15 (12. April 1924), S. 474–477, hier S. 477. – Für den Druck 1935 änderte Bloch den Schluss. Er lautet ab »statisch ist«: »Die echten Volkstribunen aber fehlen oder bewähren sich für das kluge Wort Babels: Die Banalität ist die Gegenrevolution.« In: Erbschaft dieser Zeit. Frankfurt a. M. 1985, S. 164.
40 Zur Bedeutung dieser von Riemkasten zu Recht exponierten Haltung für den Nationalsozialismus vgl. Michael Wildt: Generation des Unbedingten: das Führungskorps des Reichssicherheitshauptamtes. Hamburg 2002.

5.2 Juden

Ähnlich groß ist Kästners Zurückhaltung bei einem anderen brisanten Thema, nämlich der Rolle der Juden im Kultur- und Medienbereich. – Es sei, bevor dies weiter ausgeführt wird, noch einmal an die terminologische Problematik erinnert: Nicht selten wird heute verlangt, in historisch-politisch korrekter Weise von »Deutschen« oder »Bürgern« oder »Menschen jüdischer Herkunft« zu reden, um die zeitgenössische Stigmatisierung und Ausgrenzung der Gemeinten nicht noch zu verlängern, sondern klarzustellen, dass es sich in der Regel um deutsche Staatsbürger (oder korrekt: Bürger der verschiedenen Länder des Deutschen Reichs) handelte. Die sprachlichen Umständlichkeiten, zu denen dies führen würde, wären in Kauf zu nehmen (schließlich spricht man ja heute auch mit großer Virtuosität von »Bürgerinnen und Bürgern«, die manchmal auch »Leserinnen und Leser« sind). Drei Momente sprechen aber dagegen: (1.) die zeitgenössische und in Texten präsente Gepflogenheit, von »Juden« zu sprechen, die man nicht verdrängen darf, sondern dokumentarisch gelten lassen und nutzen muß; (2.) die darin sich spiegelnde Fremdwahrnehmung der Gemeinten als »Juden«; (3.) das von vielen der Gemeinten demonstrativ hervorgekehrte Selbstverständnis als »Juden« mit deutscher Staatsbürgerschaft oder als »deutsche Juden« oder als »Deutsche und Juden«. Im Bewusstsein dieser Problematik wird im Folgenden der zeitgenössische Sprachgebrauch, der auch in den beiden Romanen reproduziert ist, beibehalten.

Von Romanen, deren Helden sich wie Jakob Fabian und Georg Hallbau im Berliner Kultur- und Medienbereich bewegen, dürfte man in Kenntnis der Situation um 1930 erwarten, dass Juden in ihnen eine größere Rolle spielten. Berlin war um 1930 die Metropole auch der in Deutschland lebenden Juden. Die Berliner jüdischen Gemeinden zählten damals rund 160.000 Mitglieder und machten damit etwa 3,8 Prozent der Bevölkerung aus[41] (bei 0,8 Prozent Anteil an der Gesamtbevölkerung des Deutschen Reichs).[42] Ihr Anteil an den akademischen Berufen – Ärzte, Rechtsanwälte, Gelehrte, Publizisten – war mit mindestens 12 Prozent[43] im Reichsdurchschnitt überproportional hoch; in Berlin dürfte er noch höher gewesen sein. Theater wurden von Juden organisatorisch und künstlerisch geleitet. Bei der Entwicklung und Etablierung des Films spielten Juden als Drehbuchautoren, Regisseure und Schauspieler führende Rollen. Große Verlags- und Pressehäuser – Fischer, Ullstein, Mosse – waren in jüdischer Hand.

---

41 https://www.jüdische-gemeinden.de/index.php/gemeinden/a-b/374-berlin.
42 Vgl. Deutsch-jüdische Geschichte in der Neuzeit. Hg. von Michael A. Meyer u. Michael Brenner. Band IV: Aufbruch und Zerstörung 1918–1945. München 1997, S. 38.
43 Ebd., S. 40.

Die Herausgeber und Redakteure nicht weniger Zeitungen und Zeitschriften waren Juden, so etwa – um ein Beispiel zu nennen – Ernst Heilborn, der Herausgeber der Monatsschrift *Die Literatur*, die ein großartiges literarisches Informations- und Rezensionsorgan war. Der Einfluss jüdischer Literaturkritiker war gewaltig; Alfred Kerr konnte sich 1933 rühmen, den Dramatiker Hauptmann mit groß gemacht zu haben und der bedeutendste »Wächter seines Werts in Deutschland« gewesen zu sein.[44] Wie stark Präsenz und Einfluss von Juden im kulturellen und administrativen Bereich nicht nur waren, sondern vor allem empfunden wurden, ist aus einer Notiz Thomas Manns zu ersehen. Am 10. April 1933 reflektierte er an seinem ersten Zufluchtsort Lugano diaristisch die Vorgänge nach der nationalsozialistischen ›Machtergreifung‹ und notierte unter anderem: »Die Juden ... Daß die übermütige und vergiftende Nietzsche-Vermauschelung Kerr's ausgeschlossen ist, ist am Ende kein Unglück; auch die Entjudung der Justiz am Ende nicht.«[45]

Dem damit umrissenen Sachverhalt, der, wie man sieht, neben der statistischen eine mentale Komponente hat, entspricht – und das sei in propädeutischer Absicht hinzugefügt – der Umstand, dass, wenn in Thomas Manns *Doktor Faustus* (1943–47) ein Musikagent gebraucht wird, um im Jahr 1923 Adrian Leverkühns Kompositionen an ein größeres Publikum zu bringen, selbstverständlich jemand mit einem »eklatant jüdischen Namen«, nämlich Saul Fitelberg, erscheint: »ein wohl vierzigjähriger fetter Mann, nicht bauchig, aber fett und weich von Gliedern, mit weißen, gepolsterten Händen, glattrasiert, vollgesichtig, mit Doppelkinn, stark gezeichneten, bogenförmigen Brauen und lustigen Mandelaugen voll mittelmeerischen Schmelzes hinter der Hornbrille«.[46] Fitelberg wuchs im polnischen Ljublin in »miesen Verhältnissen« auf, kommt aber jetzt aus Paris angereist, wo er sich als »Répresentant de nombreux artistes prominents« einen Namen gemacht hat, bietet sich als Wegbereiter in die großen Konzerthäuser an und ergeht sich vor Adrian Leverkühn und dessen Freund und Biographen Serenus Zeitblom in längeren Betrachtungen über das Verhältnis von »Deutschtum und Judentum«. Das kann hier nicht ausgebreitet werden, doch sei – als Hintergrundfolie für das Folgende – nachdrücklich darauf verwiesen: Thomas Mann evoziert mit diesem Fitelberg-Kapitel in prägnanter Form die Verhältnisse, in denen Riemkastens *Götze* hauptsächlich spielt, und die Debatte um »Deutschtum und Judentum«, die der zentrale Gegenstand dieses Romans ist.

Riemkasten konfrontiert seinen Helden Hallbau mit einigen überaus eindrucksvoll geschilderten Vertretern des Judentums. Der wichtigste ist jener Zim-

---

[44] Alfred Kerr: Die Diktatur des Hausknechts und Melodien. Frankfurt a. M. 1983, S. 23.
[45] Thomas Mann: Tagebücher 1933–1934. Hg. von Peter de Mendelssohn. Frankfurt a. M. 1977, S. 46.
[46] Doktor Faustus, Kapitel XXXVII.

mernachbar Siegfried Blumenstein, der für die *Rote Fahne* schreibt, für Hallbau zu einem hoch geschätzten politischen Gesprächspartner wird und ihm die Bekanntschaft mit dem jüdischen Pressemagnaten Lobschiner und dem zwischen Paris und Berlin pendelnden Journalisten Elfenbein vermittelt. Sie werden für Hallbau auf dem Weg zu einem begründeten Selbstverständnis als Deutscher zur geistigen Herausforderung, wobei er sich zwischen Bewunderung, Verständnis und Ablehnung bewegt. Bewunderung empfindet Hallbau für Blumensteins scharfen Intellekt und seine dialektische Brillanz, ebenso für seine Kraft, sich gegenüber dem Antisemitismus, der ihm täglich ins Gesicht schlägt, zu behaupten. Eine moralisch etwas unterminierte Bewunderung empfindet er auch für die publizistische Ingeniosität, mit der seine jüdischen Bekannten den Werten des Internationalismus und der Moderne dienen, und für die Weltläufigkeit, mit der sie in Gesellschaft erscheinen. Ihr Eintreten für Internationalismus, Demokratie und freizügige Lebensformen findet sein Verständnis: Er sieht darin die Konsequenz der geschichtlichen Erfahrung der Juden. Allerdings ist er nicht bereit, diese Werte als gültig und verbindlich auch für sich zu betrachten; vielmehr meint er, er müsse die Juden »widerlegen«.[47] Erfolgreich ist er mit diesem Vorsatz allerdings nicht. Zwar kann er sich von ihnen losreißen und in die provinzielle Heimat flüchten, aber vom Konzept eines dezidiert »deutschen« Staats und einer dezidiert »deutschen« Kultur ist er am Ende so weit entfernt, wie er es am Anfang war.

Die Schilderung von Hallbaus Auseinandersetzung mit den Vertretern der jüdischen Publizistik hat prekäre Züge. Zwar ist ihr nicht biologistisch-rassistischer Antisemitismus im nationalsozialistischen Sinn nachzusagen; von jüdischer Rasse und jüdischem Blut ist nicht die Rede. Auch darf Hallbau Verständnis für die geschichtlich begründeten kulturellen und politischen Bestrebungen der Juden haben. Aber das Vorzeichen, unter dem seine Auseinandersetzung mit den Juden steht, ist das der Widerlegung und der Verneinung für Deutschland. Dies unterscheidet die entsprechenden Passagen vom Fitelberg-Kapitel des *Doktor Faustus* und lässt Riemkastens *Götze* – vielleicht zu Unrecht – als Dokument jenes Antisemitismus erscheinen, der bald zur Ausgrenzung, Verfolgung und schließlich Ermordung der deutschen Juden führte. Differenzierungen, die möglich sind und zugunsten des Romans ausfallen könnten, werden durch das, was man den Juden angetan hat, delegitimiert. Eine anerkennende Rezeption außerhalb der wissenschaftlichen Beschäftigung mit jener Zeit kann es nicht geben.

Vor dem doppelten Hintergrund – zum einen der Präsenz und Bedeutung von Juden im Kultur- und Medienbereich um 1930, zum andern der starken Reflexion

---

[47] Riemkasten: Der Götze (s. Anm. 28), S. 187 und S. 291.

dieses Umstands in zeitgenössischen Romanen – wirkt Kästners *Fabian* wiederum sehr zurückhaltend. Die jüdische Thematik wird dreimal berührt: Im siebten Kapitel fungiert ein »rundlicher junger Jude mit Hornbrille«, der Caligula gerufen wird, als Chef eines Kabaretts, in dem primitive Beleidigungen des Publikums durch den Chef selbst zum Programm gehören.[48] Labude und Fabian sehen darin ein Symptom für die zunehmende Verrohung des Amüsierbetriebs, doch unterbleibt jede weitere Bezugnahme auf Caligulas Judentum, obwohl die Frage nach dem Verhältnis von Judentum und Kabarettkultur möglich gewesen und von anderen Autoren wohl auch aufgegriffen worden wäre. Im zehnten Kapitel, in dem Fabians Quartier geschildert wird, fällt der Blick beiläufig auch auf »ein Restaurant, wo russische und ungarische Juden einander anpumpen oder sonstwie übers Ohr hauen«.[49] Es ist ein antisemitisches Klischee, das hier verwendet wird, um etwas Lokalkolorit zu erzeugen, aber es wird nicht ausgebreitet, führt auch nicht zu weiteren Reflexionen etwa über den ›jüdischen Charakter‹ oder die ökonomische Situation der aus Ungarn und Russland nach Berlin gewanderten Juden, sondern wirkt wie eine nicht weiter bedenkenswerte Selbstverständlichkeit. Sowohl die Schilderung des erniedrigend auftretenden jüdischen Kabarettchefs als auch die Erwähnung der anscheinend wesensmäßig betrügerischen ungarischen und russischen Juden könnte – oder müsste, streng genommen, vielleicht – dazu veranlassen, gegen Kästner den Vorwurf zu erheben, er sei den zeitgenössischen antisemitischen Klischees aufgesessen und habe sie zugleich bedient. Davor scheint er allerdings durch die Beiläufigkeit der beiden Hinweise auf das Judentum geschützt zu sein; sie sind zu schwach, um als ›Stolpersteine‹ zu wirken und die Rezeption des *Fabian* zu gefährden. Kästners Moderatheit erweist sich hier als Vorteil.

Die dritte einschlägige Stelle zeugt sowohl von Zurückhaltung als auch von Mut. Im neunzehnten Kapitel geht Fabian – nach Labudes Tod – die Königsallee entlang:

> Er kam an der Rathenau-Eiche vorbei. Zwei Kränze hingen an dem Baum. An dieser Straßenbiegung war ein kluger Mann ermordet worden. ›Rathenau mußte sterben‹, hatte ein nationalsozialistischer Schriftsteller einmal zu ihm gesagt. ›Er mußte sterben, seine Hybris trug die Schuld. Er war ein Jude und wollte deutscher Außenminister werden. Stellen Sie sich vor, in Frankreich kandidierte ein Kolonialneger für den Quai d'Orsay, das ginge genau so wenig.‹[50]

---

48 Kästner: Fabian (s. Anm. 32), S. 58 ff.
49 Ebd., S. 85.
50 Ebd., S. 166.

Die Erinnerung an den 1922 von Nationalisten ermordeten Rathenau wirkt in diesem Roman, der sonst mit Bezugnahmen auf bekannte Politiker sparsam ist, etwas überraschend. Möglicherweise wurde sie durch das Erscheinen von Ernst von Salomons Buch *Die Geächteten* im Jahr 1930 angeregt, eines romanartigen Berichts über die Freikorpszeit und die Ermordung Rathenaus aus der Hand eines Autors, der als Mordhelfer zu fünf Jahren Zuchthaus verurteilt worden war.[51] Der zitierte Schriftsteller könnte Ernst von Salomon sein, der allerdings kein Nationalsozialist war; tendenziell ähnliche Äußerungen finden sich in seinem Buch und in seinen Aufzeichnungen aus der Haftzeit. Die *Geächteten* erregten 1930 großes Aufsehen, nicht zuletzt weil sie im ›linken‹ Rowohlt-Verlag erschienen. Mit der Rathenau-Erinnerung griff Kästner also ein brisantes Thema auf und nahm auf eine durchaus mutige, aber wiederum zurückhaltende Weise dazu Stellung. Es bleibt bei den wenigen zitierten Zeilen. Weiter ausgedehnt und vertieft wird die Erörterung nicht. Dass Fabian anderer Meinung ist als der zitierte nationalsozialistische Schriftsteller steht außer Frage, aber widersprochen wird diesem nicht. Eine Zurechtweisung bleibt aus. Der Nationalsozialist behält das letzte Wort. Wer ähnlich dachte, konnte damit in Frieden leben. Kästners Moderatheit begünstigte in diesem Fall die zeitgenössische Rezeptionsmöglichkeit, hat aber in politisch-moralischer Hinsicht den Charakter eines Mankos.

5.3 Gesellschaftliche Unredlichkeit

Ein weiteres Beispiel für Kästners Moderatheit, die man auch als Unschärfe bezeichnen kann, ist im vierzehnten Kapitel zu finden. Dort wird Fabian von einem Katastrophentraum heimgesucht, dessen mittlerer Teil auf der »Treppe mit den Taschendieben« spielt:[52] In einem riesigen Saal führt eine Treppe mit unzähligen Stufen aufwärts. Auf ihnen stehen Menschen, die alle nach oben blicken und dabei in die Taschen der vor ihnen Stehenden greifen, während ihnen gleichzeitig von den hinter ihnen Stehenden in die Taschen gegriffen wird. Jeder bestiehlt jeden. Als Labude zur Anständigkeit aufruft, stimmen alle lauthals zu, fahren aber fort, einander in die Taschen zu greifen, bis das Treiben durch Maschinengewehrsalven und Fliegerbomben beendet wird. Offensichtlich sollen damit Diebstahl und Verlogenheit als Prinzipien des sozialen Aufstiegs oder des gesellschaftlichen Lebens überhaupt gezeigt werden, und wer mit Proudhon der Ansicht ist, dass Eigentum Diebstahl sei, mag in der »Treppe mit den Taschen-

---

51 Vgl. dazu Kiesel: Geschichte der deutschsprachigen Literatur 1918–1933 (s. Anm. 14), S. 392 ff.
52 Kästner: Fabian (s. Anm. 32), S. 123 und S. 128.

dieben« eine geglückte Gesellschaftsallegorie und einen Angriff auf die Unredlichkeit der ganzen Gesellschaft sehen. Aber wenn man mit der Suggestion, dass die Gesellschaft eine einzige Ansammlung von Dieben und Heuchlern sei, nicht einverstanden ist, sondern überlegt, welche sozialen Gruppen für die Aufwärtsbewegung durch Diebstahl in Frage kommen, verliert die Allegorie an Triftigkeit und nimmt einen geradezu verschleiernden Charakter an. Benjamin würde zu Recht gefragt haben: Wen bestiehlt das Proletariat? Und wen bestiehlt der *Chor* der möbliert wohnenden und von Kästner mitfühlend besungenen *Fräuleins*, die es mit ihrem schmalen Stenotypistinnengehalt nie und nimmer zu einer eigenen, ihnen gehörenden Wohnung bringen werden? Allerdings können solche Einwände Kästners anklägerische Gesellschaftsallegorie nicht gänzlich entwerten. Als generelle Kritik an einer insgesamt unredlichen Güterzirkulation und Eigentumsbildung behält sie ihren Entlarvungs- und Appellationswert. Ihre Allgemeinheit ist dabei Stärke und Schwäche zugleich. Alle werden angesprochen und zur Prüfung ihres eigenen Verhaltens aufgefordert, aber niemand muss sich speziell angegriffen und zur Verantwortung gezogen fühlen.

6 Kästners Moderatheit: Klugkeit, Noblesse, Eleganz

Das Lektorat der Deutschen Verlags-Anstalt pries Kästners *Fabian* 1931 als »Querschnitt durch die Zeit« an. Das war nicht falsch, aber der Vergleich mit einem Roman wie Riemkastens *Götze* zeigt, dass Kästner bei der Vergegenwärtigung oder Inszenierung damals wichtiger und brisanter Themen – Nationalsozialismus und Kommunismus, Judendebatte, Kapitalismuskritik und Arbeitslosigkeit – sehr zurückhaltend oder moderat verfährt. Über andere brisante Themen – Versailler Vertrag, asymmetrische Abrüstung, deutsche Minderheiten in abgetretenen Gebieten, Spannungen zwischen Metropole und Provinz – redet er gar nicht. Als Grund könnte man den Umfang anführen. Kästner wollte zweifellos einen schmalen und leicht konsumierbaren Roman schreiben. Die Originalausgabe von *Fabian* zählt 330 Seiten, Riemkastens *Götze* 400. Das ist kein riesiger, aber doch nennenswerter Unterschied, der manche Kürze mit erklären mag. Freilich könnte man auch sagen, Kästner hätte ja auch 70 Seiten mehr schreiben oder ein paar Seiten für politisch brisante Themen statt für Bordellszenen verwenden können.

Wenn man Kästners Zurückhaltung nicht oder nicht allein auf den Wunsch nach Kürze zurückführen will, stellt sich die Frage nach anderen Motiven. Wollte er, indem er die Konfrontation von Nationalsozialisten und Kommunisten mit einer witzigen Bemerkung abtat, den Roman und sich aus der politisch-literarischen Frontstellung heraushalten? Wollte er, indem er die für viele Zeitgenossen anstößige Präsenz von Juden im Kultur- und Medienbereich allenfalls beiläufig in den Blick rückte, die Bedeutung der »Judenfrage« herunterspielen und deeskalierend wirken, während Riemkasten sie ins Zentrum seines Romans stellte und als eines der Hauptprobleme der politischen Debatte um 1932 kennzeichnete?

Darüber kann man nur spekulieren. Festzuhalten bleibt: In der Endphase der Weimarer Republik gab es Themenbereiche, in denen ein Romanautor, der die gesellschaftlichen Probleme dieser Zeit darstellen wollte, sich buchstäblich um Kopf und Kragen schreiben und sich zugleich für die Zeit nach 1945 diskreditieren konnte. Kästner hat sich in allen diesen Bereichen so moderat geäußert, dass ihm weder das eine noch das andere passierte. Seine Bücher wurden im Mai 1933 zwar verbrannt und verboten, aber er konnte in Deutschland bleiben und die Zeit der Verfolgung ohne Gefängnis und Tortur hinter sich bringen, ohne sich den Nationalsozialisten anzubiedern. Nach 1945 erlebten seine Bücher ein nahezu unangefochtenes Revival als Dokumente der besseren, liberaleren, humaneren und sozialeren Weimarer Republik. Die ›sittlichen‹ Einwände, die es anfangs gab, waren bald obsolet, und für politische Kritik gab es keine skandalisierbaren Ansatzpunkte. Ihr historisch-politischer Erfahrungswert wird immer wieder hervorgekehrt und in seiner bleibenden Aktualität beschworen.

Der dauerhafte Erfolg, den Kästners Gedichtbände und speziell auch der *Fabian*-Roman haben, verdankt sich nicht zuletzt der Moderatheit in der Thematisierung brisanter politischer und sozialer Probleme, die im Vergleich mit zeitgenössischen Büchern wie Riemkastens Roman *Der Götze* augenfällig wird und an Profil gewinnt. Sie erscheint politisch als Klugheit im doppelten Sinn von Hellsicht und Vorsicht. Sie erscheint menschlich und stilistisch (was ja – nach Buffon – miteinander zu tun hat: »Le style est l'homme même«) als Noblesse, die sich mit üblen Dingen, Klischees, Hetzparolen nicht gemein machen will. Sie erscheint literarisch als eine über den Dingen schwebende Eleganz, deren Genuss man sich überlassen kann, ohne befürchten zu müssen, plötzlich auf unerfreuliche oder gar inakzeptable Seiten zu stoßen. Und nur Literaturhistoriker sozialgeschichtlicher Ausrichtung sehen in dieser Moderatheit bisweilen eine deskriptive und analytische Schwäche.

Ansgar Lyssy
»Bücher kann man nicht verbrennen«
Ein Essay über die Symbolik der faschistischen Bücherverbrennungen

»Dort, wo man Bücher verbrennt, verbrennt man am Ende auch Menschen.« Diese prägnante Aussage aus Heinrich Heines Stück *Almansor* (1820–1821) wird oft zitiert und scheint eine weithin akzeptierte Wahrheit auszudrücken: Die Vernichtung von Büchern geht, wenn schon nicht in der Praxis, dann doch dem symbolischen Gehalt nach mit der Vernichtung der Menschen einher. Der Historiker Matthew Fishburn schreibt, die Bücherverbrennung sei »a cultural benchmark, a popular analogy and a common insult – to burn a book today is to be a ›fascist‹.«[1]

Angesichts der weit verbreiteten Assoziation, die Bücher mit Kultur und humanistischer Bildung verbindet, scheint ein solcher Schluss intuitiv naheliegend zu sein. Spätestens seit der Renaissance gelten Bücher als Ausdruck menschlicher Vernunft, später auch als Produkte kreativer Schöpfungskraft und individuellen Selbstausdrucks. Demnach gibt es eine tiefer liegende Differenz zwischen Menschen, welche die Verbrennung von Büchern bejubeln, und solchen, die davor tiefe Abscheu empfinden – hier wird auch eine unterschiedliche Haltung zum Vermögen, den eigenen Verstand zu gebrauchen, zum Ausdruck gebracht. Es ist naheliegend, dass sich diese Differenz auch entlang der Achse orientiert, die sich zwischen totalitärem und demokratischem Gedankengut erstreckt.

Bei näherem Hinsehen wird jedoch deutlich, dass bei einer solchen Gleichsetzung die Gefahr droht, die besondere Symbolik der Bücherverbrennung und zugleich auch den Begriff des Faschismus aufzuweichen – Bücherverbrennungen waren (und sind) ja auch andernorts und zu anderen Zeiten üblich und kein handliches Alleinstellungsmerkmal des Faschismus.

Das Verhältnis der Bücher zum Feuer ist mithin unentspannter als das zur Tinte und es ist auch komplizierter und aufschlussreicher. Es gibt dabei verschiedene Arten, Bücher zu verbrennen, die auf unterschiedliche Weise und mit unterschiedlichem Gehalt symbolisch wirken können. Wenn jemand mal ein altes Telefonbuch als Grillanzünder benutzt, dann muss man ihm nicht gleich unterstellen, Sympathien zu den Nazis oder genozidale Tendenzen zu haben. Ich

---

[1] So im Artikel von Jon Henley: »Book-burning: fanning the flames of hatred", *Guardian*, 10.9. 2010. https://www.theguardian.com/books/2010/sep/10/book-burning-quran-history-nazis, letzter Zugriff: 07.07. 2021.

https://doi.org/10.1515/9783110743418-008

möchte also im Folgenden zuerst einige Arten miteinander kontrastieren, wie Bücher und andere Kunstwerke verbrannt oder zerstört werden, um so die Besonderheit der Bücherverbrennung der Faschisten schärfer zu konturieren. Dabei gehe ich immer wieder auch auf die Ideen Kästners ein.

Von diesem gibt es vier kurze Texte zum Thema – drei Essays und das Manuskript einer öffentlichen Rede, zumeist an eine breitere Leserschaft gerichtet. Diese Texte sind zwischen 1947 und 1965 erschienen und in einem kleinen Büchlein namens »Über das Verbrennen von Büchern« gesammelt, das anlässlich des 60. Jahrestages der Verbrennung von Kästners Werken im Jahr 2013 im Züricher Atrium-Verlag erschienen ist. Im ersten Text (»Kann man Bücher verbrennen? Über das Jubiläum einer Schandtat«, vom 9. Mai 1947) beschreibt Kästner knapp seine Beobachtung der Bücherverbrennung auf dem Opernplatz. Vor allem die Präsenz der Studenten, die ausführende Handlanger Göbbels sind, irritiert ihn. Die Studenten in SS-Uniformen, von Kästner großzügig als »Intellektuelle« bezeichnet, begehen hier, wie er es nennt, symbolischen Mord und Selbstmord zugleich – ihre eigene Identität als Intellektuelle wird dadurch hintergangen, dass sie die intellektuelle Auseinandersetzung mit relevanten Ideen durch einen Akt von vorauseilendem Gehorsam und Gewalt ersetzen. Der zweite Text (»Über das Verbrennen von Büchern« vom 10. Mai 1953/58) ist eine Rede anlässlich einer Gedenkstunde, die der Bücherverbrennung gewidmet ist. Hier tritt Kästner anklagend auf und gedenkt den Intellektuellen – denjenigen, die sich angepasst, mitgemacht oder gar vorgearbeitet und zugestimmt haben; und denjenigen, die vergeblich symbolischen Protest ausgeübt haben, den sie zumeist mit dem Verlust von Arbeit oder Leben bezahlt haben. Der dritte Text (»Lesestoff, Zündstoff, Brennstoff«, 3. Oktober 1965) ist einer weiteren, neueren Bücherverbrennung gewidmet, die im Oktober 1965 durch eine Jugendgruppe namens ›Bund Entschiedener Christen‹ in Düsseldorf durchgeführt wurde. Hier hebt er die Geschichtsvergessenheit der teilnehmenden Christen und die Gleichgültigkeit der Politiker hervor, vor allem des nicht einmal namentlich genannten Oberbürgermeister, der die Bedeutung eines solchen Aktes gänzlich verkennt oder die ihm gleichgültig ist und diese öffentliche Inszenierung lange ignoriert. Der vierte Text schließlich (»Briefe an die Röhrchenstraße«, 5. August 1946) beschreibt Kästners Beobachtung einer Gremiensitzung des Reichsverbandes deutscher Schriftsteller aus dem Jahr 1933. Hier wird die politische Verwaltung der Schriftsteller deutlich, die auf Parteitreue und ideologische Konformität hin bewertet werden – Literatur selbst spielt in diesem Verband keine Rolle mehr.

Anlass zu letzterem Text war eine heute kaum mehr nachvollziehbare Anfrage, ob die deutschen Schriftsteller während des Nazi-Reiches unterdrückt oder zensiert gewesen seien. Auf diese Anfrage hatte es ein verneinendes Echo gegeben, Autoren mit brauner Gesinnung wie etwa Ludwig Finkh oder Paul Oskar

Höcker bejubelten die Freiheit von der kritischen »Linkspresse« und bezeugen, dass das Nazi-Regime ihr entsprechend braunes Gedankengut keineswegs zensiert hätte, sondern ihnen gerade die Freiheit gegeben hätte, in Deutschland zu sich selbst zu finden. Kästners Darlegung der Neuorganisation des Schriftstellerverbandes bezeugt dagegen, dass es im Nazi-Reich nicht nur um Zensur ging, sondern um die Bedeutungslosigkeit der Literatur gegenüber der Treue zum Führer und dessen Ideologie. Die Grenzen zwischen Werk und Autor werden gezielt verwischt – der Wert der Literatur wird darauf reduziert, ob sie im Dienste der vorgegebenen faschistischen Ideologie steht. Persönliche Animositäten, Tribalismus, Intoleranz und geistige Verengung werden staatlich gefördert und instrumentalisiert: Der politische Gegner wird nicht als Konkurrent auf dem Marktplatz der Ideen begriffen, sondern als Feind, den es auszumerzen gilt. Die Motivation und strukturelle Bedeutung solcher Aktionen ist klar: Kraft der Unterdrückung bestimmter Autoren und der Förderung anderer will das Nazireich rückwirkend auf die Geschichte eingreifen und die kulturellen und historischen Ressourcen kontrollieren, auf denen die Konstruktion sozialer Identität beruht. Als ob man die Riesen, auf deren Schultern wir bekanntlich stehen, erst erschlagen müsste, um sich eine neue Zukunft zu geben.

Zurück zu dem eingangs angeführten Heine-Zitat: »*Dort, wo man Bücher verbrennt, verbrennt man am Ende auch Menschen.*« Wie sollte man einen solchen Spruch nun am Besten verstehen? Auf deutschen Müllhalden werden jeden Tag Bücher verbrannt – zusammen mit allem anderen, was halt im Müll gelandet ist – und kaum jemand würde aus dieser banalen Tatsache schließen, dass dies ein Indiz für totalitäre Ideologie sei. Nicht jedes gebrauchte Buch kann noch verkauft und weiterverwendet werden und nicht alles, was zwischen zwei Buchdeckel gepresst wird, ist deswegen auch gleich wertvoll, kulturell relevant oder Ausdruck eines humanistischen Geistes. Folglich haben die Nazis eben auch keine alten Telefonbücher verbrannt oder entsprechend belanglose Äquivalente, sondern es soll um Bücher gehen, die in irgendeiner Form den menschlichen Geist repräsentieren und die ihm innewohnende Freiheit, Vernunft, Schöpfungskraft, seine Fähigkeit zu Empathie und Liebe – kurzum das, was den Menschen jenseits der bloß biologischen Gattungszugehörigkeit menschlich macht.

Bei der Bücherverbrennung geht es dann offenkundig um eine politisch inszenierte Form von Vernichtung, einen öffentlich wirksamen, symbolischen Akt, der gegen bestimmte Gedanken ausgerichtet ist. Die Bücher stehen stellvertretend für den Autor und die damit verbundene Ideenwelt. Kästner dazu:

> Die Geschichte des Geistes und des Glaubens ist zugleich die Geschichte des Ungeistes und des Aberglaubens. Die Geschichte der Literatur und der Kunst ist zugleich eine Geschichte des Hasses und des Neides. Die Geschichte der Freiheit ist, im gleichen Atem, die Geschichte

ihrer Unterdrückung, und die Scheiterhaufen sind die historischen Schnitt- und Brennpunkte. Wenn die Intoleranz den Himmel verfinstert, zünden die Dunkelmänner die Holzstöße an und machen die Nacht zum Freudentag. Dann vollzieht sich, in Feuer und Qualm, der Geiselmord an der Literatur. Dann wird aus dem ›pars pro toto‹ das ›ars pro toto‹. (›Über das Verbrennen von Büchern‹, S. 14)

Dabei haben Bücherverbrennungen eine lange Tradition in unterschiedlichen Kontexten. Darauf weist auch Kästner dezidiert hin: Die Bücherverbrennung stellt gewissermaßen die Kehrseite der Existenz von Büchern dar. Schon Tacitus hat knapp hundert Jahre nach Christus über die Bücherverbrennungen des Kaisers Domitian auf öffentlichen Plätzen geschrieben. Berühmt ist auch das Abbrennen etwa der Bibliothek von Alexandria durch einen vielleicht einzelgängerischen religiösen Fanatiker. Im China der Qin-Dynastie wurden Bücher schon im Jahre 200 v. Chr. verbrannt.[2]

Der symbolische Gehalt eines Aktes wird jedoch nicht unmittelbar durch den Akt selbst konstituiert, sondern hängt entscheidend vom historischen und situativen Kontext und den Einstellungen und dem Vorwissen der Rezipienten ab. So legt ein nicht-öffentliches Verbrennen von Büchern, wie etwa in der Müllverbrennung, kaum eine politische Wirkung an den Tag. Auch das heimische Anfeuern des Kaminfeuers mit verhasstem Gedankengut auf Papier wird von so unterschiedlichen, dem Faschismus eigentlich unverdächtigen Denkern wie David Hume, Lord Byron oder Nikolai Gogol als polemisch-rhetorische Überspitzung gefordert oder privat durchgeführt. Auch ist Franz Kafkas Wunsch bekannt, dass die eigenen Manuskripte nach seinem Tod verbrannt werden sollten. Dass solche Akte tendenziell des Faschismus unverdächtig sind, das liegt daran, dass der private Umgang mit dem eigenen Eigentum unpolitischer Natur ist, solange niemand anderes dadurch zu Schaden kommt oder seiner Rechte beraubt wird. Symbolisch ist dann vor allem der Akt, über die Bücherverbrennung zu schreiben und dazu aufzufordern. Aber was ist von solcher Polemik zu halten? Vermutlich hat auch Hume selbst nicht daran geglaubt, dass ein nennenswerter Anteil seiner Leser und Leserinnen seiner Aufforderung nachkommen würde, all ihre metaphysischen und scholastischen Bücher nach der Lektüre seiner *Enquiry* dem Feuer preiszugeben – wer Hume schätzen kann, der weiß auch den intellektuellen Wagemut eines Thomas von Aquin zu schätzen, selbst wenn er die Inhalte der *Summa Theologica* für einen philosophischen Irrweg hält. Es ist auch nicht bekannt, dass Hume seine eigenen Bücher verbrannt hätte.

---

[2] Eine detailreiche Geschichte der Bücherverbrennung ist etwa: Matthew Fishburn: Burning Books. London 2008.

Dies gilt etwa auch für die Bücherverbrennung durch den geltungseifernden ›Bund entschiedener Christen‹, der zwar symbolisch die Taten der Nazis nachahmt, aber immerhin nur die eigenen Bücher verbrennt. Bücher zu verbrennen, die man selbst gekauft hat und die auch weiterhin verkauft werden, das ist durch den symbolischen Anschluss an die Nazis unmoralisch, da es nichts als ein Ausdruck des Hasses und eine Feier der Gedankenlosigkeit ist. Es ist aber vor allem selbstgefällig und mithin ziemlich sinnlos. Auf unfreiwillige Weise wird so zudem auch die eigene Unfähigkeit zum Ausdruck gebracht, als Privatperson oder kleine Randgruppe selbst ein nennenswertes politisches Spektakel zu inszenieren, denn warum sollte sich jemand dafür interessieren, welche Bücher ich als Privatperson verbrenne? Wichtig ist auch die Reaktion der Zuschauer: Tun sie diese Randgruppe als ideologisch verblendet und realitätsfremd ab oder gar als Ausdruck eines breiteren Volkswillens? Besteht die Gefahr, dass sich diese Randgruppe zu einer Massenbewegung entwickelt? Gibt es eine institutionelle Einbettung, die der Bücherverbrennung staatlichen Rückhalt gewährleistet?

Man denke etwa an eine bekannte Bücherverbrennung im Jahr 2017: Nachdem die britische Autorin Joanne K. Rowling den Hochstapler Donald Trump mit Lord Voldemort, dem diabolisch-faschistischen Antagonisten ihrer Harry-Potter-Romane, verglichen hat, verkünden einige ihrer ehemaligen Fans über Twitter, dass sie aus Rache Rowlings Bücher und Filme verbrennen würden. Rowling schreibt amüsiert zurück: »Well, the fumes from the DVDs might be toxic and I've still got your money, so by all means borrow my lighter.«[3] Der Einzelgänger, der im Alleingang ein solches ideologisches Spektakel inszenieren will, macht sich lächerlich, im schlimmsten Fall schadet er sich selbst. Eine freie Marktwirtschaft, in der Bücher beliebig reproduziert werden können, erweist sich hier als wirksames Korrektiv zu solchen ideologisch radikalen, auf öffentliche Meinungsmache abzielenden Aktionen und kann ihren symbolischen Gehalt gehörig entschärfen. Erst durch die staatliche Kontrolle der Produktionsmittel oder der Zensur intellektuellen Gedankenguts erhält die Bücherverbrennung ihre politisch-gesellschaftliche Schärfe.

Ähnliches spielte sich auch in den USA ab, als der fanatische und rassistische Prediger Terry Jones – nicht zu verwechseln mit dem britischen Comedian – im Jahr 2010 symbolisch und mit weltweitem Medienecho einen Koran verbrannt hat. Zwar hatte sich selbst Barack Obama öffentlich dagegen ausgesprochen, doch es ist eine juristisch komplexe Frage, ob der Rechtsstaat es verhindern kann oder soll, dass jemand sein eigenes Eigentum verbrennt, zumindest solange niemand gefährdet wird. Meistens gibt es dann ja andere Wege der ›ordnungsgemäßen‹

---

3 Tweet vom 31.1.2017.

Entsorgung, die den Bürgern vom Gesetzgeber nahegelegt werden. Offensichtlich ist eine solche Aktion zwar eine Beleidigung der Muslime weltweit, in den USA aber anscheinend nicht justiziabel. Die Zivilgesellschaft hat dann wiederum die moralische Pflicht, eine solche Aktion entsprechend zu ächten und die einhergehende anti-demokratische Geisteshaltung zu verurteilen. Entscheidend ist hierbei aber nicht nur die Tat selbst, sondern wie der Rechtsstaat und die öffentliche Meinung auf sie reagiert: Werden die Verantwortlichen bejubelt oder geächtet? Werden sie unter Beobachtung gestellt oder erfährt ihre Bewegung Zulauf? Die Anzahl der Teilnehmer am Spektakel und die Unterstützung durch die staatlichen Institutionen scheinen also eine entscheidende Rolle zu spielen: Die Bücherverbrenner benötigen eine gewisse ›kritische Masse‹, sie müssen auf sichtbare Weise zu *mehr* fähig sein als nur dem Verbrennen von Büchern. Dies macht dann die in der Bücherverbrennung implizierte symbolische Gewalt bedrohlich, weil damit die Möglichkeit zum Ausdruck gebracht wird, dass es auch zu realer Gewalt kommen kann.

Die faschistische Bücherverbrennung unterscheidet sich also von anderen Fällen unter anderem darin, dass Aussicht auf staatlich tolerierte oder gar staatlich geförderte Gewalt besteht, die gegen eine Minderheit gerichtet ist. Und tatsächlich geht symbolische Gewalt oft mit realer Gewalt einher. Nehmen wir beispielsweise den amerikanischen Bürgerkrieg, in dem vermutlich zum ersten Mal die Taktik der ›verbrannten Erde‹ eingesetzt wurde. So zündeten etwa im Mai 1865 die *Union troops* der Nordstaaten die *University of Alabama* an, die mitsamt ihrer Bibliothek dem Erdboden gleichgemacht wurde. Hier ging es jedoch anscheinend nicht um die Bücher selbst, denn die Bibliothek selbst dürfte wohl den Universitätsbibliotheken der Nordstaaten hinreichend geähnelt haben; sondern es ging wohl vielmehr darum, dem Feind die Möglichkeit zu nehmen, nach Kriegsende ein hinreichend bequemes oder zivilisiertes Leben zu ermöglichen. Vom Genozid war man hier nicht weit entfernt, aber es ist eine Ironie der Geschichte, dass in diesem Fall ausgerechnet diejenigen Truppen die Bibliothek anzündeten, die gerade für Gleichberechtigung und Abschaffung der Sklaverei gekämpft haben. Die moralisch-ideologische Eigendynamik des Krieges hat sich hier gänzlich von den ursprünglichen Werten der Zivilgesellschaft abgekoppelt und gegen sie gewendet. Bibliotheken und Universitäten sind für ein angenehmes Leben und gesellschaftliche und wirtschaftliche Entwicklung wenigstens mittelbar relevant und deswegen wurden die hier verbrannten Bücher nicht nach ihrem Inhalt oder ihren Autorinnen oder Autoren aussortiert; relevant war der Nutzen, den sie für das Leben in den Südstaaten hatten.

Anders wiederum verhält es sich beim Anzünden von Buchgeschäften selbst, etwa durch den Nazi-Mob während der Reichskristallnacht. Hier zielen die Täter auf den sozioökonomischen Status der Ladenbesitzer ab und die Zerstörung ihrer

Lebensgrundlage. Das konkrete Anzünden, Zerstören und Schänden von Ladengeschäften ist damit die ideologisch konsequente Folge der schon früher einsetzenden Forderung, dass Deutsche nicht mehr bei Juden kaufen sollten. Dies macht einen solchen Gewaltmob durchaus zu einem Indiz faschistischer Gesinnung, da hier die Gleichheit aller Bürger, die Schutz von Seiten des Rechtsstaates aus genießen, ausgehebelt wird und niedere Rassenideologie gewaltsam zum Ausdruck gebracht wird. Die jüdischen Buchhändler und Ladenbesitzer wurden ja deswegen angegriffen und nicht von der Polizei vor dem Mob geschützt, weil sie Juden waren. Doch hierbei ist es ja letztlich irrelevant, ob nun in den angezündeten Geschäften Bücher, Lebensmittel oder Haushaltswaren gehandelt werden und deshalb geht hier die Symbolik verloren, die in den eigentlichen Bücherverbrennungen eine Rolle gespielt hat. Wichtig ist, dass die Unparteilichkeit des Rechtsstaats aufgehoben wurde und da die ungezügelte Gewalt hier auch Menschenleben kostet, könnte man diesbezüglich eigentlich auch sagen: »Dort, wo Universitäten oder Ladengeschäfte angezündet werden, dort verbrennt man auch Menschen.« Aber es soll ja um Gewalt gegen Bücher gehen, nicht um Gewalt gegen Menschen.

Heines bekannter Spruch bezieht sich nun auf die Bücherverbrennungen der katholischen Kirche, vor allem die sogenannten Autodafés. Das bekannteste Beispiel ist wohl die Verbrennung der Bücher von Giordano Bruno, die, wie auch die im *Almansor* angesprochenen Autodafés, gleich mit der Verbrennung des Autors einherging. Bruno wurde vorgeworfen, die Attribute Gottes, vor allem das der Unendlichkeit, auf die Welt übertragen zu haben und damit Gott gelästert zu haben. Tatsächlich aber ging es wohl eher darum, ein Exempel zu statuieren am Epikureismus, der Ende des 16. Jahrhunderts am erstarken war. Dieser bedrohte die traditionellen Karrieren der Gelehrten einerseits und die Machtansprüche der Herrschenden andererseits: Er vertrat ein tendenziell atheistisches und atomistisches Weltbild und neigte zu einer relativistischen Ethik und zum Antiklerikalismus, wobei diese Tendenzen freilich erst in der Aufklärungszeit zu sich selbst finden würden. Doch Bruno wurde nicht nur verbrannt: Um ihn zu demütigen, wurde sein Kopf kahlgeschoren und er wurde auf einen Esel gebunden; um ihn zum Schweigen zu bringen, wurden lange Nadeln in Kreuzform durch seine Wangen und seine Lippen gestochen.[4] Das Kreuz wird hier zur Insignie politischer Macht und der Machtlosigkeit der Bücher und des Autors demonstrativ gegenübergestellt. Der Autor wird nicht nur getötet, sondern zudem noch seiner gesellschaftlichen Stellung und seiner menschlichen Würde beraubt. Er soll *ver-*

---

4 Siehe dazu Stephen Greenblatt: The Swerve: How the World Became Modern, New York 2011, S. 41.

nichtet werden. Genau solche symbolischen Strategien haben die Nazis auch gezielt aufgegriffen und ausgearbeitet. Ihnen ging es auch um die reale und symbolische Vernichtung der Juden und des humanistischen Kerns der deutschen Geistesgeschichte: Jeder sollte verstehen, dass Deutschland kein gedanklich freies Land mehr sein sollte.

Aber warum wird eigentlich so viel Wert darauf gelegt, dass es *Bücher* sind, die verbrannt werden? Die Verbrennung der Kleidung der Gefangenen der Konzentrationslager der Nazis etwa ist hier viel direkter, sie drückt die Zerstörung der Körper aus und bezieht sich direkt auf Gefangenschaft, Krankheit und Tod. Sicher könnte man auch sagen: »Wer den Menschen ihre Kleidung wegnimmt und diese verbrennt, der verbrennt auch Menschen.« Nun scheint die Bezugnahme der Bücherverbrennung auf den Mord echter Menschen unmittelbar einleuchtend, immerhin wird das Buch in leicht romantisierender Ansicht als kristallisierter Ausdruck des lebendigen Geistes verstanden und steht stellvertretend für die ganze Bandbreite humanistischer Bildung – und damit eben auch für den Menschen selbst. Aber dann wiederum lohnt sich noch der Vergleich mit anderen öffentlichen Vernichtungsakten von Kulturgütern, denn diese können politisch jeweils ganz andere Ideen repräsentieren.

Man denke an den politisch motivierten Ikonoklasmuswobei ich hier vor allem den Sturz von Statuen diskutieren möchte. Nehmen wir einmal an, dass Statuen prinzipiell einen ähnlichen Anspruch darauf erheben können, relevante Kulturgüter zu sein und dass sie wenigstens das Potential haben, humanistische Traditionen und menschlichen Geist zum Ausdruck zu bringen. Anders als Bücher sind Statuen zudem nicht beliebig reproduzierbar. Betrachtet man aber die historisch jüngeren Ikonoklasmen – man denke etwa an den Sturz der Statuen von Stalin, Ceaușescu oder Saddam Hussein hin zum Stürzen der Statuen, die amerikanische *Confederates* wie etwa Südstaatler-Generälen darstellen –, so ist das Stürzen oder Zerschlagen von Statuen gerade mit einem Akt populärer Selbstbemächtigung gegenüber den Herrschenden verbunden. Damit ist die Deutung, wenn man das pauschal so formulieren kann, der Symbolik der Bücherverbrennung geradezu entgegengesetzt. Ein dem Heineschen Diktum analoger Spruch: »*Dort, wo man Statuen umstürzt, dort erschlägt man am Ende auch Menschen*« hat wenig Reiz und Plausibilität; anders verhält es sich allerdings mit dem Satz »*Dort, wo man Statuen umstürzt, dort erschlägt man am Ende auch Diktatoren*«.

Der Unterschied zwischen Bücherverbrennung und Ikonoklasmus scheint also in dem jeweiligen Spannungsfeld zwischen Akteuren, Werken und Öffentlichkeit zu liegen. Die Statuen der Generäle und Diktatoren sind bereits Teil der Öffentlichkeit und haben dem Raum eine entsprechende, oftmals national- oder religionsbezogene bezogene Dimension der Geschichtlichkeit verliehen. Sie verkünden den Herrschaftsanspruch auf den Ort und schreiben ihm einen entsprechenden historischen Narrativ ein. Die Zuschauer werden in diesen Narrativ mit einbezogen und in einem identitätsstiftenden Bedeutungsfeld platziert – das ausgestreckte Schwert des Generals symbolisiert das »*wir hier* gegen *die da drüben*«, der meist gegen den Himmel ausgestreckte Arm des Diktators oder dessen schreitende Positionierung stellen gerade den durch die Obrigkeit verkörperten, künstlichen Traum nach einer besseren Zukunft dar, dem die Zivilgesellschaft verpflichtet wird. Werden solche das Regime symbolisierenden Statuen nun durch den Bürger gestürzt, dann bedeutet dies demnach, dass die Bürger aus dem Privaten heraustreten und sich in der Öffentlichkeit gegenüber dem herrschenden Narrativ emanzipieren. Der Ikonoklasmus kann so ein Akt der Befreiung sein und der freigewordene Raum kann dann wieder mit einem anderen Narrativ besetzt werden.

Die Bücherverbrennungen der Nazis dagegen funktionierten offenkundig ganz anders. Hier geht es nämlich *auch* um etwas anderes als nur um Bücher, nämlich um das symbolische Eindringen der staatlichen Gewalt in den Bereich des Privaten, der ja eventuell durch diese verhassten Traditionen gekennzeichnet gewesen sein könnte. Bücher haben ihren Ort im Privaten, in Arbeitszimmern, Wohn- und Schlafzimmern. Durch die Öffentlichkeit der Verbrennung und das Komplizentum der Masse der Zuschauer dringt der Staat symbolisch und auch faktisch in diese Privatgemächer ein. Die privaten Gedanken der Bürger werden in die Öffentlichkeit gezerrt und benannt – die Liste der vernichteten Autoren wurde ja öffentlich vorgelesen. Die verbrannten Bücher müssen identifiziert werden, damit die ganze Inszenierung einen spezifischen Sinn und ihre staatliche Legitimität erhält. Die Geschichte, die es auszulöschen gilt, muss benannt werden, um als unerwünscht zu gelten. Das ist dann auch der Unterschied etwa zum Abbrennen von Buchgeschäften: Das Anzünden jüdischer Geschäfte und eben auch Buchgeschäfte in der Reichskristallnacht ist ein Ausdruck der Gewalt des Mobs, der nur Menschen, nicht aber Gedanken identifizieren kann. Der totalitäre Staat aber, und das wird in der Bücherverbrennung deutlich, kann nach den Gedanken selbst greifen, sie im Privaten aufspüren, in der Kommunikation, in der Archivierung. Er kann die Menschen nicht nur real vernichten, solange sie leben, sondern er kann sie auch symbolisch vernichten, selbst wenn sie lange schon tot sind.

So wird eine binäre Opposition erschaffen, durch deren Negation sich der Staat selbst versteht, man ist ›das eine‹, weil der Feind ›das andere‹ ist; man ist ›stark‹, weil der vernichtete Feind ›schwach‹ ist. Auch wenn der Faschismus dies leugnen: Dieses ›Andere‹ ist aber Teil seiner eigenen Geschichte, gegen die man sich wendet. Dies bringt einen fundamentalen internen Widerspruch des Faschismus zu Tage, der sich ja auch als gesamtgesellschaftliche Kultur mit einem eigenen historischen Bewusstsein inszeniert. Der faschistische Bücherverbrenner will die eigenen Kulturtraditionen aufheben, zumindest sofern sie nicht seiner neuen Aufgabe zu Diensten gemacht werden können, und verleugnet damit gerade die eigene Geschichte. Nur das, was als wegbereitend für das ›Neue Denken‹ gilt, soll bestehen bleiben – Bücher über die Wehrmacht, Volkstum und Heimat. Hierin zeigt sich auch einer der Kerngedanken des spezifisch hitlerschen Faschismus: *Aus der Asche der Zivilisation soll der neue Mensch geboren werden.* Das Neue des neuen Menschen ist dabei vor allem das Selbstverständnis, das breite Spektrum der eigenen Geschichte und Traditionen zertreten und verbrannt zu haben, so dass nur ein vorgeblich reiner Wesenskern übrigbleibt; die eigene Geschichte, auf die sich der Faschist beruf, wird damit zur Fiktion.

Für die Symbolik der Bücherverbrennung am Opernplatz ist es also auch relevant, dass ihr die Bücher *anderer* Leute zum Opfer fallen, die man enteignet und geplündert hat oder noch enteignen und plündern wird. Diese Enteignung geschieht durch den Staat und findet breiten Rückhalt in der deutschen Bevölkerung. Allen Beteiligten muss bereits 1933 klar gewesen sein, dass es sich bei der Bücherverbrennung um einen politisch wie historisch wirkmächtigen und symbolträchtigen Akt handelt und dass der Rechtsstaat und die Gleichheit der Bürger vor dem Gesetz aufgehoben werden. Wer an einer solchen Bücherverbrennung aktiv teilnimmt, der hat der Demokratie den Rücken gekehrt – und damit auch der intellektuellen Tradition aufklärerischen und humanistischen Gedankenguts, aus der die moderne Demokratie gewachsen ist. Entsprechend gilt auch umgekehrt: Wenn jemand im Nazireich Hitlers *Mein Kampf* verbrannt hätte, dann wäre dies sofort als widerständiger Akt gegen das Regime und als ein persönlicher Angriff auf Hitler selbst verstanden worden. Diese Person wäre sicher verhaftet und hingerichtet worden.

Die genannten Beispiele haben etwas gemeinsam: Die Überzeugung, dass Bücher und das in ihnen enthaltene geistige Gedankengut etwas zum Lebensentwurf der jeweiligen Leser und der zugehörigen Gesellschaft beitragen. Dies scheint mir bei der Bücherverbrennung der Nazis eine spezielle Gewichtung zu erfahren. Der hier zur Schau gestellte Nationalismus und Antisemitismus kann so verstanden werden, als würde er verschiedene Funktionen zugleich erfüllen. Er dient etwa als kultureller Code, der die verschiedenen sozialen Gruppierungen und Schichten des Nazi-Regimes vereint, indem er ihnen ein *Anderes* gegenüberstellt,[5] in diesem Fall eben die Juden und mit ihnen stellvertretend eine ganze geistesgeschichtliche Tradition, die über jüdisches Gedankengut hinausgeht. Diese Selbstvergewisserung durch Abgrenzung gegenüber eines imaginären

---

5 Siehe dazu etwa Shulamit Volkov: Jüdisches Leben und Antisemitismus im 19. und 20. Jahrhundert. München 1990.

›Anderen‹ ist die entscheidende Parallele zwischen Bücherverbrennung und Antisemitismus bzw. Rassismus.

Dieses ›Andere‹ wird in ein Narrativ eingebunden, mit dem eine Tradition erfunden und vermittelt wird, zum Beispiel Hitlers angeblich Tausendjähriges Reich und die Idee einer sogenannten arischen Herrenrasse. Diese erfundene Tradition unterscheidet sich von den tatsächlichen historischen Zusammenhängen insoweit, dass die nicht mehr genehmen Elemente herausgefiltert sind. Interne Spannungen, die in jeder komplexen Kulturtradition unvermeidbar sind, sollen nicht ausgehalten oder produktiv nutzbar gemacht werden, sondern es gilt, sie aufzuheben. Dem künstlich homogenisierten Narrativ soll politische Legitimität verliehen und propagandistisch dem Volk gegenüber vermittelt werden. Das Fehlen eines Selektionskriteriums aber und die Unschärfe der Selektion machen deutlich: Hier geht es nicht *nur* um Bücher und die in ihnen artikulierten Ideen, denn sonst hätte man präziser selektiert. Ein Beispiel dazu. Die Nazis haben amerikanische oder englische Autoren gleich mit verbrannt, Aldous Huxley, Ernest Hemingway oder James Joyce etwa. John Steinbeck aber, der durch seine antirassistischen Positionen in Amerika der 40er Jahre als »Jewish propaganda« verschrien war, wurde anscheinend nicht verbrannt; ebenso wenig wurden die anti-traditionalistischen und mit egalitärer oder marxistischer Ideologie durchzogenen Werke von T.H. Lawrence und Virginia Woolf verbrannt. Offenkundig war die Selektion der Bücher den Parteibonzen und Nazistudenten gar nicht so wichtig – vielleicht vertrauten Sie auch bereits 1933 bereits darauf, dass der unterwürfige Bürger in vorauseilendem Gehorsam entsprechende linke oder liberale Werke als solche erkennen und von sich aus ablehnen würde.

Die Bücherverbrennung ist zwar nicht, wie oben angedeutet wurde, historisch einmalig, aber ein symbolischer Auftakt der Transformation der Weimarer Republik in das faschistische und totalitäre Naziregime. Verbrannt werden die Werke von Heinrich und Thomas Mann, von Döblin, Feuchtwanger und Schnitzler, von Brecht und Stefan Zweig, von Theodor Heuss und Sigmund Freud, und hunderten anderen. Goebbels hatte die Parole durchgegeben und hielt eine Rede auf dem Opernplatz, aber seine Handlanger waren vor allem Studenten in SS-Uniformen, die ihre eigene Lektüre verbrannten und das, was man anderen weggenommen hatte. Sie hatten sich das Joch der Zensur und der intellektuellen Eingleisigkeit offenkundig freiwillig selbst auferlegt. Goebbels inszenierte die Bücherverbrennung als Revolution des Volkes, als Aufbruch in eine neue Gemeinschaft, als Ausdruck der Lebensfreude, die man am neuen Dasein als Herrenmensch empfindet. Gerade die Studenten wollten sich als Teil einer Bewegung begreifen, die eigenen Machtbedürfnisse auf dem Rücken anderer austragen und sich durch exemplarische Obrigkeitstreue spätere berufliche Vorteile erschleichen. Ihre eigene intellektuelle Glaubwürdigkeit verbrannten sie dabei mit auf dem Bücherhaufen. Bei Kästner heißt dies: »Der Mord, den sie an diesem Abend begingen, war zugleich ein vordatierter Selbstmord.« (›Über das Verbrennen von Büchern‹, S. 6) Die Zensur wird damit auch zur Selbstzensur. Die Intellektuellen des Naziregimes haben sich so für die Nachwelt auch fast gänzlich ungenießbar gemacht und nichts von humanistischem Wert hinterlassen.

Die Beteiligung der Studenten ist damit ein entscheidender Aspekt der Inszenierung, des Spektakels. Wären es Mitglieder der Arbeiterschicht gewesen, die die Bücher verbrannt hätten, so hätte dies als Symbol für eine gesellschaftliche Spaltung stehen können, in der eine faschistische und ungebildete Unterschicht sich gegen eine imaginäre intellektuelle Oberschicht auflehnt. Damit hätte man wiederum den Intellektuellen eine gewisse Macht zugesprochen. Die Zurschaustellung und Selbstzurschaustellung der Nazi-Studenten aber sollte demonstrieren, dass diese (zukünftigen) Intellektuellen auf Seite der Macht waren. Kästner attestiert diesem Vorhaben mit trotzigem Optimismus ein Scheitern:

> Jahre später haben mir Studenten, die damals abends neben dem Scheiterhaufen standen, erzählt, dass sie – und nicht nur sie allein – heimlich Bände aufrafften, die vor ihren Füßen im Dreck lagen, und sie nicht ins Feuer warfen, sondern unter die Uniformjacke steckten, daheim lasen und wie Kostbarkeiten aufbewahrten. Es mag ein Zeichen dafür sein, wie schwer es ist, Bücher wirklich zu verbrennen … (›Kann man Bücher verbrennen?‹, S. 10)

Und:

> Wir saßen dann noch im Vorgarten eines Lokals im Westen und schwiegen uns an. Was hätten wir sagen können? Der Abend hatte uns die Kehlen zugeschnürt. So einfach war es, eine Literatur auszulöschen? Mit so plumpen, gemeinen Maßnahmen konnten Bosheit und Dummheit triumphieren? So rasch gab der Geist seinen Geist auf? Wir wussten damals nicht, was heute, nach vielen entsetzlichen Jahren, die ganze Welt weiß: Mit solchen Methoden kann man zwar ein Volk vernichten, Bücher aber nicht. Sie sterben nur eines natürlichen Todes. Sie sterben, wenn ihre Zeit erfüllt ist. Man kann von ihrem Lebensfaden nicht eine Minute abschneiden, abreißen oder absengen. Bücher, das wissen wir nun, kann man nicht verbrennen. (Ibid., S. 11.)

Das ist ein schwacher Trost angesichts der folgenden Gewalt des Regimes. Kästner hält daran fest, dass es nun doch nicht so leicht ist, radikal mit der eigenen Kulturtradition zu brechen – schwieriger jedenfalls, als ein vermeintlich ›anderes‹ Volk auszulöschen. Dies mag der identitätsstiftenden Funktion von Büchern zuzuschreiben sein oder es könnte auch daran liegen, dass es bei vielen Menschen eben doch noch eine gewisse Neugier gegenüber der Kunst und Kultur gibt, die nicht als die eigene angenommen wird oder werden darf; zudem vielleicht auch ein Mindestmaß an Respekt vor dem Wert des Gedachten und Geschriebenen; vielleicht auch ein Unbehagen an der Auslöschung deutscher, westlicher, humanistischer Kulturtraditionen; und möglicherweise auch ein ambivalentes Verhältnis zum totalitären Staat, das durch den Wunsch zur Zugehörigkeit, aber auch durch ein gelegentliches Aufflackern von Trotz und Widerwillen gekennzeichnet ist. Zwischen komplexen Menschen und einfachen Ideologien wird sich eben auch ein komplexes Wechselspiel an Machtmechanismen aufbauen, das von der faschistischen Ideologie so nicht vorgesehen ist.

Man könnte Kästner nun vorwerfen, mit humanistischem Optimismus die Symbolik der Bücherverbrennung noch zu unterschätzen und umzudeuten. Nach obigem Gedankengang ging es dem Nazi-Regime weniger darum, tatsächlich ein gewisses Kontingent an Büchern zu vernichten und so ihre potentielle gesellschaftliche Wirkung zu verhindern, sondern wohl vielmehr darum, die Reichweite des totalitären Staates ins Private zu demonstrieren und zu inszenieren. Dabei ist es offenkundig notwendig, die Öffentlichkeit als Publikum mit einzubeziehen und sie zu Komplizen zu machen. Eine Bücherverbrennung würde die gewünschte Symbolwirkung sicher verfehlen, wenn sie an den Randbereichen der Zivilgesellschaft stattfindet, etwa auf einer Müllkippe oder einem Militärbasis. Das Volk, das sonst in bücherverbrennenden Regimen bestenfalls *de jure*, kaum aber *de facto* an der Politik des totalitären Staates beteiligt ist, nimmt also eine Doppelrolle als Zuschauer und als Akteur ein. Weil eine Bücherverbrennung ohne Zuschauer keinen entsprechenden Sinn hat, werden die anwesenden Zuschauer damit entsprechend als Komplizen der Macht und des Machtmissbrauchs inszeniert – das Spektakel muss *für sie* und auch *durch sie* stattfinden, es benötigt ja einen Adressaten, der Teil des Geschehens ist und zudem passiv Akzeptanz ausdrückt. Diese Symbolik ist völlig unabhängig davon, ob die Zuschauer diese Komplizenschaft annehmen wollen oder nicht. Deswegen sieht sich Erich Kästner natürlich auch genötigt, entsprechende Vorwürfe zu antizipieren und darzulegen, dass eine Auflehnung gegen die Staatlichkeit selbst dann wirkungslos und ungehört verpufft wäre, wenn sich gleich alle Zuschauer zusammengetan hätten. Er entschuldigt sich gewissermaßen für das eigene Schweigen, für das Ausbleiben einer öffentlichen Anklage, für die eigene Mäßigung und Zurückhaltung:

> Und auch wenn sie sich zu Worte und zur Tat meldeten, die Einzelhelden zu Tausenden – sie kämen zu spät. Im modernen undemokratischen Staat wird der Held zum Anachronismus. Der Held ohne Mikrophone und ohne Zeitungsecho wird zum tragischen Hanswurst. Seine menschliche Größe, so unbezweifelbar sie sein mag, hat keine politischen Folgen. Er wird zum Märtyrer. Er stirbt offiziell an Lungenentzündung. Er wird zur namenlosen Todesanzeige. (›Über das Verbrennen von Büchern‹, S. 24f.)

Es bedarf also nicht nur einer entsprechenden rebellischen Geste, deren Machtsymbolik in einem entsprechend gleichgeschalteten Regime effektiv unterdrückt werden kann, sondern gar dem Aufbau einer ganzen Gegenöffentlichkeit, in der ein entsprechend rebellischer Akt als solcher erkannt, repräsentiert, vermittelt und durchgeführt werden kann. Dazu reicht es gleichwohl nicht aus, einen widerständigen Akt durchzuführen, er muss auch als solcher symbolisiert und erkannt werden. Hier ist Kästner vollauf klarsichtig: Schon ab einem relativ frühen Zeitpunkt ist ziviler Widerstand effektiv unmöglich. – Aber andererseits: Das Spektakel bedarf der Zuschauer. Wenn sich das Volk abgewandt hätte, den Platz verlassen und die Nazi-Schergen auf weitem Platz alleine gelassen hätte mit der Bücherverbrennung, so hätte dies doch wohl das Misslingen wenigstens dieser Propagandaaktion bedeutet. Dies gilt natürlich auch für andere, autoritätsgebietende, traditionsvernichtende oder direkt faschistische Inszenierungen, von der Militärparade bis hin zur öffentlichen Hinrichtung von Dissidenten. Die Inszenierung bedarf zur medialen Inszenierung und Übertragung auch der physisch präsenten Zuschauer, die zwar nicht jubilieren müssen, aber wenigstens nicht offen protestieren dürfen. Wer einer solchen Inszenierung der Macht fernbleibt, der leistet direkt oder indirekt Widerstand; Kästner ist geblieben, er war Zuschauer und hat sich damit unfreiwillig zum Komplizen dieses Spektakels machen lassen.

– Dieses gerade diskutierte Verhältnis zwischen Privatheit und Öffentlichkeit, zwischen denen Bücher eine Brücke bilden, verändert sich im viel beschworenen Zeitalter der Digitalisierung. Mit der weiten Verbreitung von digitalen Büchern wird eine Bücherverbrennung hinfällig. Festplatten und digitale Lesegeräte zu verbrennen ist gesundheitsschädlich und sinnlos, da die relevanten Daten natürlich längst auf andere Datenträger weiterwandern konnten. *Daten* lassen sich nicht verbrennen. Andererseits wird deutlich, dass die Materialität gedruckter Bücher einen Rest an Privatheit mit sich bringt. Die umfassende Präsenz des Internets macht ein Eindringen politischer und privater Machtstrukturen in die Privatsphäre leicht – und ein solches Eindringen bleibt oft auch unauffällig. Bekannte Beispiele für entsprechende Kontrollmechanismen sind natürlich das Ausspionieren privater Kommunikation durch Geheimdienste wie die NSA oder durch den sog. ›Bundestrojaner‹. Wie einfach moderne und digitale Kontrollmechanismen sich Zugriff über Bücher verschaffen können, wurde eindringlich im Jahre 2009 deutlich, als der Online-Händler und Datensammler Amazon sämtliche Kopien George Orwells Bücher *1984* und *Animal Farm* von allen von ihnen produzierten und verwalteten Lesegeräten löschte, angeblich wegen eines Rechtekonfliktes. Ein solcher, aus der Ferne erfolgender und für die jeweiligen Leser oftmals völlig überraschender Zugriff auf Bücher bzw. Buchdateien ist nur ein weiteres, anschauliches Beispiel für die mittlerweile hinreichend bekannte Tatsache, dass im Internet die vormals räumliche Trennung von Privatsphäre und Öffentlichkeit längst aufgehoben ist. Aber dies ist nicht nur negativ zu bewerten. So, wie es in Kästners Essay einige Studenten gab, die die Bücher vom Scheiterhaufen gerettet und zuhause gelesen haben, so sind heute die meisten der irgendwo verbotenen Bücher über das Internet zugänglich – auch in den Ländern, in denen sie verboten sind. Während sich die Studenten auf dem Opernplatz die Bücher unter den Mantel geschoben haben, so gibt es heute selbst im totalitären Nordkorea, in dem die Kontrollmechanismen der Nazis und anderer autoritärer Staaten auf perfide Weise gesteigert worden sind, einen Untergrundhandel mit USB-Sticks, auf denen verbotene südkoreanische oder westliche Fernsehserien oder Filme gespeichert sind.[6] Wenn man diese Analogien weiterdenkt, dann offenbart sich eine Nähe zwischen Kästners trotzigem und zwangsoptimistischem Spruch, man könne Bücher nicht verbrennen, und Friedrich Dürrenmatts bekanntem Bonmot, dass das, was einmal gedacht wurde, nicht mehr zurückgenommen werden kann. Solange es noch einen letzten Rest an Privatheit gibt, der nicht von staatlicher oder kommerzieller Macht in Anspruch genommen oder symbolisch besetzt wird, solange wird es kulturelles Leben und intellektuelle Traditionen geben, die sich nicht unterdrücken lassen.

---

6 Siehe bspw. James Pearson: »The $50 device that symbolizes a shift in North Korea«, Reuters, 27.5.2015, Zugang unter: www.reuters.com/article/us-northkorea-change-insight/the-50-device-that-symbolizes-a-shift-in-north-korea-idUSKBN0MM2UZ20150327, letzter Zugriff: 07.07.2021. Seitdem gibt es unter dem Namen *Flash Drives for Freedom* eine breit angelegte Hilfsaktion, mit der versucht wird, in Nord Korea westliche Filme und Serien mit massenhaft eingeschmuggelten USB-Sticks zu verbreiten, um den Menschen einen Einblick in das Leben und Denken in Südkorea und im Westen zu geben.

Christian Sieg
Eine ›verlorene Generation‹?
Kästners Positionierung im Generationenkonflikt nach 1945

Im September 1946 erschien in der von Alfred Andersch und Hans Werner Richter herausgegebenen Zeitschrift *Der Ruf – Unabhängige Blätter für die junge Generation* eine Fotomontage von Nils Breuhaus.[1] Sie zeigt Erich Kästner als König des Blätterwalds (Abb. 1). Kästners Krone zieren die Titel von zwei Periodika, an denen er in der unmittelbaren Nachkriegszeit in leitenden Funktionen beteiligt war. Mit dem Schriftzug der jeweiligen Zeitschrift verweist das Bild auf *Die Neue Zeitung* und die Jugendzeitschrift *Pinguin*. Die Fotomontage illustriert einen Artikel von Andersch, der sich sehr positiv auf Kästner bezieht[2] und sich im Kontext der Generationendebatte[3] insbesondere mit Kästners Roman *Fabian* (1931) identifiziert. Überschrieben ist der Artikel im *Ruf* mit *Fabian wird positiv*. Andersch fordert aber nicht nur das Positive, sondern entdeckt in Kästners Roman zugleich einen Realismus, der zum Programm erhoben wird. Er zeigt sich von Kästners Stil, der »klaren sprachlichen Diktion« und »der Unverziertheit des Stils« beeindruckt.[4] Das sind durchaus bemerkenswerte Worte, sind doch positive programmatische Bezüge der Autoren der späteren Gruppe 47 zur deutschen literarischen Tradition nicht sehr zahlreich. Andersch identifiziert die ›junge Generation‹ darüber hinaus

---

1 Vgl. Alfred Andersch: Fabian wird positiv. In: Der Ruf 1/3 (1946).
2 Verwundern kann Anderschs Wertschätzung gegenüber Kästner kaum, arbeitete er doch kurzzeitig als Kästners Redaktionsassistent in der NZ. Vgl. Sven Hanuschek: »Keiner blickt dir hinter das Gesicht«. Das Leben Erich Kästners [im Folgenden HK, Seitenzahl]. München 1999, S. 326. Andersch selbst hob die Bedeutung seiner Mitarbeit in der NZ für die anschließende selbstständige Redaktionsarbeit für die Zeitschrift »Der Ruf« hervor. Vgl. Alfred Andersch: Der Seesack. Aus einer Autobiographie. In: Nicolas Born und Jürgen Manthey (Hg.): Nachkriegsliteratur. Reinbek bei Hamburg 1977, S. 116–133, hier S. 131.
3 Zur Generationendebatte der unmittelbaren Nachkriegszeit vgl. Christian Sieg: »Nihilismus als Generationserfahrung: Die Geburt des politisch engagierten Autorschaftsmodells aus dem Geiste der Religionskritik. In: Christian Sieg und Martina Wagner-Egelhaaf (Hg.): Autorschaften im Spannungsfeld von Religion und Politik. Würzburg 2014, S. 21–44; Barbara Wolbring: Trümmerfeld der bürgerlichen Welt. Universität in den gesellschaftlichen Reformdiskursen der westlichen Besatzungszonen (1945–1949). Göttingen 2014; Hans-Gerd Winter: »Jugend« und »junge Autoren«. Zuschreibungen und Selbstdefinitionen im Hamburger Raum. In: Hans-Gerd Winter (Hg.): »Uns selbst mussten wir misstrauen«. Die »junge Generation« in der deutschsprachigen Nachkriegsliteratur. Hamburg 2002, S. 127–154.
4 Andersch: Fabian wird positiv (s. Anm. 1).

https://doi.org/10.1515/9783110743418-009

mit Kästners Romanfigur Fabian. Er erkennt eine identische soziokulturelle Situation. Im Namen der *neuen Fabians* konstatiert Andersch:

Abb. 1.

Wir dürfen ohne Illusion sein, aber niemals ohne Hoffnung, wir können ohne ein Ziel sein, aber niemals ohne einen Weg. Was wir wünschen, ist die Anständigkeit und Tapferkeit des Kästnerschen Romanhelden; was wir ablehnen seine Müdigkeit und Glaubensschwäche.[5]

Anderschs positive Bezugnahme auf Kästners Romanfigur ist also nicht frei von Kritik. Gehört das Scheitern des Moralisten Fabian zu den Charakteristika des Romans, so sehnt sich Andersch hingegen nach einer Identifikationsfigur. Anderschs Fabian soll nicht weniger sein als ein Exempel für eine engagierte, selbstbewusste und gesellschaftskritische Haltung. Kästners Fabian war das mitnichten. Exemplarisch kann hier auf Rudolf Arnheims Rezension aus dem Jahr 1931 in *Die Weltbühne* verwiesen werden. Arnheim stellt heraus, dass Kästners Romanfigur nicht mitspiele, sondern hinter der Kamera stehe. Fabian beobachte, aber er finde keine Position, die ihm zum Handeln befähige.[6] Kästner stellt in seiner Romanfigur Fabian in der Tat die soziale Bindungslosigkeit des Intellektuellen dar und sein Roman hebt zugleich die Hilflosigkeit dieser Position hervor. Andersch will die soziale Bindungslosigkeit intellektuellen Engagements überwinden und setzt in dieser Absicht auf die ›junge Generation‹, die moralisch legitimiert wird. Er schreibt der ›jungen Generation‹ eine gesellschaftskritische und geschichtsmächtige Position zu und antizipiert damit die Grundzüge eines Autorschaftsmodells, mit dem die Gruppe 47 spätestens ab Ende der 1950er-Jahre literarisch Erfolg haben wird. Der Autor bzw. die Autorin wird als politischer Akteur inszeniert, der Repräsentationsansprüche für ein politisches Kollektiv anmeldet, im Namen dieses Kollektivs spricht und agiert.[7]

Anderschs kritische Identifikation mit der Kästner'schen Romanfigur steht im Kontext eines Generationenkonflikts, in dem die Rolle von Politik und Moral in der deutschen Nachkriegszeit neu verhandelt wird. Fraglich ist in diesem Konflikt nicht, dass Politik und Moral für die Nachkriegskultur von eminenter Bedeutung sind, sehr wohl aber, welche Rolle der Moral für die Beurteilung politischer Akteure zugewiesen werden muss – insbesondere die Schuld an Krieg und Holocaust wird vor diesem Hintergrund diskutiert. Von der ›jungen Genration‹ sprechen freilich nicht nur Vertreter derselben. Auch Kästner äußert sich in seinem publizistischen Werk der unmittelbaren Nachkriegszeit wiederholt und mit Emphase zur Jugend und ›jungen Generation‹. So schreibt er in einem Artikel aus dem Februar 1946 in *Pinguin* gegen den verbreiteten Gedanken an, dass zwischen den

---

5 Ebd.
6 Vgl. Rudolf Arnheim: Moralische Prosa. In: Ursula Madrasch-Groschopp (Hg.): Zwischenrufe. Kleine Aufsätze aus den Jahren 1926 bis 1940. Leipzig, Weimar 1985, S. 151–157.
7 Vgl. Christian Sieg: Die ›engagierte Literatur‹ und die Religion. Politische Autorschaft im literarischen Feld zwischen 1945 und 1990. Berlin, New York 2017.

Generationen Verständigung nur schwer möglich sei. Diejenigen, die durch die Kultur und Gesellschaft vor 1933 sozialisiert worden seien, trenne durchaus keine »Chinesische Mauer«[8] von der jüngeren Generation, die im Nationalsozialismus heranwachsen musste. Auch in der Zwischenkriegszeit, so Kästner, war die »Luft der Freiheit«[9] sehr dünn. Im Gegensatz zu Andersch ist Kästner darum bemüht, einer klaren Polarisierung zwischen den Generationen entgegenzutreten. Natürlich zeigt sich auch Skepsis gegenüber der ›jungen Generation‹. Kästner fragt sich, ob die Jugend in der Lage ist, gesellschaftspolitisch Verantwortung zu übernehmen. Im April 1948 startet er eine Umfrage. Im Raum steht die These, dass die nun 30jährigen »träge, uninteressiert, nihilistisch, allenfalls broteifrig und strikten Befehlen zugänglich«[10] sind. Diese in der damaligen Generationendebatte gängige These will Kästner gründlich prüfen, denn auf dem Spiel stehe nicht weniger als die Zukunft Deutschlands:

> Wer wird denn eines Tages die heutigen Männer der Wirtschaft, der Regierung, der Wissenschaft, der Verwaltung, der Parteien, der Erziehung und der Kunst ablösen? Eben diese Dreißigjährigen, denen nachgesagt wird, daß sie den Anforderungen unserer verworrenen Gegenwart und ihrer Aufgabe nicht gewachsen seien und, leider, gar nicht gewachsen sein könnten! Besteht das schreckliche Wort von der ›verlorenen Generation‹ zu Recht, oder handelt es sich, wie nach dem Ersten Weltkrieg, bei mehreren Jahrgängen nur um ›verlorene Jahre‹, die man nachholen muß und aufholen kann?[11]

Kästners Fragen markieren die politische Brisanz des Generationenkonflikts und deuten zugleich an, welche Hoffnungen der Pädagoge Kästner hegt. Vielleicht, so steht es zwischen den Zeilen, ist die Generation nicht verloren, sondern kann sie die verlorenen Jahre nachholen. Kästner formuliert nicht weniger als einen Erziehungsauftrag.

Die zahlreichen Debattenbeiträge im Generationenkonflikt der unmittelbaren Nachkriegszeit sind weit mehr als bloße Analysen einer soziohistorischen Situation. Hier wird nicht vorrangig über die soziale und politische Lage der Jugend berichtet, sondern um die Legitimität politischer Akteure gestritten. Wie ein kleiner Exkurs zum Generationsbegriff verdeutlichen soll: Die historische Debatte darf nicht auf ihre diagnostische Dimension verkürzt werden. Sie weist ein er-

---

[8] Erich Kästner: Die Chinesische Mauer. In: Pinguin: für junge Leute 1/2 (1946). Zitiert nach: Erich Kästner (Hg.): Gesammelte Schriften für Erwachsene [im Folgenden GS, Band, Seitenzahl]. Bd. 7: Vermischte Beiträge II. Zürich, München 1969, S. 53–57.
[9] Ebd., S. 57.
[10] Erich Kästner: Die These von der verlorenen Generation. In: Pinguin: für junge Leute 3/7 (1948). Wiederabgedruckt in GS 7, S. 15–164.
[11] Ebd.

hebliches normatives und performatives Potential auf. Die Zuschreibung generationeller Identitäten muss als ein politischer Akt verstanden werden.

1 Zum Generationsbegriff

Der Generationsbegriff ist auf einer Grenze angesiedelt. Er vermittelt zwischen Natur und Kultur. An der Bezeichnung *verlorene Generation* wird das deutlich. Wir bezeichnen damit eine allein durch ihr Alter bestimmte Gruppe, für die der Erste Weltkrieg zur prägenden Erfahrung wurde. Als *verloren* wird diese Generation betrachtet, weil die Erfahrung des Weltkriegs dem kulturell vermittelten Selbstverständnis der Gruppe widersprach. Die ›Rückkehr zur Normalität‹ war nicht mehr möglich. Damit akzentuiert die Bezeichnung *verlorene Generation* die Generationenabfolge. Jede Generation präge zu einer bestimmten Lebenszeit die Gesellschaft und entscheide damit über kulturelle Kontinuität und Bruch. Vererbung und Tradierung bilden ein Spannungsfeld. Was soll überliefert werden? Was gilt als anachronistisch? Sigrid Weigel zufolge kann das Generationenkonzept als »Medium der Genealogie betrachtet werden, das den Übergang von einem biologisch beschriebenen Reproduktionsgeschehen und einem als Kultur verstandenen Überlieferungsprozeß reguliert«[12]. Offensichtlich wird damit die normative und politische Dimension des Generationskonzepts. Denn was überliefert werden soll, ist natürlich immer strittig – auch und insbesondere nach 1945.

In der Generationsforschung wird vom »generation building«[13] gesprochen und damit die performative Dimension des Generationsdiskurses hervorgehoben. Inszenieren sich Genrationen und Nationen auch als natürliche Entitäten, so sind beide doch ›imagined communities‹.[14] Individuelle Unterschiede hinsichtlich kultureller oder sozialer Prägungen zwischen den Mitgliedern einer Altersgruppe treten zurück, wenn sie als Generation angesprochen werden. Plausibilität gewinnt das Deutungsmuster *Generation* vor allem dann, wenn es auf soziokulturelle Ereignisse verweisen kann, denen Prägungskraft für den überwiegenden Teil einer Altersgruppe, unabhängig von kulturellem und sozialem Status, nur schwer abgesprochen werden kann. Hier kommen vor allem historische Großereignisse wie Kriege, Revolutionen und andere Katastrophen infrage. Die neuen Wahr-

---

12 Sigrid Weigel: Generation, Genealogie, Geschlecht. Zur Geschichte des Generationskonzepts und seiner wissenschaftlichen Konzeptualisierung seit Ende des 18. Jahrhunderts. In: Lutz Musner et al. (Hg.): Kulturwissenschaften. Freiburg i. Br. 2003, S. 177–208, hier S. 179.
13 Ulrike Jureit: Generationenforschung. Göttingen 2006, S. 41 f.
14 Vgl. Benedict Anderson: Imagined Communities. Reflections on the Origin and Spread of Nationalism. London 2006.

nehmungsmuster und kulturellen Paradigmen, die mit der Berufung auf eine Generationserfahrung in Geltung gesetzt werden sollen, benötigen Lutz Niethammer zufolge »begünstigende Formierungsbedingungen«.[15] Generationale Identitäten resultieren aus kulturellen Aushandlungsprozessen und ein eben solcher Aushandlungsprozess vollzieht sich im Diskurs der unmittelbaren Nachkriegszeit. Daher fokussiere ich im Folgenden auch nicht allein die Beiträge Kästners, sondern rekonstruiere zudem, welches Bild das von Kästner redaktionell geleitete Feuilleton von der jungen Generation entwirft. Kontrastiert werden diese Zuschreibungen mit den Selbstzuschreibungen der jungen Generation, wie sie in *Der Ruf* vorgenommen werden.

2 Kästner und die *Neue Zeitung:* Skepsis gegenüber der ›jungen Generation‹

Kästner leitete ab 1946 bis April 1948 das Feuilleton der zweimal die Woche erscheinenden Zeitung Die Neue Zeitung. Die amerikanische Zeitung in Deutschland (NZ).[16] Die NZ erreichte 1948 eine Auflage von 1,6 Millionen und wurde damit schätzungsweise von ungefähr 6 bis 10 Millionen Menschen gelesen.[17] Der Titel des Periodikums weist darauf hin, dass es sich um eine von der US-Army für die deutsche Bevölkerung herausgegebene Zeitung handelt. Geleitet wurde sie von zurückgekehrten Emigranten, unter ihnen Hans Habe und Hans Wallenberg. Die Re-Education gehörte zu den programmatischen Leitlinien der Zeitung. Das betrifft auch das Feuilleton, das sich beispielsweise der Kunsterziehung verschrieb. So findet sich auf den Seiten der »Feuilleton- und Kunstbeilage« aus dem Jahr 1947 für gewöhnlich der Abdruck eines Gemäldes mitsamt einer kunsthistorischen Einordnung, die unter dem Bild abgedruckt wurde (Abb. 2). Die Leserschafft sollte geschult und insbesondere in durch die Nazis verfolgte und verbotene Kunst

---

15 Lutz Niethammer: Die letzte Gemeinschaft. Über die Konstruierbarkeit von Generationen und ihre Grenzen. In: Bernd Weisbrod (Hg.): Historische Beiträge zur Generationsforschung. Göttingen 2009, S. 13–38, hier S. 21.
16 HK, S. 354.
17 Vgl. Jessica C. E. Gienow-Hecht: Transmission Impossible. American Journalism as Cultural Diplomacy in Postwar Germany (1945–1955). Baton Rouge 1999, S. 79–80. Dominique Herbet beziffert die Auflagenhöhe im April 1948 mit 2 Millionen. Vgl. Dominique Herbet: »Die Popularität der ›Neuen Zeitung‹ (1945–1949). Zustimmung zu einer hegemonialen amerikanischen Kulturpolitik oder Wiedergeburt einer elitären deutschen Kultur?«. In: Olivier Agard u. a. (Hg.): Das Populäre. Untersuchungen zu Interaktionen und Differenzierungsstrategien in Literatur, Kultur und Sprache. Göttingen 2011, S. 313–331, hier S. 315.

eingeführt werden. Wie wichtig Kästner diese Einübung in die Kunstbetrachtung war, zeigt sich an seinem Artikel *Die Augsburger Diagnose. Kunst und deutsche Jugend* aus der NZ vom 7. Januar 1946. Kästner berichtet in ihm über eine Augsburger Kunstausstellung von zeitgenössischen Werken und fokussiert eine unter den Besuchern der Kunstausstellung durchgeführte Umfrage. Aus dieser geht nicht allein das große Unverständnis hervor, mit dem überwiegend junge Besucherinnen und Besucher den modernen Kunstwerken gegenübertraten, sondern auch die Kontinuität des nationalsozialistischen Antimodernismus. Aus Kästners Artikel spricht das Grauen über die schriftlich abgefassten Kommentare, die die Besucher hinterließen. »Es ist unerläßlich einige davon aufzuzählen«, schreibt Kästner und beginnt eine Zitatcollage:

> Diese Bilder »sind unmöglich und verhöhnen die deutsche Kunst!!« »Mein Bedarf ist vorläufig gedeckt!« »Künstler wie Schlichter, Geitlinger und Blocherer müssen raus!!« »Geitlinger und ähnliche Schmierereien müssen verschwinden.« »So etwas ist eine Schweinerei!« »Keine entartete Kunst mehr!« »[...] völlige Ausmerzung solcher Bilder!« [...] »Diese Künstler beseitige man restlos. Kz.« (sic!)[18]

Schockierend sind diese Zeilen noch heute. Kästners Kommentar übt sich dementsprechend in Zynismus. So resümiert er, dass bisher noch niemand gefordert habe, die Maler »in Auschwitz zu verbrennen oder aus ihrer Haut Lampenschirme für das traute Heim zu schneidern«,[19] die Ausstellung aber ja auch noch ein paar Tage geöffnet sei. Die Umfrage erzeugt ein tiefes Misstrauen gegen die ›junge Generation‹, denn, »die intolerantesten, die dümmsten und niederträchtigsten Bemerkungen« gingen »fast ohne Ausnahme« auf das Konto derselben.[20]

In der NZ wurde aber nicht nur über die ›junge Generation‹ gesprochen. Vielmehr bemühte sich die Redaktion im politischen Teil und im Feuilleton um einen Dialog mit jüngeren Leserinnen und Lesern. Beispielhaft sei hier die Rubrik *Junge Menschen und ihre Welt* erwähnt. An ihr wird deutlich, wie die NZ versucht, kulturpolitisch zu intervenieren. Die vielen abgedruckten Leserbriefe versuchen, einen Dialog mit der ›jungen Generation‹ zu initiieren. Die Zuschriften teilen natürlich nicht immer die Thesen der Artikel, auf die sie sich beziehen. Sie greifen aber Fragen auf, von deren Wichtigkeit die Redaktion überzeugt war: beispielsweise die »teilweise offene Ablehnung«[21] der Politik durch die Jugend, wie es in einer Zuschrift aus dem Januar 1947 hieß. Im März 1947 thematisieren zwei Leserbriefe aus unterschiedlicher Perspektive die politische Stimmung der Bevöl-

---

18 Erich Kästner: Die Augsburger Diagnose. Kunst und deutsche Jugend. In: GS 7, S. 29–35.
19 Ebd.
20 Ebd.
21 Klaus Rüstig: Klärende Aussprache. Jugendpolitik. In: Die Neue Zeitung (17. Januar 1947).

Abb. 2.

kerung. Beklagt eine Zuschrift unter der Überschrift *Es wird geschimpft* viele »haßerfüllte Reden voll Überheblichkeit und Ressentiment«[22] und kann diese Zuschrift keine »Anzeichen der Umkehr«[23] ausmachen, so vertritt die direkt an-

---

22 Friedrich Didjurgeit: Es wird geschimpft. In: Die Neue Zeitung (28. März 1947).
23 Ebd.

schließende Zuschrift unter dem Titel *Es wird nicht geschimpft* die gegenteilige Ansicht:

> Jedermann erkennt an, wie die amerikanische Besatzung uns nach Möglichkeit in unserer Not und unserem Elend beisteht. Kaum einer findet sich, der sich über die Genesis der deutschen Riesenkatastrophe nicht völlig klar wäre: Hitler.[24]

Ausgewogen war die Berichterstattung natürlich nicht. Die Re-Education blieb Programm. Ein redaktionell in Auftrag gegebener Artikel thematisiert auf der gleichen Seite die Praxis der amerikanischen Besatzungsmacht:

> Wir haben Hilfe erfahren, wo wir sie nicht erwarten konnten. Dank der amerikanischen Unterstützung konnten 650 000 Jungen und Mädchen in der US-Zone die Jugendgruppen neu begründen, wurden Jugendausschüsse und Jugendparlamente aufgestellt.[25]

Kästner stellt seine Position zu den Alliierten in nahezu programmatischer Weise in einem Artikel aus dem Dezember 1945 dar. Er erschien in der NZ unter dem Titel *Die Schuld und die Schulden*. Kästner differenziert hier zwischen zwei Schuldbegriffen. Von *Schuld* spricht er im Sinne des modernen Strafrechts, lässt den Begriff also nur gelten, wenn von individueller Verantwortlichkeit gesprochen werden kann. Wenn mein Bruder ein Verbrechen begangen hat, so reflektiert Kästner, bin ich nicht schuldig. Wenn nun aber mir angetragen würde, dass ich zur Wiedergutmachung der durch meinen Bruder Geschädigten einen Beitrag leisten könnte, dann würde ich dem, so Kästner, zustimmen: »Die Schuld müßte ich ablehnen. Die Schulden würde ich anerkennen«.[26] Diese Differenzierung des Schuldbegriffs ist alles andere als eine feuilletonistische Spitzfindigkeit. Politisch knüpft Kästner an eine Aussage von Robert H. Jackson an, den Hauptanklagevertreter bei den Nürnberger Kriegsverbrecherprozessen, der betonte, dass sich die Anklage nicht gegen das ganze deutsche Volk richte.[27] Dennoch akzeptiert Kästner eine gewisse Form von Kollektivhaftung, nicht auf einer rechtlichen Grundlage, sehr wohl aber in ethischer und politischer Hinsicht. Er spricht dabei von *Schulden*, weil es ihm auch um eine Positionierung zur überaus heiklen Reparationsfrage geht. Kästner

---

24 Oscar Hesse: Es wird nicht geschimpft. In: Die Neue Zeitung (28. März 1947).
25 Heini Schneider: Hilfe, die wir nicht erwarteten. Die deutsche Jugend und die Besatzungsmacht. In: Die Neue Zeitung (28. März 1947).
26 Erich Kästner: Die Schuld und die Schulden. In: Die Neue Zeitung (3. Dezember 1945). Wiederabgedruckt in: GS 5, S. 329–333, hier S. 330.
27 Auf diese Aussage Jacksons nahm nicht nur Kästner, sondern auch viele andere Autorinnen und Autoren der NZ immer wieder positiv Bezug. Vgl. Gienow-Hecht: Transmission Impossible (s. Anm. 17), S. 61.

erinnert an die Brisanz der Reparationsfrage nach dem Ersten Weltkrieg und fragt: Wie können Reparationen heute geleistet werden, ohne den Frieden zu gefährden? Kästner gesteht den Alliierten zu, dass sie über eine Lösung nachdenken, die alle Parteien befriedigt. Als deindustrialisiertes Land könne Deutschland keine Reparationen leisten, das wüssten auch die Alliierten. Im letzten Teil des Artikels stellt Kästner seine pragmatische Haltung heraus und entwirft einen Plan für einen Reparationsfond, an dem sich Künstler beteiligen könnten.

3 Die *Neue Zeitung* und *Der Ruf*

Das Verhältnis zu den Alliierten steht auch im Mittelpunkt einer Kontroverse zwischen der NZ und *Der Ruf*, die zum Ende der redaktionellen Leitung des Blattes der ›jungen Generation‹ durch Andersch und Richter führt. Am 31. Januar 1947 erscheint in der NZ ein Offener Brief von Carl Hermann Ebbinghaus an den *Ruf*. Ebbinghaus war zuvor mit einigen Artikeln im *Ruf* vertreten und äußerte sich dort zu den Belangen der ›jungen Generation‹. Sein offener Brief in der NZ beklagt eine zunehmend nationalistische Tendenz der Zeitschrift. *Der Ruf*, so Ebbinghaus, würde verstärkt Beifall von der falschen Seite bekommen, von denjenigen, die nationalistisches Ressentiment gegen die Alliierten förderten und den Nationalismus unbeirrt fortsetzten, der Deutschland in den Krieg getrieben habe. Ebbinghaus spricht in seiner Kritik einen Artikel von Hans Werner Richter an, der im zehnten Heft des *Rufs* als Leitartikel fungierte und mit *Zwischen Freiheit und Quarantäne* überschrieben war.[28] Richter plädiert in diesem zwei Jahre nach Kriegsende erscheinenden Artikel dafür, die politische Quarantäne, die die deutsche Bevölkerung ihm zufolge erdulden müsse, aufzuheben. Gebüßt hätten die Deutschen genug. Auf dem Spiel stehe die Existenz eines Volkes. Ebbinghaus kritisiert Richters Denkbild und seine Rhetorik als nationalistisch. Es sei kein Zufall, dass Richter Beifall von Nationalisten und Militaristen bekomme. Ebbinghaus adressiert Richter mit den Worten:

> Solchen Beifall erhalten Sie, wenn Sie behaupten, daß die nationalsozialistischen Verbrechen bereits durch die gegenwärtigen Leiden Deutschlands getilgt wären. Sie wirken dabei, als unterstellten Sie die Vermutung, daß Deutschlands Not keine anderen Ursachen als wohlüberlegten Vergeltungsakten der Alliierten entspringe. Daß dieser Gedanke angesichts

---

28 Hans Werner Richter: Zwischen Freiheit und Quarantäne. In: Der Ruf 1/10 (1947), S. 1–2. Wiederabgedruckt in: Hans A. Neunzig (Hg.): Der Ruf. Unabhängige Blätter für die junge Generation. Eine Auswahl. München 1976, S. 193–199.

der fortgesetzten Bemühungen der Alliierten um einen für Deutschland gedeihlichen Status geradezu leichtsinnig erscheinen muß, ist meine Überzeugung.[29]

Ebbinghaus zitiert Richter hier nicht, sondern kommentiert seine Rhetorik, die er durchaus richtig erkennt, denn durch das Bild der Quarantäne wird die Verantwortung für das Leiden der deutschen Bevölkerung eindeutig der Macht zugeschrieben, die für die Quarantäne verantwortlich ist. Dementsprechend konstatiert Richters Artikel auch, dass Besatzungsmächte in der Geschichte noch nie beliebt gewesen seien. Richter gibt den Alliierten die Verantwortung für den aufkeimenden Nationalismus. Sie müssten aus der Geschichte lernen und einsehen, dass jede Besatzung bisher nationalistisches Ressentiment geschürt habe. Die Möglichkeit, sich gegen deutschnationales Ressentiment (wie Kästner) auf die Seite der Alliierten zu stellen, zieht Richter nicht in Betracht. Im Gegenteil: Zu Recht, so argumentiert Richters Artikel, vergliche die deutsche Bevölkerung das Paktieren mit den Besatzungsmächten mit der Kollaboration des Norwegers Vidkun Quisling. Interessant an Ebbinghaus' Offenen Brief ist, dass er auch die strategischen Hintergründe für die Positionen des *Rufs* kommentiert:

> Die Bereitschaft des Ruf, zu allen Bestandteilen der jungen deutschen Generation zu sprechen, auch zu den Teilen, die, als Faschisten gestempelt, abwartend oder ablehnend der politischen Zukunft Deutschlands gegenüberstehen, gerät in Gefahr, zu einer Bereitschaft zu werden, bestehende Ansichten nur zu rechtfertigen. Ein Mentor ist aber eben doch kein Rechtsanwalt. Was mir und anderen daher zu denken gibt, ist die Frage, ob der »Ruf« mit seinen Appellen an die nationalen Kräfte die Gefahrenzone erkennt, die ihn von den Umtrieben neunationalistischer Elemente noch eben trennt?[30]

Ebbinghaus fordert also ganz im Sinne der Re-Education-Politik der NZ einen Mentor, nicht einen Verteidiger für die junge deutsche – zum Teil nationalistisch eingestellte – Generation. *Der Ruf* dürfe nicht zum Verteidiger der Jugend werden. Weil er im Namen der ›jungen Generation‹ sprechen wolle, verteidige *Der Ruf* Tendenzen, die überaus problematisch seien. Ebbinghaus richtet sich damit gegen den Repräsentationsanspruch für die ›jungen Generation‹, den Richter und Andersch auch in anderen Artikeln erheben. Richters und Anderschs Entgegnung auf Ebbinghaus ist unnachgiebig in der Sache. Der Beifall von der falschen Seite könne, ja dürfe, nicht vermieden werden, denn zum Anwalt für das deutsche Volk müsse der *Ruf* sich machen. Die alliierte Besatzungspolitik selbst zwinge den *Ruf* dazu. Richter und Andersch reklamieren sogar eine konstruktive Rolle für ihre

---

[29] Carl-Hermann Ebbinghaus: Offener Brief an den »Ruf«. In: Die Neue Zeitung (31. Januar 1947).
[30] Ebd.

oppositionelle Haltung: Die Schärfe und Prägnanz der im *Ruf* geäußerten Kritik habe exemplarischen Wert. Sie bezeuge die Stärke einer demokratischen Gesellschaftsverfassung und gebe ein leuchtendes Beispiel für Pressefreiheit:

> Mit anderen Worten: wir vermitteln dem jungen Deutschland das Grunderlebnis, das es nötig hat, um zum eigenen Denken zu gelangen, das Erlebnis der Freiheit. Es gibt keine Demokratie, wenn die Menschen, die sie machen sollen, nicht dieses Grunderlebnis gehabt haben. Innerhalb der Demokratie ist die Opposition als Kontrollorgan der stete Träger des Freiheitserlebnisses. Das ist der Grund, warum wir allerdings »um jeden Preis« die Existenz einer Opposition wünschen. Das Gerede von einer *positiven Kritik* (die eine echte Opposition ersetzen soll), ist demgegenüber leeres Gewäsch und erinnert peinlich an die fast gleichlautende Argumentation eines Goebbels gegen die Feinde des Hitler-Regimes.[31]

Der dezisionistische Geist dieser Zeilen sticht hervor. Richters und Anderschs politisch und ethisch überaus fragwürdiger Vergleich der Alliierten mit dem NS-Regime ist mehr als Polemik gegen die Re-Education-Politik der NZ. Sie resultiert aus einem existentialistischen Freiheitsbegriff. Die individuelle Verweigerung des Gehorsams wird als Freiheitserlebnis pathetisch verklärt und zur Grundlage politischer Mündigkeit erklärt.[32]

Deutlich wird im obigen Zitat die Rolle der Generationsrhetorik: Politik kann Andersch und Richter zufolge nur auf einem handlungsfähigen Kollektiv basieren. Sie erfolge in Namen dieses Kollektivs und ergebe sich aus den Erfahrungen desselben. Der Konflikt mit den Alliierten hat auch zum Ziel, dieses Kollektiv zu konstituieren. Dem ›generation building‹ diente natürlich in erster Linie die Abgrenzung von der sog. älteren Generation. Dies gilt nicht nur im Bereich der Publizistik, sondern auch auf dem Feld der Literatur. Walter Kolbenhoff, ein weiterer zentraler Akteur der sich etablierenden Gruppe 47, reagierte beispielsweise auf die zahlreichen Ansprachen an die Jugend und Nachfragen, wo denn die Literatur der jungen Generation bleibe, ganz in diesem Sinne. Unter der Überschrift *Laßt uns Zeit* macht er am 25. Januar 1948 in der NZ geltend, dass die ›junge Generation‹ mit der tradierten Literatur brechen und lernen müsse, ihre eigene Erfahrung literarisch darzustellen. Kolbenhoff polemisiert gegen die Literatur der ›älteren Generation‹, in der er vorrangig »Floskeln«, »geschliffene« Sprache, literarische

---

31 Alfred Andersch u. Hans Werner Richter: Sorgen im Lager der erhobenen Zeigefinger. In: Der Ruf 1/13 (1947).
32 Die Parallelen zu Anderschs späteren, autobiografisch gefärbten Roman »Die Kirschen der Freiheit« sind auffällig. Für die Bedeutung des Existentialismus in der unmittelbaren Nachkriegszeit vgl. Mechtild Rahner: »Tout est neuf ici, tout est à recommencer [...]«. Die Rezeption des französischen Existentialismus im kulturellen Feld Westdeutschlands (1945–1949). Würzburg 1993.

»Stilübungen« – kurz »gekonnte Spitzenleistungen routinierter Literaten« erblickt.[33] Diese Polemik gegen die etablierte Literatur eint die führenden Mitglieder der frühen Gruppe 47: Anderschs und Richters Essays in *Der Ruf* bedienen sich der gleichen Rhetorik und Argumente. Ähnliche Zitate finden sich in großer Anzahl. Begleitet wird die Abgrenzung von einer ›älteren Generation‹ von einer emphatischen Identifikation mit einer Erfahrung, die als Generationserfahrung inszeniert wird. Nicht die Hölderlinlektüre oder das Kantseminar seien das Bildungserlebnis der ›jungen Generation‹, sondern der Krieg selbst. Reklamiert wird von Kolbenhoff das Sprecheramt für den idealtypischen jungen Generationsgenossen, der »den Karabiner über die Landstraßen Europas schleppte, die Höllen von Sewastopol, von El Alamein und Monte Cassino kannte und an stillen Abenden, zermürbt und müde, durch den Stacheldrahtzaun der Gefangenenlager starrte.«[34] Kolbenhoff benennt hier, was man als *Generationsobjekt*[35] der 47er bezeichnen könnte. Der Krieg, wie ihn der deutsche Soldat erlebt haben soll, wird als ein identitätsstiftendes Ereignis inszeniert. Die insgesamt fünf Entgegnungen auf Kolbenhoff, die die NZ in ihrer nächsten Ausgabe abdruckte, kritisieren wohl nicht zu Unrecht die Frontsoldaten-Mentalität des Autors. Einig sind sich die fünf Entgegnungen zudem in der Ablehnung der Generationsrhetorik.[36] Hellmuth von Cube beispielsweise kritisiert Kolbenhoffs Invektiven gegen Geist und Ästhetik und fragt: »Ob man denn den ›Karabiner über die Landstraßen Europas schleppen‹ muß, um die Landschaft der menschlichen Seele kennenzulernen?«[37] Die gleiche Skepsis spricht aus Walther Kiaulehns Replik, die bezweifelt, dass die Kriegserfahrung eine Generation zu Schriftstellern machen könne: »Wird man Schriftsteller, weil man etwas erlebt hat?«[38] Kästner hat auf Kolbenhoffs Polemik nicht direkt geantwortet. In seinen Beiträgen zur Generationendebatte spricht aber die gleiche Skepsis wie aus den soeben zitierten Artikeln. Die Erlebnisse an der Front des ersten oder zweiten Weltkriegs, so Kästner in *Die These von der verlorenen Generation*, sollten nicht als seelischer »Fortbildungskurs« missverstanden werden; »Einblicke in die Struktur der menschlichen Seele« lieferten sie

---

33 Walter Kolbenhoff: »Laßt uns Zeit. Stimme aus der jungen Schriftstellergeneration«. In: Die Neue Zeitung (25. Januar 1948).
34 Ebd.
35 Christian Schneider bezeichnet den Holocaust als Generationsobjekt der 68er-Generation, der Begriff geht auf Christopher Bollas zurück. Vgl. Christian Schneider: Der Holocaust als Generationsobjekt. Generationengeschichtliche Anmerkungen zu einer deutschen Identitätsproblematik. In: Mittelweg 36.13 (August/September 2004), S. 56–73.
36 Es antworteten: Hellmuth von Cube, Ernst Penzoldt, Walter Kiaulehn, H. M. Ledig und Carl Hermann Ebbinghaus.
37 Hellmuth von Cube: Wir kennen die Melodie [...]. In: Die Neue Zeitung (1. Februar 1948).
38 Walther Kiaulehn: Kinderwertigkeitskomplex. In: Die Neue Zeitung (1. Februar 1948).

nicht.[39] In einem anderen Artikel verallgemeinert Kästner diese Skepsis. »Bis tief ins Herz hinein reichen die für wahr und echt gehaltenen Phrasen«[40] schreibt er nach einem ersten Besuch im kriegsverwüsteten Dresden. Welche Art von Thesen er für Phrasen ansieht, exemplifiziert er mit einem Urteil über die geschichtliche Erfahrung der Deutschen, das im Namen der Nation ihm gegenüber oftmals geäußert worden sei: »Gerade wir müßten heute wie nie vorher und wie kein anderes Volk die Wahrheit und die Lüge, den Wert und den Unfug unterscheiden können.«[41] Kästner fragt lapidar »Ist es so?«[42] und unterstreicht damit, dass die geschichtliche Katastrophe nicht als seelische Katharsis und erkenntnistheoretischer Vorteil inszeniert werden dürfe.

4 Fazit

Andersch, Richter und Kolbenhoff nutzen die Generationsrhetorik, um Repräsentationsansprüche zu stellen. Die Kerngruppe der 47er beansprucht das Mandat der ›jungen Generation‹. Politische und literarische Positionen führen sie auf diese Repräsentationspflicht zurück. Politik und Literatur müsse sich aus der generationellen Erfahrung speisen. Damit inszenieren Andersch, Richter und Kolbenhoff ein politisches Kollektiv, das als Subjekt gesellschaftlicher Entwicklungen fungieren soll. Armin Nassehi hat aus einer differenzierungstheoretischen Perspektive auf die Funktion ästhetischer Inszenierungspraktiken für die Politik hingewiesen, denn diese erschaffen inmitten des undurchschaubaren Zusammenspiels sozialer Funktionssysteme »adressierbare Kollektivität, die ihrer selbst ansichtig«[43] wird. Die »Funktion des Politischen«, so Nassehi, bestehe »nicht nur in der Herstellung kollektiv bindender Entscheidungen«, sondern auch »in der Herstellung und Bereitstellung von gesellschaftlicher Sichtbarkeit und Zurechenbarkeit«.[44] Während Andersch und Richter einen politischen Neuanfang propagieren und die ›junge Generation‹ als einen neuen und moralisch unbe-

---

39 Kästner: Die These von der verlorenen Generation (s. Anm. 10).
40 Erich Kästner: »[...] und dann fuhr ich nach Dresden«. In: Die Neue Zeitung (30. September 1946). Wiederabgedruckt in GS 7, S. 83–88.
41 Ebd.
42 Ebd.
43 Armin Nassehi: Der Begriff des Politischen und die doppelte Normativität der »soziologischen« Moderne. In: Armin Nassehi, Markus Schroer (Hg.): Der Begriff des Politischen. Baden-Baden 2003, S. 133–169, hier S. 149.
44 Armin Nassehi: Politik des Staates oder Politik der Gesellschaft? Kollektivität als Problemformel des Politischen. In: Kai-Uwe Hellmann, Rainer Schmalz-Bruns (Hg.): Theorie der Politik. Niklas Luhmanns politische Soziologie. Frankfurt a. M. 2002, S. 38–57, hier S. 45.

lasteten Akteur präsentieren, melden Kästner und die NZ erhebliche Zweifel an. Die Berichterstattung Kästners und anderer kritisiert die politisch problematischen Stimmen aus der ›jungen Generation‹ deutlich. Kästner erkennt weder einen moralischen Neuanfang auf Seiten der ›jungen Generation‹ noch schreibt er sie als verloren ab. Sein Feuilleton versteht sich vielmehr als Erziehungsorgan der ›jungen Generation‹.

Verharrt Kästner damit, wie es Andersch andeutet, in einer rein kritischen, lediglich negativen Haltung? Keineswegs! Vielmehr kennzeichnet Kästners publizistisches Werk der unmittelbaren Nachkriegszeit ein pragmatischer Politikbegriff. Kästner enthält sich größtenteils der Polemik, vermeidet allgemeine Verurteilungen und ist um kritische und zugleich konstruktive Beiträge zu konkreten Problemen bemüht. Damit unterläuft er moralische Legitimationsstrategien politischer Akteure. Besonders deutlich wird das vor dem Hintergrund des Schulddiskurses der Nachkriegszeit. Kästners schon erwähnter Artikel in der NZ vom Dezember 1945 *Die Schuld und die Schulden* muss dabei im Kontext der damals in der NZ geführten Debatte verstanden werden. Angestoßen wurde sie durch einen Beitrag der Literaturnobelpreisträgerin Sigrid Undset, die die These, dass man die Deutschen umziehen könne, infrage stellte. Es folgte eine Entgegnung von Karl Jaspers, der die Konstruktion eines deutschen Nationalcharakters zurückwies, auf die progressiven Seiten der deutschen Geistesgeschichte hinwies und moralische Verurteilungen nur auf der Ebene individuellen Handelns gelten ließ. Gattungsbegriffe, die ein Individuum unter einem allgemeinen Konzept subsumieren, lehnt Jaspers ab. »Das ist eine Denkform, die sich durch die Jahrhunderte zieht als ein Mittel des Hasses der Völker und Menschengruppen untereinander«, schreibt Jaspers, der als Beispiel für Kollektivbegriffe nicht nur »die Deutschen« und »die Engländer« aufzählt, sondern auch »die Jugend, das Alter«.[45] Dennoch erkennt Jaspers eine Form kollektiver Haftung an, die nicht auf moralischen Urteilen fundiert ist, sondern aus politischen Gesichtspunkten erfolgt. Politisch seien wir, wenn auch in unterschiedlichem Maße, schuldig, weil wir das nationalsozialistische Regime geduldet hätten und nur wenige aktiven Widerstand geleistet hätten. Dafür dürften wir auch haftbar gemacht werden. Genau in diesem Sinne differenziert Kästner einen Monat später den Schuldbegriff: Eine moralische Schuld qua Mitgliedschaft in einem Kollektiv könne er nicht anerkennen, sehr wohl aber eine Haftung für die Taten eines Kollektivs, dem er angehört.[46] Kästner imaginiert dieses Kollektiv als Familie und erklärt sich bereit, Wiedergutmachung für Taten zu leisten, die von Familienmitgliedern begangen wurden. Dass Käst-

---

45 Karl Jaspers: Antwort an Sigrid Undset. In: Die Neue Zeitung (4. November 1945).
46 Vgl. Kästner: Die Schuld und die Schulden (s. Anm. 26).

ners Appell für eine politische Verantwortungsübernahme auf die Imagination der Familie zurückgreift, ist natürlich kein Zufall. Vielmehr versucht Kästner, moralische Normen familiärer Interaktion für das politische Handeln zu mobilisieren. Die Anerkennung politischer und finanzieller Schulden erfolgt auch mit der Perspektive, politisch wieder gleichberechtigt mitsprechen zu dürfen, wenn die Schulden abgetragen sind. Kästner wehrt sich in diesem Sinne gegen die Zuschreibung von Eigenschaften an Kollektive. Die Schulden anzuerkennen, ist kein geistiger Akt, sondern zeigt sich in der politischen Praxis des Individuums, an Handlungen, die davon motiviert sind, Unrecht wiedergutzumachen und Vertrauen wiederherzustellen. Konkrete politische Praxis ersetzt hier identitätspolitische Logiken, auch die der ›jungen Generation‹.

Julian Preece
Erich Kästner und der internationale Berlin-Film-Komplex

Von Billie Wilder zu Konrad Wolf über Marlene Dietrich und Liza Minelli

Die verschiedenen Verfilmungen der beiden gegen Ende der Weimarer Republik veröffentlichten Berlin-Romane *Emil und die Detektive* (1929) und *Fabian* (1931) gehören zu einem Komplex deutscher und anglo-amerikanischer filmischer Darstellungen Berlins, der deutsch-amerikanische Co-Produktionen von Billie Wilder, englischsprachige Kalter-Krieg-Krimis, das Hollywood Musical *Cabaret* (1972, Reg. Bob Fosse) und deutsche Reaktionen darauf wie den DEFA-Klassiker *Solo Sunny* (Reg. Konrad Wolf, 1980) sowie eben den zeitgleich in der BRD gedrehten *Fabian* (1980, Reg. Wolf Gremm) umfasst. Der nachfolgende Artikel untersucht die transnationalen Wechselwirkungen vor allem im Hinblick auf die Darstellung von Berlin in diesem Komplex von Filmen, deren Herstellung sich über einen Zeitraum von genau siebzig Jahren (1931–2001) erstreckt, von der ersten Version von *Emil und die Detektive* (1931, Reg. Gerhard Lamprecht) bis zur bislang letzten (2001, Reg. Franziska Buch).

Der in Galizien geborene Billie (in Amerika Billy) Wilder (1906–2002) steht im Zentrum eines Kreises innerhalb dieses Komplexes. Die zweite deutsche Verfilmung von *Emil und die Detektive* (1954, Reg. Robert A. Stemmle) basiert genau wie die erste auf einem von ihm mitgeschriebenen Drehbuch.[1] Lamprechts *Emil*-Film war wie der Roman selbst ein Publikumserfolg, sowohl inner- als auch außerhalb Deutschlands (in New York, Paris und London),[2] und wurde bis 1937 unter den Nazis weiter im Kino gezeigt.[3] Wilders eigener erster Welterfolg war somit die erste Verfilmung von Kästners erstem Kinderroman. Seinen filmkünstlerischen

---

[1] Er gilt als einziger Drehbuchautor des ersten Films, obwohl andere daran beteiligt waren. Gabriele Jantho fasst zusammen: »Drehbuch: Bille Wilder und Paul Franck (ungenannt), nach dem gleichnamigen Roman von Erich Kästner und nach einem Entwurf von Erich Kästner und Emeric Pressburger (beide ungenannt). Dramaturgische Beratung: Carl Meyer (ungenannt).« »Mann, wir drehen doch hier einen Film!« Zur Entstehung von *Emil und die Detektive*. In: Hans Michael Bock u. Helga Belach (Hg.): Emil und die Detektive. Drehbuch von Billie Wilder frei nach dem Roman von Erich Kästner zu Gerhard Lamprechts Film von 1931. München, 1998, S. 149–175, hier S. 163.
[2] »The best children's picture ever made« (Sight and Sound), zitiert in ebd., S. 171.
[3] See Reinhard Kleber: Emil und die Detektive. In: Gerhard Lamprecht (Hg.): 50 Kinderfilm Klassiker. Remscheid 1995, S. 57–60.

Durchbruch hatte er mit der Mitarbeit am halb-dokumentarischen in Berlin gedrehten Stummfilm *Menschen am Sonntag* (1930) allerdings schon hinter sich. Mit Laiendarstellern besetzt, im Freien und auf der Straße gedreht, noch ohne Ton und ganz ohne Finanzierung erzählt dieser experimentelle Film die Geschichte eines Sommerausfluges zu einem See am Berliner Stadtrand. Andere Beteiligte hießen Fred Zinnemann und Robert Siodmak, die wie Wilder bald in Hollywood arbeiten würden, wo sie sich (zumindest in Siodmaks Fall) mit Berlin filmisch weiter beschäftigten. Vierzig Jahre später, nachdem er schon längst eine Hollywood-Größe geworden war, wollte man Wilder als Regisseur von *Cabaret* gewinnen.[4] Das mit sieben Oscars ausgezeichneten Musical geht auf ein Kapitel in Christopher Isherwoods autobiographischen Roman *Leb wohl, Berlin* (1939) zurück. Isherwood wohnte wie Kästner Anfang der 1930er Jahre in der deutschen Hauptstadt und dürfte die englischen Übertragungen einiger zeitgenössischer deutscher Berlin-Romane, auf jeden Fall Kästners *Fabian* und Irmgard Keuns *Das kunstseidene Mädchen*, gut gekannt haben.[5] Aus *Leb wohl, Berlin* machte man ein Theaterstück und anschließend den Film *Ich bin eine Kamera* (1955, Reg. Henry Cornelius), dann zunächst das Musical und anschließend den Film *Cabaret*. Die Chanteuse Sally Bowles, gespielt von Liza Minelli, steht in einer von Marlene Dietrich in *Der Blaue Engel* (1931, Reg. Josef von Sternberg) verkörperten Tradition, die Wilder nach 1945 mit Dietrich in *Eine auswärtige Affäre* (1948) bewusst wiederbelebte. Dieser erste Kreis schließt sich hier. Erich Kästner ist an zwei Stellen präsent, als Autor der Vorlage für Wilders zwei *Emil*-Filme und des Romans *Fabian*, einem der ursprünglichen Impulse für *Cabaret*.

Emil und die Detektive ist bis zum Anfang des einundzwanzigsten Jahrhunderts ein weltweites Filmphänomen gewesen. Es gibt zwei englischsprachige Versionen, eine britische, die Wilders deutsche Dialoge ziemlich direkt übersetzt und die Handlung nach London verlegt (1935, Reg. Milton Rosmer), und eine amerikanische von Walt Disney (1964, Reg. Peter Tewksbury), die die Geschichte im geteilten Berlin wiedererzählt und auch ansonsten etwas freier mit dem Quellenstoff umgeht. Die dritte deutsche Version spielt 2001 in der neuen Hauptstadt der Berliner Republik.[6] *Emil*-Filme gab es inzwischen auch aus Ar-

---

4 Keith Garebian: The Making of Cabaret. Oxford ²2011, S. 134.
5 Erich Kästner: Fabian. The Story of a Moralist. Eng. by Cyrus Brookes. London 1932; Irmgard Keun: The Artificial Silk Girl. Eng. by Basil Creighton London 1933. Cyrus Brookes ist als einer von drei Drehbuchautoren der britischen Verfilmung von *Emil und die Detektive* aufgelistet.
6 Für eine aufschlussreiche Revue dieser vier Versionen, siehe Richard C. Figge: »Mensch, das ist wie im Kino!« Emil and the Detectives Go to the Movies in Berlin. In: Susan G. Figge and Jenifer K. Ward (Hg.): Reworking the German Past: Adaptations in Film, the Arts, and Popular Culture. Rochester, NY 2010, S. 59–79.

gentinien (*Toscanito y los Detectives*, 1950, Reg. Antonio Momplet), Japan (*Emil to tantei-tachi*, 1956, Reg. Mitsuo Wakasugi), Brasilien (*Pega Ladrão!*, 1957, Reg. Alberto Pieralisi), Bangladesh (*Emiler Goenda Bahini*, 1980, Reg. Badal Rahman) und Iran (*Shakh-e gav*, 1995, Reg. Kianoush Ayari). Bearbeitungen für das Fernsehen wurden in Großbritannien (1952, 1966), in der DDR (1956) und in Ungarn (1978) ausgestrahlt. Kästners unermüdlicher Bibliograph Johan Zonneveld nennt ferner zwei ›Epigonen‹ aus den 1940er Jahren: *Nous, les gosses* (1941, Reg. Louis Daquin) und *Hue and Cry* (1946/47, Reg. Charles Crichton).[7] Die Kinofilme spielen in dem jeweiligen Land und dessen repräsentativer Groß- bzw. Hauptstadt (also London, Buenos Aires, Rio de Janeiro oder Dhaka). Die britische Umarbeitung von 1935 hat Kästners Geschichte in manch anderer Hinsicht domestiziert. Emil heißt nicht mehr Tischbein, sondern Blake, sein Vorname sei laut ›dem Professor‹ kein Mädchenname und könnte französisch oder deutsch sein. Die Kinder sprechen ein gehobenes Englisch, das in der Oberschicht der Zeit gepflegt wurde und in damaligen Filmen eher üblich war. Weil diese Filme mit Berlin nichts zu tun haben, gehören sie dem internationalen Berlin-Film-Komplex nur am Rande an. Trotz der Schwierigkeit, Kopien zu erhalten, bleibt ein Vergleich ihrer jeweiligen Adaptationsstrategien in der Kästner-Forschung dringend geboten.

Genau wie Wilder benutzte Lamprecht Berlin weder zum ersten noch zum letzten Mal als Stoff oder Kulisse. *Die Verrufenen* (1926) gilt als erste filmische Darstellung Berliner proletarischen Lebens (auf Englisch heißt der Stummfilm schlicht: *The Slums of Berlin*). Sein *Emil und die Detektive* ist laut Filmwissenschaftlerin Gabriele Jantho durch »die zahlreichen Momentaufnahmen der Großstadt, beinahe ein Porträt Berlins en passant, aus heutiger Sicht die Studie einer fast beschaulich idyllischen Metropole, noch ohne die Schneisen der Kriegszerstörung«.[8] Lamprechts für die frisch gegründete DEFA gedrehter Trümmerfilm *Irgendwo in Berlin* (1946) nimmt manche Motive aus *Emil und die Detektive* wieder auf. Fritz Rasp, der sich 1931 die Rolle des Herrn Grundeis zu eigen machte, spielt wieder den Bösewicht; vaterlose Kinder schlagen sich irgendwie wieder durch.[9] Es ist bezeichnend, dass man in diesem Augenblick der nationalen Kapitulation auf den Vorkriegsmythos von *Emil und die Detektive* zurückgriff.

Wilder blickte am Ende seines Lebens mit gemischten Gefühlen auf seine Berliner Jahre zurück:

---

7 Siehe Johan Zonneveld: Bibliographie Erich Kästner. 3 Bde. Bielefeld 2011 [im Folgenen ZB, Band, Seitenzahl], hier Bd. 3 [Filmographie], S. 20 – 191.
8 Gabriele Jantho: »Mann, wir drehen doch hier einen Film!« In: Bock u. Belach (Hg.): Emil (s. Anm. 1), S. 152.
9 Ebd., S. 156.

> Ich hatte in Berlin eine wunderbare Zeit. Sie können sagen, es war eine Liebesaffäre, nicht mit einem Mädchen oder mit vielen Mädchen, sondern mit der Stadt. Es war der Heimatort meiner Jugend. Mein Herz schlug schneller das erste Mal, das ich den Kurfürstendamm gesehen habe. Jeder Journalist, Schriftsteller und Künstler träumte davon, nach Berlin zu gehen. Ich war keine Ausnahme und es war besser als die Träume. Man hat mir meine Erinnerungen gestohlen. Sie können nicht an das Gute zurückdenken und das Schlechte ausblenden.[10]

Er wurde nach 1945 für zwei weitere Filme verantwortlich, die Berlin behandeln. Nach *Eine auswärtige Affäre* mit Marlene Dietrich kam *Eins zwei drei* (1961) mit James Cagney, ein Film, der die Berliner Teilung thematisierte (die bald zu einem Tabu im deutschen Kino wurde). 1954 nahm Stemmle Wilders Drehbuch als Vorlage für seine an die Nachkriegszeit angepasste Version von *Emil und die Detektive*. Wilder hat sich nicht direkt an dieser zweiten deutschen Verfilmung beteiligt,[11] aber, wie ich versuche darzustellen, scheinen die Filmemacher in seinem Geiste an den Stoff herangegangen zu sein.

Als Oberst in der US Armee »Psychological Warfare Division« kehrte Wilder 1945 nach Deutschland zurück. Mutter und Großmutter hatte er in Wien zurückgelassen; wie er ziemlich bald herausfand, wurden beide in Todeslager deportiert. Seine erste Aufgabe bestand darin, Dokumentaraufnahmen aus diesen Lagern zusammenzuschneiden, die in deutschen Kinos unter dem Titel *Die Todesmühlen* gezeigt wurden.[12] Wilders Ansicht nach sollten amerikanische Filmemacher Filme für deutsche Zuschauer machen.[13] Die Militärregierung versprach ihm ihre Unterstützung bei der nächsten Produktion, solange er dem deutschen Publikum die Ziele der Besatzung erklärte. Das Ergebnis war *Eine auswärtige Affäre / A Foreign Affair*, ein deutsch-amerikanischer Trümmerfilm, der schon während der Besatzungszeit fertig wurde und auf die sich neu gründende deutsche Filmindustrie richtungsweisend wirken sollte. Zuschauer in der USA und Europa sollten einsehen, dass nicht alle Amerikaner gut und nicht alle Deutschen böse waren und es in den Trümmern der ehemaligen deutschen Hauptstadt schwieriger war, das Richtige zu tun, als viele in der USA glaubten.[14] Laut Filmhistorikern hat *Eine*

---

10 Zitiert in Charlotte Chandler: Nobody's Perfect. Billy Wilder. A Personal Biography. London 2002, S. 59.
11 Siehe Figge, »Mensch, das ist wie im Kino!« (s. Anm. 6), S. 63.
12 Siehe David Bathrick: Billy Wilder's Cold War Berlin. In: New German Critique 110 (2010), S. 31–47.
13 Gerd Gemünden: A Foreign Affair. Billy Wilder's American Films. New York 2008, S. 58.
14 Laut Gemünden ist das zentrale Anliegen des Films die Zukunft Deutschlands und was Amerika damit zu tun habe: »This task includes assessing the legacy of the Third Reich and the

auswärtige Affäre nicht alles erreicht, was Wilder damit beabsichtigte. In Deutschland verfehlte der Film Wilders Ziele aus dem einfachen Grund, dass er erst 1977 gezeigt wurde.[15]

Wilders erste Szene zeigt ein Flugzeug unterwegs nach Berlin, dessen amerikanische Passagiere auf die Ruinen hinunterblicken und eine Diskussion über die Zukunft des zerstörten Landes führen. Die Szene soll an den Anfang von Leni Riefenstahls *Triumph des Willens* (1935), der Hitlers Anflug nach Nürnberg darstellt, sowohl erinnern als auch ihn zurücknehmen und überschreiben. Die Passagiere sind nämlich Politiker und anstatt aus den Wolken wie Götter zu erscheinen, wie Hitler bei Riefenstahl inszeniert wurde, diskutieren sie miteinander und vertreten dabei verschiedene Standpunkte.[16] Wim Wenders bezieht sich darauf in *Der Himmel über Berlin* (1987), als er den Sohn jüdischer Emigranten Peter Falk alias Columbo im Flugzeug nach Berlin in den Film einführt, das ihn zurück ins Land seiner Großmutter bringt. Auch Wilder hat die zerbombte deutsche Hauptstadt zuerst aus dem Fenster eines Flugzeugs wiedergesehen: »Ich wollte Berlin wiedererkennen. Es war nicht da. Es sah aus, als ob die Welt zu Ende gekommen wäre. Kaputt. Ich hatte gemischte Gefühle. Ich wollte die Nazis zerstört sehen, aber *die Stadt* zerstört zu sehen.«[17]

In *Eins zwei drei* geht es erneut um Amerikaner in Deutschland und darum, wie sie mit den Deutschen umgehen. Aktueller als diese transnationale romantische Komödie kann ein Berlin-Film kaum sein. Die Dreharbeiten im Sommer von 1961 mussten verlegt werden, weil die Mauer mitten durch das Set errichtet wurde. James Cagney spielt den Geschäftsführer für Coca-Cola in Deutschland, der sich verpflichtet, sich um die siebzehnjährige Tochter eines amerikanischen Managers zu kümmern, als sie einen Besuch nach Berlin abstattet. Trotz seiner besten Bemühungen, sie nicht aus den Augen zu verlieren, lernt sie einen jungen Kommunisten (Horst Buchholz) aus dem anderen Stadtteil kennen und verliebt sich in ihn. Kurz vor der Ankunft ihres Vaters kehrt sie mit den Worten heim: »I am schwanger«. Cagney wird aus der Lage gerettet, als ihr Ost-Berliner Liebhaber sich von einem Losungen speienden Anhänger der Weltrevolution zu einem charmanten, heiratsfähigen Kapitalisten wandelt. *Eins zwei drei* fiel in den USA durch, hatte aber mit der Zeit in Deutschland mehr Erfolg. Wilder greift hier als europafreundlicher Amerikaner in die deutsch-deutschen Beziehungen ein, indem er zeigt, dass aus einem groben Kommunisten ein rechtschaffener Mensch ge-

---

question of collective guilt; searching for native traditions untainted by Nazi rule; and outlining the scope and purpose of the US occupation, de-Nazification, and re-education«; ebd., S. 55.
15 Ebd., S. 61.
16 Ebd., S. 62.
17 Zitiert in Chandler: Nobody's Perfect 8. (s. Anm. 10), S. 128.

schmiedet werden kann. Aber er behandelt beide Seiten, den Westen und den Osten, gleich. Der Bezug zu Kästner lässt sich dieses Mal über die erst drei Jahre später verfertigte Disney-Version von *Emil und die Detektive* herstellen, die die Teilung indirekt anspricht und amerikanischen Individualismus gegen jede Form kollektiven Handelns anpreist.[18] Der Bösewicht Grundeis (Spitzname: »der Maulwurf«) ist durch einen von ihm selbst ausgegrabenen Tunnel in den Westen gekommen und hilft anschließend einer Bande von Dieben, mit der Hilfe von Emil, den sie entführt haben, mittels eines zweiten Tunnels eine Bank auszurauben. Solche Tunnel sind durch Filme wie *Escape from East Berlin* (1962, Reg. Robert Siodmak) schon ein neues Wahrzeichen der geteilten Stadt, und zwar nicht nur im Kino. Im Unterschied zu Stemmle zehn Jahre zuvor, aber im Einklang mit anderen zeitgleichen Hollywood-Produktionen (wie *Der gerissene Vorhang* etwa, Reg. Alfred Hitchcock, 1966), lenkt Disney den Blick auf beschädigte, von Bomben zerstörte Häuser und Straßenfassaden. Der erste Wissenschaftler, der sich ausführlich mit Kästner-Verfilmungen beschäftigt hat, konnte sich mit der Disney-Version nicht anfreunden und fand Berlin »als exotische Kulisse (Ruinenlandschaft!) aufgepropft«.[19] Was die Darstellung Berlins betraf, sah es in der deutschen Filmindustrie noch desolater aus. Laut dem Filmkritiker Urs Jenny sei etwa »die Berliner Mauer bis [1967] nur in Hollywood-Filmen vorgekommen und in keinem einzigen deutschen Film«.[20]

Wilders zwei nach dem Krieg gedrehte Berlin-Filme wollen unterhaltsam wirken und ein möglichst großes Publikum in die Kinos locken, aber anders als *Menschen am Sonntag* sollen sie zugleich volkserzieherische Zwecke erfüllen. Im Folgenden wird die These vertreten, dass sich Stemmle in seiner Neufassung von *Emil und die Detektive* nicht nur auf das alte Drehbuch stützte, sondern teilweise, zumindest was die Darstellung Berlins angeht, im Geiste Wilders von den gleichen Absichten gesteuert wurde, alte Motive neu zu überschreiben. Zuerst muss ein jedoch neuer Kreis in diesem Komplex aufgemacht werden.

Bis 1954 hatte Robert A. Stemmle sowohl eine Kästner- als auch eine Berlin-Film-Vergangenheit. 1933 sollte er schon *Das fliegende Klassenzimmer* verfilmen.[21] Wie Lamprecht verfolgte er eine Karriere unter den Nazis. Er machte seinen ersten Berlin-Film 1937 mit dem Titel *Gleisdreieck* und den zweiten kurz nach dem Krieg: *Berliner Ballade* (1948). Für die Verfilmung von *Das kunstseidene Mädchen* (1960, Reg. Julien Duvivier) ist er als Drehbuchautor mitgelistet. Ähnlich wie Stemmles

---

18 Figge; »Mensch, das ist wie im Kino!« (s. Anm. 6), S. 68–71.
19 Ingo Tornow: Erich Kästner und der Film. München 1998, S. 37.
20 Zitiert in Kraft Wetzel: New German Cinema: Economics Without Miracle [1982]. In: Sylvère Lotringer (Hg.): The German Issue. New York, Berlin, ²2009, S. 220–229, hier S. 222.
21 Tornow: Kästner und der Film (s. Anm. 19), S. 9

Emil und die Detektive stellt *Das kunstseidene Mädchen* eine ›heile‹ deutsche Provinzstadt, gekennzeichnet durch Kopfsteinpflaster und Fachwerkhäuser, einer bunten, beinah amerikanisch anmutenden Metropole gegenüber. Es gibt auch strukturelle Parallelen: Doris, die achtzehnjährige Hauptfigur, hier von der deutlich älteren, bei Fellini bekannt gewordenen Giulietta Masina gespielt, geht aus der unbeschädigten Heimat in die Großstadt, wo sie Gefahren ausgesetzt wird und mit der Wirtschaftskrise zurechtkommen muss. In Sachen Sexualität und Genderpolitik ist Keuns 1932 veröffentlichter Roman um Klassen radikaler und nuancierter. Doris, im Film mit dem bezeichnenden Nachnamen Putzke ausgestattet, ist hier lediglich auf Männersuche. Aus Keuns bitterböser Abrechnung mit dem nicht nur von der Krise bedingten Schicksal einer jungen Frau ist eine weitgehend konventionelle, romantische Komödie geworden. Stemmles *Emil und die Detektive* ist in vergleichbarer Hinsicht ein konservatives Werk der Restauration.

Als Teil eines Kästner-Film-Booms in den fünfziger Jahren in der BRD[22] steht Stemmles *Emil*-Verfilmung in künstlerischer Hinsicht im Schatten des ersten Films. Da ist im Vergleich vielleicht ein bisschen zu viel los mit zu vielen Nebenfiguren, aber die Änderungen, die die Filmemacher vorgenommen haben, sind lehrreich, denn sie lassen uns die Qualitäten und die Einzigartigkeit des ersten Films und des Buches deutlicher erkennen. Wie in der Disney-Verfilmung sieht Emils Heimatort unversehrt und altehrwürdig aus. In Berlin erblickt man (hier im Kontrast zu Disney) bis auf die Ruine der Gedächtniskirche, der eine Sonderrolle zukommt, kaum einen zerbombten Ort. Das Straßenbild ist fast frei von Ruinen. Die Teilung wird nicht ganz vergessen, denn es erkundigt sich Pony Hütchen, die mit der Großmutter vergeblich auf ihren Vetter im östlichen Teil der Stadt wartet, bei einem Bahnhofsbeamten nach dem »Interzonenzug«.[23] Wer die Kurzstrecke zwischen Bahnhof Zoo und Friedrichstraße zurücklegt, überquert inzwischen die innerstädtische Grenze.

Auf die konservative Frauendarstellung in Stemmles *Emil und die Detektive* ist wiederholt hingewiesen worden. Wer jedoch von Kästners »fragwürdige[m] Frauenbild« spricht,[24] sollte zwischen seinen vor und nach 1933 geschriebenen Geschichten unterscheiden und eben, wenn es auf die *Emil*-Filme ankommt,

---

22 Laut Alexandra Lloyd sind dreißig der gut vierzig deutschen Verfilmungen von Kästners Werken zwischen 1950 und 1956 entstanden, vgl. Alexandra Lloyd: Rescreening Kästner after the Wall: Film Adaptations in the Berlin Republic. In: Oxford German Studies 44.3 (2015), S. 289–310, hier S. 292.
23 Ebd., S. 295.
24 Elisabeth Lutz-Kopp: »Nur wer Kind bleibt«: Erich Kästner-Verfilmungen. Frankfurt a. M. 1993, zitiert in Lloyd: Rescreening Kästner (s. Anm. 22), S. 304.

zwischen den Vor- und Nachkriegsversionen. Gerade das tut Ingo Tornow und findet Stemmles Pony Hütchen »altklug und kokett, statt wie bei Kästner burschikos und kumpelhaft«. Ferner sei »Emils Großmutter [...] im Film ein verschüchtertes, weltfremdes Muttchen, nicht wie im Buch eine humorvolle, resolute alte Dame«.[25] Figges Charakterisierung von Pony und der Großmutter im ersten Film trifft zu: »The independent and free-spirited Pony Hütchen (Inge Landgut) is visually represented as a kind of incipient New Woman with her bobbed hair and cloche hat, her grandmother in the film (played by Olga Engel) harks back to Wilhelmine days and serves as a comic foil to the resourceful Pony«.[26] Die Genderpolitik ist in den 23 Jahren, die die ersten beiden *Emil*-Filme trennen, eindeutig konservativer geworden. 2001 wird Franziska Buch, die sich auf beide deutsche *Emil*-Filme sowie selbstverständlich auf die Buchvorlage bezieht, die Genderkonstellation völlig umstellen.

Es geht im zweiten deutschen *Emil*-Film um Mitgliedschaft in Banden: Emil bricht am Anfang das Gesetz, weil er in einen nach dem Ostseepiraten und Freiheitskämpfer Störtebeker genannten Bund von Mitschülern aufgenommen werden will. Grundeis ist ebenfalls Mitglied einer solchen Bande, deren sämtliche Anhängerschaft in Haft genommen wird, nachdem Grundeis selbst auffliegt. Diese kurze Sequenz hat mehr mit Chicago im Zeitalter von Al Capone als mit West-Berlin im Wirtschaftswunder zu tun. Um seiner Bösartigkeit eine neue Dimension zu verleihen, ist Grundeis 1954 zusätzlich Heiratsschwindler, dessen Treffen mit einer Verehrerin, die er ausnutzen und hintergehen will, von Emils Berliner Freunden fotografiert wird. Die junge Frau ist hier ein dummes Opfer. Dass eine Mutter einen Sohn allein erziehen sollte, wie Frau Tischbein das mit Emil macht, schien am Ende der Weimarer Republik eine Selbstverständlichkeit zu sein und wurde in Großbritannien 1935 genauso dargestellt. Bei Stemmle ist Emils Vater im Krieg gefallen und Emil vermisst ihn noch. Bei Lamprecht wie auch in Kästners Roman war der Vater einfach abwesend. Die Mutter im zweiten Film ist mit Wachtmeister Jeschke schon am Anfang fest liiert, während bei Kästner Jeschke erst im nächsten, 1934 erschienen Buch, *Emil und die drei Zwillinge*, um die Hand von Frau Tischbein hält und diese ihrer Mutter gesteht, dass sie lieber weiter allein mit Emil leben würde. Im zweiten Film begleiten Wachtmeister Jeschke und Frau Tischbein Emil zum Bahnhof und besprechen ihre Heiratspläne. Jeschke will Emils neuer Vater werden und die beiden umarmen einander am Ende des Filmes, als Emil von der baldigen Heirat erfährt. Auch Pony Hütchen wird im zweiten Film ein Vater zugeschanzt, der zwar leicht auf den Arm genommen wird, aber »an-

---

25 Tornow: Erich Kästner und der Film (s. Anm. 19), S. 33 und S. 37.
26 Figge: »Mensch, das ist wie im Kino!« (s. Anm. 6), S. 62.

ständig verdienen« soll und für Ordnung in der Familie zu sorgen versucht. In Kästners Roman und im ersten Film kommen beide Familien gut ohne Väter aus.

Emils Verunzierung des Landesvater-Denkmals, die ihm ein solch schweres Gewissen bereitet, dass er wie von selbst zum treuen Staatsbürger zurechtgebogen wird, fällt 1954 völlig weg. 1931 haben Wilder und Lamprecht ihren Spaß mit dieser Episode: Emil macht das Denkmal zum genauen Abbild des Wachtmeisters, was dem Zuschauer sofort auffällt. Emils Revolte richtet sich somit gegen die staatliche patriarchalische Ordnung und deren Hüter in der nahen Umgebung. 1954 muss Emil, um bei den Störtebekern mitlaufen zu dürfen, einen von Fischern gefangenen Seehund ins Meer setzen (Neustadt scheint an die Nordsee verlegt worden zu sein; 2001 liegt es wiederum an der Ostsee). Die Befreiung des Seehundes ist potenziell eine gute, auf jeden Fall eine tierfreundliche Tat, denn die Fischer haben vor, ihn an einen Zoo zu verkaufen. Aber Emil unterzieht sich dem Test nur, um seinen Mut unter Beweis zu stellen, weil er Mitglied einer Bande werden will. Aufmüpfig ist er keineswegs. Und diese Bande, die aus lauter Schulkameraden besteht, hat noch Schlimmeres angestellt, nämlich Diebstahl. Es sind junge Kleinkriminelle anstelle von angehenden Revoluzzern, und der vaterlose Emil ist in Gefahr, auf den falschen Weg zu geraten. Am Ende erklärt ihm Jeschke, dass er nichts zu befürchten habe, aber die anderen Jungs auf Bewährung seien. Emil ist davongekommen: Die Polizei weiß zwar, dass er mitgemacht hat, drückt jedoch ein Auge zu. Es ist eine vollkommen andere Konstellation als im Roman und im ersten Film, wo Emils eher politisch motiviertes Verbrechen ein Geheimnis blieb. Es war ein Dummejungenstreich, der einer Geschichte von Wilhelm Busch entnommen sein könnte, dem man jedoch eine symbolische Bedeutung zuschreiben kann. Wollten die Filmemacher 1954 ihre Nachkriegszuschauer dadurch direkt ansprechen? ›Ihr habt ja mitgemacht, aber es war nicht so schlimm in eurem Fall, nur die anderen sind wirklich schuldig und selbst sie brauchen nicht eingesperrt zu sein. Außerdem kann jeder es dem Emil nachmachen und durch List und Ausdauer sich gesellschaftlich neu etablieren, indem er wirkliche Übeltäter fängt.‹

Von Berlin sieht man 1954 den Bahnhof Zoo, wo Emil aussteigt. Da ist viel Betrieb im Zentrum, einschließlich Straßenbahnen, die es damals auch in West-Berlin noch gab. Der Dieb wird von der Kinderschar in einer langen Straße mit Neubauten gejagt, als ob man den Blick von Bombenlöchern und Ruinen weglenken wollte. Hauptort des Filmes ist aber die Kaiser-Wilhelm-Gedächtniskirche, damals noch in ihrer ursprünglichen Form und Größe, obwohl schwer kriegsbeschädigt. Die Kinder wählen sie als ihren Treffpunkt und Aufenthaltsort aus, als sie das Hotel belagern, in dem sich der Dieb einquartiert hat. Aus dem riesigen, nun glaslosen Rundfenster, das im erhaltenen Teil der Kirche heute noch zu sehen ist, blicken Emil und seine neuen Freunde auf die Stadt. Das erste Mal, das wir die

Kirche von innen sehen, schwenkt die Kamera über die berühmten Mosaiken der Hohenzollern.

Gehört es zu meinem Vergleich der Genderpolitik in den beiden Filmen, darauf aufmerksam zu machen, dass dieses Hotel 1931 bei Lamprecht das Hotel Biedermann hieß und nun 1954 das Hotel Stephanie? In der Neuverfilmung von 2001 ist es das am Pariser Platz 1997 neu geöffnete Hotel Adlon (schon 1955 Titel eines Berlin-Filmes unter der Regie von Josef von Báky). Man scheut sich, zu viel in eine kleine Umbenennung hineinzulesen. Die Zeit der Biedermänner ist in den fünfziger Jahren erstmal vorüber, und eifrig wird des Diebes jetzt verweiblichtes Nachtquartier nach wie vor belagert. Nur dieses Mal ausschließlich von Jungen, denn Pony Hütchen kehrt sofort wieder heim, nachdem sie Emil und seine neuen Freunde mit Proviant beliefert hat. Sie begibt sich bei hellem Tageslicht auf den Weg »in die Klappe«. 1931 durfte sie länger aufbleiben und mitmachen. Die gleichen Dialogfetzen werden wiederverwendet, nur die Uhrzeit wird zurückgedreht.

1931 bei Lamprecht war »Berlin« eher ein Ambiente. Die Wahrzeichen der Stadt spielten eine untergeordnete Rolle und waren kaum auf der Leinwand zu erkennen. Von Bahnhof Zoo und Friedrichstraße abgesehen, gibt es nur den Dom an Unter den Linden, der während der Taxifahrt kurz zu sehen ist. Das entsprach der allgemeinen Tendenz in den Berlin-Filmen der Weimarer Zeit. In *Menschen am Sonntag* etwa sucht man vergeblich nach Reichstag, Kurfürstendamm oder Brandenburger Tor. Auch das Wort Berlin kam erst nach dem Krieg regelmäßig in Film-Titeln vor. Lamprechts *Irgendwo in Berlin* war der erste nach Walter Ruttmanns *Berlin: Symphonie der Großstadt* von 1927. Bei Stemmle 1954 ist es mit den Wahrzeichen anders bestellt. Er benutzt nicht nur die Gedächtniskirche als Symbol für die ruinierte Nation, wie in so vielen Berlin-Filmen, die danach kommen – man denkt wieder an Wenders' *Der Himmel über Berlin* –, sondern auch der symbolträchtige Ort des Olympiastadions, wo Stemmles *Emil* endet und zwar bei einem Polizeisportfest. Kann Stemmle damit nicht das gleiche Vorhaben mit Riefenstahls zweiteiligen *Olympia* (1938) gehabt haben wie Wilder in *Eine Auswärtige Affäre* mit *Triumph des Willens*?[27] Männliche und polizeiliche Eigenschaften werden dadurch natürlich weiter hervorgehoben. Emil wird in ein noch größeres Kollektiv als am Anfang nach der Mutprobe aufgenommen, denn er ist zusammen mit der Familie eingeladen worden, sein Name wird ausgerufen und

---

[27] Siehe auch Figge, der den Schluss zieht: »less than ten years after the end of the war and the demise of Hitler's police state, the police of the new republic are presented in their numbers as an entirely benevolent force«, Figge: »Mensch, das ist wie im Kino!« (s. Anm. 6), S. 67.

ihm wird gratuliert.²⁸ Eine Botschaft scheint klar zu sein: Berlins Wahrzeichen gehören nicht mehr den Nazis. Ein anderer Bezug zu Wilder wäre die Ankunft Frau Tischbeins und Wachtmeister Jeschkes in Berlin-Tempelhof. Sie werden nämlich, anders als in der ersten Verfilmung, in der Emil im Flugzeug nach Neustadt zurückkehrt, von Neustadt nach Berlin eingeflogen (bei Kästner ist keine Rede von einem Flugzeug). Visuell erinnert die Ankunft von Emils Mutter und sein baldiger Stiefvater an die der amerikanischen Delegation in *Eine auswärtige Affäre*.

Wilders *Eine auswärtige Affäre* dürfte auch auf den dritten und letzten Kreis in diesem Komplex eingewirkt haben, allerdings indirekt. Wilder wollte nicht nur alte Bilder überschreiben, sondern gleichzeitig an die bessere Tradition des deutschen Kinos anknüpfen. Aus diesem Grund wird Marlene Dietrich in der Rolle einer Cabaret-Sängerin gezeigt, die Wiederaufnahme der Rolle also, die sie zur Ikone der UfA machte und die Liza Minelli in *Cabaret* verkörpern wird. Es ist Wilder zu verdanken, dass die Cabaret-Chanteuse mit Berlin verbunden wird. Warum gerade diese Rolle so zentral in der deutschen Filmgeschichte stehen sollte, hat mit Kästner wenig zu tun. Chanteuses kommen selbst in seinem zweiten Berlin-Roman *Fabian* am Rande vor und Cornelia Battenberg will, wie Keuns Doris, Filmschauspielerin werden. Aber die Titelfigur in *Lola rennt* (1999, Reg. Tom Tykwer), der Berlin-Film der Neunziger Jahre, wird nach ihr benannt und Fassbinder soll von der Figur fasziniert gewesen sein. Die deutsche Antwort auf *Cabaret* kam aus dem Osten mit Konrad Wolfs im gleichen Jahr wie *Fabian* gedrehtes Meisterwerk, *Solo Sunny*. Schon Thomas Elsaesser und Michael Weld sahen Sally Bowles »als Katalysator für das deutsche Kino und dessen Umgang mit umstrittenen kinematographischen und nationalen Traditionen, wie sie in Bezug auf weibliche Subjektivität, Unterhaltungskultur und Öffentlichkeit bis heute unermüdlich durchgearbeitet werden«.²⁹ *Fabian* wurde im gleichen Jahr veröffentlicht, als der erste Emil-Film in die Kinos kam, und wurde schnell ins Englische übersetzt, allerdings in einer um die expliziten sexuellen Darstellungen gekürzten Fassung (siehe Fußnote 5). Im Unterschied zu *Emil und die Detektive* wurde *Fabian*

---

28 Auch Tornow fallen beide Enden auf: »Der Schluß des Films von 1954, übrigens mit den Kindern als Ehrengästen bei einem Polizeifest, ist nur auf eine andere Art pompös als beim Vorgänger-Film. Barthel meint, er stehe stellvertretend für den in den Heimatfilmen der Berolina-Produktion an dieser Stelle eigentlich obligatorischen Trachtenumzug«. Tornow: Erich Kästner und der Film 8 (s. Anm. 19), S. 37. Siehe auch Manfred Barthel: So war es wirklich. Der deutsche Nachkriegsfilm. München 1986, S. 137.
29 Thomas Elsaesser, Michael Wedel: Einblick von außen? Die DEFA, Konrad Wolf und die internationale Filmgeschichte. In: Michael Wedel u. Elke Schiber (Hg.): Konrad Wolf – Werk und Wirkung. Berlin 2009, S. 29–56, hier S. 49–50.

erst 49 Jahre nach seinem Erscheinen als Buch verfilmt, und zwar bisher nur einmal[30] und in einer treuen, aber sonst einfallsarmen Version, die als Nachklang auf die »Sexwelle« stark auf nackte Frauenkörper setzt. Da ist man wieder bei der Genderfrage angelangt. Während Kästner sexuell selbstbewusste Frauen darstellte und den Geschlechtsakt eher nebenbei beschrieb, wird in Wolf Gremms Verfilmung der relevanten Episoden an erster Stelle an die Befriedigung des männlichen Blickes gedacht. Es kommt zum Beispiel schon im Vorspann eine kurze Begegnung auf der Straße vor zwischen Fabian, unterwegs in die Exotik-Bar, wo er Irene Moll zum ersten Mal treffen wird, und einer jungen Frau, die sich ihm anbietet, indem sie ihren Mantel öffnet und ihm und eben auch den Zuschauern ihren Oberkörper zeigt. Fabian und die Zuschauer blicken sie kurz an, Fabian lächelt und mahnt sie mit dem Zeigefinger. Die Begegnung kommt im Roman nicht vor. Laut Tornow war diese Verfilmung »ungewöhnlich umstritten«, weil Kritiker einander widersprachen: Was vom einen gerühmt, wurde vom anderen gerügt.[31] Die Überschriften einiger Besprechungen geben jedoch einen Einblick in die zeitgenössische Rezeption in der deutschen Presse: »Solide Unterhaltung«, »Garten der Lüste«, »Krass und knallig«, »Exotisches bevorzugt«, »Ein Stück unverbindlicher Unterhaltung« oder am ausführlichsten »Fabian, wie haste dir verändert. Filmer Wolf Gremm machte aus Kästners Roman eine Sex-Klamotte«.[32] Im Unterschied zu allen *Emil*-Verfilmungen nach 1931 wird *Fabian* weder modernisiert noch in ein anderes Land verlegt. Mit anderen Worten: es ist daraus ein Historien- oder Kostümdrama geworden.

Fabian gilt als die deutsche Version von *Leb wohl, Berlin*. Es lag die gekürzte englische Fassung schon vor, als Isherwood aus Berlin nach England zurückkehrte und seine Berlin-Romane zu schreiben begann, zuerst *Mr Norris steigt um* (1935) und dann *Leb wohl, Berlin* (1939). Es gibt einige Parallelen zwischen den Texten.[33] Die jeweilige Hauptfigur ist ein unverheirateter Mann um die dreißig, der in einer Pension mit einer nachsichtigen Vermieterin wohnt. Sie heißt Frau Schröder, bzw. Frau Hohlfeld, und sowohl »Herr Issyvoo« als auch Fabian haben eine sexuell emanzipierte Zimmernachbarin, die sie gernhaben. Sie heißt Sally

---

30 Dominik Grafs Neuverfilmung *Fabian – der Gang vor die Hunde* (2020) konnte wegen der Covid-19- Beschränkungen noch nicht in die Kinos gelangen; er soll jedoch im August 2021 der Öffentlichkeit präsentiert werden, und konnte folglich für vorliegenden Text nicht verwendet werden.
31 Tornow: Erich Kästner und der Film (s. Anm. 19), S. 76.
32 Zitiert bei Zonneveld: Bibliographie Erich Kästner (s. Anm. 7), S. 97–102.
33 Siehe Yvonne Holbeche: Goodbye to Berlin: Erich Kästner and Christopher Isherwood. In: AULLA (Journal of the Australasian Universities Language and Literature Association) 94 (2000), S. 35–54.

Bowles bzw. Cornelia Battenberg. Die Helden besuchen zwielichtige Etablissements, aber es kommt nur in *Fabian* gleichgeschlechtliche Liebe vor und zwar zwischen Frauen, obwohl dies, wie man in seinen Memoiren erfuhr, ein Hauptanliegen Isherwoods war. Die Sexualität der Isherwood-Figur entwickelt sich über die Jahrzehnte, von den Romanen über *Ich bin eine Kamera* zu *Cabaret*. Im ersten Film (gespielt von Laurence Harvey) ist er ein überzeugter Junggeselle, in *Cabaret* ist Brian Roberts bisexuell. *Cabaret* nährt sich von den Mythen des Berlins der Weimarer Zeit, denjenigen von »divine decadence«, Berlin-Babylon und natürlich von der Nachtklub-Chanteuse, die der Film umwandelt. Die deutsche Verfilmung von *Fabian* sollte ein Versuch werden, sich diesen Themenbereich wieder ›zurückzueignen‹. Bis 1980 waren Berlin-Filme, zumindest im Westen, eher trans- oder international als deutsch. Bis Wenders *Der Himmel über Berlin* ging das Neue Deutsche Kino selten dorthin. Doch 1980 fing Edgar Reitz mit seinem TV-Epos *Heimat* an, den er als Antwort auf Hollywoods Aneignung von deutscher Geschichte konzipierte. Im gleichen Jahr produzierte Fassbinder *Berlin Alexanderplatz*. Wie Gremm in *Fabian* drehte Fassbinder im Studio, aber im Unterschied zu Gremms *Fabian* kommt der Berliner Dialekt in Fassbinders *Berlin Alexanderplatz* zum Tragen. Ist mangelnde sprachliche Authentizität der Grund, warum Gremms *Fabian* nicht vollends überzeugt? Brigitte Mira in der Rolle der Frau Hohlfeld ist so gut wie die einzige, die berlinert.

Im DEFA-Film *Solo Sunny* desselben Jahres sieht es sowohl mit der Sprache als auch mit den Drehorten anders aus. Sunny ist Chanteuse in einer wenig glanzvollen Truppe, die ständig durch die DDR-Provinz tourt. Sie muss sich gegen Denunziationen ihres freien Lebensstils durch ihre Nachbarn wehren, sich in einer von Männern dominierten Truppe behaupten und wird abgesetzt, nachdem sie sich weigert, mit dem Saxophonisten Norbert zu schlafen. Sunny sieht ein bisschen aus wie Lisa Minelli, deren Name im Film genannt wird, und ihr Conférencier ist eine Parodie auf Joel Grey, der so souverän über den Kit-Kat-Klub präsidiert. Nach einer schweren persönlichen Krise will sie es erneut versuchen, stellt sich in der Schlussszene einer Gruppe von jüngeren Musikern vor und erklärt ihnen ihre Bedingungen. *Solo Sunny* ist eben die Antwort auf *Cabaret*, die *Fabian* hätte sein sollen oder können.

Die zwei deutschen Remakes von *Emil und die Detektive* wurden in Zeiten des Umbruchs bzw. der Restauration gedreht, der zweite 2001 in einer fast genauso turbulenten Zeit für die Bürger der untergegangenen DDR.[34] Der neue Emil ist Ossi

---

34 Lloyd vermutet den Grund: »Perhaps the desire for self-assertion as a burgeoning nation in the heart of Europe and the association of a strong film industry with more widespread commercial success led again to this striking (re-)use of stories celebrating the resourcefulness and energy of ›good‹ German children.« Lloyd: Rescreening Erich Kästner (s. Anm. 22), S. 296.

und genauso alt wie das neue wiedervereinigte Land. Was am eklatantesten auffällt, ist, dass der neue Film die Genderrollen und Beziehungen vollkommen neu gestaltet. Emil wird von seinem Vater großgezogen, nachdem die Mutter mit einem neuen Partner nach Kanada ausgewandert ist. Der Vater kann keine Arbeit finden, Emil will ihm unter die Arme greifen und dadurch die Verantwortung für die Familie übernehmen. Pony Hütchen ist keine Kusine mehr, sondern die forsche Anführerin einer Bande, die lieber draußen spielt, weil zu Hause die Eltern dauernd streiten; anstatt seiner Großmutter einen Besuch abzustatten, wird Emil zu einer weiteren Familie mit nur einem Elternteil verschickt, Freunden von seinem Lehrer. Maria Schrader spielt die Mutter, Pastorin Hummel, und Jürgen Vogel den Dieb Grundeis. Beide hatten bereits mit nennenswerten Berlin-Filmen Erfahrung: Schrader in *Aimee und Jaguar* (1999, Reg. Max Färberböck) und Vogel in *Das Leben ist eine Baustelle* (1997, Reg. Wolfgang Becker). Berlin ist nicht nur wieder Hauptstadt, sondern auch im Zuge des preisgekrönten Fims *Lola rennt* filmtauglich geworden. Ein Kreis und mit ihm der Gesamtkomplex von Erich Kästner und dem internationalen Berlin-Film scheint somit zumindest vorerst geschlossen zu sein.

Gideon Stiening
Kästners politischer Moralismus im ›Der Gang vor die Hunde‹

1 Voraussetzungen: Eine Busfahrt, die ist lustig – oder Kästners verzweifelter Aristotelismus

Eine der eindrücklichsten Passagen der Ursprungsfassung des kästnerschen Romans *Der Gang vor die Hunde*, die für die Druckfassung gestrichen wurde, gestaltet eine Busfahrt,[1] die Jakob Fabian mit seinem Freund Stefan Labude unternimmt, um von des Freundes Zweitwohnung zu einem Strandfest zu fahren. Schon kurz nach dem Einstieg in den gut gefüllten Bus macht Labude durch Augenzwinkern deutlich, dass er zu »Unfug« aufgelegt ist, der allerdings auch als »Galgenhumor« firmiert. Dabei gibt sich Labude als ortsfremder und zugleich schwerhöriger Besucher der Weltstadt Berlin aus, dem sein Begleiter die Sehenswürdigkeiten erklären möge:

> Fabian zeigte auf den Dom: »Das da? Das ist die Hauptfeuerwache.«
> »Was ist das?« fragt der Andere und hielt sich die Hand hinters Ohr. Er stellte sich auch noch schwerhörig.
> »Die Hauptfeuerwache!« schrieb Fabian
> Labude nickte lächelnd und meinte: »So, so. Freilich. Ich hätte es mir denken können.« (40)

Damit ist das kurze Feuerwerk dieses Alltagskabaretts eröffnet. Ausgerichtet ist die Vorstellung der beiden Freunde auf eine Provokation der Insassen eines öffentlichen Busses, die ihre ihnen zugedachte Rolle auch nahezu bedingungslos annehmen: Nach ersten Irritationen fließen Tränen ebenso wie es Androhungen von Schlägen gibt, die letztlich nur durch das fluchtartige Verlassen des Busses verhindert werden. Mehr kann ungefährliche Provokation nicht erzielen – und anderes wird von den Freunden auch nicht angestrebt. Dabei bedient sich der Inhalt der aufgeführten Provokation einer Umbenennung und damit falschen Zuweisung kulturhistorisch und -politisch bedeutender Bauten der Berliner In-

---

[1] Vgl. hierzu Erich Kästner: Der Gang vor die Hunde. Hg. von Sven Hanuschek. Zürich ⁴2013, S. 40–43, nach dieser Ausgabe wird im Folgenden zitiert und mit Seitenangaben im Text vermerkt. Der Erstdruck dieser Passage erfolgte in Erich Kästner: Möblierte Herren. Romane I. Hg. von Beate Pinkerneil [Erich Kästner: Werke. Hg. von Franz Josef Görtz; im folgenden W Band, Seitenzahl], München 1998, Bd. III, S. 401–403.

nenstadt zu Zentren der städtischen Infrastruktur: Der Dom, ein machtvolles Symbol des preußischen Staatsprotestantismus, wird zur Hauptwache der Feuerwehr erklärt und damit nicht nur einer der bedeutendsten Sakralbauten der lutherischen Kirche zur Hauptstätte innerstädtischer Katastrophenabwehr reduziert, sondern auch die Berliner Feuerwache mit religiösen Insignien versehen.

Nachdem die Insassen schon auf diesen ersten Gag reagierten, indem sie tatsächlich zunächst aus dem Fenster geschaut und anschließend sich gegenseitig »betroffen« und die beiden jungen Männer »bedenklich« angesehen hatten, legen die Provokateure nach, indem die Humboldt-Universität auf Nachfrage Labudes durch Fabian als Kinderpsychiatrie identifiziert wird:

> Der andere nickte freundlich dankend und sagte: »Schön haben sie's hier, die kleinen Idioten.« Humanes Lächeln vergoldete seine Züge. Die Fahrgäste wurden unruhig. »Ist ja ein Riesengebäude, Jonathan«, fügte er nachdenklich hinzu.
> »Ja, der Schwachsinn ist hier sehr verbreitet. [...]« (40 f.)

Auch hier entsteht der ungefährliche Humor durch die Umbesetzung der schon während der Weimarer Republik hochrenommierten Humboldt-Universität[2] als Ausbildungsstätte der gesellschaftlichen Funktionselite Berlins und der gesamten Republik zu einer Versorgungseinrichtung für psychopathologische Kinder.[3] Letztere hatte im Übrigen seit 1926 mit dem »Individualpsychologischen Kinderheim für schwererziehbare Jungen und Mädchen« Annemarie Wolf-Richters tatsächlich besondere öffentliche Aufmerksamkeit und Unterstützung erfahren.[4] Gleichwohl entsteht der Witz durch die Fallhöhe zwischen der tatsächlichen Funktion der Gebäude der Humboldt-Universität, nämlich der Ausbildung der intellektuellen Elite, und der Funktionszuweisung durch Fabian, psychologische Heilstätte für kranke Kinder zu sein. Die imposante Größe des Universitäts-Gebäudes wird noch zu einer Verschärfung des Witzes genutzt, weil sie Ausdruck der gesellschaftlichen Ausbreitung psychopathologischer Devianz sei – hier mit dem

---

2 Vgl. hierzu Michael Grüttner: Die Universität in der Weimarer Republik. In: Heinz-Elmar Tenorth u. Michael Grüttner (Hg.): Geschichte der Universität *Unter den Linden*. Bd. 2: Die Berliner Universität zwischen den Weltkriegen 1918–1945. Berlin 2012, S. 67–133.
3 Siehe hierzu auch: Fabian Beer: Neues aus der »Anstalt für schwachsinnige Kinder« – Die Alma mater lipsiensis im Zerrspiegel von Erich Kästners *Fabian*. In: Sebastian Schmideler (Hg.): Erich Kästner – so noch nicht gesehen. Impulse und Perspektiven. Marburg 2012, S. 335–353.
4 Vgl. hierzu u. a. Michael Gregor Kölch: Theorie und Praxis der Jugendpsychiatrie in Berlin 1920–1935. Die Diagnose »Psychopathie« im Spannungsfeld von Psychiatrie, Individualpsychologie und Politik. Diss. Berlin 2002, S. 320–419.

nicht ausschließlich professionellen Terminus des »Schwachsinns« belegt,[5] dessen semantische Extension auch in die Alltagssprache Eingang gefunden hatte, so dass die Größe der angeblichen Kinderpsychiatrie auch Ausdruck für den gesamtgesellschaftlich um sich greifenden ›Schwachsinn‹ gedeutet werden kann.

In einer dritten ›Zuweisung‹ wird die preußische Staatsbibliothek zum Rathaus erklärt und damit einer der europaweit berühmtesten Orte intensiver, aber eben stiller Forschung[6] zum Zentrum des kommunalpolitischen Parlamentarismus des »demokratischen Groß-Berlins«[7] gewandelt; nicht zufällig reagiert der fragende ›Gast‹ mit dem Hinweis, das Rathaus liege »so still«. (41) Damit wird nicht allein die Forschung politisiert, sondern vor allem die Berliner Kommunalpolitik zur lesenden Forschung degradiert, wo doch das Rote Rathaus in den 1920er und 1930er Jahren als Hort agiler, hochkontroverser und öffentlichkeitswirksamer Partei- und Stadtpolitik galt.[8] Kästner nutzt die humoristische Verschiebung jedoch zum – wenngleich milden – Vorwurf der Korruption gegen die Exekutive:

»Das Rathaus? Liegt so still, nicht?«
»Die Herren vom Magistrat sind viel unterwegs. Ein paar erholen sich in der Schweiz, ein paar lassen sich operieren und die Mehrzahl hat Gerichtsferien.« (41)

Spätestens an dieser Stelle wird ersichtlich – und zwar den Businsassen wie dem Leser –, dass die kabarettistische Steheinlage der beiden Freunde jene Form sozio- bzw. kulturpolitischer Einsprüche und Infragestellungen jahrzehntelanger Selbstverständlichkeiten inszeniert, die den politischen Kabaretts Berlin in den 1930er Jahren zukam:[9] Das Zentrum brandenburgischer Staatsreligion wird zum Hort der innerstädtischen Katastrophenbekämpfung, die universitäre Lehre zur Psychopathologie und die kommunale Politik zur Gelehrtenoase. Diese humoristische De- bzw. Umfunktionalisierung aber hat System: Werden die kulturellen, d. h. hier religiösen wie wissenschaftlichen Zentren zu Instrumenten moderner

---

5 Dass der in hohem Maße normativ überlagerte Begriff gleichwohl auch zu Beginn des 20. Jahrundert noch im akademischen Zusammenhang verwendte wurde, lässt sich ablesen an Paul Julius Möbius: Über den physiologischen Schwachsinn des Weibes. Halle 1904.
6 Siehe hierzu u. a. Werner Schochow: Die Berliner Staatsbibliothek und ihr Umfeld. 20 Kapitel preussisch-deutscher Bibliotheksgeschichte. Frankfurt a. M. 2005.
7 Vgl. hierzu Otto Büsch u. Wolfgang Haus: Berlin als Hauptstadt der Weimrer Republik. Berlin 1987.
8 Siehe hierzu u. a. Jens Bisky: Berlin. Biographie einer großen Stadt. Berlin ²2019, S. 437 ff.
9 Vgl. hierzu u. a. Sabina Becker: Experiment Weimar. Eine Kulturgeschichte Deutschlands 1918 – 1933. Darmstadt 2018, S. 459 ff.

Defizitkompensationen transformiert, so das politische Zentrum der Stadt zur korrupten Ruhestätte. Das ist geistreich, aber ungefährlich, humorvoll, aber nicht bedrohlich – in jedem Fall nicht drastisch genug, um zu jener Alltagsgewalt zu führen, die in den 1930er Jahren – wie noch zu zeigen sein wird – Berlin auch beherrschte.[10]

Allerdings haben die Businsassen die Inszenierung mittlerweile durchschaut, wobei sie unterschiedlich reagieren: Einer der Fahrgäste lacht nach den Schilderungen zur Abwesenheit des Magistrats »durch die Nase«, also in der plötzlichen Einsicht in die Rationalität des Witzes und zugleich hinreichend zurückhaltend, um sich nicht gegen die Stimmung im Bus zu sperren; diese nämlich wird durch einen anderen als albernen Affekt beherrscht: »Die Übrigen schienen tief gekränkt.« (41) Und diese Haltung verstärkt sich noch durch ein kleines Intermezzo, das Labude und Fabian anschließend als Reaktion auf den auch bei ihnen angekommenen Eindruck der Verärgerung einrücken:

> »Wir stören die Herrschaften. Du mußt leiser sprechen«, brüllte Labude.
> »Jawohl, Vercingetorix!« rief Fabian. »Ich fürchte nur, du verstehst mich dann nicht.«
> Der blonde Freund lächelte gewinnend. »Ganz wie du wünschst. Du kennst die Stadt ja wie deine Westentasche. Findest du nicht auch, daß sich mein Gehör gebessert hat?«
> »Ganz bedeutend gebessert«, sagte Fabian.
> »Ja, Fleischessen bekommt mir nicht. Der Arzt riet davon ab. Es erzeuge Rheumatismus.« (41)

Das Wissen um die beabsichtigte und mittlerweile auch erreichte wütende Irritation der erzwungenen Zuhörer wird von den beiden ›Schauspielern‹ aufgenommen und ausdrücklich thematisiert, indem sie eine entscheidende Bedingung der Möglichkeit ihrer bisherigen Inszenierung, das laute Sprechen wegen der angeblichen Gehörschwierigkeiten eines der Gesprächspartner, zum Gegenstand des Gespräches machen: Dabei wird die Provokation durch das laute Sprechen, das keineswegs abgemildert wird, verschärft, weil der angeblich Hörgeschädigte auch noch behauptet, sein Leiden habe sich leicht verbessert, und zwar aufgrund einer vom Arzt verordneten vegetarischen Diät. Dass dieser Hinweis absurde Züge tragen soll, wird durch die Begründung, die Diät helfe vor allem gegen Rheumatismus, unübersehbar. Ebenso wie der Vegetarismus, der im Berlin der späten 1920er Jahren noch immer viele Anhänger hatte,[11] werden die Zuhörer, nachdem sie zunächst nur *Adressaten* der Szene waren, nunmehr zum *Gegenstand* des zugleich apologetischen wie angriffslustig werdenden Humors, und zwar über die

---

10 Siehe hierzu u. a. Heinrich August Winkler: Weimar 1918–1933. Die Geschichte der ersten deutschen Demokratie. München 2018, S. 408 ff.
11 Vgl. hierzu Florentine Fritzen: Gesünder leben. Die Lebensreformbewegung im 20. Jahrhundert. Stuttgart 2002, S. 204 ff.

Referenz auf die Gründe für das laute Deklamieren. Die auf die Zuhörer ausgerichtete Intention des Intermezzos wird auch punktgenau erzielt:

> Die Fahrgäste hockten versteinert. Man hatte den Eindruck, sie versäumten vor Empörung ihre Haltestellen. Der Autobus fuhr durchs Brandenburger Tor. (41)

Die beiden Stehgreif-Kabarettisten haben den wesentlichen Zweck ihrer Aufführung erreicht: Die Businsassen sind erzwungenermaßen zu Zuschauern einer Performance geworden, die sie allerdings derart provoziert, dass sie ihre Ausstiege verpassen, also zuhören statt eine Wegstrecke zu überwinden – zumindest hat es den Anschein. Kästner gestaltet damit neben dem Alptraum eines jeden Fahrgastes in öffentlichen Verkehrsmitteln auch den Traum eines jeden Kabarettisten: das Aufbrechen alltagsweltlicher Gewohnheiten: Die Fahrgäste vergessen vor lauter Empörung, dass sie eigentlich Fahrgäste sind, und werden zu kritischen Zuschauern.

Erst jetzt aber holen die beiden Komödianten gegenüber ihren unfreiwilligen, dennoch gebannten Zuhörern aus: Denn in der Durchfahrt durch das Brandenburger Tor wird dieses Wahrzeichen Berlins zum Gegenstand drastischen Spottes:

> »Wer wohnt denn hier?« fragt Labude und zeigte auf die verwitterten Säulen.
> »Das ist ein Verkehrsturm!«
> »Und die Pferdchen obenauf?«
> »Ein Denkmal für die letzten Droschken.«
> »Interessant, der Kutscher hat fast nichts an.«
> »Das ist symbolisch zu verstehen«, brüllte Fabian. »Wegen der Steuern.« (42)

Tatsächlich, die Reaktion der Zuschauer im Bus wird es zeigen, ist diese Umbesetzung die dreisteste von allen: Dem nicht nur von der adeligen Funktionselite bis 1918, sondern auch später von der Berliner Bevölkerung als Wahrzeichen ihrer Stadt anerkannten, zugleich reinen Repräsentationsgebäude wird eine Funktion in der städtischen Logistik, hier der Verkehrsregelung, zugeschrieben. Erneut wird ein Gebäude mit ausschließlich symbolischem Kapital in eine pragmatische Funktion der städtischen Ordnungsorganisation transformiert, wobei zu berücksichtigen ist, dass es seit 1924 am Potsdamer Platz tatsächlich einen so genannten ›Verkehrsturm‹ gab, der den Straßenverkehr regelte – mithin eine Ampelfunktion ausführte.[12] Auch auf diese ›Ampel‹ waren die Berliner mächtig stolz, weil sie die technische Moderne am verkehrsreichsten Platz Europas regelte und zugleich symbolisierte:

---

[12] Vgl. hierzu Maria Curter: *Erster Verkehrsturm am Potsdamer Platz*. In: *Berlinische Monatsschrift* 10 (1999), S. 77 f.

Abb.1. Brandenburger Tor, um 1930

Kästner macht es den Businsassen und dem Leser mit dieser vierten Verschiebung besonders schwer: Beide Gebäude, die optisch klar zu unterscheiden sind (siehe Abb.), haben positiv besetzten kollektiven Symbolcharakter, wobei das Brandenburger Tor ausschließlich das politisch-militärische Selbstverständnis Preußens, damit Berlins und des Deutschen Reiches reflektierte, während der Verkehrsturm zum Symbol der Moderne erhoben wurde, gerade aufgrund seiner tatsächlich praktischen Funktion. Durch den Vergleich mit dem Brandenburger Tor erhält diese erste Ampel jedoch politsymbolische Dignität als ein Verkehrsströme politisch-technisch regulierendes Instrument. Verstärkend kommt hinzu, dass Fabian die berühmte Quadriga ihres *ursprünglichen* symbolischen Gehaltes entkleidet und mit einer neuen Bedeutung belegt: Das Denkmal für Preußens Glanz und Gloria wird zu einem solchen für die untergehende Droschkenkultur und die Nacktheit der Victoria zum Symbol einer übermäßigen Steuerbelastung der Kutscher, die mithin ihr letztes Hemd gegeben haben.

Offenkundig ist mit diesem ebenso abenteuerlichen wie treffenden ›Vergleich‹ die Toleranzschwelle der Berliner überschritten; die mählich angewachsene Irritation entlädt sich in Wut und – gemäßigter – Empörung:

> Ein ernster würdiger Herr mit Kneifer hustete und wurde blau. Eine dicke Dame rutschte auf ihrem Sitz hin und her, als werde sie geröstet, und sagte aufklärend zu Labude: »Das Brandenburger Tor.« (42)

Die beiden Stehgreifkabarettisten lassen sich durch diesen offenen Widerspruch im Geiste kleinbürgerlicher Identifikation mit dem offiziellen kulturellen Allge-

Abb. 2. Verkehrsturm, Potsdamer Platz 1924

meinen Berlins[13] nicht aus der Ruhe bringen; Labude deutet nämlich die Tränen der dicken Damen als körperlichen Schmerz, den er ihr durch einen Fußtritt verursacht habe; Fabian hingegen deutet das Ende der ›Vorstellung‹ an: »Wir sind gleich da« (42). Gleichwohl setzen die beiden Komödianten zu einer weiteren Erläuterung an, und zwar mit Blick auf den Tiergarten, dessen Bedeutung Labude von seinem ›Stadtführer‹ erneut erfragt. Dass allerdings jede Toleranzschwelle der

---

13 Zu diesem in Berlin besonders markant ausgeprägten Lokalpatriotismus vgl. Bisky: Berlin (s. Anm. 8), S. 899 ff.

Berliner überschritten ist, die gleichwohl die Rationalität des Humors durchaus verstanden haben, verdeutlicht die Reaktion auf diese Frage:

> In dem Moment erhob sich jemand, fuchtelte Fabian mit dem Schirm vor der Nase herum und brüllte: »Wenn Sie ihm jetzt erzählen, das sei die Nationalgalerie, dann haue ich Ihnen Eins hinter die Ohren, daß Sie taubstumm werden! Verstanden?« (42)

Während Labude mit einer Verbeugung auf diese Androhung von körperlicher Gewalt reagiert und damit das Ende der Vorstellung signalisiert, setzt Fabian vielmehr die Inszenierung fort, indem er mit einem scheinbaren Entgegenkommen an die Werteordnung der Zuschauer ausführt, er werde den Tiergarten nicht mit dem Tempelhofer Feld identifizieren, d. h. einen Zoo mit einem der ersten Flughäfen der Welt[14] – und auch dieser scheinbar zurückgewiesene Vergleich entbehrt nicht der sozialpolitischen Süffisanz. Beendet wird das Stehgreiftheater allerdings nicht durch die beiden Schausteller, sondern durch die zu Zuschauern gepressten Businsassen; fluchtartig springen »sämtliche Fahrgäste« auf und schreien »wütend durcheinander«.

Kästner hat mit dieser brillanten kleinen Szene ein konstitutives Moment der Berliner Atmosphäre um 1930 eingefangen: Zwei noch leicht pennälerhafte, mithin berufsjugendliche Intellektuelle gefallen sich in einer humoristischen Infragestellung der kleinbürgerlichen Selbstverständlichkeiten Berlins, indem sie eine kabarettistische Stadtführung aus dem Stehgreif inszenieren. Die Identifikation des Berliners mit den Sehenswürdigkeiten *seiner* Stadt, d. h. deren unreflektiert selbstverständliche Identifikation mit dem kulturellen Allgemeinen wird hier auf ebenso geistreiche wie hinreichend provokative Weise irritiert. Tatsächlich ist dies eine der gewichtigsten Aufgaben der politischen Kabaretts: Die Irritation normativer Selbstverständlichkeiten;[15] zugleich dokumentiert diese Szene einerseits das überbordende Selbstverständnis des Kabaretts der 1930er Jahre selber, weil es seine Botschaften in die Lebenswelt meinte überführen zu können, denn Labude und Fabian zeigen, wie dieser Transformationsprozess erfolgen könnte. Dennoch bleiben die humoristischen Infragestellungen insofern ungefährlich – und damit der aristotelischen Poetiktheorie verhaftet[16] –, weil sie zwar wutrote Köpfe, Tränen und – im Zeitverständnis – moderate Gewaltandrohungen

---

14 Siehe hierzu Christoph Rechenberg: Innovationsfeld Tempelhof. Möglichkeitsräume und Planungsinstrumente. Hamburg 2013, S. 34 f.
15 Vgl. hierzu u. a. Michael Fleischer: Theorie des Kararetts. Bochum 1989.
16 Aristoteles: Poetik 1449 a 34 f.: »Das Lächerliche ist nämlich ein mit Häßlichkeit verbundener Fehler, der indes keinen Schmerz und kein Verderben verursacht, [...].«

(eine runterhauen) evozieren, keineswegs aber solcherart Saalschlachten, wie sie die Weimarer Republik seit den späten 1920er Jahren erlebte.[17]

Kästner gestaltet in dieser Szene eine der entscheidenden Voraussetzungen seines nachfolgenden Romans: Noch 1931 scheint ihm der Habitus des kulturkritischen Ästhetizisten Weimars nicht allein möglich, sondern wirksam – vor allem die kleinbürgerlichen Fahrgäste machen dies deutlich –, und zwar dergestalt, dass jene Infragestellung des kulturpolitisch Gewöhnlichen ohne größere Konflikte wirklich und wirksam werden kann. Sicher, Labude und Fabian werden mit ihrer Haltung schnell scheitern – beide müssen eines bedeutungsaufgeladenen Todes sterben[18] –, gleichwohl sieht Kästner noch zum Zeitpunkt der Niederschrift seines Romans die modernen Eigentümlichkeiten des Berlins der 1920er Jahre intakt. Das mag man als wirklichkeitsfremd kritisieren[19] – angemessener scheint es aber zu erkennen, dass Kästner noch Anfang der 1930er Jahre davon überzeugt ist, dass die kulturellen Innovationen der in Berlin kulminierenden Weimarer Republik wirksam sind und blieben – und damit ist er zu diesem Zeitpunkt nicht allein.[20] Zugleich dokumentiert diese eigentümliche Leichtigkeit des politisch-ästhetizistischen Seins weniger Naivität als die feste Überzeugung von der unumstürzbaren Stabilität einer Gesellschaft, die sich zwar provozieren lässt, aber nicht umstürzen wird, und so die existenzielle Geborgenheit des kritischen Künstlers in ihr garantiert. Kästners kulturpolitischer Humor – zumindest vor 1933[21] – basiert auf und konstituiert zugleich selbst eine solche ›Geborgenheit‹, die allerdings nach 1929 und so im *Gang vor die Hunde* mit Zügen der Verzweiflung versetzt sind,[22] weil beide in ihrer Exzentrik zugleich geborgenen ›Kabarettisten‹ sterben müssen. Insofern dokumentiert diese Szene eine entscheidende Voraussetzung für das Verhältnis von Moral und Politik im weiteren Verlauf des Romans, weil eben die Form gelassen-ästhetischer Kritik an den gesellschaftlichen Realien zerstört wird; aber ohne solche existenzielle Geborgenheit, die die Busszene gestaltet, sind beide Protagonisten nicht lebensfähig.

---

17 Siehe u. a. Winkler: Weimar (s. Anm. 10), S. 350 ff.
18 Vgl. hierzu Hemuth Kiesel: Geschichte der deutschsprachigen Literatur 1918–1933. München 2017, S. 986 ff.
19 So u. a. ebd., S. 988.
20 Vgl. hierzu Becker: Experiment (s. Anm. 9), S. 185 ff.
21 Zu den im *Blauen Buch* dokumentierten Veränderungen in Kästners Haltung zu Poliitk, Moral und Humor vgl. den Beitrag von Sven Hanuschek in diesem Band.
22 Siehe hierzu auch Beate Pinkerneil: Nachwort. In: W 3, S. 371–384.

2 Grundlagen: Moralischer Skeptizismus und Politik im *Gang vor die Hunde*

Sucht man sich nämlich dem in Kästners *Gang vor die Hunde* gestalteten Verhältnis von Politik und Moral zu nähern, ist es nicht nur hilfreich, jene Voraussetzung der Apologie künstlerischer Alltags-Existenz zu berücksichtigen, sondern auch beide Handlungsfelder und die ihnen zugrunde liegenden normativen Ordnungen zu unterscheiden. Dass auch die Politik innerhalb dieses Romans eine *normative* Ordnung ausbildet – zumindest für den Protagonisten – und also nicht nur eine Technik des Herrschens bzw. der Macht,[23] soll sich noch zeigen.

Dass zudem beide Handlung- und Normbereiche zunächst zu unterscheiden sind,[24] um ihr in Kästners Roman gestaltetes eigentümliches Vermittlungsverhältnis angemessen zu erfassen, zeigt schon ein kurzer Blick auf den berühmtem Schluss der Handlung, an dem die vom Verlag so genannte »Geschichte eines Moralisten«[25] tatsächlich aufgrund einer in ihren Bedingungen und Konsequenzen unbedachten moralischen Tat endet, weil Fabian einen von einem Geländer in die Elbe bei Dresden gefallenen Jungen vor dem Ertrinken retten will, ohne zu bedenken, dass er selber nicht schwimmen kann (230). Diesem Moralisten hat sich seine Werteordnung so weit verselbständigt, sie ist ihm – weil, wie sich zeigen wird, moralisches Gefühl – so sehr zur zweiten Natur geworden, dass er den in jeder Ethik geläufigen Selbstschutz nicht mehr berücksichtigt.[26] Dass Kästner den Jungen, der ins Wasser fiel und den Fabian retten wollte, unverletzt ans Ufer schwimmen lässt, gehört zu jener ›Strafe‹ am unbedingten Moralismus seines Protagonisten, die dieser nicht mal mehr erlebt, wohl aber der Zuschauer bzw. Leser. Fabians ebenso emotiver wie radikaler Moralismus erweist sich – nicht nur, aber vor allem – an diesem fürchterlichen Schluss zum einen als selbstwidersprüchlich, weil er die Bedingungen seiner Möglichkeit zerstört, zu anderen aber und schlimmer noch als vollkommen nutzlos, d. h. hier funktions- und damit bedeutungslos, und zwar für die Substanz moralischen Handelns: Die Ermöglichung eines Zusammenlebens durch Regeln.

---

23 Zum systermatischen Hintergrund dieser Problemlage vgl. Gideon Stiening: Empirische oder wahre Politik? Kants kritische Überlegungen zur Staatsklugheit. In: Dieter Hüning, Stefan Klingner (Hg.): Kants Entwurf *Zum ewigen Frieden*. Baden-Baden 2018, S. 259–276.
24 Vgl. hierzu auch Sven Hanuschek: »Wie lässt sich Geist in Tat verwandeln?« Zu Erich Kästners Politikbegriff. In: Sebastian Schmideler (Hg.): Erich Kästner – so noch nicht gesehen. Impulse und Perspektiven. Marburg 2012, S. 87–99.
25 Siehe hierzu Beate Pinkerneil: Kommentar. In: W 3, S. 386.
26 Siehe hierzu u. a. Kurt Bayertz: Warum überhaupt moralisch sein? München 2014.

Aber gilt dieser moralische Skeptizismus für den gesamten Roman, für alle seine Figuren in jeder ihrer Handlungen? Und in welchem Verhältnis steht diese Skepsis gegenüber der sozialen und individuellen Bedeutung der Moral zu den politischen Ereignissen der Romanhandlung und der Stellung ihrer Akteure in und zu ihnen? Sicher ist, dass die Korrelation von Moral und Politik zu einem der zentralen Gehalte des Romans gezählt werden muss;[27] sicher ist aber auch, dass dieser Gehalt durch den eigentümlich heiteren Ton und den darin geschilderten, mehr traurigen als politisch empörenden Begebenheiten schwer zu fassen, mithin auf den Begriff zu bringen ist.

3 Fabian zwischen Moral und Politik

Bleiben wir nach diesem Entrée zunächst bei der Politik. Sie spielt als kontextueller Rahmen im Berlin der frühen 1930er Jahre in mehrfacher Hinsicht eine zentrale Rolle, weil *zum einen* eine offenkundig liberale Kultur- und Gesellschaftspolitik einem Erstarken der nationalen und nationalsozialistischen Rechten sowie der kommunistischen Linken konfrontiert wird und weil *zum anderen* des Protagonisten weitgehend unentschiedene Rolle in seinen Versuchen, ausschließlich »Zuschauer« des Geschehens (46, 229, u. ö.) zu bleiben, zwar von ihm begründet, von der Handlung selber aber konterkariert bzw. verunmöglicht wird. Fabian *muss* eingreifen und sich entscheiden, geht aber eben daran zugrunde. Das macht Kästner auch mit allem Nachdruck deutlich, denn nach vielem Hin und Her zwischen den Rollen als Zuschauer und Handelnder im politischen Geschehen der Zeit hatte sich Fabian kurz vor seinem überflüssigen Tod endlich doch entschlossen, durch eine spezifische Unterlassungshandlung ein politisches Zeichen zu setzen: Er war entschlossen, die ihm angebotene Stelle bei einer rechtsnationalen Zeitung in Dresden abzulehnen und sich zunächst aufs Land zurückzuziehen; dazu heißt es – übrigens in beiden Fassungen:

> Fabian saß im Café Limberg, trank einen Kognak und machte sich Gedanken. Es war hirnverbrannt, was er plante. Er wollte, falls man die Gnade hatte, ihn zu nehmen, einer rechtsstehenden Zeitung behilflich sein, sich auszubreiten. Wollte er sich etwa einreden, ihn reize die Propaganda schlechthin, ganz gleich, welchen Zwecken sie diente? Wollte er sich so betrügen? Wollte er sein Gewissen, wegen zweier Hundertmarkscheine im Monat, Tag für Tag chloroformieren?

---

[27] Vgl. hierzu auch Sven Hanuschek: »Keiner blickt dir hinter das Gesicht.« Das Leben Erich Kästners. München ²2010, S. 198 ff.

> Gehörte er zu Münzer und Konsorten? Die Mutter würde sich freuen. Sie wünschte, daß er ein nützliches Glied der Gesellschaft würde. Ein nützliches Glied dieser Gesellschaft, dieser G.m.b.H.! Es ging nicht. So marode war er noch nicht. Geldverdienen war für ihn noch immer nicht die Hauptsache. (228[28])

Und doch kommen ihm nach seinem Entschluss in dieser Situation erneut Zweifel, die er einmal mehr mit einer Apologie des unbeteiligten Zuschauers zu zerstreuen sucht:

> Er trat aus dem Café. Aber war das nicht Flucht, was er vorhatte? Fand sich für den, der handeln wollte, nicht jederzeit und überall ein Tatort? Worauf wartete er seit Jahren? Vielleicht auf die Erkenntnis, daß er zum Zuschauer bestimmt und geboren war, nicht, wie er heute noch glaubte, zum Akteur im Welttheater? (229 f.)

Kurz danach springt Fabian in einem jener für ihn typischen Anfälle von moralischem Gefühl hinter dem Jungen her in die Elbe; und damit kurz vor der endgültigen Einsicht, dass er – trotz des allgemeinen Gesetzes, nach dem es »für den, der handeln wollte«, auch »jederzeit und überall« einen Tatort gebe – zum Zuschauen geboren sei, was wohl, wie noch jüngst bei Paul Auster,[29] auf eine Apologie der vierten Gewalt, d. h. der kritische Öffentlichkeit, hätte hinauslaufen können. Im Moment also seiner Entscheidung für einen Rückzug aus den politischen Geschehnissen handelt Fabian moralisch und stirbt dabei. Ist das Zufall? Die Frage lässt sich präziser noch stellen: Gibt es neben den im Roman auftretenden intentionalitätsfähigen Akteuren, wie Labude oder Cornelia, die Vorgesetzten, Frau Moll oder die beiden politischen Duellanten – der kommunistische Arbeiter und der nationalsozialistische Angestellte – noch einen weiteren Akteur auf der Handlungsbühne des Romans, der in die »Antinomie«[30] zwischen dem Wunsch nach Beobachtung und dem nach Handlung eingreift?

---

28 Und in der gedruckten Fassung, vgl. Kästner: Möblierte Herren (s. Anm. 1), S. 197.
29 Siehe hierzu Paul Auster: 4 3 2 1. Aus dem Englischen von Thomas Gunkel, Werner Schmitz, Karsten Singelmann u. Nikolaus Stingl. Hamburg 2017, spez. S. 981 ff.
30 Dies ist ein vom Protagonisten selbst verwendeter Begriff (73 u. 83), der einen unauflöslichen Widerspruch impliziert (vgl. hierzu Franz von Kutschera u. Norbert Hinske: Art. Antinomie. In: Joachim Ritter (Hg.): Historisches Wörterbuch der Philosophie. Darmstadt 1971–2013, Bd. 1, Sp. 393–405); da dieser Begriff vor allem von der kantischen Philosophie bekannt gemacht wurde, darf von einer mindestens grundlegenden Kant-Kenntnis Kästners ausgegangen werden, vgl. hier auch meine Ausführungen am Ende des Beitrags.

4 Kästners gelassene Säkularität – Normativität ohne Gott

Eine religiöse oder theologische Instanz fällt immerhin aus. Eine von Labudes Vater vorgetragene Zurückweisung jeder Unsterblichkeitsvorstellung wird im Roman an keiner Stelle relativiert:

> In diesem Augenblick wurde die Tür aufgerissen. Justizrat Labude trat ein, ohne Hut und Mantel. »Tag, Stephan!« sagte er, kam näher und gab seinem Sohn die Hand. »Lange nicht gesehen, was? War ein paar Tage unterwegs. Mußte mal ausspannen. Die Nerven, die Nerven. Komme eben zurück. Wie geht's? Siehst schlecht aus. Sorgen? Was über die Habilitationsschrift gehört? Nein? Langweilige Bande. Hat Mutter geschrieben? Mag noch ein paar Wochen bleiben. Heißt mit Recht Paradiso, das Nest. Hat's die Frau gut. Tag, Herr Fabian. Seriöse Gespräche, wie? Gibt es ein Fortleben nach dem Tode? Im Vertrauen gesagt, es gibt keins. Muß alles vor dem Tode erledigt werden. Alle Hände voll zu tun. Tag und Nacht.«
>
> »Fritz, nun komm aber endlich!« rief im Treppenhaus eine Frauenstimme.
>
> Der Justizrat zuckte die Achseln. »Da habt ihr's. Kleine Sängerin, großes Talent, keine Beschäftigung. Kann sämtliche Opern auswendig. Bißchen laut auf die Dauer. Na, Wiedersehen. Amüsiert euch lieber, statt die Menschheit zu erlösen. Wie gesagt, das Leben muß noch vor dem Tode erledigt werden. Zu näheren Auskünften bin ich gerne bereit. Nicht so ernst, mein Junge.« Er gab beiden die Hand, ging und warf die Tür ins Schloß. (76)

Diese Einsicht in die unhintergehbare Endlichkeit des menschlichen Lebens, die in das Postulat, das Leben »muß vor dem Tode erledigt werden«, mündet, wird vom Protagonisten wiederholte aufgenommen und darf daher als metaphysische Essenz des Textes betrachtet werden. Das normative Problem wird damit aber verschärft, weil es keine übermenschliche Instanz oder Gesetzesordnung gibt, die über die Frage: »Zuschauen oder Eingreifen« entscheiden könnte; tatsächlich stellt auch Fabians Mutter fest: »Er glaubt nicht an Gott.« (209) Nur der Zufall, schon bei der Begegnung mit Cornelia, auch beim tödlichen Zusammentreffen mit dem ballacierenden Jungen, scheint seine Hand beim Leben dieses Moralisten im Spiel zu haben, und das ist natürlich für die uneingeschränkte Geltung moralischer Maximen verheerend, weil Fabian nicht autonomen handelt, sondern heteronomen bestimmt wird.

Betrachtet man die eben zitierten Stelle zur Sterblichkeitsüberzeugung des Justizrates näher – dessen Sohn sich immerhin das Leben nehmen wird – und der daraus abgeleiteten Forderung an den Menschen, sein Leben vor dem Tode zu »erledigen«, ergibt sich folgendes Bild: Unbestreitbar entsteht der Charme dieser Passage aus dem eigentümlich gelassenen Humor, mit dem der Justizrat das

Thema Unsterblichkeitsglaube abhandelt.[31] Dieser Humor entsteht einerseits als spezifische Situationskomik: Labudes Vater ist auf dem Sprung zu einem weiteren Amüsement mit einer jungen Geliebten und sieht kurz zuvor noch im Zimmer seines Sohnes vorbei, den er lange nicht gesehen hat. Dessen ernstes Gesicht und das seine Freundes Fabian veranlassen ihn, den lebensweltlichen Smalltalk zu unterbrechen und über die Gründe des humorlosen Verhaltens der jungen Männer zu spekulieren. Er vermutet »seriöse« Gespräche, also eben solche, die jene Leichtfertigkeit vermissen lassen, die seine eigene Rede beherrscht, ja konstituiert. Tatsächlich hatte Labude seinem Freund kurz zuvor von einer tiefgreifenden Krise seines Verlobungsverhältnisses berichtet, keineswegs aber mit diesem über religiöse oder metaphysische Problemlagen debattiert. Der Justizrat geht aber offenbar davon aus, dass die in den Minen der beiden Männer sich dokumentierende Seriosität des Gesprächsthemas nur auf solcherart metaphysische Themenkreise ausgerichtet sein kann, weil alle anderen Themen solcherart Ernsthaftigkeit nicht erfordern. Deshalb, und nur deshalb kommt er zwanglos auf jenes Thema über ein Fortleben nach dem Tode und kann es in eben jener Leichtfertigkeit, die ihm zu eigen ist, verneinen: Schon die Formel, mit der diese Verneinung eingeleitet wird, »Im Vertrauen gesagt«, ist in ihrer jovialen Zudringlichkeit an sich deplatziert, kann aber den bedeutsamen Inhalt, nämlich das Wissen um die Sterblichkeit des Menschen in das milde Licht jener überzeugten Gelassenheit tauchen, die den beiden vor ihm sitzenden jungen Männern kurz zuvor noch während ihrer Busfahrt selbst zueigen war.

Justizrat Labude hat daher auch keine Angst vor dem Tod, auch weil er, anders als Büchners Danton,[32] vor einer postmortalen Aburteilung keine Angst haben muss; auch wenn er den verfrühten und unsinnigen Tod seine Sohnes bitter beklagen wird. (186 ff.) Gleichwohl ist der Justizrat dem Leben in seiner Leichtigkeit zugetan, gerade weil er davon überzeugt ist, dass es mehr als dieses irdische Leben nicht gibt, wobei der eigentliche Witz erst auftritt, wenn er in der Wiederholung der Formel vom ›Erledigen des Lebens vor dem Tode‹ mit Leben nicht die Existenz schlechthin, sondern das Amüsement, das eher als die Welt zu erretten, zu erleben sei, bevor man sterbe. Diesem Epikuräer, der allerdings die im Kästnerschen Kosmos einzig denkbare Höchststrafe, den Tod des eigenen Kindes,

---

31 Dass die ein noch für die historische Aufklärung drängendes Problem war, lässt sich nachlesen in Dieter Hüning, Stefan Klingner u. Gideon Stiening (Hg.): Das Problem der Unsterblichkeit in der Philosophie, den Wissenschaften und den Künsten des 18. Jahrhunderts. Hamburg 2018 [Aufklärung 29 (2017)].
32 Siehe hierzu Georg Büchner: Danton's Tod. In: ders.: Georg Büchner: Sämtliche Werke und Schriften. Historisch-kritische Ausgabe. Hg. von Burghard Dedner u. Thomas Michael Mayer. 10 Bde. Darmstadt 2000 – 2013; Bd. III.2, S. 64.

erleiden muss,[33] wird nicht nur jene Form von Gelassenheit zugeschrieben, die Fabian nur mit Labude während der Busfahrt erleben kann; er darf auch eine Form von Humor realisieren, die zu den Eigenheiten Kästners deshalb zu zählen ist, weil sie in der Tat ›ein großes Wort gelassen auszusprechen‹ vermag, wobei sich diese vollkommen säkulare Gelassenheit nicht etwa nüchtern, sondern humorvoll realisiert,[34] um sich darin zugleich auszustellen und zu reflektieren.[35]

Diese ebenso kurzen wie unzulänglichen Hinweise zu Kästners eigentümlichem Humor in diesem Roman, der vielerlei Facetten auch anderer Erscheinungsformen des Komischen bei diesem Autor ausführt, sind gleichwohl erforderlich, um eine wichtige Voraussetzung der eigentümlichen Gestaltung von Politik und Moral, getrennt und in ihren je spezifischen Vermittlungen, in diesem Roman zu verstehen. Nicht einmal die letzten beiden Sätze zum überraschend Tod des Protagonisten und dessen Grund kommen ohne diesen eigentümlich distanzierenden Humor aus. In der durch den Roman hergestellten Korrelation zwischen Moral und Politik ist dieser Modus des Humors als tertium comparationis stets zu bedenken.

5 Fabian zwischen Politik und Moral

Doch zurück zu Fabians Haltung zu und Verständnis von Politik: Seine Haltung zu den sich radikalisierenden politischen Ereignissen der frühen 1930er Jahre ist nämlich *erstens* zumeist moralisch fundiert und *zweitens* ist diese Grundlegung der Politik in einem ›moralischen Gefühl‹ – denn als solches tritt die moralische Gesinnung beim Protagonisten zumeist auf – durchaus reflektiert.

Gut zu erkennen ist diese Konstellation von Gefühl und Reflexion im Kapitel 6, in dem er mit dem Freund Labude aus einem Tanzlokal kommend in eine

---

33 Und das natürlich deshalb, weil er als Epikuräer ein moralischer Egoist ist, der – anders als die mit Fabian von Kästner letztlich favorisierte Form des moralischen Emotionalismus – weitgehend ohne Mitleid auszukommen meint: »›Das bißchen Mitgefühl, das mein Egoismus zuläßt, hat durch die vielen Plädoyers, die ich hielt, und durch die prozessuale Routine überhaupt eine unechten Glanz angenommen, in dem sich alles Andere eher spiegelt als wahre Teilnahme.« (187).
34 Sowohl die Gelassenheit als auch der Humor im Umgang mit der strengen Diesseitigkeit menschlicher Existenz unterscheidet Kästner von einem seiner bis heute einflussreichsten Kritiker, nämlich Walter Benjamin, vgl. hierzu u. a. Bernd Witte u. Mauro Ponzi (Hg.): Theologie und Politik. Walter Benjamin und sein Paradigma der Moderne. Stuttgart 2005.
35 Vgl. hierzu auch Stefanie Cetin: Was gibt's denn da zu lachen? Erich Kästners moderner Humor. In: Silke Becker u. Sven Hanuschek (Hg.): Erich Kästner und die Moderne. Marburg 2016, S. 29–46.

Schießerei zwischen einem Kommunisten und einem Nazi gerät (54–59). Wie sich rausstellt, sind beide Kontrahenten angeschossen und müssen, nachdem sie von den Freunden entdeckt wurden, in ein Krankenhaus verbracht werden. Ohne größere Debatte erfüllen die Freunde diese ausschließlich moralische Pflicht der Hilfe auch für Menschen, die sich durch selbstverschuldeten Fanatismus Schaden zufügten. Sogar das benötigte Taxi wird von den Freunden bezahlt und nicht etwa von den Duellanten – was den Moralismus der Szene besonders betont. Dabei wird dieser moralische Impuls beider Freunde noch einmal politisch reflektiert, weil die Taxifahrt zum Hospital nicht nur durch eine praktische Befriedungsleistung Labudes begleitet wird, weil er einem der Duellanten den noch vorhandenen Revolver entwendet, sondern durch eine politische Debatte. Dabei ist es vor allem Fabian, der auf die verbalen Pöbeleien der beiden Kontrahenten reagiert:

> »Meine Herren«, sagte er [d.i. Fabian]. »Daß es mit Deutschland so nicht weitergehen kann, darüber sind wir uns wohl alle einig. Und daß man jetzt versucht, mit Hilfe einer kalten Diktatur unhaltbare Zustände zu verewigen, ist eine Sünde, die bald genug ihre Strafe finden wird. Trotzdem hat es keinen Sinn, wenn Sie einander Reservelöcher in die entlegensten Körperteile schießen.« (58)

Neben den mehrfachen Hinweisen zur hohen Arbeitslosigkeit ist diese Aussage eine der wenigen Hinweise auf Fabians staatspolitische Haltung, die die brüningsche Präsidialdiktatur[36] nachdrücklich brandmarkt. Zugleich ist der Passage jener eigentümlich distanzierte Humor Kästners eingeschrieben, der die lebensgefährlichen Gewaltexzesse zwischen Kommunisten und Nazis mit dem Terminus ›Reservelöcher‹ ridikülisiert. Noch im Angesicht waffengestützter physischer Gewalt in einer bürgerkriegsähnlichen Situation, die allerdings beide Kontrahenten nicht in ihrem Leben gefährdeten,[37] können Fabian und Labude ihren existenziellen ›Geborgenheitshumor‹ bewahren. Doch auch die kritischen Hinweise auf die Parteien der beiden Duellanten dokumentiert eine Gelassenheit, die dem antiweimaraner Fanatismus von Kommunisten und Nationalsozialisten nicht vollends gerecht wird: Die Nationalsozialisten hält Fabian für eine Partei, die nur weiß, was sie nicht will, bestimmt sie also als Protestpartei; und die Kommunisten werden von ihm abgekanzelt, weil sie zwar ein legitimer Interessenverband des Proletariats seien, aber letztlich regierungsunfähig blieben, da sie die »Ideale der Menschheit« (58) nicht zu realisieren wüssten. Die Begründung hierfür erfolgt erneut über eine Zurückweisung der Geltung sozioökonomischer Bedingungen für den moralischen Zustand des Menschen und der Menschheit:

---

36 Siehe hierzu auch Winkler: Weimar (s. Anm. 10), S. 408 ff.
37 Womit erneut die aristotelische Grenze für alles Komische eingehalten wird; vgl. Anm. 16.

»Man ist noch nicht gut und klug, bloß weil man arm ist.« (58) Das mag im Hinblick auf den politischen Klassenstandpunkt des Weimaraner Proletariats den Realien entsprechen,[38] verkennt jedoch im schlichten Moralismus der politischen Kategorien (gut und klug) die dramatische politische Lage zu Beginn der 1930er Jahre; dazu passt jedoch, dass auch Fabian zum Führer letztlich nichts einfällt:[39] »Davon wollen wir lieber nicht reden.« (59)

Klar wird an dieser Szene, dass Kästner seinen Fabian auch in Fragen der Parteipolitik habituell wie inhaltlich einen konsequenten Moralisten sein lässt, der aber mit seinen eben nur ethischen Beurteilungskriterien die politische Substanz der Radikalen Weimars verkennt; noch der Arzt, dem sie die Verwundeten übergeben, stimmt in diesen verharmlosenden Tenor ein, indem er die politischen Gewalt auf den Straßen Berlins zu »Auswüchsen des deutschen Vereinslebens« (59) erklärt und nur also solchen kritisiert. Das ist geistreich hinsichtlich der Kritik jedes Vereinslebens; verheerend aber ist es hinsichtlich der verharmlosenden Kritik der antidemokratischen Kräfte der Zeit.

Die gesamte Szene wird allerdings nicht allein ausgeführt, um das spezifisch historische Kolorit der die Zeit beherrschenden Straßen- und Saalschlachten zwischen Nazis und Kommunisten zu zeichnen,[40] das macht Kästner auch. Vor allem bietet dieser situative Kontext eine Gelegenheit, des Protagonisten Haltung zur Politik sowie die seines Freundes und deren Gründe zu dokumentieren und zu reflektieren. Dabei wird zunächst ersichtlich, dass die politischen Haltungen der beiden Freunde deutliche Unterschiede aufweisen, insofern als Labude ein weltanschaulich weitgehend eindeutiges, zugleich pragmatisch zu realisierendes politisches Ziel vor Augen hat, während sich Fabian in seiner Zuschauerrolle eingerichtet zu haben scheint, und zwar vor dem Hintergrund kaum erreichbarer, mithin utopischer Ziele. Auf den Vorwurf der inaktiven Indolenz reagiert Fabian allerdings angegriffen:

»Ich sehe zu. Ist das nichts?«

»Wem ist damit geholfen?«

»Wem ist zu helfen?« fragte Fabian. »Du willst Macht haben. Du willst, träumst du, das Kleinbürgertum sammeln und führen. Du willst das Kapital kontrollieren und das Proletariat einbürgern. Und dann willst du helfen, einen Kulturstaat aufzubauen, der dem Paradies

---

38 Vgl. hierzu Winkler: Weimar (s. Anm. 10), S. 286 ff.
39 Vgl. hierzu Karl Kraus' berühmtes Diktum: »Mir fällt zu Hitler nichts ein«. In: Karl Kraus: Die Dritte Walpurgisnacht. München 1967, S. 3; vgl. hierzu jetzt auch Jens Malte Fischer: Karl Kraus. Der Widersprecher. Biografie. Wien 2020, S. 808.
40 Vgl. hierzu u.a. Dirk Schumann: Politische Gewalt in der Weimarer Republik 1918–1933. Kampf um die Straße und Furcht vor dem Bürgerkrieg. Essen 2001.

verteufelt ähnlich sieht. Und ich sage dir: Noch in deinem Paradies werden sie sich die Fresse vollhauen! Davon abgesehen, daß es nie zustande kommen wird... Ich weiß ein Ziel, aber es ist leider keines. Ich möchte helfen, die Menschen anständig und vernünftig zu machen. Vorläufig bin ich damit beschäftigt, sie auf ihre diesbezügliche Eignung hin anzuschauen.« (46)

Fabian also, der von sich behauptet, mit Macht und Reichtum nicht verwandt zu sein, d. h. mit ihnen nichts anfangen zu können und zu wollen, will die »Menschen« nach zwei Kriterien verändern: Vernunft und Anstand. Dabei ist zu beachten, dass er sich – anders als Labude – einer anthropologischen Kategorie, nämlich des Menschen, bedient und dabei dessen theoretisches und praktisches Grundvermögen zu verbessern hofft, bzw. die Möglichkeit überprüfen möchte, ob diese zu bessern seien. Zu berücksichtigen ist allerdings, dass Fabian nicht von Vernunft und *Moral* des Menschen spricht, sondern von dessen »Anstand«, was durchaus bescheidener ausfällt. Nimmt man nämlich mit dem Meyers Konversationslexikon von 1905 ›Anstand‹ als Decorum und damit als

> Wahrung solcher Formen des äußern Verhaltens, die der Würde der sittlichen Persönlichkeit im Menschen entsprechen oder für derselben entsprechend gehalten werden. Die Verletzung dieser Würde, sei es in der eignen Person (durch mangelhaftes Beherrschen der rein tierischen Naturäußerungen), sei es in andern, macht die Unanständigkeit aus. Da der Anstand sich nur auf die *Form* der Handlungen bezieht, so ist er von der Sittlichkeit, welche die Gesinnung betrifft, wohl zu unterscheiden, doch kann die Ausbildung desselben in der Erziehung und in der Entwickelung der Völker als eine Vorstufe und Vorbereitung der Sittlichkeit gelten,[41]

dann will Fabian keineswegs die Gesinnung des einzelnen ändern, sondern lediglich – das aber grundlegend – sein äußeres Verhalten, das sich nach Maßgabe ethischer Prinzipien ausrichten soll.

Demgegenüber bedient sich Labude, der der vorwurfsvollen Zusammenfassung seiner Position durch Fabian nicht widerspricht, soziologischer (Kleinbürger) und politökonomischer (kapitalistische Situation Europas) Kategorien zur Beschreibung eines Ist- und eines Sollzustandes, welcher letzterer nach Fabian paradiesähnliche also illusorische Züge trägt. Labude hält dieser Kritik zwei Argumente entgegen, die sich vor allem an Fabians Überlegungen richten: *Erstens* könne Veränderung nicht beim Einzelnen ansetzen, sondern müsse zunächst das politische System vernünftig gestalten, und erst auf dieser politischen Grundlage könnte man den Menschen ändern, und *zweitens*:

---

41 Meyers Großes Konversations-Lexikon, Band 1. Leipzig 1905, S. 561.

»Das siehst du ein, nicht wahr? Natürlich siehst du das ein. Aber du phantasierst lieber von einem unerreichbaren vollkommenen Ziel anstatt einem unvollkommenen zuzustreben, das sich verwirklichen läßt. Es ist dir bequemer so. Du hast keinen Ehrgeiz, das ist das Schlimme.« (46 f.)

Heben wir uns das psychologisierende Argument am Ende der Passage für später auf, dann lässt sich festhalten, dass auch Labude seinem Freund – wie dieser ihm – den Vorwurf des Illusionismus macht, wobei Fabian für zu faul erachtet wird, und Labude von Fabian für unrealistisch, weil er davon abstrahiere, dass auch im polit-ökonomisch befriedeten Kulturstaat ›der Mensch dem Menschen ein Wolff‹ bleibe, d. h. ihm »die Fresse vollhauen« werde. Für Fabian ist der Naturzustand und damit das Recht der Stärkeren und der Gewalt offenkundig unüberwindlich.

Beide Diskutanten sehen sich selbst also als politische Realisten, während sie ihrem Gegenüber politischen Utopismus vorwerfen. Es scheint mir wichtig zu erkennen, dass der Roman diese ›Antinomie‹ *in der Theorie* an keine Stelle auflöst; nur *in der unmittelbar anschließenden Praxis* des Umgangs mit den extremistischen Duellanten handeln sie ohne jegliche Reibungsverluste auf das gemeinsame Ziel zu, *diese* Gewalt zu beenden und deren Konsequenzen zu lindern.

Bevor sie aber zu diesem vollkommen eindeutigen Handeln übergehen, vertiefen sie noch einmal ihr Gespräch über die jeweiligen Ziele mit den Menschen bzw. der Gesellschaft. Dabei gibt Fabian einerseits zu, dass seine Prüfung eigentlich längst abgeschlossen ist: »Die Vernünftigen werden nicht an die Macht kommen«, sagte Fabian, »und die Gerechten noch weniger« (54); andererseits macht er Labude auf den entscheidenden und unhintergehbaren Grund für seine resignative und passive Haltung aufmerksam:

> Dieser verdammte Krieg! Dieser verdammte Krieg! Ein krankes Herz dabei erwischt zu haben, war zwar eine Kinderei, aber Fabian genügte das Andenken. In der Provinz zerstreut sollte es einsame Gebäude geben, wo noch immer verstümmelte Soldaten lagen. Männer ohne Gliedmaßen, Männer mit furchtbaren Gesichtern, ohne Nasen, ohne Münder. Krankenschwestern, die vor nichts zurückschreckten, füllten diesen entstellten Kreaturen Nahrung ein, durch dünne Glasröhren, die sie dort in wuchernd vernarbte Löcher spießten, wo früher einmal ein Mund gewesen war. Ein Mund, der hatte lachen und sprechen und schreien können. (56)

Es ist die Unüberwindlichkeit der im Krieg erlebten Grausamkeiten,[42] die der Mensch dem Menschen angetan hatte, welche den Protagonisten dazu veranlassen, einzig auf eine Veränderung durch den Einzelnen zu setzen *und zugleich* die

---

[42] Siehe hierzu auch Thorsten Unger: Groteske Körper, Intermedialität und Krieg in Kästners *Fabian*. In: Jahrbuch zur Kultur und Literatur der Weimarer Republik 10 (2005/06). S. 161–185.

Hoffnung darauf aufgegeben zu haben. Kästners Fabian ist folglich nicht nur krank an seinem Herzen, sondern auch krank an Seele und Geist, weil seine Überzeugung von der Unveränderbarkeit des Menschen zu politischer Untätigkeit und politischem Pessimismus führen, die beide mehr anthropologisch als soziopolitisch begründet werden. Dabei tendiert der durch den Krieg physisch und psychisch lädierte Melancholiker dazu, diesen Zustand kulturkritisch zu universalisieren; gegenüber Cornelia formuliert er eine »Arbeitshypothese« für den Umgang mit seinen Mitmenschen:

> »Man halte hier jeden Menschen, mit Ausnahme der Kinder und Greise, bevor das Gegenteil nicht unwiderleglich bewiesen ist, für verrückt! Richten Sie sich darnach, Sie werden bald erfahren, wie nützlich der Satz sein kann.«
>
> »Soll ich bei Ihnen damit beginnen?«, fragte sie.
>
> »Ich bitte darum«, meinte er. (93)

Ausdrücklich hält Fabian zuvor fest, dass diese Hypothese keinerlei theoretische Valenz beanspruche, sondern lediglich pragmatische Nützlichkeit. Und obwohl diese Pathologisierung in der durch Cornelias Nachfrage hervorgetriebenen Selbstreferenz humorvoll relativiert wird, weil sie selbst Ausdruck jener Pathologie ist, die sie beklagt, bleibt diese Maxime für Fabian in Geltung.

Labude hält diesem zwar individuell verständlichen, politisch aber verheerenden Eskapismus seines Freundes das folgende Argument entgegen:

> »Zum Donnerwetter!« rief Labude, »wenn alle so denken wie du, wird nie stabilisiert! Empfinde ich vielleicht den provisorischen Charakter der Epoche nicht? Ist dieses Mißvergnügen dein Privileg? Aber ich sehe nicht zu, ich versuche, vernünftig zu handeln.«
>
> »Die Vernünftigen werden nicht an die Macht kommen«, sagte Fabian, »und die Gerechten noch weniger.«
>
> »So?« Labude trat dicht vor den Freund und packte ihn mit beiden Händen am Mantelkragen. »Aber sollten sie es nicht trotzdem wagen?« (54)

Labude gesteht seinem Freund immerhin ein, dass sein politisches Handeln keineswegs gesichert das anvisierte Zeil erreichen wird. Gleichwohl kann er für sich in Anspruch nehmen, überhaupt politisch zu handeln, während es sich Fabian seiner Meinung nach in einem beobachtenden Pessimismus behaglich eingerichtet hat;[43] beide Freunde kämpfen mit Haken und Ösen, vor allem aber mit

---

43 Bemerkenswerterweise ist dieser passive Pessimismus einer ästhetizistischen Beobachtungshaltung nicht weit entfernt von Thomas Manns Verständnis des Unpolitischen; vgl. hierzu Gideon Stiening: »Ich will Sachlichkeit, Ordnung und Anstand«. Thomas Manns ›Begriff des

der Psychologisierung des Argumentierenden zur Unterminierung der Rationalität seiner Argumente – ein bis heute gerne verwendetes Instrument der so genannten undogmatischen Linken.

Entscheidend ist und bleibt aber, dass sich Fabians politischer Pessimismus einerseits aus seinen desillusionierenden Kriegserfahrungen speist, andererseits jedoch aus der Unerreichbarkeit des gesetzten Zieles resultiert, das nicht wie bei Labude primär soziopolitisch begründet ist, sondern im Kern anthropologisch, weil er die Menschen ›vernünftiger und anständiger‹ machen will. Zwar bleibt das moralische Moment dieses politischen Zieles auf die äußere Haltung des Menschen, auf seinen »Anstand« begrenzt, weshalb Fabians Ziel nicht als Gesinnungsdiktatur zu verstehen ist; gleichwohl geht es diesem Moralisten des Politischen bzw. diesem politischen Moralisten[44] nicht um soziale oder politische – als juridische, ökonomische oder gesellschaftliche – Gerechtigkeit, sondern um die Veränderung der ethischen Haltung des Menschen.

Kästner belässt es aber keineswegs bei der schlichten Gegenüberstellung Labude-Fabian und damit der Alternative sozioökonomische System- oder individuelle Überzeugungsänderung. Vielmehr steigt der Druck auf Fabians Insistieren auf die Zuschauerrolle durch das Liebesverhältnis zu Cornelia und dessen Scheitern, vor allem aber durch Labudes Selbstmord. Erst jetzt scheint Fabian bereit und in der Lage, sich von seinem ästhetizistischen Habitus zu distanzieren und die Gegenargumente seines Freundes systematisch zu reflektieren. Anlässlich einer Zeitungsnotiz, nach der der amerikanische Präsident erwäge, die drückenden Reparationszahlungen für Deutschland ein Jahr auszusetzen, kommt es zu folgenden Gedankengängen des Protagonisten:

> Erkannte man, daß die Vernunft das Vernünftigste war? Vielleicht hatte Labude recht gehabt? Vielleicht war es wirklich nicht nötig, auf die sittliche Hebung der gefallenen Menschheit zu warten? Vielleicht war das Ziel der Moralisten, wie Fabian einer war, tatsächlich durch wirtschaftliche Maßnahmen erreichbar? (202)

Labude hatte diese These allerdings nicht vertreten, er hatte davon gesprochen, die Lebensumstände der Menschen zu ändern, um damit die Bedingungen für eine Überzeugungsänderung zu schaffen, nicht etwa diese selbst. Gleichwohl ist

---

Politischen‹ und dessen Darstellungsverfahren in den *Betrachtungen eines Unpolitischen*. In: Poetica 52 (2021), [i.D.]. Aber es gibt allerdings auch feine Unterschiede: Für Kästner geht es um die moralische Gesinnung des Menschen; für Mann um die metaphysisch legitimierte elitäre Ruhe des Künstlers.

44 Vgl. hierzu im Hinblick auf Kästner selber auch Gideon Stiening: Die Form der politischen Moral. Ästhetische Modernität in Kästners *Der tägliche Kram* und *Die kleine Freiheit*. In: Silke Becker u. Sven Hanuschek (Hg.): Erich Kästner und die Moderne. Marburg 2016, S. 147–170.

es diese Engführung, die Fabian erneut veranlasst, sich von der Position des toten Freundes zu distanzieren:

> Wollte er die Besserung der Zustände? Er wollte die Besserung der Menschen. Was war ihm jenes Ziel ohne diesen Weg dahin? Er wünschte jedem Menschen pro Tag zehn Hühner in den Topf, er wünschte jedem ein Wasserklosett mit Lautsprecher, er wünschet jedem sieben Automobile, für jeden Tag in der Woche eines. Aber was war damit erreicht, wenn damit nichts anderes erreicht wurde? Wollte man ihm etwa weismachen, der Mensch würde gut, wenn es ihm gut ginge? Dann mußten ja die Beherrscher der Ölfelder und der Kohlengruben wahre Engel sein! (202)

Materieller Wohlstand, so Fabian wie schon in negativer Wendung gegenüber dem angeschossenen Kommunisten, ist gegenüber moralischer Gesinnung indifferent; der bittere Zynismus der letzten Sätze macht dabei deutlich, dass der Moralist die substanzielle Differenz seiner moralpolitischen Haltung zur politischen Ökonomie seines Freundes erkannt hat, wenngleich die Polemik dessen Haltung nicht vollends trifft.

Und so zeigt der Zynismus schon an, dass Fabian durch die Ereignisse, die ihn zu jener letzten Zugfahrt nach Dresden veranlassen, während derer er diese Reflexionen anstellt, in tiefen Zweifel gestürzt wurde, die er auch durchaus erkennt und anerkennt:

> Während er, sitzenderweise, seine moralische Haltung gegen die Konjunkturforscher verteidigte, regten sich wieder jene Zweifel, die seit langem in seinem Gefühl wie Würmer wühlten. Waren jene humanen, anständigen Normalmenschen, die er herbeiwünschte, in der Tat wünschenswert? Wurde dieser Himmel auf Erden, ob er erreichbar war oder nicht, nicht schon in der bloßen Vorstellung infernalisch? [...] Hatte seine Utopie bloß regulative Bedeutung, und war sie als Realität ebensowenig zu wünschen wie zu schaffen? (203)

Insbesondere im letzten Satz deutet sich zum ersten Mal während der Romanhandlung eine substanzielle Auffassungsänderung Fabians an, insofern der Status des von ihm für die Menschheit anvisierten Zieles von einer – wenn auch schwer zu schaffenden – *Realität* zu einer *regulativen Idee* herabgestuft wird. Zu verstehen ist der erheblichen Wandel im Status dieser Utopie des anständigen Menschen nur, wenn man die von Kant zwar nicht inaugurierte, jedoch klar bestimmte und so popularisierte Bestimmung einer »regulativen Idee« berücksichtigt. Kant hatte den Begriff des ›Regulativen‹ schon in der *Kritik der reinen Vernunft*[45] und erneut in der *Kritik der praktischen Vernunft*[46]

---

45 Vgl. hierzu KrV B 536 ff.

eingeführt, um bestimmten allgemeinen Leitvorstellungen des Denkens und Handelns, obwohl sie keiner Erfahrungen entsprechen können, orientierende Funktionen zuzuschreiben, die gerade weil in einem unendlichen Regress unerreichbar, Auswirkungen haben sollten. Dazu gehört u. a. die Idee des höchsten Gutes,[47] das der Mensch als Vermittlung von Moralität und Glückseligkeit im Wissen um seine Unerreichbarkeit dennoch anstreben solle. Ebendiesen Status, keiner Erfahrung, ja nicht einmal der Erfahrbarkeit zu entsprechen, erhält nach Fabian nun auch seine Utopie der vernünftigen und anständigen Menschen. Das hat grundlegende Konsequenzen: Zwar ist dieser Zustand nun immer noch nicht zu erreichen; das kann aber eine pessimistische Indolenz und die Kultivierung einer Zuschauerrolle nicht mehr legitimieren; im Gegenteil macht die notwendige Orientierungsfunktion für alles Handeln die sukzessive Annäherung zu einem dringenden Postulat.

Hatte Fabians rigoroser Utopismus, wie schon die späte Aufklärung, einzig auf eine ›Erziehung des Menschengeschlechts‹ nach den Maßgaben von Vernunft und Anstand gesetzt, dieses Ziel aber zugleich für unerreichbar erklärt:

> Fabian hatte geäußert, die Erziehbarkeit des Menschengeschlechts sei eine fragwürdige These; die Eignung des Propagandisten zu Volkserzieher und das Talent des Erziehers zum Propagandisten stünden außerdem in Frage; Vernunft könne man nur einer beschränkten Zahl von Menschen beibringen und die sei schon vernünftig, (149)

so hätte die Einziehung dieses Ziels auf eine regulative Idee seine Einwände zunichte gemacht. Auch die Argumentation, angesichts der Gräuel des 1. Weltkrieges würde das ethische Ziel politischen Handelns, also sein politischer Moralismus, zur unmöglichen Utopie herabgestuft, wäre zwar situativ legitim, politisch aber als irrelevant inszeniert. Kant also als Lösung des ästhetizistischen Dilemmas, handeln zu wollen und doch nicht zu können?

---

46 Siehe hierzu Immanuel Kant: Kritik der praktischen Vernunft. In: Kants Gesammelte Schriften. Hg. von der Preußischen [später: Deutschen] Akademie der Wissenschaften, Berlin 1900 ff. [im Folgenden AA Band, Seitenzahl], hier AA V, S. 244.
47 Vgl. hierzu u. a. Klaus Düsing: Das Problem des höchsten Gutes in Kants praktischer Philosophie. In: Kant-Studien 62 (1971), S. 5–42.

6 Kants Aufklärung und Fabians moralisches Gefühl

Das schon betrachtete Ende des Romans verunmöglicht seine solche Interpretation gleichsam kategorisch. Bevor aber hierauf zurückzukommen ist, soll noch einmal die These von der Bedeutung des kantischen Aufklärungsverständnisses als prägender Kontext für Fabians Haltung deutlich gemacht werden.

Im Rahmen des zweiten großen Gespräches zwischen Labude und Fabian, in dessen Verlauf Labude von seinen positiven politischen Erfahrungen während eines Aufenthalts in Hamburg berichtet hatte, und bevor er auf seine persönlichen Schwierigkeiten mit seiner Verlobten zu sprechen kam, hatte Fabian nämlich eingeworfen:

> »Ich freue mich«, sagte Fabian, »ich freue mich sehr, daß du nun an die Verwirklichung deines Planes herangehen kannst. Hast du dich schon mit der Gruppe der Unabhängigen Demokraten in Verbindung gesetzt? In Kopenhagen ist ein ›Club Europa‹ gebildet worden, notier es dir. Und ärgere dich nicht zu sehr über meine Zweifel an der Gutartigkeit der Jugend. Und sei mir nicht böse, wenn ich nicht glaube, daß Vernunft und Macht jemals heiraten werden. Es handelt sich nämlich um eine Antinomie.« (73)

Nicht allein die Verwendung des Terminus ›Antinomie‹ verweist erneut auf Kant; vor allem die These, Macht und Vernunft würden niemals heiraten, entspricht im Wesentlichen einer Überlegung Kants, die er in seinem berühmten Aufsatz *Was ist Aufklärung?* von 1783 entwickelt hatte. Dort hatte der Königsberger Philosoph nämlich festgehalten:

> Daß Könige philosophieren oder Philosophen Könige würden, ist nicht zu erwarten, aber auch nicht zu wünschen, weil der Besitz der Gewalt das freie Urteil der Vernunft unvermeidlich verdirbt.[48]

Dabei wird der »Besitz der Gewalt« nach Kant keineswegs negativ bewertet, sondern ist schlicht notwendig, um die unvermeidlich auftretenden Interessensgegensätze freier Individuen staatlich zu moderieren.[49] Für diese friedliche Ordnung individueller Interessen im Rahmen der jeweiligen Interessen aller anderen ist staatliche Autorität, nicht aber philosophische Wahrheit erfor-

---

48 Immanuel Kant: Zum ewigen Frieden. In: AA VIII, S. 369.
49 Vgl. hierzu auch Gideon Stiening: Kants Begriff des öffentlichen Amtes oder »Staatsverwaltung« zwischen Aufklärung und Rechtsstaatlichkeit. In: Jahrbuch für Europäische Verwaltungsgeschichte 19 (2007), S. 141–169.

dert.⁵⁰ Fabians Interpretation dieser These ist allerdings negativ verschärft; für ihn ist Macht immer unvernünftig und unanständig, und so kultiviert er auch hier seinen politischen Eskapismus. Gleichwohl ist eine Kant-Nähe kaum zu verkennen. Von dieser inhaltlichen Nähe im Hinblick auf das Verhältnis von Geist und Macht, das die Debatten der politische Intellektuellen der Weimarer Republik prägte,⁵¹ hätte Fabian aber unter den Bedingungen seiner Überlegungen zur regulativen Idee seiner Utopie von einer anständigen und vernünftigen Menschheit keineswegs abrücken müssen; die Trennung von kritischem Geist und politischer Macht bliebe auch unter diesen Umständen erhalten, führte aber für den kritischen Geist nicht zur Indolenz, sondern zur Ausprägung einer vierten Gewalt.

Gleichwohl beherzigt Fabian diese neuen Überlegungen nicht, sondern handelt nach den Maßgaben seines vormaligen moralischen Gefühls, das ihn den Jungen gedankenlos retten lassen muss, ohne zu bedenken, dass er nicht schwimmen kann. Solch emotiv fundierter Moralismus charakterisiert seine Haltung von Beginn der Handlung an. Das beginnt schon mit seinem autoritären Einsatz für einen Bettler, der aus seinem Stammlokal verwiesen wurde, und den er in einer starken Anwandlung von Mitleid gegen die Anweisungen der Kellner an seinen Tisch einlädt (22 f.) Auch seine Einladung an den von seinen technischen Innovationen ob ihrer Rationalisierungskonsequenzen mit einem schlechten Gewissen geplagten Erfinder, bei ihm wohnen zu können (104 u. 111 ff.), erfolgt unmittelbar, d. h. aus einem Mitleidsimpulse heraus, ohne die rechtliche Problemlage sowie die finanziellen Konsequenzen zu bedenken – und das, obwohl er gerade arbeitslos geworden ist. Fabian handelt folglich – wie schon im Zusammenhang der Hilfe für die beiden politradikalen Duellanten angedeutet – nach den Diktaten seines moralischen Gefühls und wird dadurch entscheidend charakterisiert. Kästner wusste genau, dass er mit dieser Figur – wie auch mit vielen anderen⁵² – einen praktischen Vertreter des moralischen Emotionalismus gestaltete, wie ihn die Moralphilosophie des 18. Jahrhunderts entworfen hatte.⁵³

---

50 Diese Einsicht basiert erkennbar auf der schon von Hobbes prominent festgehaltenen Maxime: »Auctoritas non veritas facit legem«; vgl. herzu auch Thomas Hobbes: Leviathan. Hg. von Richard Tuck. Cambridge 1991, S. 189 (Kap. 26).
51 Siehe hierzu Kiesel: Geschichte der deutschsprachigen Literatur 1918–1933 (s. Anm. 18), S. 163 ff.
52 Vgl. hierzu den Beitrag von Oliver Bach in diesem Band.
53 Siehe hierzu u. a. Alberto Martino: Emotionalismus und Empathie. Zur Entstehung bürgerlicher Kunst im 18. Jahrhundert. In: Jahrbuch des Wiener Goethe-Vereins 81/82/83 (1977/78/79), S. 117–130.

Vor diesem Hintergrund ließe sich das Ende des Romans womöglich anders lesen als bisher: Nimmt man nämlich seinen emotiven Impuls zu Rettung des Jungen als erneute Realisation seines moralischen Emotionalismus, der die kantischen Einsichten seiner Zugfahrt noch nicht berücksichtigen kann, weil diese als neue Gedanken noch nicht in den Gefühlshaushalt einsickern konnten; liest man also die Zugfahrt nach Dresden und den Sprung in die Elbe als kontroverse Einheit, dann reflektierte Kästner mit diesem Schluss auf die ›antinomische‹ Stellung unterschiedlicher Aufklärungsverständnisse, d. h. auf Kant versus Lessing. Labudes Selbstmord und Fabians ›Gang vor die Hunde‹ hätten dann aber denselben Verantwortlichen: Lessing.

III. Kästners Politischer Moralismus in soziopolitischer Hinsicht

Laura Schütz
»Es gibt da eine Sorte junge Damen«
Frauenbilder in Kästners Lyrik um 1930 als Kontrapunkt zu den Weiblichkeitsentwürfen der Zeit

Wie wird der um 1930 aufkommende Typus der ›Neuen Frau‹ in der Lyrik von Erich Kästner dargestellt? Im Fokus dieser Untersuchung steht Kästners lyrische Reaktion auf zeittypische Frauenbilder. Das Textcorpus umfasst die vier Lyrikbände *Herz auf Taille* (1928), *Lärm im Spiegel* (1929), *Ein Mann gibt Auskunft* (1930), *Gesang zwischen den Stühlen* (1932) und seine in den Jahren 1928 bis 1930 für die Berliner Zeitung *Montag Morgen* verfassten *Montags-Gedichte*. Der etwa zeitgleich erscheinende Roman *Fabian* und seine frühe Fassung *Der Gang vor die Hunde* (1931) wurden explizit ausgespart. Zum einen gibt es bereits einen Aufsatz zu den Frauenfiguren im *Fabian*[1] und zum anderen dürfte darin »Kästners Frauenbild«, wie Sven Hanuschek in seinem Nachwort zu *Der Gang vor die Hunde* schreibt,

> am differenziertesten sein; es ist ihm zwar vorgeworfen worden, dass er wieder die ›alte Dichotomie imaginierter Weiblichkeit‹ vertrete und die Frauenfiguren ›in sexualisierte Huren und entsexualisierte Mütter aufgeteilt‹ seien, aber das ist nicht die ganze Wahrheit, denn so typisch ist die Geschlechterkonstellation des *Fabian* nun auch wieder nicht für Neue Sachlichkeit und frühe Moderne.[2]

Diese These wäre eine eigene Untersuchung wert, und damit auch die Frage, was denn nun die ›typische‹ Geschlechterkonstellation in den Werken der *Neuen Sachlichkeit* sei. Auffällig ist in jedem Fall die eklatante Differenz bei der Schilderung verschiedener Frauentypen in den Romanen zu den zeitgleich erscheinenden Gedichten.

Es geht hier also nicht um Kästners Frauenbild generell, sondern lediglich um das in seiner Lyrik um 1930 vertretene. Wenn Remo Hug über Kästners Lyrik konstatiert, es seien vor allem ›vornehme‹ Frauen, welche »von Kästner wiederholt ins Visier genommen« werden – eine Metapher, die den Sachverhalt gut beschreibt –, da sie »ihm zu aufgetakelt und zu aufgeplustert, sexuell zu direkt

---

[1] Vgl. Britta Jürgs: Neusachliche Zeitungsmacher, Frauen und alte Sentimentalitäten. Erich Kästners Roman »Fabian. Die Geschichte eines Moralisten«. In: Sabina Becker u. Christoph Weiss (Hg.): Neue Sachlichkeit im Roman. Neue Interpretationen zum Roman der Weimarer Republik. Stuttgart, Weimar 1995, S. 195–211.
[2] Sven Hanuschek: Der Gang vor die Hunde – die Urfassung des Fabian. In: Erich Kästner: Der Gang vor die Hunde. Roman. Zürich 2013, S. 275–314; hier S. 305.

und zu aggressiv« seien,³ kann dem nach der Sichtung der Gedichte widersprochen werden. ›Ins Visier genommen‹ werden alle Schichten und Altersstufen.⁴

Welchen Stellenwert Kästner in seinen Gedichten den Figurationen der ›Neuen Frau‹, die zwar Bild, aber auf keinen Fall Vorbild sein sollte, beimisst, zeigt sich bereits im Titel des ersten Lyrikbandes *Herz auf Taille*, über den Kästner in einem späteren Vorwort schreibt:

> ›Herz auf Taille‹, das passte zur modischen Linie, zum Bubikopf, zum kurzen Rock, zur überlangen Zigarettenspitze, zum Onestep und zum Charleston. Herz à la mode, das bedeutete Skepsis, Einschränkung des Gefühls. Scheu vor der Demaskierung, Selbstironie als Selbstschutz.⁵

Eine formale Analyse der Gedichte ist wenig ergiebig. Es handelt sich häufig um jambische oder trochäische Vierzeiler. Die Verse sind durchgehend gereimt; die Reime sind meist ein- bis zweisilbig und rein. Oftmals werden Reime in verschiedenen Gedichten auch wiederholt, so beispielsweise bei dem Reim ›brav‹ auf ›Graf‹. Dirk Walter ist wohl zuzustimmen, wenn er bereits 1977 in seiner Dissertation über Kästners Frühwerk feststellt: »In Reim und Vermaß fehlen formale Extravaganzen.«⁶ Kästner bezeichnet sich in *Kurzgefasster Lebenslauf* sogar als Besitzer einer »kleine[n] Versfabrik«⁷. Die Schlichtheit seiner ›Gebrauchslyrik‹ lässt sich über den Erscheinungsort in Zeitungen und durch die Adressierung an ein breites Publikum erklären. So schreibt Kästner auch in einer prosaischen Zwischenbemerkung in seinem zweiten Lyrikband *Lärm im Spiegel* (1929): »Verse, die von den Zeitgenossen nicht in irgendeiner Weise zu brauchen sind, sind

---

3 Remo Hug: Gedichte zum Gebrauch. Die Lyrik Erich Kästners: Besichtigung, Beschreibung, Bewertung. Würzburg 2006, S. 91.
4 Die Alterdiskriminierung ist besonders gut anhand des Gedichtes *An ein Scheusal im Abendkleid* nachzuvollziehen. Die Diskriminierung von Frauen aller Schichten findet sich in zahlreichen Gedichten oder beispielhaft auch in einer Nachricht an seine Mutter vom 5.10.1926, in der er über die Trennung von Ilse Julius schreibt: »denn sie und ich sind es den 8 Jahren, die wir uns kennen, schuldig, ehrlich und offen wie anständige Menschen auseinanderzugehn. Und nicht wie kleine Dienstmädchen, die sonst aber das große Maul haben und sagen, die moderne Frau sei dem Manne ebenbürtig. Ilses Betragen hat gezeigt, daß sie ein kleines dummes Ding ist wie jedes andere beliebige Mädchen.« (zit. n. Sven Hanuschek: Keiner blickt dir hinter das Gesicht. Das Leben Erich Kästners. München, Wien 1999, S. 109).
5 Vorwort von Erich Kästner zum Neudruck 1965. In: Erich Kästner: Herz auf Taille. Mit Zeichnungen von Erich Ohser. München 1988, S. 7–9; hier S. 9.
6 Dirk Walter: Zeitkritik und Idyllensehnsucht. Erich Kästners Frühwerk (1928–1933) als Beispiel linksbürgerlicher Literatur in der Weimarer Republik. Heidelberg 1977, S. 235.
7 Erich Kästner: Ein Mann gibt Auskunft. Mit Zeichnungen von Erich Ohser. Zürich 1985, S. 40.

Reimspielereien und ungeschickte Gedichte [...]. Mit der Sprache seiltanzen, das gehört ins Varieté.«[8]

Vielfach wurde deshalb konstatiert, dass »Kästner kein lohnender oder ein zu wenig seriöser Forschungsgegenstand sei, [...] weil seine Texte keine – oder zumindest keine interpretatorisch erheblichen – Fragen offen ließen, mithin jeder Kommentar überflüssig sei«.[9] In der Kritik stand jedoch – gerade bei Zeitgenossen wie Walter Benjamin, Bertolt Brecht oder Kurt Tucholsky – auch weniger sein Begriff der Gebrauchslyrik als Konsumartikel, sondern dass diese »Gebrauchslyrik« keinerlei politisch verändernde Kraft beinhalte.[10] Die Gedichtbände waren jedoch nicht nur Bestseller ihrer Zeit, sondern haben sich in ihrer Ästhetik als ausgesprochen beständig erwiesen, sie zählen auch weiterhin zum lyrischen Kanon und werden an Schulen gelehrt.

Die Motive der Gedichte bleiben ähnlich, wenngleich es in den späteren Bänden eine den Zeitumständen und der Wirtschaftskrise geschuldete Zunahme depressiver Zustände gibt. So schreibt auch Sven Hanuschek über Kästners vierten Gedichtband *Gesang zwischen den Stühlen* (1932): »Er weist das gleiche stoffliche Spektrum wie die vorangegangenen Bände auf, Misogynie, Kabarett, Autobiographica, ein Gedenken an den befreundeten Maler Eugen Hamm, der Selbstmord begangen hat.«[11] Jenseits der Mutterfigur (und hierbei vor allem seiner eigenen Mutter)[12] gibt es kaum positiv gezeichnete Frauenfiguren.

Die These, der in diesem Aufsatz nachgegangen werden soll, lautet, dass Kästner die verschiedenen Ausformungen der ›Neuen Frau‹ zwar beschreibt, auch Sexualität explizit angesprochen wird, er in der moralischen Beurteilung jedoch auf alte, nicht nur literarisch tradierte Frauenbilder zurückgreift, wie dem gerade in der Literatur um die Jahrhundertwende virulenten Gegensatz aus femme fatale

---

8 Erich Kästner: Prosaische Zwischenbemerkung. In: Ders.: Lärm im Spiegel. Zeichnungen von Rudolf Grossmann. München, Zürich 1979, S. 45–47; hier S. 46.
9 Hug: Gedichte zum Gebrauch (s. Anm. 3), S. 10.
10 So schreibt beispielsweise Walter Benjamin 1931 über Kästners Gedichtband: »Die Verwandlung des politischen Kampfes aus einem Zwang zur Entscheidung in einen Gegenstand des Vergnügens, aus einem Produktionsmittel in einen Konsumartikel – das ist der letzte Schlager dieser Literatur. [...] Warum diese Gliederverrenkungen? Weil Kritik und Erkenntnis zum Greifen nahe liegen; aber die wären Spielverderber und sollen unter keiner Bedingung zu Worte kommen.« (Walter Benjamin: Linke Melancholie. Zu Erich Kästners neuem Gedichtbuch. In: Ders.: Gesammelte Schriften III. Hg. v. Hella Tiedemann-Bartels. Frankfurt a. M. 1972, S. 279–283; hier S. 281 f.)
11 Hanuschek: Keiner blickt dir hinter das Gesicht (s. Anm. 4), S. 193.
12 Wie in der Lyrik mehrmals thematisiert, musste eine mögliche Schwangerschaft einer Geliebten nämlich unter allen Umständen verhindert oder sogar unterbrochen werden. So zum Beispiel in *Jahrgang 1899* (1928) oder in *Das Gebet keiner Jungfrau* (1929).

und femme fragile,[13] dem seit der Genesis bekannten Gegensatz zwischen Körper und Geist, der Dichotomie zwischen Heiliger (Mutter) und Hure, zwischen Natur und Kultur. Das Paradoxe ist, dass Kästner mit der ästhetischen Ausformung seiner Gebrauchslyrik durchaus modern und epochenbildend, in seinen moralischen Bewertungen (vor allem der neuen Weiblichkeitsentwürfe) allerdings anachronistisch erscheint. Dass Kästner hierbei einen Kontrapunkt zu den Weiblichkeitsentwürfen der Zeit bildet, wird im Folgenden anhand der Interpretation einzelner Gedichte deutlich. Die Vergleichstexte von Irmgard Keun, hierbei vor allem ihr Roman *Das kunstseidene Mädchen* (1932), Vicki Baum und anderen können nur kursorisch aufgegriffen werden, wenn sich in ihnen Gegenpositionen zu Kästners Frauenbild ergeben. Da es sich um Frauen-Bilder handelt und das Auftreten der ›Neuen Frau‹ stark von modischen Attributen geprägt war, soll mit einer fiktiven Foto-Reportage zu Kästners Gedicht *Karriere?* begonnen werden (1). Danach wird auf das zeittypische Auftreten von Working Girls und Revue Girls und deren Inszenierung in Kästners Lyrik Bezug genommen (2). Abschließend wird das Gedicht *Sogenannte Klassefrauen* einer ausführlichen Analyse unterzogen (3), da sich darin die Mechanismen besonders gut darstellen lassen, die dazu führen, dass die Figurationen der ›Neuen Frau‹ in der Lyrik von Kästner keinen Subjektstatus erlangen sollen und sie somit trotz des Bilderreichtums Schattenexistenz bleiben.

1 *Lieschen Neumann* will Karriere machen oder die Differenz von Bild und Schrift

1930 erschien in der Zeitschrift UHU die fiktive Foto-Reportage *Lieschen Neumann will Karriere machen*.[14] Es handelt sich um die erste Fotobildgeschichte von Else Neuländer-Simon, genannt Yva, die eine der berühmtesten Akt- und Modefotografinnen der Zeit und Lehrmeisterin von Helmut Newton war. Als Jüdin wurde sie von den Nationalsozialisten verfolgt und 1942 in das Vernichtungslager Sobibor deportiert und dort ermordet.

Als Modell agierte die Tänzerin und Schauspielerin Beatrice Garga, die zuvor bereits eine kleine und im Abspann nicht erwähnte Rolle in Fritz Langs Film

---

13 Vgl. Julia Bertschik: Mode und Moderne. Kleidung als Spiegel des Zeitgeistes in der deutschsprachigen Literatur (1770–1945). Köln 2005, S. 181. Das Motiv der femme fatale findet sich zum Beispiel in den Gedichten *Wiegenlied (Ein Vater singt:)* (1928).
14 UHU, H. 6 1929/1930, S. 68–73. Eine digitalisierte Fassung der Reportage findet sich unter der URL https://www.arthistoricum.net/werkansicht/dlf/73558/66/0/ (11.12.2019)

Metropolis übernommen hatte. Der Text stammt von Erich Kästner und wurde später auch unter dem Titel *Karriere?* in den Gedichtband *Ein Mann gibt Auskunft* aufgenommen. Die Differenz zwischen Bild und Schrift zeigt sich bereits im Titel mehr als deutlich: »Lieschen Neumann will Karriere machen. Das Scheindasein vor der Kamera. Von Erich Kästner. Aufnahmen Yva.«[15] Während der Verfasser mit vollem Namen autorisiert wird, verschwinden Yva und ihre ›Aufnahmen‹ beinahe. Durch die Auslassung des ›von‹ vor ihrem Namen, die Verwendung des Pseudonyms und des technischen Begriffs der Aufnahme, verliert sie – anders als Kästner – den Status der Urheberschaft und des künstlerischen Anspruchs. Doch was wird hier ›aufgenommen‹? Das ›Scheindasein von Lieschen Neumann vor der Kamera‹. Siegfried Kracauer konstatiert in seinem kanonischen Essay *Die kleinen Ladenmädchen gehen ins Kino:* »Filmkolportage und Leben entsprechen einander gewöhnlich, weil die Tippmamsells sich nach den Vorbildern auf der Leinwand modeln«.[16] Durch die mediale Inszenierung entsteht also Abbild und Konstruktion eines neuen Weiblichkeitsbildes gleichermaßen. Anders bei Kästner, der hier zwar Schein-Existenz und Sein gegeneinander stellt, doch letztendlich mit Lieschen Neumann weder Abbild noch Konstruktion, sondern lediglich ein Blickobjekt erzeugt. Wie ihr Name, nicht nur durch den versachlichenden Diminutiv des Vornamens, sondern auch durch die explizite Verweisstruktur auf ›Lieschen Müller‹ demonstriert, wird ihr auch jenseits der schillernden Oberflächen kein Subjektstatus zugestanden. In der Fotostory verkörpert sie Ramona Silvaré, die durch den französisch klingenden Namen und den leichten Anklang an das englische silver (*silvar* heißt auf Portugiesisch auch pfeifen) bereits etwas Exotisches, wenn nicht Funkelndes erhält. Auf die Unmöglichkeit der Subjektwerdung wird auch in Irmgard Keuns Roman *Das kunstseidene Mädchen* Bezug genommen: In dem Moment, wo sich Doris im Nirgendort des Wartesaals von dem unrealistischen Traum, ein ›Glanz‹ zu werden, verabschiedet, läuft sie in ihrer prekären Situation Gefahr, ganz unsichtbar zu werden. Doch anders als bei Keun, wo die materiellen Zwänge stärker in den Mittelpunkt gerückt werden, erscheinen die Karrierewege dieser »Sorte junge Damen« bei Kästner als selbstgewählt. Die Belehrung: »Doch echten Perlenschmuck und Zobeljacken / erwirbt man nicht mit Lächeln, liebes Kind.« erscheint altväterlich und adressiert an eine Frau im Entwicklungsstadium eines Kindes. Ein schönes Gesicht und einwandfreie Beine sind nicht genug für die Karriere, lautet der Appell an die »jungen Damen«, die damit aufgrund der materiellen Notlage wenig anfangen können. Das ›kunstsei-

---

15 Mein Dank gilt an dieser Stelle Annette Keck, die mich auf die schon im Titel der Fotoreportage erkennbare eklatante Differenz zwischen Bild und Schrift hingewiesen hat.
16 Siegfried Kracauer: Die kleinen Ladenmädchen gehen ins Kino. In: Ders.: Das Ornament der Masse. Essays. Frankfurt/Main 1977, S. 279–294; hier S. 280.

dene Mädchen‹ Doris delegiert die Verantwortung sinnigerweise gleich an eine höhere Instanz: »Vater unser, mach mir doch mit einem Wunder eine feine Bildung – das übrige kann ich ja selbst machen mit Schminke.«[17]

Ein weiterer Aspekt, der sich über Bild- und Textebene gut nachvollziehen lässt, ist der Gegensatz aus Natur und Artefakt. Es war, wie Hans Jannowitz 1927 schreibt, »die Zeit, da der ›schönste Frauenschmuck‹ des Mittelalters fiel, das häßliche, lächerliche, unhygienische, indianische lange Haar unserer Urahne«[18]. Bubikopf, gepaart mit »reichlich parfümierten Namen«, ›künstlichem Lachen‹ und, wie auf den Fotografien unschwer zu erkennen, starker Schminke; »wahrhaftig ließ sich die massenhafte Existenz des Phänotyps [der ›Neuen Frau‹] mit Kurzhaarschnitt, Hängekleid und Zigarette gerade auf der Erscheinungsebene der Bildmedien nicht mehr leugnen.«[19] Die vermeintliche Dichotomie zwischen der ›natürlichen‹ und der ›künstlichen‹ Frau ist bei Kästner, wie noch an anderen Gedichten zu zeigen sein wird, häufiger Topos. Auch die Imitation männlich codierter Positionen, am Steuer eines Flugzeuges oder eines Autos, ist nicht Ausdruck des Typus der emanzipierten Garçonne, wie wir ihn etwa in den Romanen *Mehlreisende Frieda Geier* (1931) von Marieluise Fleißer oder *Stud. chem Helene Willfüer* (1929) von Vicki Baum vorfinden, sondern ein bloßes Imitieren für die Dauer der Aufnahme. Dabei muss bei Kästner die »durch den modischen Habitus der ›Neuen Frau‹ gefährdet erscheinende[] Geschlechterpolarität«[20] unbedingt verteidigt werden. Somit bleibt die Inszenierung von Weiblichkeit eine Projektionsfläche. Das »Scheindasein« von Lieschen Neumann entsteht also nicht ›vor der Kamera‹, sondern am Schreibtisch.

---

17 Irmgard Keun: Das kunstseidene Mädchen. Roman. Mit zwei Beiträgen von Annette Keck und Ana Barbara Hagin. München 2004, S. 202f.
18 Hans Janowitz: Jazz. Berlin 1927, S. 10.
19 Die neue Frau. Herausforderungen für die Bildmedien der Zwanziger Jahre. Hg. v. Katharina Sykora, Annette Dorgerloh, Doris Noell-Rumpelten und Ada Raev. Marburg 1993, S. 11.
20 Bertschik: Mode und Moderne (s. Anm. 13), S. 185.

Lieschen Neumann will Karriere machen

Das Scheindasein vor der Kamera

Von Erich Kästner

Aufnahmen Yva

Es gibt da
  eine Sorte
    junge Damen,
die haben nichts,
  als etwas
    anzuziehn.
Sie tragen
  reichlich
    parfümierte
      Namen
und sind aus —
  oder wollen
    nach — Berlin.

★

Sie sitzen ohne Appetit zu Haus.
Sie können nicht mehr, nur noch künstlich, lachen.
Da ziehen sie sich an und gehen aus
und wollen eiligst Karriere machen.

Sie denken sich die Sache ziemlich leicht
und gehn, um keine Zeit mehr zu verlieren,
den Weg, auf dem man heute viel erreicht:
das heißt: sie lassen sich fotografieren.

*

Sie melden sich (weil es das Bild so will),
bei einer Fotografin namens Yva
und halten dort in zwanzig Lagen still.
Und fühlen sich dabei bereits als Diva.

Man bringt sie dann in Fotokästen unter.
Sie hängen zwischen Schaljapin und Solf.
Sie sehn entzückend aus, und es steht drunter:
„Ramona Silvaré beim Golf."

*

Sie stehn, als Brustbild, lächelnd neben Pferden und sind auch diesbezüglich Koryphäe...

der Eindruck würde freilich anders werden, wenn man den untern Teil des Bildes sähe.

Sie lächeln uns aus jedem Magazine,
auf Kunstdruckblättern, gut getroffen an.
„Ramona in der kleinsten Flugmaschine."
Die Leute staunen, was Ramona kann.

Als hätte sie nie anderes getan,
sieht man sie lächelnd an Volant
und Steuer...

»Es gibt da eine Sorte junge Damen« —— **183**

... in Wirklichkeit fährt sie bloß Straßenbahn. Und oft ist ihr auch dieses noch zu teuer.

Sie lächeln auch aus allen Modeheften und tragen Samt und Seal und Crêpe de chine...

Abb. 1–6: Lieschen Neumann will Karriere machen. Das Scheindasein vor der Kamera. *Von Erich Kästner. Aufnahmen Yva.* In: UHU, H. 6 1929/1930, S. 68–73.

2 Das »ewig gleiche Beinerlei«: Vom *Chor der Fräuleins* (1928) zum *Chor der Girls* (1929)

Um den Subjektstatus der ledigen Angestellten ist es zur Zeit der Weimarer Republik generell eher schwach bestellt. Um den Massenstatus zu betonen, wird für diese Frauen der amerikanische Terminus des Girls in den deutschen Sprachraum übertragen. Das Girl gibt es nicht im Singular, sondern lediglich als Pluralform. Alfred Polgar erkannte bereits 1926: »Girls sind ein sogenanntes ›plurale tantum‹. Das heißt, der Begriff erscheint sprachlich nur in der Mehrzahlform. *Ein* Girl gibt es nicht, so wenig wie etwa *einen* Pfeffer.«[21] (Nicht nur) in Kästners Lyrik erscheint das Girl in zwei Varianten, als Working Girl in *Chor der Fräuleins* (1928) und als Revue oder Tiller Girl in *Chor der Girls* (1929). Im Chor spiegelt sich zugleich das Plurale der Girls, die keinen Subjektstatus erlangen können.

Chor der Fräuleins

Wir hämmern auf die Schreibmaschinen.
Das ist genau, als spielten wir Klavier.
Wer Geld besitzt, braucht keines zu verdienen.
Wir haben keins. Drum hämmern wir.

Wir winden keine Jungfernkränze mehr.
Wir überwanden sie mit viel Vergnügen.
Zwar gibt es Herrn, die stört das sehr.
Die müssen wir belügen. -

Zweimal pro Woche wird die Nacht
mit Liebelei und heißem Mund,
als wär man Mann und Frau, verbracht.
Das ist so schön! Und außerdem gesund.

Es wär nicht besser, wenn es anders wäre.
Uns braucht kein innrer Missionar zu retten.
Wer murmelt düster von verlorner Ehre?
Seid nur so treu wie wir, in euren Betten!

Nur wenn wir Kinder sehn, die lustig spielen
und Bälle fangen mit Geschrei,
und weinen, wenn sie auf die Nase fielen –
Dann sind wir traurig. Doch das geht vorbei.[22]

---

[21] Alfred Polgar: Girls. In: City Girls. Frauenbilder im Stummfilm. Hg. v. Gabriele Jatho und Rainer Rother. Berlin 2007, S. 53–55; hier: S. 53. [Erstdruck in: Prager Tagblatt v. 11.4.1926]
[22] Erich Kästner: Chor der Fräuleins. In: Ders.: Herz auf Taille (s. Anm. 5), S. 17 f.

Klavier und Schreibmaschine erscheinen als Distinktionsmerkmale der Schichten. So heißt es beispielsweise auch in dem Montags-Gedicht *Der Schildbürgermeister* vom 15. April 1929, das zur Verteidigung von Marieluise Fleißer anlässlich des Skandals um *Pioniere in Ingolstadt* verfasst wurde:

> [...]
> Und Dienstmädchen sind keine Damen.
> Denn wer auf dem Klaviere
> nichts weiter als Staub wischen kann,
> der ist kein Freund vom Erörtern
> und zieht auch den nackigsten Wörtern
> keine Badehose an.
> [...][23]

Polyamouröse Affären treten an die Stelle von Ehen. Dass dabei oftmals finanzielle Zuwendungen und weniger das hier konstatierte ›Vergnügen‹ die Motivation waren, ist offensichtlich. Gegen dieses Gedicht legte die Geschäftsstelle des Verbandes der weiblichen Handels- und Büroangestellten e. V. Beschwerde ein. Ein Kollege verteidigte Kästner in der Mannheimer Volksstimme vom 20. September 1928 mit dem zweifelhaften Argument, das Kunstwerk habe mit Moral nichts zu tun, sondern »wegen des wahren Inhalts und der zarten Einfühlung, mit der die Lebenstragik einer großen Zahl erwerbstätiger Frauen gezeichnet wird, denen die schändlichen sozialen Zustände der Gegenwart die Erfüllung ihres eigentlichen Berufes, Mutter zu sein, unmöglich machen.«[24] Der Begriff der ›zarten Einfühlung‹ ist für Kästners Lyrik generell unbrauchbar. Die in dem Rollengedicht eingenommene vermeintliche ›Innensicht‹ der Fräuleins ist keine ›zarte Einfühlung‹, sondern eine Anmaßung. Sämtliche Autonomiebestrebungen der Frauen seit den 1920er Jahren werden negiert und die Frau auf ihre ›natürliche‹ Rolle der Mutter reduziert; die sie jedoch niemals in einer autonomen ökonomischen Position, sondern nur in der abhängigen Position einer Ehefrau erreichen soll.

Die ›Lebenstragik‹ besteht dabei weniger in der Erwerbstätigkeit an sich, sondern darin, dass damit kaum die eigene Existenz gesichert werden konnte (geschweige denn die eines Kindes). Es handelt sich um die Perspektivlosigkeit einer jungen und nicht mehr ganz so jungen Generation an Working Girls.

Was impliziert der Begriff des Working Girls? Stefan Hirschauer verweist zurecht darauf, dass beide Teile als »semantische[r] Gegensatz« oder zumindest als

---

23 Erich Kästner: Der Schildbürgermeister. In: Ders.: Die Montags-Gedichte. Mit einem Vorwort von Marcel Reich-Ranicki. Kommentiert von Jens Hacke. München 2012, S. 107 f.; hier S. 107.
24 Zit. n. Hanuschek: Keiner blickt dir hinter das Gesicht (s. Anm. 4), S. 130.

»erstaunliche[s] Attribut: dass diese Frauen arbeiten!« erscheinen. [25] Anders als bürgerliche Frauen oder höhere Töchter verlassen diese das Haus, um in der Öffentlichkeit zu arbeiten. Hinzu kommt der Faktor Alter:

> Natürlich, so beschwichtigt sich die Formel gleichsam selbst, handelt es sich auch nicht um Frauen im vollen Wortsinn, sondern um Wesen, die das Frausein eigentlich erst noch vor sich haben: um Girls halt, ›junge Dinger‹ also, deren Körper und Charakter noch gar nicht voll in die biographische Hochkonjunktur ihrer Geschlechtlichkeit gelangt ist.[26]

Dabei ist eine berufliche Ausbildung und Entwicklung nicht vorgesehen. 1932 beschreibt Lisbeth Franzen-Hellersberg die Situation jugendlicher Arbeiterinnen nach der Jahrhundertwende folgendermaßen: »Wir haben keinen Beruf, wir haben Arbeit«[27], und oftmals nicht mal diese, müsste man angesichts der zunehmenden Massenarbeitslosigkeit leider ergänzen. Es bleiben prekäre und abhängige Beschäftigungsverhältnisse. Während Frauen zum Ende des Ersten Weltkriegs als wichtige Arbeitskräfte benötigt wurden, wurden sie ab 1920 aufgrund der aufkommenden Wirtschaftskrise verstärkt aus dem (nun wieder von Männern besetzten) Arbeitsmarkt gedrängt und auf ihre »natürliche Wesensbestimmung« als Hausfrau und Mutter verwiesen (wobei dies gerade in den Nachkriegsjahren oft eine unerreichbare Perspektive blieb).[28] Prekäre Lebensverhältnisse trafen Frauen auf besondere Weise; sie waren oftmals gezwungen, sich selbst zu verkaufen. Auch der Terminus Working Girl erweist sich in dieser Hinsicht als mehrdeutig, da er zudem als Slang-Ausdruck für eine weibliche Prostituierte verwendet wird. Diesen Schluss legen die wechselnden Sexualpartner im *Chor der Fräuleins* zumindest nahe, in vielen anderen Kästner-Gedichten wird die Käuflichkeit von Sexualität auch explizit beschrieben.[29]

Es handelt sich also um eine Vermischung von Ökonomie, Geschlecht, Alter und Sexualität.

---

25 Stefan Hirschauer: Arbeit, Liebe und Geschlechterdifferenz. Über die wechselseitige Konstitution von Tätigkeiten und Mitgliedschaften. In: Sabine Biebl, Verena Mund, Heide Volkening (Hg.): Working Girls. Zur Ökonomie von Liebe und Arbeit. Berlin 2007, S. 23–41; hier S. 24.
26 Hirschauer: Arbeit, Liebe und Geschlechterdifferenz (s. Anm. 25), S. 23 f.
27 Lisbeth Franzen-Hellersberg: Die jugendliche Arbeiterin. Ihre Arbeitsweise und Lebensform. Tübingen 1932. Zit. n. Gabriele Jatho, Rainer Rother (Hg.): City Girls. Frauenbilder im Stummfilm. Berlin, S. 12.
28 Vgl. Kristine von Soden: Frauen und Frauenbewegung in der Zeit der Weimarer Republik. In: Die wilden Zwanziger. Weimar und die Welt 1919–1933. Ein Bilderlesebuch. Reinbek 1988, S. 164–180.
29 So zum Beispiel in *Der Scheidebrief (Die ledige Erna Schmidt schreibt:)* (1928), *Ballgeflüster (Ist sehr sachlich zu sprechen:)* (1928) oder *Eine Animierdame stößt Bescheid* (1932).

Das Working Girl arbeitet in einer subalternen Position; seine Arbeitsstätten liegen oft in einem semi-öffentlichen Raum, in dem sich Arbeit und Freizeit überlagern: Warenhäuser, Schalterhallen, Büros, Straßen, Hotels, Kinos, Restaurants und Theater.

Eine weitere Ausformung des Working Girls findet sich in den Tänzerinnen der Revuen. Über die dort auftretenden Tiller Girls schreibt Siegfried Kracauer in *Das Ornament der Masse:* »Den Beinen der Tillergirls entsprechen die Hände in der Fabrik.«[30] In *Chor der Girls* figuriert Kästner als Rollengedicht deren vermeintliche Innenperspektive als Kollektiv-Körper:

Chor der Girls

Wir können bloß in Reih und Glied
und gar nicht anders tanzen.
Wir sind fast ohne Unterschied
und tanzen nur im ganzen.

Von unsern sechzig Beinen
sind dreißig immer in der Luft.
Der Herr Direktor ist ein Schuft
und bringt uns gern zum Weinen.

Wir tanzen Tag für Tag im Takt
das ewig gleiche Beinerlei.
Und singen laut und abgehackt,
und sehr viel Englisch ist dabei.

Wer wenig Brust hat, wird sehr gern
und oft als nacktes Bild verwandt.
Vorn sitzen ziemlich dicke Herrn
und haben uns aus erster Hand.

Wir haben seinerzeit gedacht,
daß Tanzen leichter wäre!
Wir haben mancherlei gemacht.
Nur keine Karriere.

Wir haben niemals freie Zeit
und stets ein Bein erhoben.
Was wir verdienen, reicht nicht weit,
trotz Tanz und Film und Proben.

Wir waren lange nicht zu Haus.
Wir leben nur auf Reisen.

---

[30] Siegfried Kracauer: Das Ornament der Masse. In: Ders.: Das Ornament der Masse. Essays (s. Anm. 16), S. 50–63; hier S. 54.

Und ziehen ein. Und ziehen aus.
Und fühlen uns wie Waisen.

So tanzen wir von Stadt zu Stadt
und stets vor andren Leuten.
Und wenn uns wer gefallen hat,
hat das nichts zu bedeuten.

Bald fahren wir nach Übersee
ab Hamburg an der Elbe.
Die Zeit vergeht. Das Herz tut weh.
Wir tanzen stets dasselbe.[31]

Die tanzenden Körper verschmelzen zu einem *Ornament der Masse.* Kracauer schreibt über die Tiller Girls: »Diese Produkte der amerikanischen Zerstreuungsfabriken sind keine einzelnen Mädchen mehr, sondern unauflösliche Mädchenkomplexe, deren Bewegungen mathematische Demonstrationen sind.«[32] Für Kracauer ist das Ornament, anders als für Kästner, »*Selbstzweck.* [...] Die Massenbewegung der Girls [...] steht im Leeren, ein Liniensystem, das nichts Erotisches mehr meint, sondern allenfalls den Ort des Erotischen bezeichnet.«[33] Kracauer fokussiert die ästhetischen Oberflächen der »amerikanischen Zerstreuungsfabriken«, während Kästner erneut eine gänzlich unindividuelle Innensicht der Girls erzeugt, deren großes Leid an ihrer angeblich einst selbst gewählten Rolle durch Entwurzelung und Heimatlosigkeit hervorgerufen wurde. In dem Montags-Gedicht *Revue-Dämmerung* vom 29. Februar 1929 wird das Ende der großen Revue-Theater, etwa dem von Hermann Haller und James Klein, beschrieben.

[...]
Hundert Busen, klein und groß,
machten einst Vergnügen.
Fort mit Nabeln und Popos!
Hundert Busen stören bloß.
(Zwei bis drei genügen.)

Nacktheit war nichts weiter als
eine Periode.

---

31 Erich Kästner: Chor der Girls. In: Ders.: Lärm im Spiegel (s. Anm. 8), S. 77f.
32 Kracauer: Das Ornament der Masse (s. Anm. 30), S. 50. Die hier von Kracauer angedeutete Dichotomie zwischen einer mit Amerika assoziierten Oberflächlichkeit/Künstlichkeit und einer mit Europa assoziierten (historisch-kulturellen) Tiefendimension wäre eine eigene Untersuchung wert.
33 Kracauer: Das Ornament der Masse (s. Anm. 30), S. 52.

> War sie nötig? Allenfalls …
> Nacktheit, südlich von dem Hals,
> ist nicht mehr in Mode.
>
> Wütend steigt das Girl ins Hemd.
> Klein hat ja gekündigt.
> Und auch Haller stellt sich fremd.
> Nun wird wieder (ohne Hemd)
> nur privat gesündigt.
> […]³⁴

Das »ewig gleiche Beinerlei« zerfällt nun in Einzelteile. Der weibliche Körper wird dabei nicht nur fragmentiert, sondern auch der Lächerlichkeit preisgegeben, wenn von drei Busen die Rede ist oder die Körperlandschaft per Kompass untersucht wird. Der in seine Einzelteile zerlegte Körper erweist sich dabei auch über die Ausstülpungen und Körperöffnungen als offener und grotesker Körper im Bachtin'schen Sinne. Bachtin schreibt:

> Die künstlerische Logik der grotesken Gestalt ignoriert also die verschlossene, ebenmäßige und taube Fläche des Leibes und fixiert nur das Hervorstehende, seine Schösslinge und Knospungen, sowie seine Öffnungen, das heißt: nur das, was über die Grenzen des Leibes hinausgeht oder aber in die Tiefen des Leibes hineinführt. […]
>
> Im Grunde genommen gibt es in der Groteske, wenn man ihre konsequenten Ausprägungen betrachtet, gar keinen individuellen Leib. Jene Einbuchtungen und Knospungen, die die groteske Gestalt bilden, sind ja bereits ein anderer, sind der neu gezeugte Leib.³⁵

Diese und weitere Ausformungen von Frauenbildern als groteske Körper finden sich auch in dem Gedicht *Sogenannte Klassefrauen*, das im Folgenden ausführlich analysiert werden soll.

---

34 Erich Kästner: Revue-Dämmerung. In: Ders.: Die Montags-Gedichte (s. Anm. 23), S. 96 f. Es gibt noch weitere Gedichte, in denen Frauen als fragmentierte, in Einzelteile zerlegte Körper dargestellt werden, so zum Beispiel in *Der Busen marschiert* (1930) oder *Ball im Osten: Täglich Strandfest* (1932).
35 Michail Bachtin: Die groteske Gestalt des Leibes. In: Das Groteske in der Dichtung. Hg. v. Otto F. Best. Darmstadt 1980, S. 195–202; hier S. 197.

3 Der groteske Körper der ›Klassefrauen‹: Über Kröten und Künstlichkeit

Sogenannte Klassefrauen

Sind sie nicht pfui teuflisch anzuschauen?
Plötzlich färben sich die »Klassefrauen«,
weil es Mode ist, die Nägel rot!
Wenn es Mode wird, sie abzukauen
oder mit dem Hammer blauzuhauen,
tun sie's auch. Und freuen sich halbtot.

Wenn es Mode wird, die Brust zu färben,
oder, falls man die nicht hat, den Bauch . . .
Wenn es Mode wird, als Kind zu sterben
oder sich die Hände gelbzugerben,
bis sie Handschuhn ähneln, tun sie's auch.

Wenn es Mode wird, sich schwarzzuschmieren . . .
Wenn verrückte Gänse in Paris
sich die Haut wie Chinakrepp plissieren . . .
Wenn es Mode wird, auf allen Vieren
durch die Stadt zu kriechen, machen sie's.

Wenn es gälte, Volapük zu lernen
und die Nasenlöcher zuzunähn
und die Schädeldecke zu entfernen
und das Bein zu heben an Laternen -
morgen könnten wir's bei ihnen sehn.

Denn sie fliegen wie mit Engelsflügeln
immer auf den ersten besten Mist.
Selbst das Schienbein würden sie sich bügeln!
Und sie sind auf keine Art zu zügeln,
wenn sie hören, daß was Mode ist.

Wenn's doch Mode würde, zu verblöden!
Denn in dieser Hinsicht sind sie groß.
Wenn's doch Mode würde, diesen Kröten
jede Öffnung einzeln zuzulöten!
Denn dann wären wir sie endlich los.[36]

Remo Hug konstatiert über das Kästner'sche Frauenbild: »Kästner provoziert, weil er sich provoziert fühlt.«[37] Doch wovon ›fühlt‹ er sich denn in diesem Gedicht

---

36 Erich Kästner: Sogenannte Klassefrauen. In: Ders.: Ein Mann gibt Auskunft (s. Anm. 7), S. 50 f.
37 Hug: Gedichte zum Gebrauch (s. Anm. 3), S. 92.

provoziert? Genügt es etwa als Provokation, selbstbewusst aufzutreten und somit in der Öffentlichkeit sichtbar zu sein? Die geschilderten Frauen treten nämlich in keinerlei Interaktion, sie bleiben passiv und handeln nicht. Die Provokation ist also nicht ihr Fehlverhalten oder eine bestimmte Handlung, sondern deren bloße Existenz.

Es sind in diesem Gedicht im Wesentlichen drei Dichotomien, die den weiblichen Körper als offen und grotesk kennzeichnen und somit durch diese (Fremd-)Zuschreibung jeden Subjektstatus verhindern: Die Dichotomien von Natur und Artefakt, von Mensch und Tier und von Körper und Geist.

3.1 Natur und Artefakt – Schminken als Kulturtechnik

An der Körpergrenze zwischen innen und außen werden in dem Gedicht vornehmlich anorganische Stoffe verortet: gelbgegerbte lederne Hände, eine Haut wie Chinakrepp und das zu bügelnde Schienbein. Neben der Tatsache, dass die Vermischung vom Organischen mit dem Anorganischen erneut auf den offenen, grotesken Körper verweist, wird hierin zudem die Abneigung von Künstlichkeit gegen eine wie auch immer geartete Natürlichkeit offensichtlich. Das Aktiv-Künstlerische oder die Kulturarbeit ist dabei männlich codiert, oder wie Silvia Bovenschen schreibt: »Die Frau ist als Verkörperung der Natureinheit das, was der Mann im Kunstwerk erst wiederherzustellen sucht.«[38] Abgelehnt wird Nagellack genauso wie Schminke. Dass sich hierbei ›schwarzgeschmiert‹ wird, könnte zudem als ablehnende Reaktion auf den zeitgenössischen Erfolg von Josephine Baker zu verstehen sein.[39] Es ist ein unzeitgemäßer Diskurs um Oberfläche und Tiefe, Natur und Artefakt, den Urte Helduser bei den »Naturalisten« verortet, da sie »noch das ›echte‹, ›tiefe‹, ›männliche‹ Gefühl gegen die ›oberflächliche‹, ›weibliche‹, ›geschminkte‹ Sentimentalität der Gründerzeit setzen«.[40] Während in

---

38 Silvia Bovenschen: Die imaginierte Weiblichkeit. Exemplarische Untersuchungen zu kulturgeschichtlichen und literarischen Präsentationsformen des Weiblichen. Frankfurt a. M. 2003, S. 37.
39 Josephine Baker (1906–1975) war eine US-amerikanische und französische Tänzerin, Sängerin und Schauspielerin, die sehr erfolgreich in verschiedenen Revuen auftrat und auch im Berlin der späten 1920er Jahre ein Star war. Der Pariser Revue-Kritiker André Levinson schrieb über sie: »Josephine ist kein groteskes schwarzes Tanzgirl mehr, sondern jene Schwarze Venus, die den Dichter Baudelaire in seinen Träumen heimsuchte.« (Zitiert unter anderem in: Thomas Meinecke: Hellblau. Roman. Frankfurt a. M. 2003, S. 335.)
40 Urte Helduser: Sachlich, seicht, sentimental. Gefühlsdiskurs und Populärkultur in Irmgard Keuns Romanen *Gilgi, eine von uns* und *Das kunstseidene Mädchen*. In: Irmgard Keun 1905/2005.

Kästners Lyrik die Ablehnung geschminkter Frauen ein wiederkehrender Topos ist, ist das Schminken für Doris aus Irmgard Keuns Roman *Das kunstseidene Mädchen* oder Flämmchen aus Vicki Baums Roman *Menschen im Hotel* eine Strategie der Sichtbar- und Subjektwerdung.[41]

In diesem Zusammenhang darf nicht unerwähnt bleiben, dass auch der Karneval ein häufiges Thema in Kästners Lyrik ist. Er hat ihm allein vier seiner Montags-Gedichte gewidmet.[42] Die Vermischung von (Geschlechts-)Identitäten und die Maskerade im Karneval werden von ihm dabei häufig kritisiert – »Man wird durch falsche Nasen nicht echter. Sie sind nicht gut und nicht schlecht, sondern schlechter!«[43] – und sogar als existenzielle Bedrohung beschrieben.[44] Das Thema Karneval in der Lyrik der Neuen Sachlichkeit kann jedoch an dieser Stelle nur angedeutet werden und ist eine eigene Untersuchung wert.

3.2 Krötenwanderung oder die Dichotomie von Mensch und Tier

Figurationen des Weiblichen werden in dem Gedicht weiterhin mit Tierbildern überschrieben: Es ist von Gänsen die Rede, vom Kriechen auf allen Vieren, vom hündischen Urinieren am Laternenpfahl und den Kröten. Neben der ganz offensichtlichen Aberkennung des menschlichen Subjektstatus' in dem grotesken Leib einer Tier-Frau erscheint es aufschlussreich, sich auf ›Krötenwanderung‹ zu begeben, da die Kröte in der Kulturgeschichte von besonderer metaphorischer Bedeutung ist.

Deutungen und Dokumente. Hg. v. Ariane Martin u. Stefanie Arend. Bielefeld 2005, S. 13–27; hier S. 14.
41 In *Menschen im Hotel* erscheint statt der erwarteten »Flamm zwo« mit Flämmchen eine Schreibkraft, die bereits qua ›Auftritt‹ Sichtbarkeit evoziert: »Mitten auf dem Mund hatte sie einen Kreis roter Schminke sitzen, ganz achtlos und nebenbei hingetupft, nur weil es modern war. Als sie aufstand, zeigte es sich, daß sie größer war als der Generaldirektor, hochbeinig, mit einem fest zugezogenen Ledergürtel um die auffallend schmale Mitte und prachtvoll gewachsen von oben bis unten. [...] Parfümiert war sie auch.« (Vicki Baum: Menschen im Hotel. Roman. Köln 2005, S. 81) Flämmchen und das ›kunstseidene Mädchen‹ Doris entsprechen damit einem weiteren Frauentyp der Zeit, dem Flapper.
42 *Ballgeflüster* (1929), *Rundschreiben für Fastnacht* (1929), *Kostümballade* (1929) und *Münchener Fasching* (1930).
43 Erich Kästner: Karneval der Missvergnügten. In: Ders.: Lärm im Spiegel (s. Anm. 8), S. 30 f.
44 So zum Beispiel in den Gedichten *Maskenball im Hochgebirge* (1930) oder *Schicksal eines stilisierten Negers* (1930).

Betrachten wir erneut die brutalen Schlussverse: »Wenn's doch Mode würde, diesen Kröten / jede Öffnung einzeln zuzulöten! / Denn dann wären wir sie endlich los«[45]. Zunächst fällt auf, dass das Reflexive ›sich‹ der vorangegangenen Strophen verschwunden ist, es sind also nicht mehr die Frauen selbst, die sich innerhalb des Gedichts Leid zufügen. Mit dem Lötkolben tritt nun das phallische Element aggressiver Penetration in Erscheinung. Die Löcher der Kröten sollen gewaltsam verschlossen, die Kröte und der sie umgebende Sumpf ›ausgetrocknet‹ werden. Die Kröte gilt bereits im Alten Testament als unrein.[46] Die Herkunft der Kröte ist dabei unklar, und zwar – wie Annette Keck in dem Aufsatz *Kröten schreiben* feststellt – sowohl hinsichtlich der Terminologie,[47] also der begrifflichen Entstehung des Namens, als auch hinsichtlich ihrer Genealogie, die – zumindest der Vorstellung nach – das Ergebnis einer »regellosen Sumpfzeugung« darstellt und einer »Vermischung von Leben und Tod, da aus verwesenden Elementen neues Leben entstehen kann.«[48] Die patrilineare Ordnung erscheint somit gefährdet. Wie auch in dem Gedicht deutlich wird, ist die Kröte eng mit Sexualität und Fortpflanzung verknüpft. Mit dem Krötentest wurde bis in die 1960er Jahre eine mögliche Schwangerschaft festgestellt. Es gibt zudem verschiedene Ausprägungen einer Sage, nach der Nero mit einer Kröte schwanger ist, nachzulesen in Gottfried Kellers *Sinngedicht* oder bereits in der mittelhochdeutschen Verserzählung *Moriz von Craûn*. Die Kröte wird teilweise sogar mit der Gebärmutter gleichgesetzt, wie beispielsweise in der Hysterieforschung. So schreibt Professor Meyer 1906 in seinem Aufsatz *Die Beziehung der funktionellen Neurosen, spez. der Hysterie, zu den Erkrankungen der weiblichen Genitalorgane*: »Ausgehend von der Idee des im Körper gleich einem Tiere (Kröte oder Frosch besonders) umherwandernden Uterus tauchte sie [die Hysterie] immer wieder in wechselndem Gewande auf«[49] Eine aberwitzigere Kombination von Kröte und Maskerade als Merkmale hysterischer Weiblichkeit ist wohl kaum vorstellbar.

---

45 Erich Kästner: Sogenannte Klassefrauen. In: Ders.: Ein Mann gibt Auskunft (s. Anm. 7), S. 50 f.
46 Vgl. 3. Mose 11.29–31: »Diese sollen euch unrein sein unter den Tieren, die auf der Erde wimmeln: das Wiesel, die Maus, die Kröte, ein jedes mit seiner Art, der Gecko, der Molch, die Eidechse, die Blindschleiche und der Maulwurf. Die sind euch unrein unter allem, was da kriecht. Wer ihr Aas anrührt, der wird unrein sein bis zum Abend.«
47 Vgl. Annette Keck: Kröten schreiben. Überlegungen zum tierischen Medium einer antiväterlichen Poetologie der Moderne. In: Cornelia Ortlieb u. a. (Hg.): Das Tier als Medium und Obsession. Zur Politik des Wissens von Mensch und Tier um 1900. Berlin 2015, S. 249–263; hier S. 249.
48 Keck: Kröten schreiben (s. Anm. 47), S. 258.
49 Prof. E. Meyer: Die Beziehung der funktionellen Neurosen, spez. der Hysterie, zu den Erkrankungen der weiblichen Genitalorgane. In: Monatsschrift Geburtshilfe Gynäkologie. Nr. 22/1906; S. 1–16; hier S. 1.

Die martialische Sprache vom Zulöten der Löcher, dem Austrocknen von Sumpf und Kröte, weckt zumindest retrospektiv noch ganz andere grausame Assoziationen zum (späteren) realgeschichtlichen Jargon der Nationalsozialisten.

Der Kröte eine Stimme und somit dem Opfer eine Subjektposition verlieh die Dichterin Gertrud Kolmar, in dem 1933 verfassten Gedicht *Die Kröte* aus dem Gedicht-Zyklus *Die Stimme der Stummen*. Die Abschlussverse erscheinen fast schon als Antwort auf Kästner:

> Komm denn und töte!
> Mag ich nur ekles Geziefer dir sein:
> Ich bin die Kröte
> Und trage den Edelstein...[50]

Hierin gelangt die Kröte zu einer eigenen Sprecher- und Subjektposition, obwohl sie nicht handelt, sich gegen den Mörder nicht zur Wehr setzt, sondern ihn sogar auffordert, sie zu töten. Dem antisemitischen Vokabular von ›Geziefer‹ wird mit dem Edelstein begegnet, durch den die Kröte – wie bereits in Hans Christian Andersens Märchen *Die Kröte* – zugleich etwas Auserwähltes bekommt.[51] Die jüdische Dichterin Gertrud Kolmar wurde 1943 nach Auschwitz deportiert und dort ermordet. Diese retrospektiven Assoziationen können Kästner jedoch kaum vorgeworfen werden, da sein Gedicht bereits 1930 verfasst wurde.

Frösche und Kröten spielen auch bei Irmgard Keun eine Rolle. In *Gilgi. Eine von uns* wird das Geräusch des sterbenden Frosches sogar explizit zu einer weiblichen Ausdrucksform: »Jedesmal wenn Irenchen einen gewissen Arthur erwähnt, quiekt Gerdachen wie ein Frosch, der gerade überfahren wird.«[52] Und in *Das kunstseidene Mädchen* schenkt ein Mann Doris einen Laubfrosch »aus Zelluloid und aus Spaß, um im Bach schwimmen zu lassen. Und ich habe ihn lange an einem grünen Samtband um den Hals getragen unter der Bluse und aus Pietismus, trotzdem die Pfoten sich schmerzhaft in meinen Hals drückten, wo ich ohnehin so zarte Haut habe.«[53] Das Tier wird somit zum Artefakt und die Kröte zum Schmuckobjekt. Die glatte Oberfläche des Plastikfrosches dringt dabei allerdings ›schmerzhaft‹ in Doris‹ Haut ein. Obwohl sich Kröte und Frosch

---

50 Gertrud Kolmar: Die Kröte. Aus dem Zyklus »Das Wort der Stummen«. In: Das lyrische Werk. Gedichte 1927–1937. Göttingen ²2010, S. 359.
51 Vgl. hierzu auch: Peter Hamm: Die Frau der Tiere. Geboren in Berlin, gestorben in Auschwitz: Die jüdische Dichterin Gertrud Kolmar. In: Die Zeit Nr. 20/1993 v. 14.5.1993, zit. n. URL: https://www.zeit.de/1993/20/die-frau-der-tiere/komplettansicht (30.1.2019)
52 Irmgard Keun: Gilgi – eine von uns. Roman. Berlin 2006, S. 64.
53 Irmgard Keun: Das kunstseidene Mädchen (s. Anm. 17), S. 20.

biologisch kaum systematisch abgrenzen lassen, sie gehören beide zu den Froschlurchen,⁵⁴ ist der Frosch, wohl auch über das Märchen vom Froschkönig, positiver und stärker männlich konnotiert. Auch im Volksmund möchte man schließlich lieber ›einen Frosch küssen‹ als ›eine Kröte schlucken‹. Die tierischen Vergleiche organisieren bei Kästner nicht nur Figurationen eines grotesken Körpers, sondern implizieren zugleich den mangelnden Intellekt dieser ›dummen Gänse‹.

3.3 Gegen die dumme Dummheit: Die Dichotomie von Körper und Geist

Der Begriff der Dummheit ist zentral in Kästners Lyrik; dagegen anzugehen ist ihm offensichtlich ein wichtiges Anliegen. Gegen dieses Anliegen dürfte auch niemand etwas einzuwenden haben – sich gegen das Dumme, vor allem wenn es der/die dumme Andere ist, zu positionieren, kann ja nie falsch sein. Die Dummheit wird dabei in *Sogenannte Klassefrauen* und anderen Gedichten von Kästner oft als weibliche Eigenschaft dargestellt. ›Uralte Gärten‹ werden so aufgeschlossen; laut der Genesis entstand Eva nicht nur aus Adams Rippe, sondern verführte Adam zudem zum Sündenfall.⁵⁵ Die Gleichsetzung des Weiblichen mit dem ›Natürlichen‹ als ›weibliche Natur‹⁵⁶ schließt Geist und Moral aus, Frauen – wie das eingangs erwähnte ›Lieschen Neumann‹ – werden dabei, intellektuellen Entwicklungsstand eines Kindes verortet.⁵⁷ So heißt es beispielsweise auch in dem ironisch gebrochenen Montags-Gedicht *Sex-Appeal* (1930):

> Da brauchen Sie moralisch nichts zu taugen.
> Und brauchen kein Gehirn. Und kein Profil...
> Wenn Sie nur eins besitzen: in den Augen
> den Sex Appeal!

Und auf diesen ›fiel‹ »schon ein gewisser Adam [...] rein.« Andernfalls »säßen [wir] heute noch im Paradiese.«⁵⁸ Weniger ironisch gebrochen erscheint die moralische Verwerflichkeit der Frau als Motiv in *Moralische Anatomie* (1928):

---

54 Vgl. Beatrix Langner: Kröten. Ein Portrait. Berlin 2018, S. 17.
55 Vgl. Mose 2,22–2,23; Mose 3,1–3,24.
56 Vgl. hierzu auch Bovenschen: Die imaginierte Weiblichkeit (s. Anm. 38), S. 36.
57 Vgl. ebd., S. 72.
58 Erich Kästner: Sex-Appeal. In: Ders.: Die Montags-Gedichte (s. Anm. 23), S. 206f.

Sie hatte nur Angst vor dem Kind.
Manchmal besucht sie mich noch.
An der Stelle, wo andre moralisch sind,
da ist bei ihr ein Loch...[59]

In *Polly oder das jähe Ende* (1929) wird die Dummheit und Käuflichkeit einer Blondine ausgestellt, deren »Horizont« »[b]is zum Betthimmel« reichte und die an »einem komplizierten Kuß« erstickte.[60] Es geht dabei um ein Verlachen; die Schadenfreude endet nicht mal mit dem Tod. Eine weitere Form des Verlachens weiblicher Dummheit findet sich beispielsweise in dem Rollengedicht *Epistel eines Dienstmädchen namens Bertha* (1928), in dem sich ›Bertha‹ in fehlerhaftem Deutsch an einen Liebhaber wendet, um ein ›Silberhalsband‹ zu erhalten.[61] Hierin zeigt sich auch ein wesentlicher Unterschied zu Irmgard Keun, wo nicht das ›kunstseidene Mädchen‹ und dessen ›Un-Bildung‹ verlacht wird, sondern als soziale Mimikry, die Unmöglichkeit der von ihr erwarteten Frauenrolle geradezu ausgestellt wird.

Apropos ›Verlachen‹: »Komik ist in einen gesellschaftlichen Kontext mit mehr oder weniger hierarchischen Strukturen eingebettet, die nicht nur das Lachen, sondern auch die Wahrnehmung des Komischen wesentlich prägen.«[62] Ebenso wie Angestellte umso stärker über einen schlechten Witz des Chefs lachen, je höher er steht, ist Komik und Lachverhalten auch geschlechterdifferent kodiert. Frauen wird die Belustigung ihres Gegenübers stärker untersagt, sie sollen stattdessen wohltemperiert über die Komik des Mannes lachen.[63] Auch Irmgard Keuns 1932 in der Zeitschrift *Der Querschnitt* veröffentlichter Essay *Das System des Männerfangs* enthält eine Anweisung zum Lachen: »Unbedingt und immer über dasselbe mit ihm lachen – sonst ists Essig mit der erstrebten Gemeinsamkeit.«[64] Die Frauen können so – ob mit oder ohne ›Glanz‹, als höhere Tochter oder Working Girl – keinen Subjektstatus erlangen, sondern

---

59 Erich Kästner: Sachliche Anatomie. In: Ders.: Herz auf Taille (s. Anm. 5), S. 86.
60 Erich Kästner: Polly oder das jähe Ende. In: Ders.: Lärm im Spiegel (s. Anm. 8), S. 81f. In *Höhere Töchter im Gespräch* wird von den ›höheren Töchtern‹ derart viel Dummes geredet, dass sogar das »Sofa schwitzt«« und deren dauerhaftes Verstummen herbeigesehnt wird. (Vgl. Erich Kästner: Ein Mann gibt Auskunft [s. Anm. 7], S. 95f.)
61 Vgl. Erich Kästner: Herz auf Taille (s. Anm. 5), S. 62f.
62 Eckart Schörle: Herrschaft, Moral und Identität. Über das Nichtkomische am Komischen. In: Wandel und Institutionen des Komischen. Hg. v. Friedrich W. Block u. Rolf Lohse. Bielefeld 2012, S. 21–36; hier S. 21.
63 Vgl. Schörle: Herrschaft, Moral und Identität (s. Anm. 62), S. 25.
64 Irmgard Keun: System des Männerfangs. In: Irmgard Keun 1905/2005. Deutungen und Dokumente. Hg. v. Stefanie Arend u. Ariane Martin. Bielefeld 2008, S. 138–141; hier S. 138.

sich nur selber verlachen. Das progressive und gleichzeitig prekäre Potential verschiedener Entwürfe von Weiblichkeit und Sichtbarkeit zu dieser Zeit wird auf diese Weise unterminiert.

4 Fazit: Bilderreichtum bei gleichzeitiger Schattenexistenz – Kästners Lyrik über die ›Neue Frau‹ führt nicht zu deren Sichtbarkeit

Erich Kästner schafft in seiner Lyrik also ein »große[s] Panoptikum imaginierter Frauentypen«[65], wobei die Frauen als Subjekte unsichtbar bleiben. Die von Silvia Bovenschen in ihrer kanonischen Studie *Die imaginierte Weiblichkeit* konstatierte Spannung zwischen »dem reichen Bilderrepertoire und der Schattenexistenz der schreibenden Frauen«[66] gilt hier auf besondere Weise. Die Frauen werden – oftmals aufgrund ihrer bloßen Sichtbarkeit in der Öffentlichkeit – moralisch kritisiert oder verlacht, wobei ihnen gleichzeitig jede Handlungsoption – jenseits des mehrfach eingeforderten Verschwindens oder Verstummens – verwehrt bleibt. Dem »Kunstweiblichen« werden dabei »Funktionen und Wirkungen [...] [zugemessen], die in einem geradezu grotesken Verhältnis zu den Möglichkeiten der wirklichen Frauen stehen.«[67] In dem zeittypischen prekären Dazwischen von Konstruktion und Abbild von Frauentypen kann ein Subjektstatus zumindest aufblitzen, etwa wenn sich – wie schon Kracauer schreibt – nach den Vorbildern der Leinwände gemodelt wird.[68] Auch Doris aus Irmgard Keuns Roman *Das kunstseidene Mädchen* wird der Stummfilmstar Coleen Moore zum Vor-Bild. Durch das von ihr praktizierte »Schreiben wie Film«, das Doris klar vom im Verborgenen stattfindenden Tagebuchschreiben – dem Medium der écriture féminine schlechthin – abgrenzt, produziert sie Sichtbarkeit und Auflösung zugleich. Für Hélène Cixous ist dies eine Überlebensstrategie. In ihrem kanonischen Essay *Das Lachen der Medusa* schreibt sie: »Es ist unerlässlich, daß die Frau sich auf und in den Text bringt –

---

65 Bovenschen: Die imaginierte Weiblichkeit (s. Anm. 38), S. 12.
66 Ebd., S. 13.
67 Ebd., S. 13.
68 Ganz ähnlich argumentiert auch Silvia Bovenschen: »Dem Diktat der Bilder folgend, versuchen sich die Frauen in ihrem Alltag den männlichen Wunschvorstellungen anzunähern [...]. Da aber die Frauen sich in der Geschichte nicht selber präsentierten, da sie sich nicht artikulierten, sondern stumm blieben, kann sich das Weibliche immer nur in dieser ›irgendwie fremden Gestalt‹ ausdrücken.« (Bovenschen: Die imaginierte Weiblichkeit [s. Anm. 38], S. 57).

so wie auf die Welt, und in die Geschichte –, aus ihrer eigenen Bewegung heraus.«[69] Dieser Subjektstatus wird den Frauen-Bildern in Kästners Lyrik nicht nur verwehrt, sobald es zu Ansätzen der Sichtbarwerdung in der Öffentlichkeit kommt, werden diese als moralisch verwerflich verurteilt oder verlacht.

---

69 Hélène Cixous: Das Lachen der Medusa. Aus dem Französischen von Claudia Simma. In: Hélène Cixous. Das Lachen der Medusa. Zusammen mit aktuellen Beiträgen. Hg. v. Esther Hutfless, Gertrude Postl u. Elisabeth Schäfer. Wien 2013, S. 39–61; hier S. 39.

Carmen Ulrich
Kleiner Grenzverkehr mit Hindernissen
Erich Kästner und Anna Seghers 1967

1 Einführung

Erich Kästner, 68, deutscher Schriftsteller (»Fabian«), der am 17. Februar eine Dichterlesung in seiner Geburtsstadt Dresden gehalten hatte, kehrte enttäuscht in die Bundesrepublik zurück. Während die DDR-Schriftstellerin Anna Seghers (»Das siebte Kreuz«), die im Rahmen eines – von den beiden deutschen PEN-Zentren vereinbarten – Austausches am 9. Februar in Heidelberg aus ihren Werken las, auf breites öffentliches Interesse stieß, war für Kästners Auftritt in Dresden weder durch die Presse noch durch Plakatanschläge geworben worden.[1]

So beschreibt *Der Spiegel* im Februar 1967 die von den deutschen PEN-Zentren organisierten Dichterlesungen Kästners in Dresden, Seghers' in Heidelberg. Die kurze Pressemitteilung lässt die komplexe Vorgeschichte bereits erahnen. Wie es zu dem Schriftstelleraustausch kam, welche Herausforderungen damit verbunden waren, aber auch welche Möglichkeiten von den beiden PEN-Zentren zwischenzeitlich in Betracht gezogen wurden, davon handelt der vorliegende Beitrag, beginnend mit der Entwicklung der innerdeutschen Beziehungen.

Das nach dem Krieg neugegründete deutsche PEN-Zentrum hatte sich auf der »stürmischen Tagung« in Düsseldorf 1951 in zwei Zentren aufgeteilt: in das PEN-Zentrum der Bundesrepublik und das PEN-Zentrum der Deutschen Demokratischen Republik, das sich pikanterweise den Namen *PEN-Zentrum Ost und West* gab.[2] Der Internationale PEN in London tolerierte die Trennung, allerdings mit der

---

[1] Der Spiegel 10 (27. Februar 1967). In: Deutsches Literaturarchiv (DLA) Marbach, Erich Kästner-Archiv. Mediendokumentation 10: 4K. Lesungen 1951–1979 (1999).
Auch unter: http://www.spiegel.de/spiegel/print/d-46394475.html (16.12.2018).
[2] Die Bezeichnung *PEN-Zentrum Ost und West* sollte auch bundesdeutschen Schriftstellern mit antifaschistischer Haltung »internationale Rückendeckung« signalisieren; unter dem Druck des bundesrepublikanischen PEN nannte sich das PEN-Zentrum mit Sitz in Ostberlin im Juni 1967 um in *PEN-Zentrum Deutsche Demokratische Republik*. Schreiben des Deutschen PEN-Zentrums Ost und West, 7. Februar 1967 [o. Verf.]. In: Akademie der Künste (AdK) Berlin, Anna-Seghers-Archiv 2172; Rundschreiben des Generalsekretärs Dolf Sternberger an das *Deutsche PEN-Zentrum der Bundesrepublik* (Juni 1967). In: DLA, Erich Kästner-Archiv, PEN-Zentrum der Bundesrepublik, 1963–1971.

https://doi.org/10.1515/9783110743418-013

Aufforderung, sich um eine Wiedervereinigung zu bemühen.[3] So wurde auf der PEN-Konferenz in Braunschweig im Mai 1963 ein Thema diskutiert, das, so die *Rheinische Post*, »an politischer Delikatesse kaum zu wünschen übrig lässt: die Aufnahme der Beziehungen, wenn nicht gar die Vereinigung des bundesdeutschen PEN-Zentrums mit dem PEN-Zentrum der Ostzone«.[4] Es wurden gemeinsame Veranstaltungen geplant und, trotz mancher Widerstände, auch durchgeführt.[5]

Im November 1965 diskutierten Richard Friedenthal (BRD) und Gerhard Scholz (DDR) in der Berliner Staatsbibliothek und im Frankfurter Kantate-Saal über *Das Goethebild in Ost und West*. Im darauffolgenden Jahr kamen Mitglieder aus beiden deutschen PEN in Leipzig und München zusammen, um über *Thomas Mann und die Politik* zu sprechen. Und schließlich sollte, noch im Frühsommer 1966, ein Austausch von Lesungen stattfinden, für den Erich Kästner und zunächst Arnold Zweig vorgesehen waren.[6] Für den erkrankten Zweig sprang – auf Vorschlag Kästners – Anna Seghers ein.[7]

Kästners Lesung blieb, abgesehen von nachträglichen kurzen Berichterstattungen, in der ostdeutschen Öffentlichkeit beinahe unbeachtet. Die Münchner *Abendzeitung* sprach von einem Affront.[8] Die Zeitung *Die Welt* klagte die Dresdner Behörden an, Interessenten, die trotz Geheimhaltung von der Lesung erfahren hätten, keinerlei Auskunft gegeben zu haben.[9] 400 Karten wurden fast aus-

---

3 Brief und Bericht des Internationalen PEN London an PEN-Freunde in der Bundesrepublik (Juli 1963). In: DLA, Erich Kästner-Archiv, PEN-Zentrum der Bundesrepublik, 1963–1971.
4 Artikel von Ossip Kalenter in: Rheinische Post (15. Mai 1963). In: DLA, Erich Kästner-Archiv. Kalenter war von 1957 bis 1967 Vorsitzender des PEN-Zentrums deutschsprachiger Autoren im Ausland. Auf Anregung des internationalen PEN London gründeten die beiden deutschen PEN eine paritätische Kommission, in der stellvertretend für den ostdeutschen PEN Heinz Kamnitzer und Wieland Herzfelde, für den westdeutschen PEN Hellmut Jaesrich und Harry Pross tätig waren. Einleitung von Benno Reifenberg zu Seghers' Lesung am 9. Februar 1967. In: AdK, PEN-Archiv (Ost) 126.
5 Auffallend ist die überdurchschnittlich hohe Zahl an Krankheitsfällen, die als Grund genannt wurden, um Zusagen für innerdeutsche Zusammentreffen zu revidieren. Vgl. Brief von Heinz Winfried Sabais an Ingeburg Kretzschmar (23. März 1966). In: AdK, PEN Archiv (West) 88.
6 Rundschreiben des Deutschen PEN-Zentrums der Bundesrepublik (Februar 1966). In: DLA, Erich Kästner-Archiv, PEN 1963–1971. Arnold Zweig amtierte von 1957 bis 1970 als Präsident des ostdeutschen PEN, Kästner war von 1949 bis 1962 Präsident, danach Ehrenpräsident des westdeutschen PEN.
7 Brief von Kästner an Kretzschmar (3. Mai 1966). In: AdK, PEN Archiv (Ost) 126.
8 Die Abendzeitung [o. Verf.] (28. Februar 1967). In: DLA, Erich Kästner-Archiv, Mediendokumentation 3.
9 Austausch [o. Verf.]. In: Die Welt (2. März 1967). In: DLA, Erich Kästner-Archiv, Mediendokumentation 10: 4K. Lesungen 1951–1979 (1999). Kästner selbst bezeichnete es als »Unverschämt-

schließlich an Funktionäre vergeben und Kästner hatte »überdies einen ständigen SED-Begleiter akzeptieren« müssen.[10]

Seghers indessen war enthusiastisch empfangen worden. Der große Hörsaal der Universität Heidelberg war überfüllt, insbesondere unter den Studierenden war das Interesse groß. Die *Rhein-Merkur-* und *Rhein-Neckar-Zeitung* werteten die Veranstaltung als ein Zeichen ost-westdeutscher Verständigung.[11] Über den politischen Gehalt war man sich uneinig. Die *Süddeutsche Zeitung* nannte die Veranstaltung eine »Vergangenheits-Beschwörung« ohne politische Aussagekraft, da Seghers nur als »Altem« gelesen habe.[12] Die *Stuttgarter Zeitung* berichtete in jovial herablassender Art von einer »der reizendsten alten Damen, die man sich vorstellen kann«.[13]

Die warmherzige Begrüßung Seghers in Heidelberg im Unterschied zum kühlen Empfang Kästners in der DDR[14] – diese »kleine, auf jeder der beiden beteiligten Seiten so unterschiedliche Geschichte des Austausches zweier Persönlichkeiten der deutschen Literatur« – sei keineswegs ein Einzelfall, so *Die Welt*, sondern »typisch«; und deshalb sei es notwendig, »sie im Gedächtnis zu behalten« als ein weiterer Kiesel, »der zu den vielen schweren Steinen« auf »der sogenannten anderen Seite« noch hinzukommt.[15] Demnach schien es außer Zweifel, dass der SED-Staat die Bevölkerung von Veranstaltungen mit westdeutschen Intellektuellen durch gezielten Boykott fernzuhalten suchte und jegliche freie

---

heit«, dass seine Lesung nicht der Öffentlichkeit bekannt und zugänglich gemacht wurde, sondern nur vor ausgewählten geladenen Gästen stattgefunden habe. Brief von Friedenthal an Schwab-Felisch (12. September 1968), S. 2. In: DLA, Erich Kästner-Archiv.
10 Spiegel 10 (27. Februar 1967). In: DLA, Erich Kästner-Archiv, Mediendokumentation 10: 4K. Lesungen 1951–1979 (1999). Auch unter: http://www.spiegel.de/spiegel/print/d-46394475.html (19.10.2019).
11 Martina Thielepape: Anna Seghers in Heidelberg herzlich gefeiert. In: Rhein-Merkur-Zeitung 35 (11./12. Februar 1967), vgl. auch Artikel in: Rhein-Neckar-Zeitung 35 (11./12. Februar 1967), S. 4. In: AdK, PEN-Archiv (West) 126.
12 G. S. [vmtl. Gunter Schäble]: Vergangenheits-Beschwörung. In: Süddeutsche Zeitung 36 (11./12. Februar 1967). In: AdK, PEN-Archiv (West) 126. Vgl. auch H. K.: Anna Seghers las aus »Altem«. Eine Veranstaltung des PEN-Klubs fand in Heidelberg lebhaftes Echo. In: Badische Neueste Nachrichten, Karlsruhe (13. Februar 1967). In: DLA, Erich Kästner-Archiv, Mediendokumentation 3.
13 Gunter Schäble: Besuch einer netten Dame. In: Stuttgarter Zeitung 35 (11. Februar 1967). In: AdK, PEN-Archiv (West) 126.
14 Kästner enttäuscht [o. Verf.]. In: Die Abendzeitung (28. Februar 1967). In: DLA, Erich Kästner-Archiv, Mediendokumentation 3.
15 Austausch [o. Verf.] (s. Anm. 9).

Meinungsbildung – durch Vorauswahl nur ideologisch geschulter und politisch affirmativer Teilnehmer – im Kern zu ersticken suchte.[16]

Dabei ging es doch darum – so die offizielle Verlautbarung – die Beziehungen zueinander zu stärken durch innerdeutsche Gespräche und friedliche Auseinandersetzungen mit den Positionen im anderen Teil Deutschlands.[17] Ob dies von vornherein zum Scheitern verurteilt war – dieser Frage soll anhand der überlieferten Aktennotizen und mit Blick auf den gesellschaftspolitischen und literarhistorischen Kontext nachgegangen werden. Dass es zu beiden Lesungen überhaupt kam, erscheint im Rückblick einerseits wie ein Wunder, andererseits als das Naheliegendste überhaupt. Liest man die Rezensionen, Protokolle, Gesprächsmitschnitte aus dieser Zeit, so scheint der Kalte Krieg einen seiner Höhepunkte erreicht zu haben: Begriffe wie Demokratie, Freiheit, Gleichheit besaßen unterschiedliche Bedeutungen, dienten einerseits (häufig nur vorgeblich) als Brücken zur Verständigung, andererseits zur Abgrenzung und Selbstprofilierung. Die Annahme einer gelingenden vorurteilsfreien Kommunikation zwischen Ost und West wirkt nahezu naiv.

Dabei gab es ausgerechnet in den Jahren 1966/67 mehr Gemeinsamkeiten zwischen Ost- und Westdeutschland als zuvor oder danach. Sowohl die DDR unter Walter Ulbricht wie auch die BRD unter Ludwig Erhard und ab dem 1. Dezember 1966 unter Kurt Georg Kiesinger schlugen infolge der Wachstumskrise einen Reformkurs ein, der eine Aufbruchstimmung in beiden Teilen Deutschlands generierte: Während in der DDR Pläne für mehr Marktwirtschaft und eine geringere Einflussnahme des Staates auf die Wirtschaft entwickelt wurden,[18] sollte sich in

---

16 Aus der Bundesrepublik war offensichtlich kein Pressevertreter vor Ort. *Die Welt* und *Die Abendzeitung* beziehen sich auf die Berichterstattung des *Spiegels*, der SPD-nahe *Telegraf* beruft sich in seiner kurzen sachlichen Meldung vom 19. Februar 1967 auf die sogenannte *Zonennachrichtenagentur ADN* (Allgemeiner Deutscher Nachrichtendienst), neben *Panorama DDR* die einzige zugelassene Nachrichtenagentur in der DDR. Nach dem Bau der Mauer wurden die Mitarbeiter des ADN von westdeutschen Bundespressekonferenzen ausgeschlossen. Ab 1966 musste der ADN seine Ziele und Aufgaben den Beschlüssen des SED-Zentralkomitees anpassen. Vgl. Michael Minholz und Uwe Stirnberg: Der Allgemeine Deutsche Nachrichtendienst (ADN): Gute Nachrichten für die SED (Kommunikation und Politik, Bd. 27). Berlin 1995.
17 Rundschreiben (nicht für die Presse) von Günther Cwojdrak (4. Dezember 1966). In: DLA, Erich Kästner-Archiv.
18 Erich Apel, Vorsitzender der Staatlichen Plankommission und stellvertretender Ministerpräsident, entwickelte das *Neue Ökonomische System der Planung und Leitung* (NÖSPL), ein Konzept nicht nach ideologischen sondern nach wirtschaftlichen Gesichtspunkten, das den Außenhandel der DDR mit westlichen Ländern stärken sollte. Aufgrund des Widerstandes der Sowjetunion verbot Ulbricht alle weiteren Vorschläge und Maßnahmen Apels, der sich daraufhin, am 3. Dezember 1965, das Leben nahm. Apel. Schuß im Büro [o. Verf.]. In: Der Spiegel 51 (15. Dezember 1965). In: https://www.spiegel.de/spiegel/print/d-46275300.html; Wolf-Sören Treusch: Vor 50

der BRD die Rolle des Staates innerhalb der Ökonomie erweitern. So bewegten sich die Wirtschaftssysteme aufeinander zu und kamen sich 1967 so nahe wie niemals vorher und nachher in der Geschichte der beiden deutschen Staaten, so der Wirtschaftshistoriker Jörg Roesler:

> Wäre 1967 die Einheit Deutschlands – ebenso überraschend wie 1990 – zustande gekommen, dann wäre auf Grund des geringeren ordnungspolitischen Abstandes für die DDR nicht nur die ökonomische Anpassungsaufgabe geringer gewesen, sondern es hätte auch viel eher mit einem ordnungspolitischen Entgegenkommen der westdeutschen Seite gerechnet werden können, an Stelle eines Anschlusses des DDR- an das BRD-Wirtschaftssystem. Raum in den Köpfen der Verantwortlichen wäre gewesen für den Versuch eines subjektiven Aufeinander-Zugehens beider Seiten, so wie man die Wirtschaften beider Länder mit den Beschlüssen von 1966 objektiv aufeinander zu reformiert hatte.[19]

Ungeachtet der wirtschaftspolitischen Entwicklungen hatte sich die Metaphorik des Kalten Krieges, mit der Hochstilisierung ordnungspolitischer Unterschiede, Mitte der 1960er Jahre bereits verselbständigt. Immerhin begrüßte ein Teil der Bildungselite sowohl in der DDR wie auch in der BRD die Bemühungen um Annäherung und den Abschied von ideologischen Verhärtungen. Innerhalb der beiden Gesellschaften machten sich Gemeinsamkeiten vor allem unter den jungen Menschen bemerkbar: Im Westen diskutierte die Jugend erstmals über Zusammenhänge zwischen Kapitalismus und Faschismus, im Osten kamen endlich auch Themen wie Antisemitismus und Judenverfolgung auf.[20] Zudem erreichte die politische Streitkultur in den 1960er Jahren einen ihrer Höhepunkte; mit der Inanspruchnahme des Rechts auf Meinungsfreiheit entstand auch die Tendenz zur Politisierung fast aller Lebensbereiche, einschließlich der Literatur.[21]

Jahren: DDR-Wirtschaftsreformer Erich Apel nahm sich das Leben (3. Dezember 2015). In: Deutschlandfunk. In: https://www.deutschlandfunk.de/vor-50-jahren-ddr-wirtschaftsreformer-erich-apel-nahm-sich.871.de.html?dram:article_id=338637 (19.10.2019).
19 Jörg Roesler: Aufeinander zu reformiert? Zur Charakteristik der Wirtschaftsreformen in der DDR und der BRD und die Entscheidungen des Jahres 1966 (Forscher- und Diskussionskreis DDR-Geschichte. Hefte zur DDR-Geschichte 102). Hg. von Herbert Mayer u. a. Berlin 2006, S. 34.
20 Mit den Frankfurter Auschwitzprozessen wurde das Schweigen über die deutsche Vergangenheit unüberhörbar durchbrochen. Rudolf Großkopf: Unsere 60er Jahre. Wie wir wurden, was wir sind. Frankfurt a. M. 2007, S. 11.
21 Die im Mai diskutierte Notstandsgesetzgebung beantwortete der bundesrepublikanische PEN am 2. Mai 1966 mit einem Appell an alle Parteien in der *Süddeutschen Zeitung* und *Frankfurter Neue Presse*: Auch im Falle einer Notstandsgesetzgebung dürfe »keinerlei Beschränkung der Meinungsfreiheit« zugelassen werden. Um die Freiheit der öffentlichen Rede zu stärken, kündigte der bundesrepublikanische PEN gemeinsame Veranstaltungen mit dem Deutschen PEN-Zentrum Ost und West an. In: Süddeutsche Zeitung (2. Mai 1967), Frankfurter Neue Presse (2. Mai 1967), vgl. auch: Darmstädter Tagblatt (2. Mai 1967). In: DLA, Erich Kästner-Archiv, Mediendokumentation 3.

Der Autorenaustausch der deutschen PEN-Zentren kann aber auch aus einem anderen Grund als ein politisches Ereignis gewertet werden, nämlich vor dem Hintergrund des kurz zuvor von SED und SPD geplanten und gescheiterten Redneraustausches.

2 Gescheiteter Redneraustausch zwischen SED und SPD 1966

Im Februar 1966 verfassten Walter Ulbricht und Willi Stoph einen offenen Brief an die westdeutschen Sozialdemokraten mit dem Vorschlag eines Redneraustausches, der, im Unterschied zu den zuvor versendeten dreizehn Vorschlägen der SED, nicht unbeachtet blieb, sondern von der SPD unter Willy Brandt zustimmend beantwortet wurde – zum Ärger der Regierungskoalition von CDU/CSU und FDP unter Ludwig Erhard, die sich keinesfalls mit Kommunisten in der Öffentlichkeit auseinandersetzen wollte. Auch die Mehrheit der SED-Führung war skeptisch, allen voran Erich Honecker, zu dieser Zeit Sicherheitsbeauftragter der SED.[22] Die Befürchtungen seiner Parteikollegen, der Westen könne durch gemeinsame Aktionen die DDR-Gesellschaft beeinflussen und das Einparteiensystem gefährden, teilte Ulbricht keineswegs. Im Gegenteil: Dieses offensive Dringen auf Verständigung konnte, seines Erachtens, die eigene Position nur stärken und Sympathien in beiden deutschen Gesellschaften wecken. Mit dem anvisierten Redneraustausch einher ging die Forderung der SED nach einer Sicherheitsgarantie für ihre reisenden Politiker, die darin bestand, dass die BRD die in der DDR ausgestellten Reisepapiere amtlich anzuerkennen habe. Von der Anerkennung der Reisepapiere erschien die Anerkennung der DDR als souveräner Staat nur als ein folgerichtiger Schritt.

Als Redner vorgesehen waren von der SED Friedrich Ebert (Sohn des Reichspräsidenten Friedrich Ebert und Oberbürgermeister von Ost-Berlin) und Albert Norden (Autor des *Braunbuchs* über die Kriegs- und Naziverbrecher in den hohen beruflichen Positionen der gegenwärtigen Bundesrepublik). Die SPD sollte vertreten sein durch Willy Brandt, Fritz Erler, der zeitweilig als Kanzlerkandidat

---

22 Die innerparteilichen Unstimmigkeiten führten zunächst zur Verschiebung des anberaumten Termins auf den 14. Juli 1966. Ulbricht und Stroph bemühten sich indessen, die SED in Bezug auf gesamtdeutsche Fragen zu einigen, indem sie der Partei infolge dieser Offensive eine größere Wirkung auch in der BRD in Aussicht stellten und, so *Der Spiegel*, um »Zwietracht zwischen den SPD-Führern und der Masse der Parteimitglieder zu säen«. Redneraustausch: Am Brunnen [o. Verf.]. In: Der Spiegel 24 (6. Juni 1966), S. 52–54, hier S. 53. Auch in: http://www.spiegel.de/spiegel/print/d-46407506.html (19.10.2019).

galt, und Herbert Wehner. Im Juli 1966 wollte man sich zuerst in Karl-Marx-Stadt, eine Woche später in Hannover treffen. Doch zuvor, am 23. Juni 1966, brachte die SPD eine Gesetzesänderung durch den Bundestag: die »befristete Freistellung von der deutschen Gerichtsbarkeit«.[23] Dadurch konnte die Hallstein-Doktrin, die der BRD die grundsätzliche Rechtshoheit über Bürger der DDR zugestand, zeitweilig außer Kraft gesetzt werden.[24] Somit hätten die Redner aus der DDR für ein paar Tage unbehelligt in die BRD reisen können.

Die janusköpfige Gesetzesänderung bestätigte allerdings zugleich die umstrittene Hallstein-Doktrin, die kurzzeitige Aufhebung beinhaltete eben auch das Festhalten an der grundsätzlichen Rechtshoheit der BRD über die Bürger der DDR. So trat Albert Norden vor die internationale Presse, bezeichnete die Bonner Gesetzesvorlage als »Handschellengesetz« und sagte den Redneraustausch – »ohne Prestigeverlust«[25] – kurzerhand ab.[26] In der westdeutschen Presse wurde der Rechtsanspruch über die Bürger der DDR ebenso ausgeblendet wie in der ostdeutschen Presse die fein ziselierte Strategie der SED, ihre Macht nicht nur innerhalb der DDR zu festigen, sondern durch Beeinflussung von SPD-Politikern auch auf die BRD auszuweiten.

Während noch Jahre vergehen sollten, bevor ein offizielles Treffen von Ministerpräsident Willi Stoph und Kanzler Willi Brandt zustande kam, nämlich im Mai 1970 in Kassel, wuchs in der Bevölkerung die Zustimmung zu innerdeutschen Begegnungen. Nach einer Umfrage des Instituts für angewandte Sozialwissenschaft (infas) begrüßten 76 Prozent der Bundesbürger einen Redneraustausch.[27] Vor dem Hintergrund der gescheiterten Zusammentreffen von Vertretern der BRD und DDR gewinnen die Lesungen der deutschen PEN-Zentren – Kästners in Dresden, Seghers' in Heidelberg – an politischer Brisanz.

---

23 Ebd.
24 Die Hallstein-Doktrin blieb bis 1969, bis zum Regierungsantritt des Bundeskanzlers Willy Brandt, in Kraft. Mehr dazu: Werner Kilian: Die Hallstein-Doktrin. Der diplomatische Krieg zwischen der BRD und der DDR 1955–1973. Aus den Akten der beiden deutschen Außenministerien (Zeitgeschichtliche Forschungen, Bd. 7). Berlin 2001.
25 Redneraustausch: Am Brunnen (s. Anm. 22), S. 53.
26 Norbert Podewin: Manches war doch anders: Der Redneraustausch SED-SPD findet ... nicht statt. In: Das Blättchen. Zweiwochenschrift für Politik, Kunst und Wirtschaft 15. Jg, H. 16 (6. August 2012). In: https://das-blaettchen.de/2012/08/manches-war-doch-anders-der-redneraustausch-sed-spd-findet-nicht-statt-14707.html (19.10.2019). Die Aussicht auf Wiedervereinigung sei damit in weite Ferne gerückt, stellte *Der Spiegel* fest. Die Lösung liege allein in der »Annäherung, Zusammenarbeit und Versöhnung zwischen SED und SPD«, auf der Grundlage eines »Verständigungsfrieden[s]« zwischen der DDR und der westdeutschen Bundesrepublik«. Redneraustausch: Am Brunnen (s. Anm. 22) S. 53 f.
27 Podewin: Manches war doch anders (s. Anm. 26).

3 Im Vorfeld der Lesungen Seghers' und Kästners

Eigentlich sollte Kästner bereits im Sommer 1964 nach Dresden kommen; ein Einladungsschreiben des Stadtrats lag bereits vor, doch da Kästner zu der Zeit krank war, wurde es ihm gar nicht erst überbracht, denn man wünschte »auf diese Geste seiner Vaterstadt keine, wie immer begründete Absage zu erhalten«.[28] Die aktualisierte, auf positive Resonanz setzende Einladung für den Mai oder Juni 1966 erhielt Kästner am 21. April, allerdings ohne Hinweis auf den geplanten Autorenaustausch,[29] den der Adressat zur Bedingung seiner Reise in die DDR machte. Kästner schlug, »im Hinblick auf die noch notwendigen Korrespondenzen« zwischen den beiden PEN-Zentren, einen Termin im Herbst vor.[30]

Während Ingeburg Kretzschmar,[31] Generalsekretärin des ostdeutschen PEN-Zentrums, bei den Staatlichen Kunstsammlungen Dresden umgehend den Gobelinsaal für einen Tag im Oktober mietete, um der Veranstaltung angesichts der großen Leserschaft in der DDR eine »besondere propagandistische Bedeutung« zu verleihen,[32] versank der Einladungsbrief bei Seghers zunächst unter »einem riesigen Stapel Zeitungen«, so dass sie ihn erst vier Wochen später beantwortete und einen Termin im Winter vorschlug.[33] Die mit Kästner vereinbarte Lesung im Ok-

---

28 Brief von Kretzschmar an Gerhard Schill, Oberbürgermeister der Stadt Dresden (18. März 1966). In: AdK, PEN Archiv (Ost) 126.
29 Brief von Kretzschmar an Kästner (21. April 1966). In: AdK, PEN Archiv (Ost) 126.
30 Brief von Kästner an Kretzschmar (3. Mai 1966). In: AdK, PEN Archiv (Ost) 126.
31 Ingeburg Kretzschmar verhielt sich als Generalsekretärin des ostdeutschen PEN (1953–1968) äußerst loyal gegenüber der Kulturabteilung des ZK der SED; die Funktionäre misstrauten ihr dennoch aufgrund ihrer großbürgerlichen Herkunft, Bildung und ihres eleganten Aussehens. Von 1949 bis 1952 saß Kretzschmar, aus bislang ungeklärten Gründen, im sowjetischen Militärgefängnis Karlshorst, erlitt Typhus und die Zerstörung ihres Unterleibs infolge von Folterungen. In ihrer fünfbändigen Stasi-Akte findet sich die Anweisung, sie »medizinisch zu erledigen«. Eine feste Anstellung nahm sie in der DDR nicht an, auch sprach sie sich nicht öffentlich gegen parteikritische Schriftsteller aus. Ihr Ehrenamt als PEN-Generalsekretärin wurde ihr während des Prager Frühlings 1968 ohne weitere Begründung entzogen. Birgit Walter: Wie Ingeburg Kretzschmar Russenhaft, einen Stasi-Anschlag und 12 Jahre Krankenhaus überlebte: Ich hatte auch viel Glück. In: Berliner Zeitung (23. Februar 2001). In: https://www.berliner-zeitung.de/wie-ingeburg-kretzschmar-russenhaft–einen-stasi-anschlag-und-12-jahre-krankenhaus-ueberlebte-ich-hatte-auch-viel-lueck-16459034 (19.10.2019).
32 Brief von Kretzschmar an Prof. Seydewitz, Generaldirektor der Staatlichen Kunstsammlungen Dresden (21. April 1966). In: AdK, PEN Archiv (Ost) 126.
33 Als von Seghers keine Antwort kam, rief Kretzschmar sie an. Als möglichen Veranstaltungsort nannte Seghers Wiesbaden, Marburg oder Köln, nach Mainz oder Frankfurt wolle sie nicht, da sie dort ohnehin häufig Vorlesungen hielt. Einladungsbrief von Kretzschmar an Seghers (27. Mai

tober 1966 wollte Kretzschmar nicht zur Diskussion stellen, so informierte sie Kästner lediglich darüber, dass Seghers im Januar 1967 in der BRD lesen werde.

Im westdeutschen PEN entstand aufgrund dieses Briefverkehrs der – zu diesem Zeitpunkt unberechtigte – Verdacht, der ostdeutsche PEN versuche die beiden Veranstaltungen zeitlich auseinanderzuziehen, damit der Autorenaustausch wenig öffentliche Resonanz gewinne. Deshalb empfahl Janheinz Jahn, Generalsekretär des Bundes-PEN, dem Ehrenpräsidenten Kästner, sich mit einer Auslandsreise nach London zu entschuldigen,[34] was dieser auch umgehend tat. An Kretzschmar schrieb Kästner, der gemeinsame Plan könne nur gelingen, »wenn beide Vorlesungen nahezu oder gar völlig simultan stattfinden. Ohne eine solche Gleichzeitigkeit nähme auch die Öffentlichkeit nicht genügend Notiz von der tieferen Absicht unserer Aktion.«[35] Noch am 1. November 1966 verfasste Kretzschmar euphorische Einladungsschreiben an Kästner und Seghers: Man wolle auf beiden Seiten einen »großen Bahnhof« veranstalten.[36] Bis zu diesem Zeitpunkt gibt es nichts Belegbares, das Kretzschmars Aussagen bezweifeln ließe.

Erst Ende November bahnten sich plötzlich Schwierigkeiten an. Kretzschmar informierte Jahn und Harry Pross darüber, dass Seghers die Lesung in Heidelberg mit einer Reise in die Schweiz verbinden wolle. Es solle umgehend festgestellt werden, ob Seghers »störungsfrei und ohne Diskriminierung« reisen könne, was bedeutete, dass die Reisepapiere der DDR (der Interzonenpass und das Einreisevisum für die Schweiz) vollgültige Anerkennung haben und die BRD sich von ihrem »Alleinvertretungsanspruch« verabschieden müsse.[37] Trotz Jahns Zusage ungehinderter Reisemöglichkeiten für Seghers[38] schrieb Kretzschmar im Januar

---

1966); Brief von Seghers an Kretzschmar (21. Juni 1966); Brief von Kretzschmar an Kästner (22. Juli 1966). In: AdK, PEN Archiv (Ost) 126.
34 Brief von Janheinz Jahn an Kästner (11. August 1966): »Ich schlage Ihnen nun Folgendes vor: Sie schreiben an Frau Kretzschmar, daß Sie leider im Oktober in London sind, dann auch wie Frau Seghers verschiedene Verpflichtungen haben und Ihnen der Termin gegen Ende des Jahres willkommen ist, sodaß doch am besten die beiden Veranstaltungen – Anna Seghers in Köln, Sie in Dresden – gleichzeitig stattfinden können.« In: AdK, PEN Archiv (West) 88.
35 Brief von Kästner an Kretzschmar (13. August 1966). In: AdK, PEN Archiv (Ost) 126. Nachdem Kretzschmar Seghers' Lesung am 16. Januar 1967 in der BRD zugesagt hatte, setzte sich Jahn umgehend mit Kästner in Verbindung. Brief von Jahn an Kretzschmar (19. Oktober 1966). In: AdK, PEN Archiv (West) 88.
36 Brief von Kretzschmar an Seghers (1. November 1966); Brief von Kretzschmar an Kästner (1. November 1966). In: AdK, PEN Archiv (Ost) 126.
37 Brief von Kretzschmar an das Deutsche PEN-Zentrum der Bundesrepublik, z. Hd. Janheinz Jahn (28. November 1966); Brief von Kretzschmar an Dr. Harry Pross, Chefredakteur Radio Bremen (8. Dezember 1967). In: AdK, PEN Archiv (Ost) 126.
38 Jahn versicherte Kretzschmar, dass die Behörden der Bundesrepublik ohne Weiteres Ein- und Ausreisen in die Schweiz mit dem Interzonenpass erlauben und nur die Schweizer Behörden ein

1967 weitere Briefe an Kästner, Pross und Jahn mit ähnlichem Wortlaut: Aufgrund der noch immer ungewissen Reisebedingungen sei Frau Seghers nicht bereit, »eine solch anstrengende Winterreise ohne die notwendigen offiziellen Garantien bei ungeklärter Sachlage in Kauf zu nehmen.«[39] Indessen habe man alles für den Empfang Kästners in Dresden vorbereitet, doch aufgrund seiner Bedingung, »nur in unmittelbarer Folge der Gegenveranstaltung von Anna Seghers anzutreten«, müsse man wohl den »guten Plan« aufschieben.[40]

Tatsächlich hatte das Ministerium für Kultur (MfK) am 6. Januar 1967 der Generalsekretärin Kretzschmar telefonisch nahegelegt, Seghers Reise nach Heidelberg und Zürich zu stornieren.[41] Eine Begründung geht aus den Akten nicht hervor. Kretzschmars Nachfragen beim Leiter der Ideologischen Kommission des Politbüros, Kurt Hager, und beim Minister Klaus Gysi mit der Bitte um einheitliche und verbindliche Auskünfte blieben unbeantwortet.[42]

Im westdeutschen PEN machte sich Unverständnis breit. Die Darmstädter PEN-Sekretärin Renate Steinmann bemühte sich redlich um Sicherheitsgarantien von Seiten des Baden-Württembergischen Innenministers und der obersten Grenzschutzdirektion Koblenz,[43] denn es waren schon »große Vorbereitungen in

---

Visum verlangen, welches von der Schweizer Fremdenpolizei, auch mit Sitz in Berlin, leicht zu bekommen sei. Kretzschmar zitiert Jahn in ihrem Brief an Ulrich Ernst Kloock vom Deutschen Schriftstellerverband (21. Dezember 1966). In: AdK, PEN Archiv (Ost) 126.

39 Brief von Kretzschmar an Kästner (18. Januar 1967); vgl. Brief von Kretzschmar an Pross (18. Januar 1967) und Brief von Kretzschmar an Jahn (18. Januar 1967). In: AdK, PEN Archiv (Ost) 126.

40 Brief von Kretzschmar an Kästner (18. Januar 1967) (s. Anm. 39).

41 Telefonnotiz von Kretzschmar (6. Januar 1967), Anruf von Bear (vertretend Dr. Günther) vom MfK HV-Verlage. In: AdK, PEN Archiv (Ost) 126.

42 In einem persönlichen Brief bat Kretzschmar Minister Klaus Gysi eindringlich, »mit Frau Seghers in dieser Angelegenheit persönlich zu sprechen« und dem PEN einheitliche und verbindliche Auskünfte zu geben. Brief von Kretzschmar an Gysi (1. Februar 1967). In: AdK, PEN Archiv (Ost) 126. Das geplante Gespräch mit Kurt Hager fand offenbar nicht statt, Aktennotizen sind nicht überliefert. Vgl. Aufzeichnungen des Telefonats zwischen Kretzschmar und Dr. Hans Baumgart, Kulturabteilung (2. Februar 1967). In: AdK, PEN Archiv (Ost) 126.

43 Steinmann rief Kretzschmar am 23. Januar 1967 in Ost-Berlin an, um nochmals zu bestätigen, dass für Seghers bei der Ausreise aus der Bundesrepublik in die Schweiz keinerlei Schwierigkeiten bestünden. Es sei extra beim Baden-Württembergischen Innenminister und bei der obersten Grenzschutzdirektion Koblenz nachgefragt worden. Mittels eines Grenzübergangsscheins für 1,50 DM, der an der Grenze in wenigen Minuten ausgefertigt sei, könne Frau Seghers jeden beliebigen Grenzort wählen. Indessen forderte Kretzschmar erneut offizielle Garantien für eine störungsfreie Reise, eine Zusicherung des Bundes-PEN genüge nicht, da eine Institution wie der PEN keine regierungsamtliche Stelle sei. Mitschrift des Telefonats von Kretzschmar (23. Januar 1967). In: AdK, PEN Archiv (Ost) 126. Auch in: Sven Hanuschek: Geschichte des bundesdeutschen PEN-Zentrums von 1951 bis 1990 (Studien und Texte zur Sozialgeschichte der Literatur Bd. 98, hg. von

Heidelberg getroffen worden«.[44] Die Plakate hingen bereits und Seghers Bücher lagen in sämtlichen Buchhandlungen aus. Steinmann bat sogar das Bundesinnenministerium, in dem Fall eine Ausnahme zu machen und Seghers ohne weitere Papiere in die Schweiz ausreisen zu lassen. Dies wurde mit Hinweis auf die allgemeine Gesetzeslage allerdings ausgeschlossen: Ein Bürger der DDR könne ohne ein Papier der Bundesrepublik nicht von der Bundesrepublik in die Schweiz ausreisen.[45]

Kretzschmar bezeichnete dies als eine rechtswidrige Willkür, die einer juristischen Annexion der DDR gleiche. »Die Verantwortung [für Seghers Absage ihrer Lesung in Heidelberg] trägt eindeutig die Bundesregierung mit ihrer Amtsanmaßung gegenüber einer deutschen Dichterin, die nach den Jahren des Exils stolz ist, die Staatsangehörigkeit der Deutschen Demokratischen Republik zu besitzen.«[46]

So kurios dies aus heutiger Sicht klingt, auf der Folie des zuvor an der Hallstein-Doktrin gescheiterten Redneraustausches zwischen SED und SPD relativieren sich die Anschuldigungen. Ganz offensichtlich wurde der westdeutsche PEN von der DDR funktionalisiert, um internationale Anerkennung zu gewinnen, und gleichzeitig stellt sich die Frage nach der Legitimität des bundesrepublikanischen Alleinvertretungsanspruchs, der das Ministerium für Kultur zu unterschiedlichen Strategien verleitete.

Am 26. Januar 1967 übermittelte der PEN-Präsident Prof. Heinz Kamnitzer[47] der Generalsekretärin Kretzschmar die definitive Absage der Heidelberger Lesung durch das MfK[48] und schlug vor, mit Kurt Hager und Vertretern des Deutschen

---

Wolfgang Frühwald, Georg Jäger, Dieter Langewiesche, Alberto Martino, Rainer Wohlfeil). Tübingen 2004, S. 267.
44 Mitschrift des Telefonats von Kretzschmar (23. Januar 1967) (Anm. 43).
45 Aktennotiz zum Telefonat zwischen Steinmann und Amtsrat Kranz, Bundesministerium-Referat VI B 5, (24. Januar 1967). In: AdK, PEN Archiv (Ost) 126.
46 Brief von Kretzschmar an den bundesrepublikanischen PEN (26. Januar 1967), dazu PS: »Wir bitten Sie, dafür Verständnis zu haben, wenn wir dieses Schreiben der Presse übergeben, damit nicht unsachliche Interpretationen auftreten können.« In: AdK, PEN Archiv (Ost) 126.
47 Heinz Kamnitzer war freier Schriftsteller und Herausgeber Arnold Zweigs, nachdem seine Karriere als Hochschulprofessor für »Geschichte des deutschen Volkes« 1955 mit einem Plagiatsskandal endete. Ein Rezensent der westdeutschen *Historischen Zeitschrift* hatte aufgedeckt, dass Kamnitzer in einer gemeinsam mit Alfred Meusel veröffentlichten Schrift zu Thomas Müntzer einen Großteil der historischen Dokumente zum Bauernkrieg von einem NS-belasteten Agrarhistoriker namens Günther Franz übernommen hatte, ohne dessen Publikation von 1926 zu erwähnen. Martin Sabrow: Zeitgeschichte schreiben. Von der Verständigung über die Vergangenheit in der Gegenwart. Göttingen 2014, S. 42.
48 Aktennotiz des ostdeutschen PEN-Zentrums (26. Januar 1967): »Herr Gruner vom Sekretariat des Ministers gibt zur Kenntnis, daß die Heidelberger Veranstaltung nicht stattfinden soll.« In: AdK, PEN Archiv (Ost) 126.

Schriftstellerverbandes, dessen Präsidentin Seghers war, »gemeinsam zu Seghers zu fahren, um ihr die konkreten Gründe eines Nichtstattfindens der Lesung zu erläutern«.[49]

Indessen ging man in Darmstadt, nach einem Telefonat mit der Züricher Kulturabteilung, davon aus, dass Seghers weder nach Zürich noch nach Heidelberg kommen werde.[50] Seghers Sekretärin Hildebrandt wusste bis zum 27. Januar 1967 angeblich von keiner Lesung in Heidelberg. Und Seghers selbst schien sich um die aufregende Ost-West-Korrespondenz um ihre Person wenig zu kümmern oder tatsächlich nichts zu wissen.

Am 30. Januar 1967 antwortete Seghers auf die telefonische Anfrage aus Darmstadt, ob sie denn nun am 9. Februar in Heidelberg erscheine: »sie wolle auf jeden Fall ihre schon vor längerer Zeit gegebene Zusage einhalten«.[51] Sie habe Schwierigkeiten mit der Ausreise in die Schweiz gehabt und daher die Lesung dort ganz abgesagt. Sie hoffe nun, dass nichts mehr dazwischenkommt und lässt anklingen, »daß man sie bitte nichts weiter fragen möge«.[52]

Die Vorbereitungen der Lesung Erich Kästners in Dresden sahen wesentlich anders aus: Nachdem feststand, wer Kästner während seines Aufenthaltes betreuen sollte, nämlich Max Zimmering und der linientreue Henryk Keisch, wurden drei Tage vor der Veranstaltung 500 Einladungen an ausgewählte Adressen verschickt. In der Presse gab es keine Vorankündigung, stattdessen eine beträchtliche Anzahl nachträglicher Berichterstattungen mit »den richtig gesetzten Akzenten«.[53]

Kästners Bücher wurden zwei Tage vor der Lesung als Leihgabe beim Kinderbuchverlag Berlin angefordert, und zwar je ein Exemplar von *Emil und die Detektive*, *Emil und die drei Zwillinge*, *Das fliegende Klassenzimmer*, *Der kleine*

---

49 Aktennotiz von Kretzschmar (26. Januar 1967). In: AdK, PEN Archiv (Ost) 126.
50 Auf die Nachfrage Steinmanns bezüglich Seghers' Lesung in Zürich sicherte die Schweizer Kulturabteilung der ostdeutschen Autorin ein Visum zu, verhandelte mit der Alliierten Militärmission in Berlin und bot an, Seghers mit dem Auto von Berlin abzuholen. Von einer Einreise zunächst in die Bundesrepublik wussten die Schweizer Behörden nichts. In Zürich ging man davon aus, dass Seghers aus der DDR nicht hinausgelassen werde. Telefonat zwischen Steinmann und Dr. Rockner, Abt. Kultur beim Stadtpräsidenten von Zürich (27. Januar 1967). In: AdK, PEN Archiv (West) 126.
51 Brief von Kretzschmar an die Kulturabteilung des Zentralkomitees der SED, z. Hd. Genosse Dr. Hans Baumgart (30. Januar 1967). In: AdK, PEN Archiv (Ost) 126.
52 Notizen zu den Telefonaten zwischen Steinmann und Seghers sowie zwischen Jahn und Seghers [o. D.]. In: AdK, PEN Archiv (West) 126.
53 Loses Blatt [o. Verf., o. D.] in: AdK, PEN Archiv (Ost) 126.

Mann und *Das Schwein beim Frisör*.⁵⁴ Das sind die Titel, die bis dato in der DDR vorlagen, gedruckt vom Verlag Neues Leben und dem Kinderbuchverlag. Die Bemühungen des Aufbau-Verlages Mitte der fünfziger Jahre um eine Veröffentlichung des *Fabians* scheiterten aufgrund der Verhaftung des Verlagsleiters Walter Janka und des Cheflektors Wolfgang Harich 1956, im Zuge ihrer Reformforderungen.⁵⁵ Kästners *Fabian*-Roman erschien erst 1976 im Aufbau-Verlag. Der Eulenspiegel-Verlag publizierte erstmals 1974 *Als ich ein kleiner Junge war* und 1987 *Kennst du das Land, wo die Kanonen blühen?*⁵⁶

Zu dem 1962 veröffentlichten Lyrikband *Wieso warum?* mit Gedichten Kästners aus den Jahren 1928 bis 1955, vor allem aus *Herz auf Taille* (1928) und *Lärm im Spiegel* (1929), trug vor allem Heinz Kamnitzer bei, indem er Kästner als Kriegsgegner, Satiriker und Partner im Kampf gegen die imperialistischen Verhältnisse in der BRD hervorhob.⁵⁷ Dies waren zu der Zeit die Schlagwörter, um für Werke westdeutscher Autoren in der DDR eine Druckgenehmigung zu erhalten. Trotz seiner schillernden Persönlichkeit gehört Kamnitzer zu den wichtigen Förderern und Herausgebern Erich Kästners in der DDR.

4 Kästners Lesung in Dresden

Heinz Kamnitzers Einleitung zu Kästners Lesung in Dresden ist, ähnlich seinen Strategien in Bezug auf die Druckgenehmigungspraxis in der DDR, nicht frei von Doppelbödigkeiten: Indem er die Schwierigkeit betont, jemanden vorzustellen, der so bekannt sei wie Kästner, dessen Bücher ohnehin jeder in der DDR kenne, so dass man sie nicht aufzählen müsse,⁵⁸ unterstreicht Kamnitzer die internationale Popularität der Werke Kästners – lesbar als ein Faktum, an dem die DDR-Leserschaft nur sehr begrenzten Anteil hatte, oder als ein Postulat an das Ministerium für Kultur und insbesondere die Hauptverwaltung Verlage und Buchhandel, sich mit weiteren Verboten seiner Werke nicht länger lächerlich zu machen. Denn kaum jemand wusste besser als Kamnitzer, was alles von Kästner *nicht* in der DDR

---

54 Sendeschein des Kinderbuchverlags Berlin an Deutsches PEN-Zentrum Ost und West (15. Februar 1967). In: AdK, PEN Archiv (Ost) 126.
55 Vgl. Carsten Gansel: »Erich Kästner ist radikal, aber er ist nicht revolutionär.« Zu Aspekten der Kästner-Rezeption in der SBZ/DDR. In: »Die Zeit fährt Auto.« Erich Kästner zum 100. Geburtstag. Hg. von Manfred Wegner. Zürich 1999, S. 197–216, hier S. 207–209.
56 Ebd., S. 214.
57 Ebd., S. 213. Erich Kästner: Wieso warum? Ausgewählte Gedichte 1928–1955. Berlin 1962.
58 Heinz Kamnitzers Einleitung zu Kästners Lesung am 17. Februar 1967. In: AdK, PEN-Archiv (Ost) 126.

publiziert war. Seine ungedruckten Werke aufzuzählen, vor einem Publikum aus Funktionären, hätte allerdings einen Eklat ausgelöst.[59]

Stattdessen wurde Kästner als Nachfahre Lessings und Heines verhandelt, als Kritiker des US-Feldzugs in Vietnam, »für den der Humanismus oberstes Prinzip und der Krieg ein Alptraum ist«.[60] Der sogenannte »Moralist« erschien innerhalb des vorherrschenden Moralkodex' der DDR, während er im Westen immer noch gegen jene »braunen Barbaren« kämpfen müsse, die 1933 und auch 1965 seine Bücher verbrannten.[61] Kamnitzers Gleichsetzung der nationalsozialistischen Bücherverbrennung, der Publikationsverbote und nicht selten Verhaftungen folgten, mit jener singulären Bücherverbrennung des Düsseldorfer Jugendbundes *Entschieden für Christus* (EC) am 3. Oktober 1965,[62] die nicht nur Kästner sondern auch westdeutsche Politiker und Presseorgane empörte, kann als ein Affront gegen die BRD gelesen werden. Aus nicht erklärten Gründen habe der »Sohn der Stadt« das andere, mit nationalsozialistischen Methoden weiterhin operierende Deutschland gewählt, so gehe Kästner zwar an unserer Seite, aber »nicht im gleichen Schritt«.[63] Die Gastfreundschaft verbindet sich auch hier – wie zuvor in Heidelberg gegenüber Anna Seghers – mit einer jovialen Geste der Überlegenheit: hier ein Zeichen für moralische Dominanz, dort ein Zeichen für Modernität und demokratisches Selbstbewusstsein.

---

59 Stattdessen greift Kamnitzer auf eine persönliche Schulszene zurück, da er als Junge für die Rezitation eines Kästner-Gedichts aus *Herz auf Taille* einen Eintrag ins Klassenbuch erhielt aufgrund seines ›nicht-nationalen Benehmens‹. Des Schulmeisters »Alleinvertretungsanmassung von Patriotismus« gebe es noch heute, lässt Kamnitzer anklingen. Kamnitzers Einleitung zu Kästners Lesung (Anm. 58).
60 Artikel [o. Verf. o. T.] in: Bauern-Echo, Potsdam (19. Februar 1967). In: DLA, Erich Kästner-Archiv, Mediendokumentation 3.
61 Erich Kästner las in Dresden [o. Verf.]. In: Neues Deutschland, Berlin-Ost (19. Februar 1967). In: DLA, Erich Kästner-Archiv, Mediendokumentation 3.
62 Vom Düsseldorfer EC verbrannt wurden Albert Camus: *Der Fall*, Günter Grass: *Die Blechtrommel*, Erich Kästner: *Herz auf Taille*, Vladimir Nabokov: *Lolita* und Françoise Sagan: *In einem Monat, in einem Jahr*. Vgl. Ferdinand Ranft: Ein Licht ins dunkle deutsche Land. Die Bücherverbrennung des Jugendbundes für Entschiedenes Christentum. In: Die Zeit (15. Oktober 1965). In: https://www.zeit.de/1965/42/ein-licht-ins-dunkle-deutsche-land (19.10.2019).
63 Kamnitzers Einleitung zu Kästners Lesung (Anm. 58). Vgl. Erich Kästner las in Dresden [o. Verf.]. In: Neues Deutschland, Berlin-Ost (19. Februar 1967) und Telegraf, Berlin (19. Februar 1967). Weitere Kurzmeldungen zu Kästners Lesung in: National-Zeitung, Berlin (19. Februar 1967); Junge Welt, Berlin-Ost (21. Februar 1967); B.Z. am Abend, Berlin-Ost (20. Februar 1967); Der Tagesspiegel. Unabhängige Berliner Morgenzeitung (19. Februar 1967), Neue Zeit, Berlin (19. Februar 1967); Die Welt, Berlin (20. Februar 1967); Welt am Sonntag, Ausgabe Berlin (19. Februar 1967); Der Abend, Berlin (20. Februar 1967); Telegraf, Berlin (21. Februar 1967); Berliner Morgenpost (19. Februar 1967) u. a. In: DLA, Erich Kästner-Archiv, Mediendokumentation 3.

Warum Erich Kästner es vorzog, nach 1945 nicht zurück in seine Heimatstadt Dresden zu gehen – trotz des ihm zu Ehren bereiteten Empfangs 1947 im Dresdner Luisenhof im Beisein hoher Würdenträger und Offiziere der Besatzungsmacht – hängt zum einen mit seinen Erfahrungen während seiner früheren Russlandreise zusammen.[64] Zum anderen erkannte er Dresden infolge der Bombardierung nicht wieder. Kamnitzers Frage, warum Kästner in der BRD geblieben sei, beantwortete dieser mit der Lesung eines Auszugs aus dem vierten Kapitel des Textes *Als ich ein kleiner Junge war* (1957):

> [Dresden] ist, bis auf einige Reste, vom Erdboden verschwunden. Der Zweite Weltkrieg hat sie, in einer einzigen Nacht und mit einer einzigen Handbewegung weggewischt. Jahrhunderte hatten ihre unvergleichliche Schönheit geschaffen. Ein paar Stunden genügten, um sie vom Erdboden fortzuhexen. [...] Ich habe, zwei Jahre später, mitten in dieser endlosen Wüste gestanden und wußte nicht, wo ich war. [...] Noch heute streiten sich die Regierungen der Großmächte, wer Dresden ermordet hat. [...] Ach, was soll der Streit? Damit macht ihr Dresden nicht wieder lebendig![65]

Infolge der Bombardierung und des Aufbaus zu einer ›sozialistischen Stadt‹ mit großen Aufmarschplätzen war Dresden für Kästner gestorben. Seine Heimatstadt mit ihren verwinkelten Gassen gab es nicht mehr, weshalb eine weitere Antwort auf Kamnitzers Frage obsolet war. Dass Kästner ausgerechnet diese Passage las im Gobelin-Saal der Gemäldegalerie, vor den stolzen sozialistischen Genossen und Vertretern genossenschaftlicher Wohnungsbauprogramme, wurde in der Presse selbstredend nicht erwähnt. Die einzigen Informationen dazu stammen von Günter Jäckel, derzeit habilitierter Germanist an der TU Dresden und engagiert im Kulturbund für Literaturveranstaltungen. Seine Erinnerungen an die Lesung Kästners fasste Jäckel 1999 in einem unveröffentlichten Artikel zusammen, den

---

64 Hans Uslar: Dresden, keine Heimkehr. In: Das Blättchen. Zweiwochenschrift für Politik, Kunst und Wirtschaft Jg. 2, H. 8 (19. April 1999), zitiert nach: Johan Zonneveld ('s Gravenhage): Neues von Kästner – Ein Nachlass mit Überraschungen. In: Erich Kästner – so noch nicht gesehen. Impulse und Perspektiven. Internationales Kolloquium aus Anlass des Erscheinens der Bibliographie Erich Kästner von Johan Zonneveld. Hg. von Sebastian Schmideler (Erich Kästner-Studien, Bd. 1, hg. von Sebastian Schmideler und Johan Zonneveld). Marburg 2012, S. 259–302, hier S. 287. Ebd. der Verweis auf: Erich Kästner: Auf einen Sprung nach Rußland. In: Das neue Rußland. Monatsschrift für Kultur und Wirtschaftsfragen Jg. 7, H. 5/6 (Oktober 1930), S. 33–34.
65 Erich Kästner: Als ich ein kleiner Junge war. Berlin 1957 (Lizenzausgabe des Atrium-Verlages Zürich), S. 49–50. Die Angabe der von Kästner ausgewählten Textauszüge findet sich in: Günter Jäckel: Sein letzter Besuch. Erich Kästner in Dresden (Freitag, der 17. Februar 1967, 10.00 Uhr), zitiert nach: Zonneveld: Neues von Kästner (s. Anm. 64), S. 289.

Hans-Joachim Döring 2003 dem Deutschen Literaturarchiv Marbach übergab und auf den Johan Zonneveld in seinem Beitrag zu Kästners Nachlass Bezug nimmt.[66]

Kästners Textauswahl löste mehr oder minder stillschweigende Empörung aus.[67] Sein Kriegstagebuch *Notabene 45*, erschienen 1961 in der BRD, zielt mit der Beschreibung der Kapitulation Deutschlands, »dem Nichtmehr und dem Nochnicht«, auf eine kritische Auseinandersetzung mit der Vergangenheit und Gegenwart.[68] Kästners Votum für ein politisch-demokratisches Verständnis von Geschichte, die nicht zwangsläufig in eine Richtung verläuft und keineswegs instrumentalisiert werden darf, blieb unkommentiert.

Von seinen Gedichten aus den Jahren 1928 bis 1955 wählte Kästner jene aus, die nicht im Lyrikband des Aufbau-Verlages *Wieso Warum?* mitaufgenommen wurden: *Das letzte Kapitel, Ein Kubikkilometer genügt, Die Maulwürfe, oder Euer Wille geschehe* und *Die Entwicklung der Menschheit*.[69] Einer Entwicklung der Menschheit im Sinne eines gesellschaftlichen Fortschritts stand Kästner äußerst skeptisch gegenüber, seine Texte beschreiben Apokalypsen und Visionen des Untergangs. Die Menschen seien zwar technisch versiert, aber gebildet im humanistischen Sinne kaum: Einst »aus dem Urwald gelockt«, »sitzen sie nun am Telefon [...] wie seinerzeit auf den Bäumen«; zwar haben sie »den Fortschritt der Menschheit geschaffen«, doch »bei Lichte betrachtet sind sie im Grund / noch immer die alten Affen.«[70]

Nach diesem nüchternen lyrischen Fazit verließ Kästner, zur Verwunderung des Publikums, grußlos die Bühne des Gobelinsaals und blieb wortkarg auch beim Signieren seiner Bücher.[71] Dass die Öffentlichkeit, seine Leserinnen und Leser, über die Veranstaltung im Vorfeld nicht informiert worden waren, empfand nicht nur Kästner als eine Beleidigung. Der Dresdner Medizinstudent Ulrich Gaitzsch, der nur zufällig von der Lesung gehört und große Schwierigkeiten hatte, überhaupt Einlass zu erhalten, kritisiert in einem Brief an die Redaktion *Neues Deutschland* die »schlechte Information durch die Presse« als »eine äußerst un-

---

66 Zonneveld: Neues von Kästner (s. Anm. 64), S. 288.
67 Eine Dame vom Schriftstellerverband fand es bezeichnend, dass Kästner zum sozialistischen Aufbau Dresdens nichts zu sagen gewusst habe. In: Jäckel: Sein letzter Besuch, zitiert nach Zonneveld: Neues von Kästner (s. Anm. 64), S. 289.
68 Erich Kästner: Notabene 45. Ein Tagebuch. Berlin 1961 (Lizenzausgabe des Atrium Verlages Zürich), S. 144.
69 Jäckel: Sein letzter Besuch, zitiert nach Zonneveld: Neues von Kästner (s. Anm. 64), S. 289.
70 Erich Kästner: Die Entwicklung der Menschheit. In: Ders.: Gesang zwischen den Stühlen. Zeichnungen von Erich Ohser. München 1999 (nach dem Text der Gesammelten Schriften, Atrium Verlag Zürich 1959, unter Hinzuziehung der Erstausgabe von 1932), S. 8–9.
71 Jäckel: Sein letzter Besuch, zitiert nach Zonneveld: Neues von Kästner (s. Anm. 64), S. 290.

freundliche Geste« gegenüber dem Gast.[72] Gaitzsch schickte eine Kopie des Briefes an Kästner, der ihm dafür herzlich dankte und seine Enttäuschung über den Abend nicht verbarg: »es gab ja keine Möglichkeit, auf irgendeine Weise zweckvoll zu intervenieren«.[73] Eine offene Diskussion mit dem Publikum, das vor allem aus SED-Funktionären bestand, verbot sich von selbst.

Allerdings war dieser Rahmen, der die Öffentlichkeit ausschloss und die Lesung vor einer vorsortierten, literarisch wenig interessierten Zuhörerschaft zur Farce werden ließ, nicht von vornherein das Ziel des ostdeutschen PEN. Vielmehr verweisen die Korrespondenzen auf eine seit November 1966 von der Kulturbehörde verordnete Abschottung vom westdeutschen PEN, die offensichtlich politischen Veränderungen in beiden deutschen Teilstaaten geschuldet war, jedoch gegenüber den PEN-Mitgliedern nicht begründet wurde und somit als Willkürakt wahrgenommen werden konnte.

5 Seghers' Lesung in Heidelberg

In einem überfüllten Hörsaal der Heidelberger Universität wurde Anna Seghers begeistert empfangen. Die Auswahl ihrer Texte stieß jedoch auf Unverständnis, die Literarisierung des Nationalsozialismus beschrieb die *Stuttgarter Zeitung* als rückwärtsgewandt und wenig aktuell, dabei war *Das siebte Kreuz* (1942), zunächst im Exilverlag erschienen, in der BRD zu der Zeit noch gar nicht allzu bekannt.

> Der erste Abschnitt aus dem »Siebten Kreuz« handelt von einem geschichtsträchtigen Land, dem vorderen Taunus, mit Schäfern, reifendem Wein und »sanft vernebelten« Sonnen. Im zweiten schwieg ein KZ-Häftling beharrlich beim Verhör wie ein Fels; in der kurzen »Transit«- Passage saß ein Emigrant in einem Marseiller Café und sah eine Dame hereinkommen, die ihm gefiel. »Das Obdach«: eine Arbeiterfrau nimmt im besetzten Gebiet das Kind eines deutschen Widerstandskämpfers auf, es so vor dem Zugriff der Deutschen rettend. Fazit: Die Anna Seghers von heute war gar nicht da. Die Werke, aus denen sie las, stammen aus den Jahren 1941 bis 1943.[74]

---

[72] Brief von Ulrich Gaitzsch an die Redaktion des *Neuen Deutschland*, Berlin (19.02.1967). In: Ostrahege. Zeitschrift für Literatur und Kunst Jg. 14, H. 1 (Januar 1999), S. 27.
[73] Brief von Erich Kästner an Ulrich Gaitzsch (11. März 1967). In: Ostrahege (s. Anm. 72), S. 28. Öffentlich äußerte sich Kästner nicht zur Lesung in Dresden, auch nicht, als er explizit von Rudolf Walter Leonhardt im Oktober 1967 in einem Fernsehinterview des WDR in der Reihe *Selbstanzeige* befragt wurde. Zonneveld: Neues von Kästner (s. Anm. 64), S. 292–293.
[74] Gunter Schäble: Besuch einer netten Dame. In: Stuttgarter Zeitung 35 (11. Februar 1967). In: AdK, PEN-Archiv (West) 126.

Ähnliches schrieb die *Süddeutsche Zeitung:* Die Anna Seghers von heute, »die der Ergebenheitsadressen und Schriftstellerkongresse, die politische Anna Seghers war gar nicht da. Aber doch nur, um sie zu sehen, nein, zu bestaunen, war man gekommen.«[75]

Deshalb war man gekommen, um den ästhetischen Niedergang einer DDR-Schriftstellerin zu erleben? Um Zeuge eines Streitgefechts um verschiedene politische Meinungen zu werden? Benno Reifenberg, der in Stellvertretung des erkrankten Dolf Sternberger die Schriftstellerin begrüßte, postulierte indessen eine stärkere Zusammenarbeit der beiden deutschen PEN-Zentren um die »Verwicklungen und Verwirrungen«, das »Rücken-gegen-Rücken-Stehen« endlich zu beenden.[76] In seiner Einführung benannte Reifenberg, neben Gemeinsamkeiten der beiden deutschen PEN, aber auch Differenzen, und zwar in Bezug auf das Verständnis der Freiheit und erinnerte an die PEN-Charta, die dazu verpflichte, »die Autonomie der Schriftsteller zu wahren und zu verteidigen«.[77] Seghers habe sich bereits in ihrem letzten Gespräch 1947 von der bürgerlichen Freiheit, die ihrer Meinung nach überhaupt keine sei, distanziert. Dies ändere jedoch nichts an der Bedeutung ihrer Literatur, der Reifenberg an dieser Stelle nochmals seine Bewunderung aussprach.[78]

Gegenüber dem westdeutschen PEN wertete Reifenberg die Lesung als einen vollen Erfolg, nicht nur wegen des großen Publikums, von denen Hunderte aufgrund des Platzmangelns abgewiesen werden mussten,[79] sondern auch weil es Seghers und ihm gelungen war, »das politische Thema« nicht zu berühren.[80] »Eine politische Note war nicht herauszuhören, die etwa eine Verbeugung ge-

---

[75] G. S. [vermutl. Gunter Schäble]: Vergangenheits-Beschwörung. In: Süddeutsche Zeitung 36 (11./12. Februar 1967). In: AdK, PEN-Archiv (West) 126. Vgl. auch H. K.: Anna Seghers las aus »Altem«. Eine Veranstaltung des PEN-Klubs fand in Heidelberg lebhaftes Echo. In: Badische Neueste Nachrichten, Karlsruhe (13. Februar 1967). In: DLA, Erich Kästner-Archiv, Mediendokumentation 3.
[76] Einleitung von Reifenberg zu Seghers' Lesung (s. Anm. 4).
[77] Ebd.
[78] Insbesondere lobte Reifenberg ihre »wunderbaren mythischen *Sagen der Artemis*«, die er als Herausgeber der Zeitschrift *Die Gegenwart* (1945–1958) drucken ließ. Bereits Anna Seghers frühes Werk *Grubetsch* habe Reifenberg, trotz ›staatsanwältlicher Klage wegen Verbreitung unsittlicher Schriften‹, 1927 ungekürzt in der *Frankfurter Zeitung* publiziert, deren Feuilleton er derzeit leitete. Einleitung von Reifenberg zu Seghers' Lesung (s. Anm. 4). Zur »Koexistenz verschiedener Freiheitsbegriffe«, über die am 9. Mai 1964 im Rahmen einer internationalen PEN-Veranstaltung in der Akademie der Künste zu Westberlin diskutiert wurde, vgl. Hanuschek: Geschichte des bundesdeutschen PEN-Zentrums von 1951 bis 1990 (s. Anm. 43), S. 231.
[79] Benno Reifenberg: Zu dem Vortrag von Anna Seghers am 9. Februar 1967 in Heidelberg (24. April 1967). In: AdK, PEN-Archiv (West) 126.
[80] Ebd.

genüber den östlichen Zuständen enthalten hätte.«[81] Politisch bedeutete, nach Reifenberg, also parteipolitisch. Die Begeisterung der Studierenden, die rückblickend der 68er Bewegung zugerechnet werden können, interpretierte Reifenberg lediglich als eine Bekundung von »Sympathie« und »Bewunderung für eine Persönlichkeit und nicht [als] politische[s] Engagement«.[82]

6 Fazit

Aus heutiger Sicht und im Hinblick auf die folgenden Ereignisse im Zuge der Studentenrevolte lässt sich die »Sympathie« für Seghers durchaus als politisch motiviert verorten, nämlich als Ausdruck eines linksgerichteten Selbstverständnisses, das sich bewusst von bestimmten gesellschaftlichen Zuständen oder politischen Entscheidungen in der BRD distanziert.[83] Auch die von Seghers und Kästner gelesenen Texte aus der Zeit oder über die Zeit des Nationalsozialismus können durchaus politisch verstanden werden, z. B. in Bezug auf die Frage, ob eine öffentliche Aufarbeitung der Verbrechen stattgefunden habe. Die Erinnerung an die gemeinsame Geschichte Ost- und Westdeutschlands bedeutet nicht notwendig eine Ausblendung des geteilten Deutschlands.

Anders herum ließe sich fragen: Was wäre geschehen, wenn Seghers in der Heidelberger Universität aus ihrem Roman *Die Entscheidung* gelesen hätte, den Karl Heinz Bohrer in der FAZ als »Abfall von erzählerischer Höhe zur stilistischen Trivialität und politischer Anpassung« bezeichnete?[84] Und woraus hätte Kästner

---

81 In seinem vertraulichen Bericht an den PEN-Vorstand der Bundesrepublik erwähnt Reifenberg einen schweigsamen Reisebegleiter, den Seghers, neben dem Chauffeur, mitgebracht hatte. Dieser entschied auch, entgegen den Plänen Seghers' und ihrer Frankfurter Freundin, auf der Rückreise keinen Umweg über Mainz zu nehmen, sondern den direkten Weg nach Berlin einzuschlagen. Reifenberg: Zu dem Vortrag von Anna Seghers s. (Anm. 79).
82 Ebd.
83 So unterstellt das *Heidelberger Tageblatt* der Schriftstellerin durchaus eine politische Zielsetzung bei der Auswahl ihrer Texte zum Thema »Hitlerfaschismus«. Rezension von ß [Kürzel]: Ovationen für Anna Seghers in Heidelberg. In: Heidelberger Tageblatt (11./12. Februar 1967). In: AdK, PEN-Archiv (West) 126.
84 Bohrer resümiert, was »die nach Brecht berühmteste deutsche Schriftstellerin [...] den Studenten von 1967 zu sagen« habe. Textstellen über ihre Heimat vergleicht Bohrer mit der Heimatdichtung Paveses, die keineswegs einlullend, sondern im Gegenteil sehr genau und aufklärend sei. Auf »die unausgesprochene Frage dieses Abends« habe Seghers durchaus geantwortet, nämlich mit der Lesung der letzten Seite aus dem *Siebten Kreuz*: »Wir fühlen alle, wie tief und furchtbar die äußeren Mächte in den Menschen hineingreifen können, bis in sein Innerstes, aber wir fühlten auch, daß es im Innersten etwas gab, was unangreifbar war und unverletzbar.« Karl

lesen sollen, um sein Dresdner Publikum aufzuwühlen? War die sogenannte *Heimatliteratur* in dem Fall nicht politisch per se? – Man denke an Kästners Literarisierung Dresdens, in der die Jahre 1933, 1945 und 1949 durchaus markante gesellschaftliche Umbrüche bedeuten, oder an Seghers Heimatbeschreibungen im *Siebten Kreuz* und in *Transit* als vorgeblicher *locus amoenus*, der als solcher verloren ist und zugleich jene Idee von Utopie bereitstellt, die auf eine zu gestaltende Wirklichkeit dringt.[85]

Auf die Frage nach der politischen Bedeutung der Literatur im Kontext der Lesereisen Kästners und Seghers gibt es keine eindeutige Antwort, oder besser gesagt, die Einschätzungen und Zuschreibungen sowohl der Literatur wie auch des Autorenaustausches änderten sich mehrfach – der gesellschaftspolitische Kontext beeinflusste auch im Nachhinein und Jahre später noch die Auffassung darüber, ob der Autorenaustausch als politisch oder als unpolitisch zu werten sei.[86] Zudem offenbart das Archivmaterial eine nur sehr geringe öffentliche Auseinandersetzung mit den literarischen Texten, aus denen Kästner und Seghers lasen. Im Vordergrund standen die Institutionen, der PEN, eine mehr oder minder literaturinteressierte Öffentlichkeit und die kulturpolitischen Vorgaben, zum Teil abgeleitet aus staatspolitischen Entscheidungen, die allerdings – und das belegen die archivierten Korrespondenzen – nicht vorhersehbar waren, vielmehr ständigen Schwankungen unterlagen und nicht immer konsequent befolgt wurden, wie der Fall Seghers/Kästner zeigt. Dass die Lesungen überhaupt stattfanden – und

---

Heinz Bohrer: Wiedersehen mit Anna Seghers. In: Frankfurter Allgemeine Zeitung 37 (13. Februar 1967). In: AdK, PEN-Archiv (West) 126.

85 Zur »Ambivalenz der Heimatverbundenheit« vgl. Birgit Ohlsen: »Heimat« im Exilwerk von Anna Seghers. Berlin 2017, S. 63, 65, 95, 164, 179. Seghers beantwortete die Frage, warum sie nach ihrer Rückkehr aus dem Exil nicht in ihre rheinische Heimat zurückkehrte, mit der stärkeren Resonanz der Schriftsteller in der DDR. »Weil hier ein enger Zusammenhang besteht zwischen dem geschriebenen Wort und dem Leben. Weil ich hier ausdrücken kann, wozu ich gelebt habe.« Anna Seghers: Ansprache in Weimar. Rede auf dem Internationalen Schriftstellertreffen 1965. Erstveröffentlichung in: NDL (August 1965), zitiert nach: Ohlsen: »Heimat« im Exilwerk von Anna Seghers, S. 185.

86 Die positiv gemeinte Bewertung der Veranstaltung als ›unpolitisch‹ änderte sich bereits im Mai 1967. Rückblickend beurteilte das PEN-Zentrum der Bundesrepublik den Austausch von öffentlichen Lesungen als wenig erfolgreich: »Das lag teils an zu schlechter Vorbereitung [...], teils aber auch an zu guter: Als Kästner austauschhalber in der DDR las, saß anscheinend ein wohlgesiebtes Publikum vor ihm, aber nicht das, was man Öffentlichkeit nennt.« Joachim Kaiser: Ist der PEN heiter? In: Süddeutsche Zeitung (2. Mai 1967). In: DLA, Erich Kästner-Archiv. Drei Jahre später wiederum erinnerte Dolf Sternberger an den politischen Charakter der Lesungen Seghers' und Kästners. Rundschreiben des Generalsekretärs des PEN-Zentrums der Bundesrepublik, Dolf Sternberger (2. März 1970). In: DLA, PEN-Zentrum der Bundesrepublik, 1963–1971.

die Strategie des MfK, nur so zu tun, als ob man sich begegnen wolle, letztlich scheiterte –, kann als eine Ironie der Geschichte gelesen werden.

IV. Moral als Politik in Kästners Kinderliteratur

Oliver Bach

»Unterschiede, die sich schwer begreifen lassen«

Gesetz und Moral in Erich Kästners *Emil und die Detektive*

1 Einleitung: *Emil und die Studienräte?* – Praxis vs. Theorie

Im neunten Kapitel von Erich Kästners erstem Kinderroman *Emil und die Detektive* versammeln sich die Detektive um den bestohlenen Emil Tischbein und seine neuen Berliner Freunde Gustav und den »Professor«, um das Vorgehen gegen den Dieb der gestohlenen 140 Mark, den angeblichen Herrn Grundeis, zu besprechen. Dabei geht diese Besprechung alsbald in planerische Details über: Telefondienste, Meldeposten, ja sogar Versorgungsdienste für Fresspakete werden eingerichtet. Einer von ihnen, namens Traugott, drängt dagegen auf eine besonders zweckorientierte Vorgehensweise und äußert über die Detailversessenheit seiner Freunde einigen Unmut:

> »Ihr Holzköppe, ihr quatscht dauernd von Essen, Telefon und Auswärtsschlafen. Aber wie ihr den Kerl kriegt, das besprecht ihr nicht! Ihr ... ihr Studienräte!« grollte Traugott. Ihm fiel kein ärgeres Schimpfwort ein.[1]

Dass Traugott kein »ärgeres Schimpfwort« für seine planversessenen Mitstreiter kennt als ausgerechnet *Studienräte*, hat nur *zum einen* seine sozial- und genregeschichtlichen Gründe darin, dass schulpflichtige Kinder im Allgemeinen dem Lehrbetrieb nicht sonderlich zugetan sind und im Besonderen die literarische Moderne Schule und Lehrer als Gegenstände der Kritik für sich entdeckt hatte, die ihren didaktischen und pädagogischen Zwecken nicht nur nicht gerecht werden, sondern diesen sogar schaden.[2] Diese Vorbehalte gegen den Lehrer als einen

---

[1] Erich Kästner: Emil und die Detektive. In: Ders.: Parole Emil. Romane für Kinder I. Hg. von Franz Josef Görtz. München, Wien 1998, S. 193–302, hier S. 252.
[2] York-Gothart Mix entfaltet ein sowohl weites als auch instruktives Panorama schulkritischer Romandichtung von Frank Wedekind bis Thomas Mann: York-Gothart Mix: Der Untertan, der Oberlehrer und der Mythos unverbildeter Natürlichkeit. Psychopathographie und Dekadenzthematik im Schulroman der frühen Moderne. In: »Die Decadence ist da«. Theodor Fontane und die

unkritischen Multiplikator unnützen Wissens liegt auch Kästners eigener Entscheidung zugrunde, das von ihm als »Lehrerkaserne« bezeichnete Lehrerseminar[3] 1919 zu verlassen.[4] Diese Vorbehalte sind bis heute Grundmotive des *Coming of age*-Genres,[5] man denke nur an berühmte filmische Genre-Vertreter wie *Breakfast Club* (1985) und *Dead Poets Society* (1989).

Zum anderen zielt Traugotts Schimpfwort treffsicher auf einen sachlichen Vorwurf, den er seinen Mit-Detektiven macht, nämlich den Vorwurf des zu starken und unnützen Theoretisierens. Die praktischen Überlegungen, die vor allem der

---

Literatur der Jahrhundertwende. Hg. von Gabriele Radecke. Würzburg 2002, S. 125–142, hier S. 129: »Vergleichbare Erfahrungen wie Hauptmann und Döblin machten auch Hermann Bahr, Hugo Ball, Johannes R. Becher, Hermann Broch, Arnolt Bronn, Carl Einstein, Hans Fallada, Frank, Egon Friedell, Friedrich Glauser, Emil Gött, Walter Hasenclever, Karl Henckell, Hesse, Georg Heym, Peter Hille, Jakob van Hoddis, Ernst Jünger, Kaiser, Alfred Kerr, Egon Erwin Kisch, Paul Kornfeld, Alfred Kubin, Heinrich Mann, Thomas Mann, Erich Mühsam, Robert Musil, Oskar Panizza, Rainer Maria Rilke, Joachim Ringelnatz, Richard Schaukal, Carl Spitteler, Carl Sternheim, Georg Trakl, Hermann Ungar, Jakob Wassermann, Wedekind, Armin T. Wegner, Leopold von Wiese, Bruno Wille, von Wolzogen, Paul Zech oder Stefan Zweig. Viele dieser Autoren machten ihre schulische Sozialisation aus ›dichterischer Introspektion‹ heraus zum literarischen Thema […].«

3 Erich Kästner: Zur Entstehungsgeschichte des Lehrers. In: Ders.: Wir sind so frei. Chanson, Kabarett, Kleine Prosa. Hg. von Hermann Kurzke. München, Wien, S. 75–77, hier S. 77.

4 Sven Hanuschek: Keiner blickt dir hinter das Gesicht. Das Leben Erich Kästners. München: Hanser, 1999, S. 48–51 und 60–62; Klaus Maiwald: »Ich kann nicht Lehrer werden«. Wie Erich Kästner der Schule und wie das fliegende Klassenzimmer dem Schulmeister Kästner entrinnt. In: Schule in Literatur und Film 1 (2016), S. 83–94, hier S. 83f.

5 Jan Ehlenberger: Adoleszenz und Suizid in Schulromanen von Emil Strauss, Hermann Hesse, Bruno Wille und Friedrich Torberg. Frankfurt am Main u. a. 2006, S. 88f., 202–210, 268–270. Vgl. den heterogenen Sammelband von Günter Helmes, Günter Rinke (Hg.): Gescheit, gescheiter, gescheitert? Das zeitgenössische Bild von Schule und Lehrern in Literatur und Medien. Hamburg 2016, darin vor allem der instruktive Artikel von Ivo Theele: ›Fressfeind‹ war gestern. Vom Wandel der Lehrerfigur im aktuellen Adoleszenzroman, S. 113–135. Victor Watson macht in seinem ebenso instruktiven wie breit angelegten Überblick über die englischsprachige *coming of age*-Kinderliteratur deutlich, dass nicht nur Lehrer-Schüler-Konflikte konstitutiv für das Genre sein können, sondern auch andere Spannungspole im Zentrum stehen können wie Urbanität-Ruralität, Extrovertiertheit-Introvertiertheit, Reich-Arm und Geschlechterrollen. (Victor Watson: Introduction. In: Coming of Age in Children's Literature. Hg. von Margaret Meek und Victor Watson. London, New York 2003, S. 1–44) Dies geht zumeist einher mit einer vermehrt ganzheitlichen Perspektive der Autoren auf die Bedingungen und Felder des Heranwachsens und -bildens; gleichwohl macht Watson deutlich, dass auch bzw. *gerade* solche *coming of age novels* von der Vorstellung getragen sind, dass die Schule diese Bildung entweder nur unwesentlich oder gar nicht zu leisten in der Lage ist. Eigentlich differenzbildend unter den Genre-Vertretern ist mithin weniger die schulkritische Haltung, sondern inwiefern dieselbe explizit diskursiviert wird oder nur implizit wirksam ist.

Professor, Sohn eines Juristen, en detail unternimmt, taugen in Traugotts Augen vor allem für eines nicht: für die Praxis. Die Detektive sind keine Detektive, sondern eben »Studienräte«. Dabei wird schnell klar, dass Traugotts Theoriefeindlichkeit sich gegen *bestimmte* Vorbehalte der anderen richtet: Denn der zu viele Kriminalfilme konsumierende Petzold äußert die an sich keineswegs abseitige Sorge, dass man Herrn Grundeis womöglich »überhaupt nichts nachweisen kann«.[6] Gegen dieses Ansinnen, die Beweispflicht wahren zu müssen, verwahrt sich nun der praxisfreundliche Traugott:

> »Du kriegst die Motten!« sagte Traugott empört, »Wir werden ganz einfach die Gelegenheit abpassen und ihm das Geld, das er geklaut hat, wieder klauen!«[7]

Der angeblich so praxisferne Professor erwidert auf diesen Vorschlag:

> »Quatsch!« erklärte der Professor. »Wenn wir ihm das Geld klauen, sind wir ganz genau solche Diebe, wie er selber einer ist!«[8]

Die rein funktionale Ausrichtung ihres Handelns an seinem primären Zweck verurteilt der Professor als unmoralisch. Damit verhandelt Erich Kästner bereits in seinem Kinderroman eine ethische Problematik, zu der er auch nach dem Zweiten Weltkrieg eine deutliche Position beziehen wird, die er allerdings eben nicht erst 1945 entwickelt haben wird: Im Januar 1946 beantwortet Kästner in der ersten Nummer der Jugendzeitschrift *Pinguin* die Frage der Machbarkeit des Wiederaufbaus wie folgt:

> Bei dem neuen Versuch, unser Vaterland wieder aufzubauen, bei dem Wettlauf mit dem Frühling und dem Sommer, die es leichter haben als wir, kommt es nämlich nicht nur auf die Ziegelsteine, Gips, Baumwolleinfuhr, Saatkartoffeln, Sperrholz, Nägel, Frühgemüse und Lohnsteuerzuschläge an, sondern auf unseren Charakter. Wir müssen unsere Tugenden revidieren. Für die Neubeschaffung wertvoller und wertbeständiger Eigenschaften brauchen wir keine Einfuhrgenehmigungen und keine Auslandskredite, obwohl Tugenden die wichtigsten Rohstoffe für den Wiederaufbau eines Landes sind.[9]

Die technisch-praktische Dimension des gesellschaftlichen Wiederaufbaus und der gesellschaftlichen Stabilität allein zu berücksichtigen, wäre nicht genug, um dieselben zu erreichen; diese sind erst vollständig durch die Berücksichtigung der

---

6 Kästner: Emil und die Detektive (s. Anm. 1), S. 252.
7 Ebd., S. 252.
8 Ebd., S. 253.
9 Erich Kästner: Gescheit, und trotzdem tapfer. In: Ders.: Wir sind so frei. Chanson, Kabarett, Kleine Prosa. Hg. von Hermann Kurzke. München, Wien, S. 22–25, hier S. 23 f.

moralisch-praktischen Dimension von Gemeinschaft. Tugenden und ihre Revision sind allerdings nicht nur ein notwendiges, sondern sogar das vorzügliche Element gemeinschaftlichen Zusammenlebens; denn sie sind von äußeren Quellen unabhängig und garantieren damit bereits in moralischer Hinsicht eine Autonomie, wie sie in wirtschaftlicher Hinsicht mindestens bis in die Wirtschaftswunderzeit und auf staatsrechtlicher Ebene bis 1990 auf sich warten lassen sollten.[10] Dass Moral autonom sein kann und damit den Menschen ein Stück weit autonom macht, ist nur ein weiteres Indiz dafür, wie sehr sich Kästner in die Tradition der Aufklärung stellt.[11] Ein zweites Indiz für dieses Selbstverständnis als Aufklärer ist die ebenfalls in *Gescheit, und trotzdem tapfer* formulierte Überzeugung, dass der Mensch ohne diese autonome Moral nicht nur nicht autonom, sondern nicht einmal Mensch wäre: »Aber der Mensch ist ein denkendes Wesen. Er gehört nur zum Teil in die Naturkunde.«[12] Ein Handeln, das sich – sei es bei der Wiederbeschaffung persönlichen Eigentums, sei es beim Wiederaufbau einer Nachkriegsgesellschaft – nur auf deren technisch-praktische Ermöglichung fokussiert, ließe den Menschen zum Tier herabsinken. Dieser Widerspruch – die Selbstverleugnung des allein technisch-vernünftigen Menschen – ist eine Pointe, die Kästner in der hier behandelten Passage des *Emil und die Detektive* zwar noch nicht führt;[13]

---

10 Michael Stolleis: Geschichte des öffentlichen Rechts in Deutschland. Bd. 4: Staats- und Verwaltungsrechtswissenschaft in West und Ost: 1945–1990. München 2012, S. 643.
11 Holger Glinka: Zur Genese autonomer Moral. Eine Problemgeschichte des Verhältnisses von Naturrecht und Religion in der frühen Neuzeit und in der Aufklärung. Hamburg 2012.
12 Kästner: Gescheit, und trotzdem tapfer (s. Anm. 9), S. 23.
13 Es ist dies ferner eine Pointe, mit der Erich Kästner *der Sache nach* der Kritik Max Horkheimers und Theodor W. Adornos an der technisch-praktischen Ausrichtung allen Denkens in *Dialektik der Aufklärung* bzw. derjenigen Kritik Horkheimers an der sodann von ihm sogenannten instrumentellen Vernunft entspricht, ja ihr gewissermaßen vorgreift; denn dass er diese Erkenntnis von ihnen schon im Januar 1946 rezipiert habe, erscheint unwahrscheinlich: Die *Dialektik der Aufklärung* sollte nach der hektographischen Erstausgabe 1944 erst 1947 in Amsterdam ihre Verlagspublikation erfahren, und auch dies nur in einer Auflage von 2.000 Stück. Dieser Text scheint Kästner mithin 1945/46 nicht zugänglich gewesen zu sein, beklagt er doch im September 1945 anlässlich der Gründung der *Neuen Zeitung*: »Wo kriegen wir Bücher her?« (Erich Kästner: Kleine Chronologie statt eines Vorworts [zu *Der tägliche Kram*]. In: Ders.: Wir sind so frei. Chanson, Kabarett, Kleine Prosa. Hg. von Hermann Kurzke. München, Wien, S. 9–14, hier S. 13). Vgl. Max Horkheimer, Theodor W. Adorno: Dialektik der Aufklärung. In: Max Horkheimer: Gesammelte Schriften. Bd. 5. Hg. von Gunzelin Schmid Noerr. Frankfurt am Main 1987, S. 11–290, hier S. 26: »Technik ist das Wesen dieses Wissens. Es zielt nicht auf Begriff und Bilder, nicht auf das Glück der Einsicht, sondern auf Methode, Ausnutzung der Arbeit anderer, Kapital. [...] Was die Menschen von der Natur lernen wollen, ist, sie anzuwenden, um sie und die Menschen vollends zu beherrschen. Nichts anderes gilt.« und S. 48: »Aufklärung hat die klassische Forderung, das Denken zu denken [...] beiseitegeschoben, weil sie vom Gebot, der Praxis zu gebieten, ablenke [...].« Dieser Reduktion des Vernunftbegriffs der Aufklärung auf technisch-praktische Vernunft

indessen lässt er den Professor einen anderen Widerspruch des von Traugott vertretenen Zweckrationalismus aufzeigen: Der Diebstahl lässt sich nicht ohne weiteres sühnen und restituieren, ohne selbst einen neuerlichen Diebstahl zu begehen: »Wenn wir ihm das Geld klauen, sind wir ganz genau solche Diebe, wie er selber einer ist!«[14] Der Professor ist einerseits auf Einhaltung des Gesetzes aus: »Jedenfalls steht fest, dass er es [i. e.] das Geld freiwillig wieder hergeben muß. Stehlen wäre idiotisch.« Andererseits ist auch er sich im Klaren darüber, dass der Weg dorthin, noch nicht feststeht – »Wie wir uns den Halunken kaufen, können wir noch nicht wissen«. Gleichwohl ist der Professor davon überzeugt: »Das werden wir schon deichseln.«[15] Der Professor ist überzeugt, dass die Detektive einen Weg finden werden, der das gesetzliche Diebstahlverbot nicht bricht und die ebenso gesetzliche Beweispflicht erfüllt, dass dieser Weg aber mit *klugen* Mitteln gefunden werden muss (»deichseln«). Insofern weist der Professor den Vorwurf Traugotts entschieden zurück: Eine wirksame Praxis kann durchaus erst dann wirksam sein, wenn sie einer praktischen Theorie entspricht.

2 Kinderroman und Aufklärung

Diese Interpretation setzt voraus, dass Kästner der Literatur im Allgemeinen und auch seiner Kinderliteratur im Besonderen das Potenzial, wenn nicht gar die Pflicht zur gesellschaftspolitischen Kritik zuschrieb. In der Tat zeigt sich Erich Kästner wenig begeistert von einer Dichtung, die sich von ihren Möglichkeiten als »moralischer Anstalt« freizumachen sucht.[16] Dies wird bereits 1929 in seiner Rezension von Friedrich Wolfs skandalträchtigem *Cyankali* deutlich, einem gegen den Abtreibungsparagraphen gerichteten Theaterstück, das im selben Jahr uraufgeführt wurde und auf welches mit breiten Debatten über den § 218 StGB reagiert wurde. Unbesehen Kästners eigener Haltung zur Abtreibungsfrage ver-

---

hätte der bekennende Aufklärer Kästner indessen widersprochen; dass er zureichende Gründe für einen solchen Widerspruch gehabt hätte, zeigt Birgit Sandkaulen: Begriff der Aufklärung. In: Max Horkheimer, Theodor W. Adorno: Dialektik der Aufklärung. Hg. von Gunnar Hindrichs. Berlin, Boston 2017, S. 5–22, hier S. 7–9.
14 Kästner: Emil und die Detektive (s. Anm. 1), S. 253.
15 Ebd., S. 253.
16 So schließlich die berühmtgewordene Titelformel einer 1784 gehaltenen Rede von Friedrich Schiller: Was kann eine gute stehende Schaubühne eigentlich wirken? [Die Schaubühne als moralische Anstalt betrachtet]. In: Ders.: Sämtliche Werke. Bd. V: Erzählungen, Theoretische Schriften. Hg. von Peter-André Alt, Albert Meier u. Wolfgang Riedel. München, Wien 2004, S. 818–831. Den neuen Titel erhielt die Rede erst beim Neudruck 1802.

anlassen ihn diese Reaktionen auf literaturtheoretischer Ebene zu einer Geste größter Erleichterung:

> Es gibt also Beispiele, daß die Literatur ins Leben und seine staatliche Organisation bessernd eingreift! Der Schriftsteller ist nicht ausschließlich dazu verurteilt, Unterhaltung zu liefern oder nicht ernst genommen zu werden! Diese Erkenntnis ist geeignet, die mutlos gewordenen Literaten zu ermutigen und tief zu erschüttern. Ihre Tätigkeit kann also doch wieder Sinn bekommen? Ihr Beruf kann also doch wieder nützlich werden?[17]

Kästner koppelt den Sinnbegriff so eng an den Zweckbegriff, dass jede zweckfreie Dichtkunst auch als sinnlos erscheinen muss. So sehr er also einerseits die praktischen Anliegen der Aufklärung befürwortet und unterstützt, so sehr gilt andererseits, dass Kästner *entweder* diejenige Aufklärungsästhetik für unangemessen hält, die das ästhetische Urteil auf eine bloß »subjective Zweckmäßigkeit« einschränkt, [18] oder die Poesie von der Kunst ausnimmt, sodass ästhetische Urteile auf sie nicht anzuwenden sind. Sei es nun eine Re-Teleologisierung der Kunst oder sei es eine Ent-Künstlichung der Dichtung: In jedem Falle konnte Hans-Edwin Friedrich zeigen, dass für Kästner das praktische Aktualisierungsgebot Einfluss auch auf die dichterische Formwahl nimmt.[19] Der Kästner der Nachkriegszeit, so hat Gideon Stiening nachgewiesen, wird dieses praktisch-vernünftige Potenzial der Dichtung unter dem Eindruck des sich anbahnenden Kalten Krieges zur politisch verbindlichen Pflicht des Dichters steigern.[20]

Dass Kästner auf *inhaltlicher Ebene* Ideen der Aufklärung selbst nahestand, ja sich selbst als ihr »Urenkel« verstand und somit derselben verpflichtet fühlte, hat die Forschung ebenso schon nachgewiesen wie seinen an der selbstreflexiven Poetik der Romantiker geschulten Humor, der das aufklärerische Anliegen Kästners nicht konterkarierte, sondern im Gegenteil ermöglichte.[21] Für die folgenden Überlegungen zum Kinderroman *Emil und die Detektive* scheint jedoch noch der

---

17 Erich Kästner: § 218. Cyankali. In: Ders.: Splitter und Balken: Publizistik. Hg. von Hans Sarkowicz. München 1998, S. 211–213, hier S. 211. Siehe Hanuschek: Keiner blickt dir hinter das Gesicht (s. Anm. 4), S. 166.
18 Immanuel Kant: Kritik der Urteilskraft. Hg. von Heiner F. Klemme. Hamburg 2009, S. 519 f. (= Erste Einleitung, AA XX, 224).
19 Hans-Edwin Friedrich: Expressionismus, Dokumentarismus, Politik der Literatur. Kästners Stellungnahmen zur literarischen Moderne vor 1933. In: Erich Kästner und die Moderne. Hg. von Silke Becker u. Sven Hanuschek. Marburg 2016, S. 213–234, hier S. 215–220 und S. 225 f.
20 Gideon Stiening: Die Form der politischen Moral. Ästhetische Modernität in Kästners *Der tägliche Kram* und *Die kleine Freiheit*. In: Erich Kästner und die Moderne. Hg. von Silke Becker u. Sven Hanuschek. Marburg 2016, S. 147–170, hier S. 150–153.
21 Ebd., S. 163.

Hinweis erforderlich, dass Kästner auch in der Wahl der *Form* an bestimmte aufklärerische Traditionen anschließt. Denn in seiner Beschreibung des *Emil* als »Roman für Kinder« knüpft Kästner an einen wichtigen Diskurs der *frühen* Aufklärung an: Den Moralphilosophen sowohl der deutschen als auch der Kästner bestens bekannten französischen Frühaufklärung gilt nämlich der Roman als *dasjenige* Medium, mithilfe dessen sich moralische Theorien am besten veranschaulichen und sogar auf die Probe stellen lassen.

Ausgehend von Daniel Huëts *Traitté de l'origine des romans*, erschienen 1670,[22] bestimmten in Deutschland vor allem Aufklärer aus Halle an der Saale wie Christian Thomasius und Nicolaus Hieronymus Gundling seit dem Ende der 1680er Jahre die sogenannte *Historia pragmatica* als den Ort, an dem Handlungskonstellationen imaginiert werden können, die für moraltheoretische Fragen besonders aufschlussreich sind, die aber in der tatsächlichen empirischen Wirklichkeit nicht auftauchen und *deshalb* fingiert werden müssen.[23] Diese Idee vom Roman als »pragmatischer Geschichte« findet sich noch bei Christoph Martin Wieland[24] und wird auch von Rousseau im *Discours sur les romans* diskutiert, welcher der *Nouvelle Heloïse* vorangestellt ist.[25] Das illustreste Beispiel sind die Robinson-Romane des 18. Jahrhunderts: Denn sie – so sah es z. B. der genannte Gundling – stellen eben den Naturzustand des Menschen dar, wie er in der Empirie eigentlich nicht mehr beobachtbar ist, der aber gleichwohl für die Reflexion auf die natürlichen Bedürfnisse des Menschen unabdingbar ist.[26] Der Roman

---

22 Pierre Daniel Huet: Lettre de Monsieur Huet a Monsieur de Segrais de l'origine de romans. In: [Marie-Madeleine de La Fayette]: Zayde. Histoire Espagnole. Par Monsieur de Segrais, avec une traitté de l'origine des romans par Monsieur Huet. Paris 1670, S. 3–99.
23 Merio Scattola: Roman und praktische Philosophie in der Tradition der Gelehrtengeschichte. In: Kultur der Kommunikation. Die europäische Gelehrtenrepublik im Zeitalter von Leibniz und Lessing. Hg. von Ulrich Johannes Schneider. Wiesbaden 2005, S. 293–316; ders.: ›Historia literaria‹ als ›historia pragmatica‹. Die pragmatische Bedeutung der Geschichtsschreibung im intellektuellen Unternehmen der Gelehrtengeschichte. In: Historia literaria. Neuordnungen des Wissens im 17. und 18. Jahrhundert. Hg. von Frank Grunert, Friedrich Vollhardt. Berlin 2007, S. 37–63; Oliver Bach: Pragmatische Geschichte. Begriffs- und Problemhistorie einer zweckgebundenen Schreibart. In: Historia Pragmatica. Der Roman des 18. Jahrhunderts zwischen Gelehrsamkeitsgeschichte und Autonomieästhetik. Hg. von Oliver Bach und Michael Multhammer. Heidelberg 2020, S. 41–64.
24 Christoph Martin Wieland: Geschichte des Agathon (1766/67). In: Ders.: Wielands Werke. Band 8.1. Hg. von Klaus Manger. Berlin, Boston 2008, S. 1–455, hier S. 303.
25 Jean-Jacques Rousseau: 2. Vorrede [Entretiens sur les romans]. In: Ders.: Julie oder Die neue Héloïse. Briefe zweier Liebenden aus einer kleinen Stadt am Fusse der Alpen. Hg. von Dietrich Leube, Reinhold Wolff. Düsseldorf 2003, S. 7–27.
26 Nikolaus Hieronymus Gundling: Ausführlicher Discours über das Natur- und Völcker-Recht [...]. Leipzig, Frankfurt am Main 1734, S. 82 (Cap. V, § 3): »In statu libertatis leben homines privati

wurde daher zum beliebten Mittel der Popularphilosophie des 18. Jahrhunderts; wobei Popularphilosophie im 18. Jahrhundert eben *nicht* von der universitären Fachwissenschaft belächelt oder gar verachtet wurde, sondern im Gegenteil betätigten sich viele angesehene Fachwissenschaftler ihrer Zeit auch entschieden als Popularphilosophen wie z. B. Georg Friedrich Meier, Michael Hißmann und Johann Georg Sulzer.[27]

Ebenso, wie in der Aufklärung die Popularphilosophie und durch sie der Roman keineswegs geringgeschätzt wurden, wurden auch die Pädagogik und somit Kinderromane als Medium der Wissensvermittlung hochgeschätzt: Genannt sei nur Johann Heinrich Campe, der seine Bearbeitung des *Robinson Crusoe* 1779/1780 für Kinder schrieb,[28] *ohne* die systematischen Fragen zu Naturzustand, Menschenbild etc. zuvernachlässigen, durch die sich schon das Original Daniel Defoes auszeichnete.[29] Das ist der Leistungsanspruch eines bestimmten, aufklärerischen Romanbegriffs und *diesen* scheint Kästner m. E. aufzurufen, wenn er den *Emil* als »Roman für Kinder« bezeichnet.[30] Mag man also die kontextuelle, systematische, philosophische Belastbarkeit von Kinderbüchern häufig in Zweifel ziehen – ein Reflex sowohl unter Laien als auch unter Fachgermanisten, der schon allgemein nicht einleuchtet –,[31] so deuten doch alle Anzeichen darauf hin, dass Kästner diesem Reflex mit dieser dezidierten Formwahl *Roman* vorzubauen versuchte.

---

heut zu Tage sehr selten, und geschieht es nur par hazard, daß wenn ich und du mit einander auf eine Insul verschlagen würden, keiner dem andern unterthan. Man kan hierzu den ersten Theil von dem Robinson Crusoe lesen, aus welchem einer diesen statum naturalem recht begreiffen kann.«

27 Gideon Stiening: Von Despoten und Kriegern. Literarische Reflexion auf den ›sensus communis politicus‹ bei Christoph Martin Wieland und Johann Karl Wezel. In: Denken fürs Volk? Popularphilosophie vor und nach Kant. Hg. von Christoph Binkelmann, Nele Schneidereit. Würzburg 2015, S. 35–56, hier S. 39–41.

28 Joachim Heinrich Campe: Robinson der Jüngere. Zur angenehmen und nützlichen Unterhaltung für Kinder. Hg. von Alwin Binder. Stuttgart ²2014.

29 Hans-Edwin Friedrich: Nützliche oder grausame Natur? Naturkonstruktion in der spätaufklärerischen Robinsonade (Campe, Wezel). In: Erschriebene Natur. Internationale Perspektiven auf Texte des 18. Jahrhunderts. Hg. von Michael Scheffel. Bern u. a. 2001, S. 289–308.

30 Vgl. auch Isa Schikorsky: Literarische Erziehung zwischen Realismus und Utopie. Erich Kästners Kinderroman ›Emil und die Detektive‹. In: Klassiker der Kinder- und Jugendliteratur. Hg. von Bettina Hurrelmann. Frankfurt am Main 1995, S. 216–233, hier S. 223–225.

31 Siehe den Überblick über diese Debatte bis in die 1980er Jahre Christian Emmrich: Literatur für Kinder und Jugendliche als Bestandteil der Literaturgeschichte. In: Zeitschrift für Germanistik 9 (1988), H. 6, S. 694–705, hier S. 694–697; Caroline Roeder: Das Elend unserer Kinderliteraturkritik. Positionsbestimmung für eine peripher gescholtene Sparte. In: Literaturkritik heute. Hg. von Christina Gansel, Heinrich Kaulen. Göttingen 2015, S. 267–286.

3 Gerechtigkeitsformen und praktische Überzeugung

Kästner steigert den Komplexitätsgrad dieser ohnehin schwierigen Passage noch: Wenn der Kleine Dienstag nämlich einwendet, »Was mir gehört, gehört eben mir, auch wenn's in einer fremden Tasche steckt!«, erwidert der Professor wiederum:

> »Das sind Unterschiede, die sich schwer begreifen lassen«, dozierte der Professor, »moralisch bist du meinetwegen im Recht. Aber das Gericht verurteilt dich trotzdem. Das verstehen sogar viele Erwachsene nicht. Aber es ist so.«[32]

Dem moralischen Im-Recht-Sein wird gesetzliche Gerechtigkeit gegenübergestellt;[33] sie sind nicht immer und unter allen Umständen miteinander vermittelbar. Bemerkenswert ist zunächst, dass der Professor das Verbot einfachen Zurückstehlens nur als gesetzliches Verbot begreift. Denn seine vormalige Aussage, »wenn wir ihm das Geld klauen, sind wir ganz genau solche Diebe, wie er selber einer ist«, könnte man auch als moralisch begründet verstehen – zumindest unter der Voraussetzung einer Moraltheorie, in deren Zentrum die goldene Regel bzw. der kategorische Imperativ steht:[34] Sie sollen Herrn Grundeis nicht bestehlen, weil sie selbst nicht bestohlen werden wollen.

Die besondere Zumutung von Emils Situation – und somit der moraldidaktische Mehrwert des *Emil*-Romans – besteht darin, dass der Diebstahl seitens Herrn Grundeis schon vollzogen wurde und damit die Versuchung groß ist, die eigene Verpflichtung gegenüber dem Diebstahlverbot gleichsam aufzukündigen – wenn sie denn aufgekündigt werden könnte wie ein Vertrag, was sie aber nicht ist. Das Diebstahlverbot gründet eben in einer Regel bzw. einem Imperativ, die weder golden noch kategorisch wären, wenn sie durch empirische Ereignisse an Geltung und Verbindlichkeit verlören.

Um diesen moraldidaktischen Mehrwert genauer zu ermessen, sind noch einige Anmerkungen zu Inhalt und Struktur des neunten Kapitels zu machen. Die Detektive berühren hier Fragen der Beweispflicht (die vor allem später in der Bank

---

32 Kästner: Emil und die Detektive (s. Anm. 1), S. 253.
33 Es handelt sich mithin nicht um einen »*inneren* Widerspruch«: Sibylle Pausch: Militarismen eines Pazifisten. Sprachliche Beobachtungen zu Erich Kästners Buch und Film »Emil und die Detektive« (1929/31). In: Das Deutsche Reich ist eine Republik Beiträge zur Kommunikation und Sprache der Weimarer Zeit. Hg. von Horst D. Schlosser. Frankfurt am Main 2003, S. 39–39, hier S. 43.
34 Hans-Joachim Hruschka: Die Goldene Regel in der Aufklärung – Geschichte einer Idee. In: Jahrbuch für Recht und Ethik 12 (2004), S. 157–172.

eine entscheidende Rolle spielen wird). Zugleich diskutieren die Detektive implizit auch das staatliche Gewaltmonopol, da Emil den Diebstahl zunächst nicht bei der Polizei anzeigen will und dies später eben doch tut. Wenn Emil sagt: »Wenn ich jemandem *heimlich* was wegnehme, bin ich ein Dieb«,[35] so bezieht sich dieser Satz *sowohl* auf seine Pflicht, sein Geld öffentlich wiederzuerlangen, was nur eine rechtliche Öffentlichkeit bedeuten kann, *als auch* auf die Anerkenntnis einer dritten Instanz, die den Streit zwischen ihm und Herrn Grundeis zu regeln befugt ist.

Emil und die Detektive besprechen im neunten Kapitel vor allem ihre Probleme mit der ausgleichenden Gerechtigkeit (*iustitia commutativa*), die den geschuldeten Ausgleich bei Beschädigung oder Entwendung persönlichen Eigentums betrifft. Folgt man den namentlich von Aristoteles und Thomas von Aquin entwickelten Begriffsdefinitionen, betrifft diese Gerechtigkeitsform das Verhältnis der einzelnen zueinander (d. h. das Verhältnis Emils zu Herrn Grundeis) und setzt die Tatsache eines bestimmten Privateigentums (eben der 140 Mark auf Seiten Emils) bereits voraus. Sie unterscheidet sich somit *erstens* von der austeilenden Gerechtigkeit (*iustitia distributiva*), die das Verhältnis der Gemeinschaft zu den einzelnen betrifft und die proportionale Verteilung eines bislang herrenlosen oder gemeinschaftlichen Eigentums an die Gesamtheit der Mitglieder einer Gemeinschaft regelt; sie unterscheidet sich *zweitens* von der gesetzlichen Gerechtigkeit (*iustitia legalis*), die das Verhältnis der einzelnen zur Gemeinschaft betrifft und somit über deren Verpflichtung über die je anderen Einzelnen hinausgeht.[36] Traugott und Dienstag berücksichtigen ausschließlich die ausgleichende Gerechtigkeit: Sie erwägen nicht, ob durch ein eigenmächtiges Herstellen ausgleichender Gerechtigkeit die gesetzliche Gerechtigkeit – oder womöglich gar die austeilende – verletzt werden könnte. Emil und der Professor hingegen betrachten die ausgleichende Gerechtigkeit relativ, und zwar vor allem in ihrer Relation zur gesetzlichen Gerechtigkeit.

Inwiefern genau die *iustitia commutativa* durch die *iustitia legalis* eingeschränkt ist, können sie zu diesem Zeitpunkt ihres Abenteuers noch nicht auf den Begriff bringen. Dass sie dieselbe gleichwohl einschränken *müssen*, wird der Titelfigur Emil und dem Professor durch die Goldene Regel befohlen. Dass Emil von dieser Regel zunächst nur intuitiv, der Professor zunächst nur gesetzlich überzeugt ist, wollen sie nicht als Hindernis dafür anerkennen, dieselbe einzuhalten.

---

[35] Kästner: Emil und die Detektive (s. Anm. 1), S. 253.
[36] Ernst-Wolfgang Böckenförde: Geschichte der Rechts- und Staatsphilosophie. Antike und Mittelalter. Tübingen ²2006, S. 254–256.

Dass die objektive Geltung dieser Regel noch ungewiss erscheint, soll nicht bzw. noch nicht ihre subjektive Verbindlichkeit begrenzen.

Diese Passage handelt mithin auch von dem Problem praktischer Überzeugungsbildung, und zwar behandelt sie dieses eben nicht nur als theoretisches Problem – nämlich wodurch diese praktische Überzeugung gefestigt bzw. gelockert werden kann –, sondern auch als an ihm selbst praktisches Problem – nämlich insofern die Detektive durch die gegebenen Umstände ihre Überzeugungsbildung nicht abschließen können, bevor sie zu handeln fortfahren. Herr Grundeis ist schließlich evidenter Maßen darauf und daran, Emils Geld restlos auszugeben. Nicht umsonst mahnte der Professor bereits im achten Kapitel dazu: »[N]un wollen wir mal auf den Akzelerator treten!«[37] Auf den Detektiven lastet mithin ein Zeit- und Handlungsdruck, der prekäre Überzeugungen beizubehalten ratsam erscheinen lässt: »Tut mir den Gefallen und haltet hier keine klugen Reden, die nichts nützen. Der Laden ist eingerichtet.«[38] Indem die Detektive eine Vermittlung von (vorläufigem) Handlungs*grund* und (evidentem) Handlungs*bedarf* versuchen, lässt Kästner sie weder im Elfenbeinturm grauer Theorie schweben *noch* in normativ ungebundenen Pragmatismus verfallen.[39] Sie wollen zügig, aber nicht übereilt handeln. Es wird auf philosophischer Ebene das Ergebnis, auf literarischer Ebene die Funktion der folgenden Romanhandlung sein, die vorläufige Überzeugung Emils und des Professors zu festigen, und zwar auf differenzierte Weise: Die goldene Regel des *quod tibi hoc alteri* einerseits insoweit eingehalten zu haben, dass sie Herrn Grundeis nicht bestehlen, erweist sich als richtig; andererseits erweist es sich als falsch, dieselbe Regel nicht auch insoweit eingehalten zu haben, dass sofort eine vermittelnde Instanz – nämlich Polizei und Justiz – angerufen wurde; diese nämlich ist geeignet, *sowohl* Emil Gerechtigkeit widerfahren zu lassen und sein Eigentum wiederzubeschaffen *als auch* Emil Gerechtigkeit einhalten und nicht selbst zum Dieb werden zu lassen. In dieser Hinsicht ist *Emil und die Detektive* pragmatische Geschichte und Bildungsroman im besten Sinne: Kinder unterschiedlichster gesellschaftlicher Schichten – Kästner deutet dies nicht nur durch den unterschiedlichen materiellen Besitz (Dienstag besitzt für die Kommunikation ein Telefon, Gustav nur eine Hupe),

---

37 Kästner: Emil und die Detektive (s. Anm. 1), S. 248.
38 Ebd., S. 253.
39 Isa Schikorsky interpretiert den Professor als Vertreter einer autoritären, Gustav als Vertreter einer pragmatischen und Emil als Vertreter einer intellektuellen und insofern vermittelnden Denkart: Schikorsky: Literarische Erziehung zwischen Realismus und Utopie (s. Anm. 30), S. 227 f. Ohne den aufbrausenden Charakter des Professors leugnen zu wollen, scheinen doch bereits durch ihn Vermittlungsleistungen vollbracht zu werden gegenüber einem radikalen Pragmatismus, der nicht von Gustav, sondern von Traugott und Dienstag vertreten wird.

sondern auch und vor allem durch den mal stärker, mal schwächer ausgeprägten Soziolekt der Kinder an[40] – richten ihr individuelles wie kollektives Handeln an Maximen aus, deren objektive Geltung sie weder als Einzelne noch als Kollektiv letztgültig bestätigen können, deren subjektive Verbindlichkeit sie aber zumindest solange anerkennen, bis ihr Abenteuer abgeschlossen ist[41] und ein ebenso kollektives Resümee in der großmütterlichen Wohnung erlaubt.[42] Es ist mithin kein Wunder, dass Emils Großmutter dieses Resümee mit einem Lob für den kleinen Dienstag abschließt, der selbst noch in einer Situation, in der Neigung und Pflicht kollidierten, von dieser vorläufig eben nur subjektiv überzeugenden Pflicht nicht abrückte.[43]

4 Gelegenheit macht Diebe? Moral und Metaphysik

Traugott möchte seinen moralisch bedenkenlosen Zweck, Emil wieder zum Besitz seines Eigentums zu verhelfen, mit Mitteln erreichen, die das Gesetz brechen. Die Herausgeber des vorliegenden Bandes stellen in ihrer Einleitung die These auf, dass sich das moralische Gefühl in Kästners Kinderromanen insbesondere dadurch auszeichne, »ohne moralische Instanz auszukommen«.[44] Gleichwohl scheint dieses Auskommen ohne metaphysische Instanz an ihm selbst dargestellt zu werden, und zwar im neunten Kapitel. Denn das Unverständnis, das nicht nur der leicht aufbrausende Traugott, sondern auch der zurückhaltende kleine Dienstag der Behauptung gegenüber hegen, dass entwendetes Eigentum nicht einfach aus dem Besitz des Entwenders zurückentwendet werden dürfe, ist selbst nicht gänzlich unbegründet: Der kleine Dienstag beruft sich auf den Unterschied zwischen Eigentum und Besitz: »Was mir gehört, gehört eben mir, auch wenn's in einer fremden Tasche steckt!«[45] An Emils Eigentumsrecht an den 140 Mark ändert

---

40 Dass es sich hierbei um den Berliner Dialekt handele, ist zurecht umstritten: Pausch: Militarismen eines Pazifisten (s. Anm. 33), S. 42.
41 Vgl. Ute Dettmar: Erich Kästner, *Emil und die Detektive (1929)*. In: Unter dem roten Wunderschirm. Lesarten klassischer Kinder- und Jugendliteratur. Hg. von Christoph Bräuer u. Wolfgang Wangerin. Göttingen 2013, S. 85–100, hier S. 92f.
42 Kästner: Emil und die Detektive (s. Anm. 1), S. 298f.
43 Ebd., S. 299: »›Er hat zwei Tage am Telefon gesessen. Er hat gewußt, was seine Pflicht war. Und er hat sie getan, obwohl sie ihm nicht gefiel. Das war großartig, verstanden? Das war großartig!«
44 S. die Einleitung von Sven Hanuschek und Gideon Stiening in diesem Band, S. IX–XVI.
45 Kästner: Emil und die Detektive (s. Anm. 1), S. 253.

sich nichts durch ihre Inbesitznahme durch Herrn Grundeis.[46] Es ist allerdings gerade dieser Unterschied, der eine Beweispflicht darüber generiert, dass der Besitzer der 140 Mark nicht auch ihr Eigentümer ist. Wenngleich Traugott diese Auffassung nicht teilt, tritt in seiner Problemwahrnehmung ein weiteres Moment hinzu: Er hält diesen theoretischen Unterschied von Eigentum und Besitz nämlich, ob er nun gilt oder nicht, für praktisch folgenlos, denn sein ganz pragmatischer Vorschlag lautet schließlich: »Wir werden ganz einfach die Gelegenheit abpassen und ihm das Geld, das er geklaut hat, wieder klauen.«[47]

Bemerkenswert ist *erstens*, dass Traugott ein Handeln vorschlägt, durch das diejenige Situation gar nicht eintreten soll, vor welcher der Professor warnt, nämlich für den Rück-Diebstahl vor Gericht gestellt und verurteilt zu werden.[48] Traugott schlägt vor, die 140 Mark eben zu einer Gelegenheit zurück zu stehlen, bei der sie weder von Herrn Grundeis noch von der Polizei oder aufmerksamen gesetzestreuen Bürgern ertappt werden. Bemerkenswert ist *zweitens*, dass Traugott nicht nur vorschlägt, eine entsprechende Gelegenheit zu *nutzen*, sondern er ist ja offenbar fest davon überzeugt, dass sich eine solche Gelegenheit überhaupt ergeben wird. Er ist überzeugt davon, dass sich diese Gelegenheit sicher, d. h. mit Notwendigkeit, ergeben wird. *Mit Notwendigkeit:* Das ist wichtig, denn Traugott meint mit *Gelegenheit* nicht ein vollkommen kontingentes, zufälliges Ereignis; kontingent ist für ihn höchstens der Zeitpunkt des Eintretens dieser Gelegenheit; *dass* sich aber diese Gelegenheit ergeben wird, ist für ihn eine notwendige Annahme. Denn Emil *muss* das geklaute Geld wiederbekommen, die Gesetzesverletzung muss, wenn nicht gesühnt, so doch behoben werden. Das ist der entscheidende Punkt von Traugotts impliziter praktischer Metaphysik: Es ist eine praktische Norm, deren Verletzung Traugott auf die notwendige Bereitstellung faktischer Gelegenheiten ihrer Restitution schließen lässt. Kästner lässt seine jugendlichen Detektive an einer schon im Vorcartesianismus ventilierten Frage laborieren: Um eine bestimmte Wirkung zu erzielen, sind bestimmte Ursachen (*causae*) notwendig; eine solche notwendige Ursache kann jedoch bisweilen in einer bloßen Gelegenheit (*occasio*) bestehen, d. h. einer Ursache, die *erstens* ihre Wirkung nicht aus sich selbst hervorbringt (eine Gelegenheit kann verstreichen), sondern *genutzt* werden muss (durch die Detektive), um zu wirken; damit handelt es sich bei der *occasio* zugleich um eine mit Blick auf die gewünschte Wirkung bloß zufällige Ursache (*causa per accidens*): Die passende Gelegenheit ist für die

---

[46] Ralf Dreier: Eigentum in rechtsphilosophischer Sicht. In: Archiv für Rechts- und Sozialphilosophie 73 (1987), H. 2, S. 159–178; Emil Angehrn: Besitz und Eigentum. Zu einem Problem der politischen Philosophie. In: Zeitschrift für philosophische Forschung 43 (1989), H. 1, S. 94–110.
[47] Kästner: Emil und die Detektive (s. Anm. 1), S. 252.
[48] Ebd., S. 253.

Wiedererlangung des Geldes zwar notwendig und sie ist nutzbar, aber sie kann selbst nicht von den Detektiven herbeigeführt werden.[49] Traugott ist aber sichtlich überzeugt, dass sich diese Gelegenheit *notwendig* ergibt und sich somit die *occasio* wieder zur praktischen *causa* verdichtet.

Was aber könnte in dieser Form für die notwendige Bereitstellung einer solch faktischen Gelegenheit aus praktischen Gründen sorgen? Dies vermag nur eine metaphysische Instanz. Aber auf diese metaphysische Instanz kann man ebenso wie auf das Eintreten einer solchen Gelegenheit nur vertrauen. Insofern heißt diese auf den ersten Blick aufbrausende und rein pragmatisch daherkommende Figur keineswegs zufällig Traugott: Es zeugt von einem bestimmten Gottvertrauen, anzunehmen, dass sich alles schon irgendwie, aber auf jeden Fall sicher richten wird.[50] Auf den zweiten Blick dienen diese Figur und dieses Kapitel folglich auch der Zurückweisung einer Position, welche die möglichen Spannungen zwischen Gesetz und Moral durch göttlichen Konkurs zu lösen versucht.[51] Die Gelegenheit, das Geld einfach zurückstehlen zu können, ergibt sich nämlich nicht. Der Autor Kästner tut seinem Titelhelden und dessen Freunden nicht den Gefallen, eine Lösung zu finden, die nicht ganz von ihnen selbst produziert ist. Sie müssen den Dieb stellen, und zwar bei dem Versuch, das gestohlene Geld durch Umtausch auf der Bank zu waschen, und durch das Beibringen von Beweisen, nämlich den Nadelstichen in den Geldscheinen. Emil und die Detektive werden das Problem weder mit ganz niederen Mitteln noch mit Hilfe von ganz oben lösen. Sie handeln mithin in der Tat aufgeklärt, weil sie die Prinzipien ihres Handelns zwar von Gott, nicht aber von der Moral abgelöst haben; ihr Handeln ist weder theologisch noch machiavellistisch fundiert. Sie sind Akteure einer autonomen Moral.[52]

---

49 Rainer Specht: Über »occasio« und verwandte Begriffe vor Descartes. In: Archiv für Begriffsgeschichte 15 (1971), H. 2, S. 215–255, hier S. 220––.
50 Zu redenden Namen bei Kästner – wenn auch nicht zu *Traugott* – siehe Claudia Hollstein: Emil, Pünktchen und das doppelte Lottchen [...]. Eigennamen in den Kinderbüchern Erich Kästners. In: Erich-Kästner-Jahrbuch 6 (2010), S. 98–107, hier S. 103.
51 Gerade die Neuscholastik formuliert Theorien, laut denen Gott dem Menschen als frei wollendem Wesen die Möglichkeit belässt, eigenständig als Ursache zu wirken, und diesen gleichwohl darin unterstützt: Robert Schnepf: ›Concursus‹ – theoretische Hintergründe der Auslegung von Rm. 13.1 bei Francisco Suarez. In: Religion und Politik. Zu Theorie und Praxis des theologisch-politischen Komplexes. Hg. von Manfred Walther. Baden-Baden 2004, S. 127–139, hier S. 131–134.
52 Glinka: Zur Genese autonomer Moral (s. Anm. 11).

5 Emblematik und Menschenbild: *Émile und die Detektive*

Erich Kästner hat dem ersten Kapitel zehn Abbildungen vorangestellt,[53] von denen die vierte in diesem Zusammenhang besondere Aufmerksamkeit verdient, nämlich diejenige des Herrn Grundeis, des »Herrn im steifen Hut« (Abb. 1). Es wird in dieser Bildbeschreibung *keiner* der Deck- oder Klarnamen Grundeis-Müller-Kießlings genannt. Vielmehr firmiert er in der Überschrift unter seiner äußeren Erscheinung: »Der Herr im steifen Hut«. Entsprechend allgemein fällt auch die Bildunterschrift aus: »Niemand kennt ihn.«, d. h. ›Niemand kennt ihn *genau*‹, mithin seine differenzbildenden Charaktereigenschaften. Man kann sich zwar die deskriptive Zurückhaltung bei dieser Bildbeschreibung als poetische Strategie erklären: An dieser Stelle schon allzu viel Spezifisches über den Antagonisten des Titelhelden zu verraten, griffe der Romanhandlung womöglich auf ungute Weise vor und beraubte sie ihrer Spannung. Allerdings taugte diese Erklärung eher dafür, den Antagonisten gleich ganz aus der Reihe der Abbildungen wegzulassen. Nun ist diese vierte Bildbeschreibung aber einmal da und man muss damit interpretativ umgehen. Dass es in dieser Bildbeschreibung im Unterschied zu den neun anderen um *allgemein* menschliche Eigenschaften geht, zeigt schon der zweite Satz der Bildunterschrift:

> Nun heißt es zwar, man solle von jedem Menschen, ehe er das Gegenteil bewiesen hat, das Beste annehmen. Aber ich möchte euch doch recht herzlich bitten, in dieser Beziehung etwas vorsichtig zu sein. [...] Der Mensch ist gut, hat man gesagt. Nun, vielleicht ist das richtig. Doch man darf es ihm nicht zu leicht machen, dem guten Menschen. Sonst kann es plötzlich passieren, daß er schlecht wird.[54]

Der Mann im steifen Hut dient mithin als Stein des Anstoßes einer Auseinandersetzung mit anthropologischen Prämissen. Die Frage, ob der Mensch von Natur aus gut oder schlecht ist, bildet schließlich eine der fundamentalen Kontroversen des Naturrechtsdenkens und des Staatsrechtsdenkens des 16. bis 18. Jahrhunderts aus: Thomas Hobbes galt vielen – nicht ganz zu Recht – als Vertreter und Proklamator einer pessimistischen Anthropologie;[55] Samuel Puf-

---

53 Kästner: Emil und die Detektive (s. Anm. 1), S. 203–212.
54 Ebd., S. 206.
55 Gideon Stiening: Psychologie und Handlungstheorie im ›Leviathan‹. In: Der lange Schatten des Leviathan. Hobbes' politische Philosophie nach 350 Jahren. Hg. von Dieter Hüning. Berlin 2005, S. 55–105; Oliver Bach: Fiktion und Natur. Nicolaus Hieronymus Gundling zu Imagination

Viertens: Der Herr im steifen Hut

Niemand kennt ihn. Nun heißt es zwar, man solle von jedem Menschen, ehe er das Gegenteil bewiesen hat, das Beste annehmen. Aber ich möchte euch doch recht herzlich bitten, in dieser Beziehung etwas vorsichtig zu sein. Denn Vorsicht ist, wie es so schön heißt, die Mutter der Porzellankiste. Der Mensch ist gut, hat man gesagt. Nun, vielleicht ist das richtig. Doch man darf es ihm nicht zu leicht machen, dem guten Menschen. Sonst kann es plötzlich passieren, daß er schlecht wird.

Abb. 1: *Der Herr im steifen Hut.* Kästner: Emil und die Detektive, S. 206

endorf versuchte 1672, Hobbes dadurch zu widersprechen, dass der Mensch eigentlich ein von Natur aus geselliges Wesen und der Naturzustand deshalb kein Zustand eines Krieges aller gegen alle, sondern ein friedlicher Zustand sei.[56] Dass Kästner Hobbes gekannt hat, liegt zwar auf der Hand, er verweist 1927 sogar namentlich auf ihn in seiner Dissertationsschrift. Dass Kästner sich als Germanistik-Promovend allerdings auch nur irgendwie genauer mit Hobbes oder gar mit dem in den 1920er Jahren weit weniger berühmten Pufendorf auseinandergesetzt hat, muss gerade mit Blick auf diese Stelle seiner Dissertation eher als unwahrscheinlich gelten: Dort stellt er nämlich Hobbes als Rezipienten von John Lockes *Essay concerning human understanding m*dar, der »Problem und Methode« aus der 1690 erschienen Schrift Lockes »aufgegriffen« habe[57] – eine Rezeption, die dem 1679 verstorbenen Hobbes unmöglich war.

Ungleich griffiger scheint da in der Friedrich-Dissertation Kästners Auseinandersetzung mit Jean-Jacques Rousseau ausgefallen zu sein: Kästner registriert immerhin in einer Fußnote »Rousseau's idealistischen Naturalismus«.[58] In der Tat war es hundert Jahre nach Hobbes' *De cive* prominenter Weise Jean-Jacques Rousseau, der in seinem *Diskurs über die Ungleichheit unter den Menschen* 1755 mit großem Nachdruck gegen Hobbes' angeblich pessimistische Anthropologie Position bezog:

> Es gibt [...] noch ein anderes Prinzip, das Hobbes nicht bemerkt hat und das – da es dem Menschen gegeben worden ist, um unter bestimmten Umständen die Grimmigkeit seiner Eigenliebe oder das Verlangen nach Selbsterhaltung vor der Entstehung dieser Liebe zu mildern – den Eifer, den er für sein Wohlbefinden hegt, durch einen angeborenen Widerwillen mäßigt, seinen Mitmenschen leiden zu sehen. [...] Ich spreche vom Mitleid – einer Disposition, die für so schwache und so vielen Übeln ausgesetzte Wesen, wie wir es sind, angemessen ist; eine dem Menschen um so universellere und um so nützlichere Tugend, als sie bei ihm dem Gebrauch jeder Reflexion vorausgeht, und eine so natürliche, daß selbst die Tiere manchmal wahrnehmbare Zeichen davon geben. [...] Dies ist die reine Regung der

---

und Recht. In: Nicolaus Hieronymus Gundling (1671–1729) im Kontext der Frühaufklärung. Hg. von Ralph Häfner u. Michael Multhammer. Heidelberg 2018, S. 165–185.
56 Samuel Pufendorf: Gesammelte Werke. Bd. 4: De jure naturae et gentium. Hg. von Frank Böhling. Berlin 1998, lib. II, cap. 2, § 9.
57 Erich Kästner: Friedrich der Große und die deutsche Literatur. Die Erwiderungen auf seine Schrift »De la litterature allemande«. Hsrg. von Walter Müller-Seidel. Stuttgart 1972, S. 12: »Mit Lockes ›Essay concerning human understanding‹ (3. Buch) und seiner Konventions- und Zeichentheorie begann Sprachpsychologie als Erkenntniskritik fruchtbar und einflußreich zu werden. Condillac, *Hobbes*, Diderot, Rousseau, Sulzer, Hamann, Herder griffen, neben vielen anderen, Problem und Methode auf und suchten das Gebiet auf ihre Weise zu ergründen.« Hervorhebung O. B.
58 Ebd., S. 16.

Natur, die jeder Reflexion vorausliegt; dies ist die Macht des natürlichen Mitleids, das die depraviertesten Sitten noch Mühe haben zu zerstören [...].[59]

Rousseau ist allerdings äußerst zurückhaltend, seinen natürlichen Menschen darum schon als guten Menschen zu bezeichnen; im Gegenteil gibt Rousseau an anderer Stelle sogar zu, dass jene ausdrücklich als *nicht-reflexiver* Trieb bestimmte *pitié* letztlich Handlungen motiviere, die jenseits von Gut und Böse stehen, weil der Mensch jene Mitleidshandlungen nicht aus freier Entscheidung vollzieht, sondern aus einem Trieb heraus.[60] Gleichwohl darf Rousseau als Bezugspunkt Kästners an dieser Stelle deshalb gelten, weil er in der Zivilisations- und Kulturkritik seines zweiten *Diskurs* eben auch die Beobachtung macht, dass der Mensch seine natürliche Gutheit verloren hat: Die ihm eigentlich natürlich mitgegebene *pitié* ist durch kulturelle Überformungen gleichsam verschüttet worden. In der Zivilisationsgeschichte würde der Mensch zunehmend künstlichen Reizen ausgesetzt, die in ihm Begierden hervorbrachten, welche die Wirksamkeit des natürlichen Mitleids erheblich einschränkten, wenn nicht gar ganz verdrängten: Trotz der *pitié* kann es dem Menschen also »passieren, daß er schlecht wird«; dies ist für Rousseau eben der menschheitsgeschichtliche Grund für die titelgebende

---

[59] Jean-Jacques Rousseau: Diskurs über die Ungleichheit/Discours sur l'inégalité. Mit sämtlichen Fragmenten und ergänzenden Materialien nach den Originalausgaben und den Handschriften. Hg. von Heinrich Meier. Paderborn ⁶2008, S. 140–145: »Il y a d'ailleurs un autre Principe que Hobbes n'a point apperçû et qui, ayant été donné à l'homme pour adoucir, en certaines circonstances, la férocité de son amour propre, ou le désir de se conserver avant la naissance de cet amour, tempere l'ardeur qu'il a pour son bien-être par une répugnance innée à voir souffrir son semblable. [...] Je parle de la Pitié, disposition convenable à des êtres aussi foibles, et sujets à autant de maux que nous le sommes ; vertu d'autant plus universelle et d'autant plus utile à l'homme, qu'elle précede un lui l'usage de toute réflexion, et si Naturelle que les Bêtes mêmes en donnent quelquesfois des signes sensibles. [...] Tel est le pur mouvement de la Nature, anterieur à toute réflexion : telle est la force de la pitié naturelle, que les moeurs le plus dépravées ont encore peine à détruire [...].«

[60] Ebd., S. 138–141: »Hobbes n'a pas vû que la même cause qui empêche les Sauvages d'user de leur raison, comme le prétendent nos Jurisconsultes, les empêche en même tems d'abuser de leurs facultés, comme il le prétend lui-même ; de sorte qu'on pourroit dire que les Sauvages ne sont pas méchans précisément, parce qu'ils ne sçavent pas ce que c'est qu'être bons ; car ce n'est ni le développement des lumiéres, ni le frein de la Loi, mais le calme des passions, et l'ignorance du vice qui les empêche de mal faire.« / »Hobbes hat nicht gesehen, daß dieselbe Ursache, welche die Wilden hindert, ihre Vernunft zu gebrauchen, wie es unsere Rechtsgelehrten behaupten, sie gleichzeitig hindert, ihre Fähigkeiten zu mißbrauchen, wie er selbst es behauptet; so daß man sagen könnte, daß die Wilden präzise deshalb nicht böse sind, weil sie nicht wissen, was gut sein ist; denn weder die Entwicklung der Einsicht und Aufgeklärtheit noch der Zaum des Gesetzes, sondern das Ruhen der Leidenschaften und die Unkenntnis des Lasters hindern sie daran, Böses zu tun.«

Ungleichheit unter den Menschen. Soll eine Zivilisierung gelingen, die jene natürliche Gutheit nicht verschüttet, so darf man es ihm in der Tat »nicht zu leicht machen, dem guten Menschen«. Deshalb bilden das Bewahren und die Pflege des Mitleids in Rousseaus *Émile* auch die Grundlage der Erziehung:

> Ein in glücklicher Einfachheit aufgewachsener Jüngling fühlt sich dagegen durch die ersten Regungen der Natur zu den sanften und zärtlichen Leidenschaften hingezogen; sein mitleidvolles Herz wird vom Leid seiner Mitmenschen gerührt, er erschauert vor Glück wenn er seinen Kameraden wiedersieht, seine Arme wissen zärtlich zu umarmen, und seine Augen können Tränen der Rührung vergießen; er empfindet Scham, wenn er Mißfallen erregt, und Bedauern, wenn er jemanden beleidigt hat.[61]

Die entscheidende Leistung Kästners ist es, diese naturgemäße Erziehung qua Mitleidspflege nicht nur in der Einsamkeit der Natur für möglich zu befinden wie Rousseau, sondern sie in die Großstadt Berlin der Roaring Twenties zu verlegen.[62] Dass man sich bei diesem Rousseau-Zitat gleichwohl an den kästnerschen Emil erinnert fühlt,[63] gilt es weiter unten noch zu erläutern. Entscheidend ist an dieser Stelle, dass Herr Grundeis-Müller-Kießling schon vor Beginn der Dramenhandlung als Figur konzipiert ist, die nicht nur romanpoetisch und auch nicht nur mit Blick auf die poetische Gerechtigkeit des Romans als Antagonist Emil Tischbeins konzipiert ist, sondern auch als sein anthropologisches Gegenbild: als ein Mensch, der nicht je schon böser ist als der einsichtige Emil, sondern dem im Unterschied zu Emil Gelegenheit gegeben wurde, böse zu werden, und dadurch diejenigen Anlagen hat überformen lassen, die er nur genauso natürlicher Weise besaß wie der moralisch integre Emil.

Durch die Allgemeinheit, die diese vierte Bildbeschreibung wie gesagt dadurch erfährt, dass weder Namen genannt noch spezifische Charaktereigen-

---

61 Jean-Jacques Rousseau: Emil oder über die Erziehung. Übers. u. Hg. von Martin Rang, Eleonore Sckomodau. Stuttgart 1965, S. 457 / Jean-Jacques Rousseau: Émile ou l'éducation. Hg. von Michel Launay. Paris 1966, S. 286: »Au contraire, un jeune homme élevé dans une heureuse simplicité est porté par les premiers mouvements de la nature vers les passions tendres et affectueuses : son cœur compatissant s'émeut sur les peines de ses semblables; il tressaille d'aise quand il revoit son camarade, ses bras savent trouver des étreintes caressantes, ses yeux savent verser des larmes d'attendrissement; il est sensible à la honte de déplaire, au regret d'avoir offensé.«
62 Helga Karrenbrock: Märchenkinder – Zeitgenossen. Untersuchungen zur Kinderliteratur der Weimarer Republik. Stuttgart, Weimar ²2001, S. 210.
63 Siehe zur Funktion des Mitleids im *Fabian* und *Pünktchen und Anton* – wenn auch ohne Verweis auf Rousseau – Dagmar Grenz: Erich Kästners Kinderbücher in ihrem Verhältnis zu seiner Literatur für Erwachsene. Am Beispiel eines Vergleichs zwischen »Fabian« und »Pünktchen und Anton«. In: Literatur für Kinder. Studien über ihr Verhältnis zur Gesamtliteratur. Hg. von Maria Lypp. Göttingen 1977, S. 155–169.

schaften beschrieben werden, erhält diese Bildbeschreibung im Unterschied zu den neun anderen den Charakter eines Emblems.[64] Der in der *inscriptio* genannte und in der *pictura* dargestellte Mann im steifen Hut ist ein zwar krimineller, aber doch zweifellos zivilisierter Mann, wodurch Kästner die Sehgewohnheiten zeitgenössischer Gangsterfilme bedient: Die *pictura* mit steifem Hut, Menjoubärtchen und Zigarette könnte genauso den von George Bancroft gespielten Unterweltkönig Bull Weed in Josef von Sternbergs *Underworld* (1927), den von George E. Stone dargestellten Schwarzhändler Joe Scarsi in Lewis Milestones *The Racket* (1928) oder den von Gaston Modot gegebenen Bandenchef McCornick in Rudolf Meinerts *Das grüne Monokel* (1929) darstellen – letzteres ein Film der Reihe *Stuart Webbs*, auf die Pony Hütchen anspielt.[65] Herr Grundeis ist der zivilisierte Mann mit dem steifen Hut und darum doch nicht weniger zwielichtig, genauso wie Emil auch nicht deshalb schon weniger gut ist, weil er die guten zivilisierten Anzüge verschmäht. Diesem Umstand gilt die erläuterte *subscriptio* mit ihren anthropologischen Überlegungen darüber, inwiefern ein Mensch eben zwar gut veranlagt sein, aber doch zum schlechten Menschen werden kann.

6 Supererogation

Nicht nur der Erzähler, sondern auch Emil selbst erläutert, inwiefern sein moralisches Verhalten nicht durch äußeren Zwang, also durch Gesetz, sondern durch eigenes Wollen, also durch innere Triebfedern, mithin durch Moral, gewährleistet ist. Vor allem mit Blick auf sein Verhalten gegenüber der Mutter wird deutlich, dass dieses insbesondere durch Mitleid induziert ist: Die Vorstellung, dass seine Mutter sich für ihn abarbeitet, nur damit er »seine Hausaufgaben verbummele«, ist Emil ebenso unerträglich wie die Vorstellung, dass sie alleine zuhause sitzt.

---

64 Peter M. Daly: Literature in the light of the emblem. Structural parallels between the emblem and literature in the sixteenth and seventeenth centuries. Toronto, ON: University of Toronto Press, ²1998, S. 199–203; Bernhard F. Scholz: Emblem. In: Reallexikon der deutschen Literaturwissenschaft. Hg. v. Klaus Weimar u. a. Berlin 2007, Bd. 1, S. 435–438.
65 Kästner: Emil und die Detektive (s. Anm. 1), S. 261. Vgl. Urs Meyers Überlegung, Herr Grundeis erinnere mitunter bereits an Adolf Hitler: Urs Meyer: Fünf Schwierigkeiten beim Schreiben einer ideologiekritischen Interpretation. Zur Rezeption von Erich Kästners *Emil und die Detektive* und Gerhard Lamprechts gleichnamiger Verfilmung. In: Was heißt und zu welchem Ende studiert man Literaturwissenschaft? Hg. von Jan Erik Antonsen u. a. München, Paderborn 2009, S. 123–134, hier S. 128. Diese Parallelisierung überzeugt insbesondere mit Blick auf die Darstellung Grundeis' durch Fritz Rasp in der Verfilmung Gerhard Lamprechts von 1931, in der Rasp anstatt eines Menjoubärtchens einen Zweifingerbart trägt (ebd.).

Beim abendlichen Gespräch mit dem Professor erklärt Emil sein moralisches Verhalten:

> »[W]enn wir einen Klassenausflug machen, gibt mir meine Mutter genausoviel Geld mit, wie die anderen Jungen kriegen. Manchmal sogar noch mehr.« »Wie kann sie das denn?« »Das weiß ich nicht. Aber sie kann's. Und da bring ich dann eben die Hälfte wieder mit.« »Will sie das?« »Unsinn! Aber ich will's.« »Aha!« sagte der Professor, »so ist das bei euch.« »Jawohl. So ist das. Und wenn sie mir erlaubt, mit Prötzsch aus der ersten Etage bis neun Uhr abends in die Heide zu gehen, bin ich gegen sieben wieder zurück. Weil ich nicht will, daß sie allein in der Küche sitzt und Abendbrot ißt. Dabei verlangt sie unbedingt, daß ich mit den andern bleiben soll. Ich hab's ja auch versucht. Aber da macht mir das Vergnügen gar kein Vergnügen mehr. Und im Grunde freut sie sich ja doch, daß ich früh heimkomme.«[66]

Emils Maxime für die Ausrichtung seines Handelns ist weder ein äußeres Gesetz noch der Wille seiner Mutter selbst. Im Gegenteil handelt er sogar gegen die ausdrückliche Willensbekundung der Mutter. Dabei ist sein Handeln aber eben nicht nur durch rationale Reflektion angeleitet, sondern auch und vor allem durch Gefühl angetrieben: Das Gefühl von Vergnügen und Unlust über die Folgen seiner Handlungen gegenüber anderen ist seine wichtigste Triebfeder. Den größten »Widerwillen«, wie es bei Rousseau hieß, empfindet Emil eben bei Betrachtung seiner hart arbeitenden und ohne ihn einsamen Mutter. Dieses moralische Gefühl Emils gewährleistet, mit seiner Handlung *richtiger* zu liegen und den eigentlichen, unausgesprochenen Willen seiner Mutter *besser* zu erfüllen als durch das Befolgen ihrer ausdrücklichen Willensbekundung.[67] Im Übrigen beschränkt Emil dieses Verhaltensmuster nicht auf seine Mutter, sondern legt es auch gegenüber seiner Großmutter an den Tag, die ihm 20 Mark schenken möchte, die er erst auf nachhaltigen Druck anzunehmen bereit ist.[68]

Ist Emils Handeln und die zitierte Passage deshalb gänzlich auf Rousseau zurückzuführen? Ein Element des Zitates ist mit Blick auf diese Frage hervorzuheben: Durch sein moralisches Gefühl tut Emil bisweilen etwas *anderes*, als seine

---

66 Kästner: Emil und die Detektive (s. Anm. 1), S. 265 f.
67 Mit der Integration des Mitleids in seinen nicht nur kinderliterarischen, sondern auch heiteren Emil-Roman stellt Kästner mithin schon 1929 unter Beweis, dass seine poetologische Parteinahme für den Humor in der Literatur, wie er sie 1946 in *Die einäugige Literatur* formulieren wird, nicht darauf hinauslaufen soll, sich als humorvoller Dichter all der Gegenstände der ernsten Kunst zu entschlagen – der »tragischen Verwicklungen, [...] Pflichtkonflikte, [...] *Mitleid und Furcht*« (Erich Kästner: Die einäugige Literatur. In: Ders.: Wir sind so frei. Chanson, Kabarett, Kleine Prosa. Hg. von Hermann Kurzke. München, Wien, S. 46–51, hier S. 48); vielmehr besteht Kästners poetische Agenda in einer Aneignung traditionell ernster Gegenstände wie eben Mitleid und Furcht durch heitere Literatur wie *Emil und die Detektive*.
68 Kästner: Emil und die Detektive (s. Anm. 1), S. 290 f.

Mutter fordert, wie soeben erläutert; bisweilen tut er *mehr* als das von ihm ausdrücklich geforderte. Er bringt mehr Geld vom Ausflug zurück, als er müsste, und er kommt früher vom Spielen nach Hause als verlangt. Emil vollzieht folglich auch sogenannte überverdienstliche Handlungen (*opera supererogationis*). Diese können aus der Perspektive der Deontologie und ihres Dualismus erlaubter und erforderlicher Handlungen nicht von indifferenten Handlungen unterschieden werden: Emils überverdienstliche Handlungen gegenüber der Mutter sind ebenso wie indifferente Handlungen erlaubt und nicht erforderlich, und doch sind sie für ihn *nicht* indifferent.[69] Die überverdienstlichen Handlungen zu unterlassen, das Pausengeld in voller Höhe auszugeben und »bis neun Uhr abends in die Heide zu gehen«, wäre Emil unerträglich. Überverdienstliche Handlungen sind nicht Teil der Rechtsphilosophie, sondern der Moralphilosophie. Emils Moralität sticht folglich durch seine überverdienstlichen Handlungen in besonderer Weise hervor.

Allerdings ist auch der moralphilosophische Status von *opera supererogationis* seit Kants Sittenlehre umstritten, da diese einen Begriff der Tugendpflicht eingeführt hat, sodass es zwar vollkommene und unvollkommene Pflichten gibt, aber keinerlei moralischen Handlungen, die nicht verpflichtend sind bzw. über die Pflicht hinausgehen.[70] Eine kantianische Position nehmen Kästner und seine Titelfigur hier folglich nicht ein.[71] Die Bejahung überverdienstlicher Handlungen speist sich aus einer anderen Tradition der Aufklärungsepoche. Beispielsweise entwickelte Gotthold Ephraim Lessing im Austausch mit Moses Mendelssohn sowie in seiner Schrift *Ernst und Falk. Gespräche für Freimaurer* (1787) eine Zivilisationskritik, die sich gegen die Pflichtenethik der Frühaufklärer richtete: Einer Gesellschaft ist es erst dann möglich, zu einem harmonischen Zustand naturständlicher Gleichheit zurückzukehren, wenn überverdienstliche Handlungen

---

[69] Millard Schumaker: Deontic Morality and the Problem of Supererogation. In: Philosophical Studies 23 (1972), H. 6, S. 427 f.
[70] Manfred Baum analysiert ebenso knapp wie präzise solche »supererogatorischen Handlungen, denen supererogatorische Zwecke korrespondieren müßten. Von Kant her gesehen kann es solche Zwecke nicht geben. Denn wenn alle Zwecke, die im Verhältnis des Menschen zu sich selbst und anderen Pflicht sein können, auch wirkliche Pflichten sind, dann sind die Zwecke, die per definitionem nicht Pflichten sein sollen, wie die supererogatorischen Zwecke, notwendig pflichtwidrige und nicht etwa über die Pflicht hinausgehende gute Zwecke.« (Manfred Baum: Probleme der Begründung Kantischer Tugendpflichten. In: Jahrbuch für Recht und Ethik 6 [1998], S. 41–56, hier S. 56). Indessen existieren Lesarten, die der Supererogation zumindest in Kants Moralpädagogik bzw. Ästhetik einen gewissen Status zuschreiben, insofern gerade überverdienstliches Handeln eine erhabene Wirkung ausübe: Richard McCarty: The Limits of Kantian Duty, and Beyond. In: American Philosophical Quarterly 26 (1989), H. 1, S. 43–52, hier S. 47–50.
[71] Susan C. Hale: Against Supererogation. In: American Philosophical Quarterly 28 (1991), H. 4, S. 273–285.

vollzogen werden.⁷² Selbst eine Gemeinschaft, in der alle zu jeder Zeit ihre Pflichten erfüllen, ist doch nur eine funktionale, aber nicht ideale Gemeinschaft; sie verharrt im Status Quo, statt sich dem Idealzustand anzunähern, auf den nur eine Gemeinschaft überverdienstlich Handelnder zustreben kann. Es ist diese utopische Entelechie der Supererogation, mithilfe derer Kästner dem »Musterknaben« Emil⁷³ eine Tendenz zum Ideal einschreiben und ihn doch als normalen Jugendlichen mit Fehlern und Flausen zeichen kann: *Emil und die Detektive* ist kein Panegyrikus auf einen unerreichbaren Helden ohne Fehl und Tadel, sondern die poetische Skizze einer natürlichen Anlage, die diesen Zustand erreichbar erscheinen lässt und insofern nachahmenswert erscheint.

Bei aller zunächst aufscheinenden Säkularität Kästners ist mithin darauf hinzuweisen, dass die sogenannten *opera supererogationis*, d. h. überverdienstliche Handlungen, die über das von der Pflicht Verlangte hinausgehen, elementarer Teil der *christlichen* Ethik sind, nämlich am Ausgang des Samaritergleichnisses in Lukas 10.⁷⁴ Allerdings: Emil tritt eben nicht mit dem Neuen Testament in der Hand auf, sondern in ihm ist die Supererogation ein über die gesetzliche Pflicht hinausgehendes Handeln, das durch sein moralisches *Gefühl* motiviert wird. Das moralische Gefühl gewährleistet nicht nur die Einhaltung von Gesetzen dort, wo Exekutive und Judikative versagen, sondern es dringt in Bereiche vor, die von der Legislative gar nicht erfasst wurden und werden. Durch das überverdienstliche Handeln ist das moralische Gefühl bei Kästner nicht nur ein kognitives Mittel adäquater Norm*erkenntnis*, sondern auch eine Instanz autonomer Norm*setzung*. Dass es sich durch seine Autonomie nicht in Beliebigkeit und Willkürlichkeit der so gebildeten Normen verrennt, beweist, welch große Leistungsfähigkeit Kästner dem moralischen Gefühl zutraut. Man könnte sagen, dass Kästner eine der Sache nach in seinen Augen richtige Supererogationslehre mithilfe von Rousseau säkularisiert.

---

72 Friedrich Vollhardt: Selbstliebe und Geselligkeit. Untersuchungen zum Verhältnis von naturrechtlichem Denken und moraldidaktischer Literatur im 17. und 18. Jahrhundert. Tübingen: Niemeyer, 2001, S. 333 f.
73 Kästner: Emil und die Detektive (s. Anm. 1), S. 219.
74 Siehe zum Beitrag des Thomas von Aquin zu Supererogationsvorstellungen Dieter Witschen: Mehr als die Pflicht. Studien zu supererogatorischen Handlungen und ethischen Idealen. Fribourg 2006, S. 191–202.

7 Schluss: Tausend Mark

Emils Gefühl ist nicht nur in moralischer Hinsicht intakt, sondern auch in seinem Gefühl für das Gesetz, und zwar für das positive Recht der Weimarer Republik. Emil entscheidet sich dagegen, den Diebstahl seines Geldes bei der Polizei anzuzeigen, weil er Angst hat, selbst wegen Verschandelung eines öffentlichen Denkmals in seiner Heimatstadt belangt zu werden; ist diese Entscheidung »schwach motiviert«?[75] Dieser Einschätzung kann man nicht nur vor einem abstrakt-ideengeschichtlichem, sondern vor einem konkret-rechtsgeschichtlichen Hintergrund widersprechen. Wenn er dem Denkmal des »Großherzogs Karl« eine rote Nase und einen Schnurrbart aufmalt,[76] begeht Emil nämlich keinen »kleinen Verstoß gegen Recht und Gesetz«,[77] sondern erfüllt den Tatbestand der Sachbeschädigung. Der Paragraph 303 des Strafgesetzbuchs in der von 1876 bis 1969 gültigen Fassung (RStGB) lautete: »Wer vorsätzlich und rechtswidrig eine fremde Sache beschädigt oder zerstört, wird mit Geldstrafe bis zu *eintausend Mark* oder mit Gefängniß bis zu zwei Jahren bestraft.«[78] Eintausend Mark: also exakt derselbe Betrag, mit dem die Ergreifung des gesuchten Bankräubers Herbert Kießling belohnt wird.

Bedenkt man dies, so leuchtet ein, dass diese Geldstrafe die Familie Tischbein, die in der Woche nur 35 Mark einnimmt,[79] schlichtweg schwer ruiniert hätte: Das erste Kapitel des Kinderromans behandelt schließlich ausführlich die monetäre Situation des vaterlosen Emil und seiner Mutter. Poetische Gerechtigkeit wäre nun hergestellt worden, wenn Emil auf sein schlussendliches Geständnis der Sachbeschädigung tatsächlich für dieselbe bestraft worden wäre: Denn offensichtlich *wird* durch die exakte Bezifferung von tausend Mark eine Äquivalenz hergestellt zwischen Emils schlechter Tat am Romananfang und seiner guten Tat am Romanende. Gleichwohl erfolgt genau dies nicht: »Aber Emil, wir werden doch nicht einen unsrer besten Detektive ins Gefängnis sperren!«[80]

Vorderhand macht der Kommissar den noch zu erwartenden Nutzen Emils als Detektiv geltend, um von einer Verhaftung abzusehen. In der Sache spricht ein anderer Grund gegen Emils Belangung wegen Sachbeschädigung: Emil ist mit

---

75 Hanuschek: Keiner blickt dir hinter das Gesicht (s. Anm. 4), S. 171.
76 Kästner: Emil und die Detektive (s. Anm. 1), S. 221.
77 Dettmar: Erich Kästner (s. Anm. 41).
78 Strafgesetzbuch für das Deutsche Reich (RStGB), § 303 (1) [20. März 1876]; Hervorhebung O.B.
79 Kästner: Emil und die Detektive (s. Anm. 1), S. 218.
80 Ebd., S. 286.

seinen ca. zwölf Jahren noch nicht strafmündig.[81] Bis 1923 waren laut § 55 RStGB Jugendliche ab zwölf Jahren strafmündig; für Kinder unter zwölf Jahren konnten immerhin »die zur Besserung und Beaufsichtigung geeigneten Maßregeln getroffen« und die »Unterbringung in eine Familie, Erziehungsanstalt oder Besserungsanstalt« verfügt werden.[82] Dieser Paragraph schied 1923 aus dem Strafgesetzbuch aus und wurde durch das Jugendgerichtsgesetz ersetzt, welches nicht nur das Strafmündigkeitsalter auf 14 Jahre anhob,[83] sondern auch Besserungsmaßregeln nur für Jugendliche zwischen 14 und 18 Jahren vorsah, mithin Kinder unter 14 Jahren von der Geltendmachung der Strafgesetze ausnahm.[84] Der Kommissar hat mithin in der Tat keinen Grund, Emils Selbstanzeige aufzunehmen. Vor der jüngsten Jugendstrafrechtsreform hätte Emil noch berechtigten Grund zur Sorge gehabt; 1929 hingegen ist sie unberechtigt. Und selbst wenn Emil 14 Jahre alt gewesen wäre, sähe das Jugendgerichtsgesetz als Höchststrafe lediglich die Hälfte des eigentlichen Strafmaßes, mithin nur 500 Mark für Sachbeschädigung vor.[85] Berücksichtigt man diesen Kontext, beeindruckt das Gefühl Emils für die Adäquanz seiner guten und schlechten Taten umso mehr: Kinder unter 14 Jahren und mehr noch unter zwölf Jahren mögen zwar von der Anwendung des Strafrechts ausgenommen sein; ihr intuitives Gefühl für dasselbe und ihren dermaleinst daraus drohenden Strafen ist aber bereits intakt. Anders als bei Rousseau haben Kinder von Natur aus nicht nur die Anlage zu guten Menschen, sondern auch zu rechtschaffenen Bürgern.[86]

Man kann und muss jedoch auch über eine Interpretation des 15. Kapitels nachdenken, die diesen Kontext nicht berücksichtigt. Der Kommissar macht

---

81 Für dieses Alter Emils sprechen Indizien der Fortsetzung *Emil und die drei Zwillinge* (1934): Erstens ist Pony Hütchen ist darin 14 Jahre alt: Erich Kästner: Emil und die drei Zwillinge. Die zweite Geschichte von Emil und den Detektiven. In: Ders.: Parole Emil. Romane für Kinder I. Hg. von Franz Josef Görtz. München, Wien 1998, S. 303–450, hier S. 320. Emil hingegen hat dieses Alter offenbar noch nicht erreicht (S. 352). Da die Handlung der Fortsetzung mehr als zwei Jahre nach derjenigen von *Emil und die Detektive* stattfindet (S. 316), kann er dort noch keine zwölf Jahre alt sein.
82 RStGB, § 55 [7. September 1896].
83 Jugendgerichtsgesetz [16. Februar 1923]. In: Reichsgesetzblatt, Teil I, 1923, Nr. 14, 27. Februar 1923, S. 135–141, hier S. 135 (§ 2): »Wer eine mit Strafe bedrohte Handlung begeht, eher er vierzehn Jahre alt geworden ist, ist nicht strafbar.«
84 Jugendgerichtsgesetz [16. Februar 1923]. In: Reichsgesetzblatt, Teil I, 1923, Nr. 14, 27. Februar 1923, S. 135 (§ 5–7).
85 Jugendgerichtsgesetz [16. Februar 1923]. In: Reichsgesetzblatt, Teil I, 1923, Nr. 14, 27. Februar 1923, S. 136 (§ 9).
86 Vgl. dagegen die These, das Anliegen von Kästners Kinderliteratur sei es, »das Kind, aber damit auch den späteren Erwachsenen aus dem politischen und gesellschaftlichen Feld herauszuhalten«: Grenz: Erich Kästners Kinderbücher (s. Anm. 63), S. 166 f.

nämlich nicht Emils Strafunmündigkeit zum Argument dafür, die Strafanzeige zu unterlassen, sondern eben Emils Verdienst als Detektiv. Die Suggestionswirkung dieser Argumentation geht in eine völlig andere Richtung als die jugendstrafrechtliche Argumentation: Hätte der Kommissar mit dieser eine durch das Gesetz selbst festgelegte Eingrenzung ihres Adressatenkreises angewendet und somit *de lege* entschieden, formuliert er mit seinem Verdienstargument tatsächlich eine Einzelfallausnahme, also eine Dispens oder ein Privileg *extra legem*, die als Billigkeit bzw. Einzelfallgerechtigkeit darum nicht gelten kann, weil sie das strenge Gesetz für den Einzelfall nicht nur abmildert, sondern gar nicht zur Anwendung bringt:[87] Er legt § 303 RStGB weder deklarativ noch restriktiv aus, sondern lässt es zur Auslegung gar nicht erst kommen.[88]

Dabei missachtet der Kommissar den § 303 des Reichsstrafgesetzbuchs *nicht* aus moralischer und rechtlicher Ignoranz oder Indolenz. Als Emil auf die Frage eines Journalisten, warum er den Gelddiebstahl nicht sofort angezeigt hat, »es mit der Angst« bekommt, legt das schmunzelnde »Na?« des Kommissars doch nahe, dass er bereits ahnt, dass Emil etwas ausgefressen hat.[89] Nicht nur das Ordnungsgefühl des Kommissars ist also durchaus intakt, sondern auch sein Gefühl für das moralische Unbehagen seines Gegenübers. Darüber hinaus zielt sein Ausruf, »Aber Emil, wir werden doch nicht einen unsrer besten Detektive ins Gefängnis sperren!«,[90] nicht nur auf Emils zurückliegendes Verdienst, sondern auch auf seinen künftigen Nutzen für das Gemeinwohl ab. Die Dispens Emils von der Anwendung des § 303 RStGB ist so gesehen *ebenfalls* nicht schwach motiviert. Die Dispens ist auch nicht schier politisch im Sinne Carl Schmitts, insofern die Entscheidung des Kommissars »normativ betrachtet, aus dem Nichts geboren« wäre.[91] Ein solches Denken, dass die Nichtanwendung oder Außerkraftsetzung einzelner Gesetze das Gemeinwohl nicht bedrohen, sondern im Gegenteil zu sichern in der Lage seien, ist *common sense* weiter Teile des vorkritischen politischen Denkens, nicht zuletzt seitdem im Mittelalter das *bonum commune* nicht mehr nur Zweck, sondern auch Kriterium der Gerechtigkeit des Gesetzes gewor-

---

[87] Siehe zu dieser Bestimmung der *aequitas* bereits bei Melanchthon: Oliver Bach: Philipp Melanchthon und Johann Oldendorp. Frühes protestantisches Naturrecht zwischen Jurisprudenz und Theologie. In: Von der Allegorie zur Empirie? Natur im Rechtsdenken des Spätmittelalters und der Frühen Neuzeit. Hg. von Susanne Lepsius, Friedrich Vollhardt u. Oliver Bach. Berlin 2018, S. 104–120, hier S. 110 f.
[88] Jan Schröder: Recht als Wissenschaft. Geschichte der juristischen Methodenlehre in der Neuzeit (1500–1933). 2. überarb. und erw. Aufl. München 2012, S. 59–64.
[89] Kästner: Emil und die Detektive (s. Anm. 1), S. 286.
[90] Ebd., S. 286.
[91] Carl Schmitt: Politische Theologie. Vier Kapitel zur Lehre von der Souveränität. München, Leipzig 1922, S. 31.

den war.⁹² Neben dem moralischen Gefühl ist es vor allem dieses Gemeinwohldenken, das in der einleitend skizzierten Spannung von Theorie und Praxis zu vermitteln erlaubt.

Realgeschichtlich bleibt jedoch ein fahler Nachgeschmack: Das Außerkraftsetzen positiven Rechts war eine in der Weimarer Reichsverfassung Art. 48 (2) vorgesehene Befugnis des Reichspräsidenten,⁹³ die ab März 1930 mit den Präsidialkabinetten fataler Alltag im Deutschen Reich wurde; dass mit derselben Befugnis der Weg ins Dritte Reich gleichsam präpariert war, ist seit Clinton Rossiter bekannt.⁹⁴ Es ist reines Glück, dass mit dem Kommissar ein moralisch integrer Mensch diese Befugnis ausübt, ein *moralischer Politiker* eben, »der die Principien der Staatsklugheit so nimmt, daß sie mit der Moral zusammen bestehen können«; es ist reines Glück, dass der Kommissar kein *politischer Moralist* ist, »der sich eine Moral so schmiedet, wie es der Vortheil des Staatsmanns sich zuträglich findet«.⁹⁵ Es ist abermals bemerkenswert zu sehen, auf welch breitem mentalitätsgeschichtlichem Boden die Notverordnungen der Weimarer Zeit zu stehen schienen, wenn eben nicht nur und nicht erst nationalkonservative Ordnungspolitiker wie Heinrich Brüning,⁹⁶ sondern auch jemand wie Erich Kästner dem positiven Recht nur eingeschränkte Geltung einräumte. Durch ihr moralisches Gefühl untrüglich angeleitet, werden Emil und die Detektive das »schon deichseln«.

---

92 Ernst-Wolfgang Böckenförde: Gemeinwohlvorstellungen bei Klassikern der Rechts- und Staatsphilosophie. In: Gemeinwohl und Gemeinsinn im Recht. Konkretisierung und Realisierung öffentlicher Interessen. Hg. von Herfried Münkler, Karsten Fischer. Berlin 2002, S. 43–66, hier S. 51–54.
93 Weimarer Reichsverfassung (WRV), § 48 (2).
94 Clinton Rossiter: Constitutional Dictatorship. Crisis Government in the Modern Democracies. New York ²1963, S. 33: »The life and death of the German Republic is in no small part a story of the use and abuse of Article 48 of the Weimar Constitution.«; Ludwig Richter: Das präsidiale Notverordnungsrecht in den ersten Jahren der Weimarer Republik. Friedrich Ebert und die Anwendung des Artikels 48 der Weimarer Reichsverfassung. In: Friedrich Ebert als Reichspräsident. Amtsführung und Amtsverständnis. Hg. von Eberhard Kolb. München, Wien 1997, S. 207–257, insbesondere S. 257.
95 Immanuel Kant: Zum ewigen Frieden [1796]. In: Ders.: Über den Gemeinspruch: Das mag in der Theorie richtig sein, taugt aber nicht für die Praxis. Zum ewigen Frieden. Hg. von Heiner Klemme. Hamburg 1992, S. 49–103, hier S. 86 (AA VIII, 372); vgl. Gideon Stiening: Empirische oder wahre Politik? Kants kritische Überlegungen zur Staatsklugheit. In: … jenen süssen Traum träumen. Kants Friedensschrift zwischen objektiver Geltung und Utopie. Hg. von Dieter Hüning, Stefan Klingner. Baden-Baden 2018, S. 259–276, hier S. 270 f.
96 Rossiter: Constitutional Dictatorship (s. Anm. 94), S. 51–53; Richter: Das präsidiale Notverordnungsrecht (s. Anm. 94), S. 257.

Sebastian Schmideler
Kinder, Literatur, Demokratie

Politik und Moral in Erich Kästners *Emil*-Romanen und im *Fliegenden Klassenzimmer*

1 Erkenntnisinteresse: Prospektive Perspektivierungen

Betrachtet man Erich Kästners weltweite Wirkung als Kinderbuchautor im 20. Jahrhundert[1] und überschaut man die damit verbundenen einschlägigen kinderliteraturwissenschaftlichen Zuschreibungen, wird deutlich: Erich Kästner wird gerade in diesem literarischen Feld explizit als ein Autor der Moderne gesehen.[2] Seine Rolle als prominenter kinderliterarischer Demokratieerzieher in der Weimarer Republik und die Modernisierung der literarischen Formen, insbesondere des Romans, in denen sich diese Aufgabe politischer Bildung durch Kinderliteratur ästhetisch repräsentiert, trugen wesentlich dazu bei, dass Kästner nach 1945 in der BRD der 1950er und 1960er Jahre als ein »Markenzeichen der Demokratie« wahrgenommen werden konnte.[3] Von dort aus war seine kinderliteraturwissenschaftliche Verortung innerhalb des Modernisierungsprozesses nur noch ein kleiner Schritt.[4] – So sehr diese retrospektive Analyse und Wertung von

---

[1] Bernd Dolle-Weinkauff u. Hans-Heino Ewers (Hg.): Erich Kästners weltweite Wirkung als Kinderschriftsteller. Studien zur internationalen Rezeption des kinderliterarischen Werks. Frankfurt a. M., Berlin u. a. 2002.
[2] Zum Verhältnis von Kinderliteratur und Moderne grundlegend der Sammelband Hans-Heino Ewers (Hg.): Kinderliteratur und Moderne. Ästhetische Herausforderungen für die Kinderliteratur im 20. Jahrhundert. Weinheim, München 1990. Zu Kästner als Kinderbuchautor der Moderne vgl. insbesondere Helga Karrenbrock: Märchenkinder – Zeitgenossen. Untersuchungen zur Kinderliteratur der Weimarer Republik. Stuttgart, Weimar ²2001, S. 194–232 sowie Birte Tost: »Moderne« und »Modernisierung« in der Kinder- und Jugendliteratur der Weimarer Republik. Frankfurt a. M., Berlin u. a. 2005, S. 41–48.
[3] Sebastian Schmideler: Ein Markenzeichen der Demokratie – Erich Kästner in den Fünfziger Jahren. In: Kinder-und Jugendliteratur und -medien in Forschung, Schule und Bibliothek (kjl&m) 65.3 (2013), S. 67–71, hier S. 67.
[4] Carsten Gansel: Erich Kästner und seine Autor-Bilder im Prozeß von gesellschaftlicher Modernisierung. In: Gerhard Fischer (Hg.): Kästner-Debatte. Kritische Positionen zu einem kontroversen Autor. Würzburg 2005, S. 183–202.

Werk und Wirkung aus der Perspektive der demokratischen Kultur der Weimarer Republik auch für die Kinderliteraturforschung fruchtbaren Ertrag gebracht hat, so dringend scheint es gerade in Bezug auf Kästners Moralitäts- und Politikverständnis geboten, eine prospektive Sicht auf das kinderliterarische Werk unter Einschluss langfristiger Entwicklungslinien in der Kinder- und Jugendliteratur und in Bezug auf die sogenannte Erwachsenenliteratur deutlicher als dies bislang geschehen ist zu wagen.

Eine derartige Betrachtung von Kästners Werk mit einem erweiterten Blick zurück kann innerhalb längsschnittartig gespannter ästhetischer Horizonterweiterungen im Verfahren der Rekonstruktion kontextualisieren,[5] was bislang an historischen Bezügen in der Forschungsdiskussion noch vergleichsweise unterbelichtet blieb: Immerhin war Kästner nicht nur Autor, sondern ausgehend von seinem individualbiografischen Selbstverständnis zunächst einmal promovierter Literaturhistoriker.[6] Die daraus resultierenden Spuren, die sich in einem formal so vielgestaltigen Werk zwar ebenso auch in der Adressierung an Erwachsene abzeichnen, lassen sich jedoch gerade in Kästners Verständnis von Kinderliteratur konkret zeigen. Kästner praktizierte Kinderliteratur nicht nur mit Modernisierungsanspruch, sondern konzeptionierte sie auch traditionsbewusst in historischen Kategorien: Dies kann bereits ein erster Blick auf Kinderromane wie *Der 35. Mai* ohne Mühe zeigen.[7] Auch Kästners zahlreiche Bearbeitungen bzw. Ad-

---

[5] Das Verfahren der Rekonstruktion und Kontextualisierung verstehe ich als das historisch-systematische und theoretisch literaturwissenschaftlich begründete Aufzeigen von einem »Objektbereich, der mit dem manifesten Text zusammen analysiert, ›gelesen‹ werden muss«. Moritz Baßler: Kontexte. In: Thomas Anz (Hg.): Handbuch Literaturwissenschaft. Bd. 1: Gegenstände und Grundbegriffe. Sonderausgabe. Stuttgart, Weimar 2013, S. 355–370, hier S. 360.
[6] Für diese Lesart hat Kästner selbst noch im vorgerückten Alter unmissverständlich deutliche Akzente gesetzt: Auszüge seiner Dissertation erschienen in der Werkausgabe von 1969. Vgl. Erich Kästner: Friedrich der Große und die deutsche Literatur. Eine Untersuchung des literarischen Geschmacks um 1780 (Auszug aus der Dissertation, 1925). In: Ders.: Gesammelte Schriften für Erwachsene. Bd. 6: Vermischte Beiträge I. Zürich 1969, S. 7–22. Die Dissertation von 1925 wurde 1972 als Monografie gedruckt. Vgl. Erich Kästner: Friedrich der Große und die deutsche Literatur. Die Erwiderungen auf seine Schrift *De la littérature allemande*. Stuttgart, Berlin u. a. 1972.
[7] Neben der Anspielung der Metalepse zwischen primärer und sekundärer Welt des fantastischen Erzählens, die auf E.T.A. Hoffmanns Schrank aus *Nußknacker und Mausekönig* (1816) anspielt, sind die Hans-Sachs-Rezeption und die geschichtssatirischen Elemente beispielhaft hervorzuheben. Vgl. hierzu Inge Schleier: Botschaften aus dem poetischen Narrenschiff – schwebend: Neue Befunde zur literarischen Standortbestimmung Erich Kästners. In: Volker Ladenthin (Hg.): Erich Kästner-Jahrbuch 4 (2004), S. 155–168 sowie Rüdiger Steinlein: »Hannibal beniest es«. Kinderliterarische Geschichtssatire bei Erich Kästner. In: Ursula Kliewer u. Heinz-Jürgen Kliewer (Hg.): Nur das Denken, das wir leben, hat einen Wert. Zur Erinnerung an den Literaturdidaktiker

aptationen kanonisierter, weltliterarischer Stoffe, sogenannter Klassiker, für Kinder als Zielgruppe belegen dies, weil sie konzeptioneller Teil von Kästners Poetik und Ästhetik von Kinderliteratur sind.[8] Überdies haben bspw. die Versuche von Inge Schleier in wünschenswerter Klarheit gezeigt, dass Kästner als ›poeta doctus‹ in seinem Werk der frühneuzeitlichen Poetik des Hans Sachs facettenreicher verpflichtet gewesen zu sein scheint, als dies auf den ersten Blick bislang sichtbar war.[9] Um diese historischen Rekurse zu verdeutlichen, sollte auch Kästners kinderliterarisches (demokratisches) Moral- und Politikverständnis in dieser diachronen Perspektive betrachtet werden, wie im Folgenden anhand exemplarischer Rekonstruktionen und Kontextualisierungen am Beispiel der beiden *Emil*-Romane und des Kinderromans *Das fliegende Klassenzimmer* gezeigt werden soll. Leitendes Erkenntnisinteresse solle es dabei sein, in einer prospektiven Perspektivierung die Verortung Erich Kästners innerhalb der langen Linien der kinderliterarischen Entwicklung zu zeigen und ihre literaturhistorischen Kontexte wieder aus der Geschichtlichkeit ihrer Genese konkreter sichtbar zu machen.

2 Kontext I – Theoretisch: Zum Verhältnis von politischer Bildung und Kinder- und Jugendliteratur

Speziell das Verhältnis von Kinder- und Jugendliteratur und politischer Bildung im Zeichen der Demokratie ist gegenwärtig nach wie vor ein Forschungsfeld von hoch aktueller gesellschaftlicher Relevanz. Die Analyse von Erich Kästners Beitrag zur kinderliterarischen Demokratiebildung ist daher eine kinderliteraturhistorische Lerngelegenheit par excellence. Sieht man diese Beziehung im kommunikations- und sozialwissenschaftlichen Kontext einer Theorie des Handlungs- und Symbolsystems von Normen und Konzepten der Kinder- und Jugendliteratur, wie sie von Hans-Heino Ewers definiert wurde, geht es hier um Normen im Zusammenhang mit einem Verständnis von »Kinder- und Jugendliteratur als (reli-

---

und Kinder- und Jugendliteraturforscher Malte Dahrendorf (1928–2008). Frankfurt a. M. u. a. 2009, S. 241–252.
8 Siehe u. a. Dieter Petzold: Kästner und die Klassiker. Nacherzählungen von Weltliteratur. In: Dolle-Weinkauff u. Ewers: Erich Kästners weltweite Wirkung als Kinderschriftsteller (s. Anm. 1), S. 53–67.
9 Inge Schleier: Botschaften aus dem poetischen Narrenschiff – schwebend. Neue Befunde zur literarischen Standortbestimmung Kästners. (s. Anm. 7), S. 155–168.

giöse, soziale und politische) Weltanschauungsliteratur«.[10] Diese Normen können in der Theorie von Ewers innerhalb der Kategorie einer »Zwecksetzung« sein: »Wissens- und Wertevermittlung (didaktische Literatur)«, »rhetorische Erziehung«, »Literaturerwerb und literarische Bildung«, »ästhetische Erziehung«, »Persönlichkeits- und Identitätsbildung«.[11] Fokussiert und konkret geht es hierbei – wie auch im Fall von Kästners Demokratie- und Moralverständnis in seinen Kinderbüchern – um die Initiation in das Politische als Beitrag zur demokratischen Bildung von Kindern durch Kinderliteratur.

Bereits in der Forschungsdiskussion der 1970er Jahre wurde grundsätzlich auf die Dualität der »Erziehung zur Demokratie« verwiesen, wobei die eine Seite darin bestünde, »Ordnung und Vernunft gegenwärtiger demokratischer Verfaßtheit vorzubringen und dafür auch jenen Gehorsam zu verlangen, den Individuen dem Gemeinwesens schuldig sind« und die andere Seite das Ziel verfolge, »gegen Anpassung zu arbeiten, den einzelnen für sich zum Demokraten werden zu lassen; ihn seiner Freiheit, Selbstverantwortlichkeit inne werden zu lassen. Ihn in demokratische Meinungsbildung einzuführen, ohne schon im vorhinein zu wissen, was herauskommt«.[12]

Diese Überlegungen werden in der aktuellen Diskussion weitergeführt. Politische Bildung, heißt es bei dem Salzburger Friedensforscher und -pädagogen Werner Wintersteiner in einem grundlegenden Beitrag zum Verhältnis zur Kinderliteratur von 2019, ist »ein Prozess der Initiation in das Politische«.[13] Unterschieden wird hierbei »zwischen der (konkreten) Politik und dem Politischen (als der Idee von Politik)«.[14] Der auch für Kästners demokratiebildende Kinderliteratur vor 1945 ausschlaggebende »Grundwiderspruch«, der darin besteht, »zwischen (notwendiger) pädagogischer Lenkung und (notwendiger) Selbstaufklärung und Emanzipation« der Kinder zu differenzieren, muss handlungsaktivierend dem »Ich (und dem Wir) der Lernenden Gelegenheit« bieten, »neues Wissen zu inkorporieren, als persönlich bedeutsam zu erleben und mit entsprechenden Handlungen zu experimentieren«; dabei gilt es grundsätzlich, auch Kinderliteratur in einem deutungsoffenen Sinnstiftungsangebot als ästhetischer Teil des

---

10 Hans-Heino Ewers: Literatur für Kinder und Jugendliche. Eine Einführung in Grundbegriffe der Kinder- und Jugendliteraturforschung. Paderborn ²2012, S. 164.
11 Ebd., S. 151.
12 Peter Heintel: Politische Bildung als Prinzip aller Bildung. Wien 1977, S. 37–38. Vgl. auch Werner Wintersteiner: Wie ein Stück Brot. Kinder- und Jugendliteratur und Politische Bildung. In: Kinder-und Jugendliteratur und -medien in Forschung, Schule und Bibliothek (kjl&m) 71.2 (2019), S. 3–12, hier S. 5.
13 Ebd., S. 8.
14 Ebd.

Politischen selbst, »als Prinzip aller Bildung und damit als ein ›Lebensmittel‹ zu begreifen, wie ein Stück Brot«.[15] Ziel dieses Umgangs mit diesem »Lebensmittel« soll es dabei sein, Kindern »einen Ansporn zu eigenständigem Denken« zu geben.[16] Diese allgemein programmatische Aufgabenbestimmung des Verhältnisses von Kinderliteratur und politischer Bildung in der pädagogischen Theorie bedarf einer konkreten historischen Kontextualisierung.

3 Kontext II – Historisch: Zur Geschichte der Darstellung von Politik und Moral in der Kinder- und Jugendliteratur

Erich Kästners Kinderroman *Das fliegende Klassenzimmer* erschien zuerst 1933, *Emil und die drei Zwillinge* zuerst 1935.[17] In diesem Zeitraum war Kästner bereits ein politisch verfolgter Autor, dessen Werk, *Emil und die Detektive* zunächst ausgenommen, im Mai 1933 auf dem Berliner Opernplatz öffentlich verbrannt worden war. Kästners auf diese Weise unterdrückte Stimme als kinderliterarischer Demokratieerzieher der Weimarer Republik wurde nicht zuletzt von gesinnungsbildender, genuin nationalsozialistischer Kinder- und Jugendliteratur verdrängt und laut hörbar übertönt. Hierzu ist es unerlässlich, auf die Synchronizität der kinderliterarischen Produktion von derartigem Jugendschrifttum dieser Jahre zu verweisen. Dies gilt ungeachtet des kinder- und jugendliteraturwissenschaftlichen Befunds, dass die Kinder- und Jugendliteratur zwischen 1933 und 1945 vielgestaltig und facettenreich gewesen ist und nicht vereinseitigend allein auf das ideologiekonform konzipierte, genuin nationalsozialistische Jugendschrifttum reduziert werden sollte.[18] Der 1932 erschienene, in der Rezeption und Distribution erfolgreiche Roman um den nationalsozialistischen Märtyrer Heini Völker, *Der Hitlerjunge Quex* von Karl Aloys Schenzinger, dem rasch eine UFA-Verfilmung folgte, steht jedoch für diese Entwicklung zum genuin nationalso-

---

15 Ebd.
16 Ebd.
17 Vgl. Johan Zonneveld: Bibliographie Erich Kästner. Bd. 1. Bielefeld 2011. *Das fliegende Klassenzimmer* wurde ausgeliefert am »1. Dezember 1933« (S. 86), *Emil und die drei Zwilling* wurde »ausgeliefert in Basel, 11. Dezember 1935« (S. 92).
18 Zur Kinder- und Jugendliteratur zwischen 1933 und 1945 grundlegend Norbert Hopster, Petra Josting u. Joachim Neuhaus: Kinder- und Jugendliteratur 1933–1945. Ein Handbuch. Bd. 2: Darstellender Teil. Stuttgart, Weimar 2005.

zialistischen Jugendschrifttum paradigmatisch.[19] Schenzingers Roman ist unter fast allen inhaltlichen Aspekten wie dem zugrundeliegenden Kindheitsentwurf und den implizit und explizit geschilderten gesellschaftspolitischen Zielen der komplette Gegenentwurf zu demokratiebildenden Kinderbüchern der Weimarer Republik wie *Emil und die Detektive*. *Hitlerjunge Quex* ist jedoch fatalerweise in seinen suggestiv verführerischen Bildern der Verheißungen nationalsozialistischer Ideologie ästhetisch auf der Höhe der Erzählkonventionen der 1920er Jahre geschrieben. Zwischen der Erstveröffentlichung von *Emil und die Detektive* und dem Erscheinen dieses Romans liegen kaum drei Jahre – und doch könnten die Gegensätze der dahinter stehenden kinderliterarischen Ästhetik und Poetik kaum extremer sein. Die ganze, in Extremen angespannte und spannungsvolle Zerrissenheit der Kinderliteratur dieser Jahre wird in diesen Dimensionen vollständig sichtbar. *Hitlerjunge Quex* arbeitet mit allen ästhetischen Mitteln an der Verführung der Jugend im Dienst am Führerkult. Die nationalsozialistische Massensuggestion, das Erlebnis völkischer Gemeinschaft, das Initiationserlebnis der Aufnahme in die Hitler-Jugend und der Kameradschaftsgeist des protomilitaristischen Lagerlebens werden der sinnsuchenden jungen Leserschaft in der Aufgabe einer kinderliterarischen Gesinnungsbildung als betörend und beglückend, als eine Erfüllung und Mission ausgegeben:

> Die Wimpel flatterten. Kommandos fuhren in die Gelenke. Die Kolonnen setzten sich in Marsch. Der Gleichschritt dröhnte wie eine Pauke. Heini kniff die Augen zu vor Freude. [...] »Aufschließen dahinten!« schrie eine Stimme. Die hinteren Kolonnen rückten auf. Heini mußte gewaltig aufholen, um Schritt halten zu können. [...] Der Schweiß lief nur so über das Gesicht. Dann wurde gesungen, eine Strophe nach der andern, Lied auf Lied, Schritt auf Schritt, Tritt auf Tritt. [...] Im Schritt und Tritt, der Marsch war Gesang, ein weicher Schwung, im Rhythmus, im Takt. Was eben noch Beschwerde war, wurde zur Lust. [...] Nie klang ein Lied wie dieses Lied. Nie zog ein Weg wie dieser nach vorn. Der Kopf wußte nichts mehr von den Beinen. Es gab keine Last. Das Auge war alles. Alles war Bild. Der Marsch war Klang, ein Rausch, ein beglückender Strom.[20]

Derartige ideologiekonforme Kinderbücher sind kein Einzelfall, sondern programmatisch für die Kinderliteraturproduktion im Dienst des genuin nationalsozialistischen Jugendschrifttums. Die im Einklang mit der nationalsozialistischen Ideologie stehende sozialdarwinistisch motivierte, kinderliterarische Darstellung der sog. *völkischen Eigenkraft* des prädestinierten *germanischen*

---

19 Zur Deutung des Romans vgl. u. a. Dirk Schumann: Karl Aloys Schenzinger: Der Hitlerjunge Quex. In: Christoph Bräuer u. Wolfgang Wangerin (Hg.): Unter dem roten Wunderschirm. Lesarten klassischer Kinder- und Jugendliteratur. Göttingen 2013, S. 131–140.
20 Karl Aloys Schenzinger: Der Hitlerjunge Quex. Roman. Berlin 1932, S. 187 f.

Herrenvolks wurde dabei auch von traditionellen Erzählern vehement verfolgt, wie diese kurze Szene der Charakterisierung eines völkischen Helden des germanischen Phäno- und Genotyps aus einem Kinderbuch mit dem sprechenden Namen *Wolf der Struter. Erzählung aus der Zeit der Eroberungskämpfe des Deutschritterordens in Ostpreußen* von Max Worgitzki (1884–1937) zeigen kann, die 1934 erschien:

> Und doch schaute aus seinen blauen Augen die Güte eines Herzens heraus, das ihn zum hilfsbereitesten Menschen und treuesten Gefährten machte. Im Kampf aber schien er in ein reißendes Tier verwandelt. Haß und Mordgier verzerrten sein Gesicht und tobten durch seine bebenden Glieder. Jeder Streich seiner Waffe brachte den Tod und zerbrach sie ihm, so stürzte er sich mit den bloßen Händen auf den Feind, würgte ihn und brach ihm das Genick.[21]

Kaum zu glauben, dass ein solches Kinderbuch noch 1956 nochmals auf dem Kinderbuchmarkt der jungen Bundesrepublik erscheinen konnte.[22]

Erich Kästner blieb, solange ihm das vor dem Schreibverbot von 1938 noch möglich war, eine kinderliterarische Antwort gerade auf Tendenzen wie diese nicht schuldig. *Emil und die drei Zwillinge* und *Das fliegende Klassenzimmer* sollten gerade vor diesem Hintergrund betrachtet einer Re-Lektüre und historischen Kontextualisierung unterzogen werden. Das kann dazu beitragen, Kästners nicht unbeträchtlichen politischen Mut zu zeigen, angesichts von diesen ideologisch nach 1933 tonangebenden kinderliterarischen Beispielen die Stimme der Demokratie unter wahrhaft erschwerten politischen Bedingungen nicht verstummen zu lassen. Was das konkret bedeutet hat, sollte man sich auch mit Blick auf die langfristige Entwicklung der Kinder- und Jugendliteratur vergegenwärtigen und mit dem Fokus auf die Darstellung von Politik und Moral vor Augen halten.

Derartige Instrumentalisierungen von Kinder- und Jugendliteratur für ideologische Gesinnungsbildung, wie sie in Romanen wie *Hitlerjunge Quex* deutlich werden, waren in den 1930er Jahren nicht einfach vom Himmel gefallen. Sie beruhen auf einer langfristigen Entwicklung.[23] Zwar zeichnet sich diese historische

---

[21] Max Worgitzki: Wolf der Struter. Erzählung aus der Zeit der Eroberungskämpfe des Deutschritterordens in Ostpreußen. Berlin 1934, S. 43.
[22] Vgl. Max Worgitzki: Wolf der Struter. Erzählung aus der Zeit des Deutschritterordens in Ostpreussen. Würzburg 1956. Zum Kontext der Mittelalterrezeption zwischen 1933 und 1945 vgl. Sebastian Schmideler: Die Rezeption des Mittelalters in der Kinder- und Jugendliteratur des »Dritten Reichs«. In: Interjuli – Internationale Kinder- und Jugendliteraturforschung 3.2 (2011), S. 70–88.
[23] Zu einer derartigen auf *longue durée* angelegten Analyse kinder- und jugendliteraturhistorischer Entwicklungen am Beispiel der Mittelalterrezeption vgl. Sebastian Schmideler: Vergegen-

Dimension insgesamt durch ein facettenreiches Oszillieren aus. Charakteristische Phänomene der Kinder- und Jugendliteratur changierten zwischen Erziehungsanspruch, Belehrungsabsicht, Unterhaltungsangebot und dem Streben nach ästhetischer Autonomie. Unüberhörbare Töne antidemokratischen, nationalpatriotischen und völkischer Tendenzen sind indes in ihrer Entwicklung jedoch nicht von der Hand zu weisen.

Die traditionelle Exempelpädagogik kann hier als verbindendes Element innerhalb langfristig wirksamer Entwicklungslinien als historisch besonders wirkmächtig herausgestellt werden. In einem Prozess zunehmender Literarisierung von Moralerziehung durch Kinder- und Jugendliteratur wurden im Verlauf der Frühen Neuzeit bis in das 19. Jahrhundert innerhalb einer Poetik der Zähmung Vorbilder der Tugend und Schreckbilder des Lasters im Kontext der Humoralpathologie tradiert.[24] Noch lange galt die Nachwirkung des traditionellen Äquilibrationsmodells der Homöostase der Affekte, die Austarierung von Vernunft und Gefühl.[25] Diese Kontinuitätslinien bleiben über das 18. und 19. Jahrhundert hinaus bis zu Beginn des 20. Jahrhunderts in der Kinder- und Jugendliteratur kurrant. Noch im Jahrgang 1913, lediglich ein Jahr vor Ausbruch des Ersten Weltkriegs, der Knabenzeitschrift *Der gute Kamerad* findet sich unter der Überschrift *Normannenart* eine soldatisch, jedoch ebenso auch nordisch-germanisch kontextualisierbare, gesinnungsbildende Anekdote. Hier sollten Knaben im Dienst der Abhärtung und eines gestählten Körpers, der kampfbereit ist (Jagd), zum Krieg erzogen werden. Dieses Ziel wird innerhalb dieser Traditionslinien moralisch und politisch durch das Mittel der Kinderliteratur, auch in der *kleinen* bzw. scheinbar *einfachen Form*, verfolgt:[26]

---

wärtigte Vergangenheit – Geschichtsbilder des Mittelalters in der Kinder- und Jugendliteratur. Vom 18. Jahrhundert bis 1945. Würzburg 2012.

24 Zu diesem Prozess vgl. zuletzt Sebastian Schmideler: Poetik der Zähmung. Widerspenstige, Aufmüpfige, Wilde und kleine Rebellische in der Kinder- und Jugendliteratur des 18. und 19. Jahrhunderts. In: libri liberorum. Zeitschrift der Österreichischen Gesellschaft für Kinder- und Jugendliteraturforschung (LiLi) 20/51 (2019), S. 79–95.

25 Vgl. Ulrich Nassen: Das Kind als wohltemperierter Bürger. Zur Vermittlung bürgerlicher Affekt- und Verhaltensstandards in der Kinder-, Jugend- und Ratgeberliteratur des späten 18. Jahrhunderts. In: Dagmar Grenz (Hg.): Aufklärung und Kinderbuch. Pinneberg 1988, S. 213–238.

26 Das hier vorgelegte Beispiel ist kein Einzelfall sondern programmatisch im Kontext einer kinderliterarischen Kriegspropaganda. Siehe Sebastian Schmideler: »Mit Herz und Hand fürs Vaterland!« Der Erste Weltkrieg in zeitgenössischen propagandistischen Serien, Heftchen, Erzählungen und Broschüren für Kinder und Jugendliche. In: Ingrid Tomkowiak, Ute Dettmar, Gabriele von Glasenapp u. Caroline Roeder (Hg.): An allen Fronten. Kriege und politische Konflikte in Kinder- und Jugendmedien. Zürich 2013, S. 197–218.

Als König Hakon der Alte von Norwegen (1204 bis 1263) auf der Jagd mit seinem Sohne einmal in einer Schneehütte im Hochgebirge übernachten mußte, rollte sein Sohn einen Eisklumpen herbei, um ihn als Kopfkissen zu benutzen. König Hakon stieß ihn aber sofort wieder hinweg und rief grimmig: »Bursche, willst du denn ein Weichling werden?«[27]

Von dieser historischen Anekdote aus lässt sich der Bogen weit spannen bis in das ausgehende 18. Jahrhundert, wo die Frage der Darstellung historischen Geschehens eine ästhetische Diskussion um Politik und Moral in diesem literarischen Feld auslöste. Die Positionen bewegten sich zwischen Weltgeschichte und Nationengeschichte für Kinder und Jugendliche. In gewissermaßen weltbürgerlichen Werken wie Schröckhs *Weltgeschichte für Kinder*[28] und Schlözers *Vorbereitung zur WeltGeschichte*[29] auf der einen Seite und nationalpatriotischen Darstellungen für diese Zielgruppe wie Zahns *Historisches Bilderbuch für die Jugend, enthaltend Vaterlandsgeschichte*[30] auf der anderen Seite zeigte sich, dass die Initiation in das Politische moralisch vor allem eine Frage von Krieg und Frieden in der Kinder- und Jugendliteratur wurde.[31] Politik wurde, trotz Differenziertheit im Einzelfall, spätestens an dieser historischen Epochenschwelle in der Gestalt von Geschichtsbildern zu einem umstrittenen Instrument nicht zuletzt dogmatisch geführter, literarischer Moralerziehung der Jugend. Rezeptionshistorisch wirkmächtige friedenserzieherische Perspektiven wie diejenigen des Mentors in Fénelons *Telemach* sind nur die eine Seite dieser Entwicklung. Von der dominierenden Nationalisierung zeugte zum Beispiel Zahns Polemik, wenn er die »unverzeihliche Unwissenheit der Jugend in der teutschen Geschichte«[32] und die »immer mehr überhand nehmende Cosmopolomanie«[33] im Zeichen einer nationalpatriotischen Perspektive anmahnte.

Eine längsschnittartige Rückschau kann auch auf die langen Traditionen antidemokratischen Denkens in der Kinder- und Jugendliteratur verweisen. Hier wurde Demokratie als revolutionär, ordnungsgefährdend und moralisch ver-

---

27 Anonymus: Normannenart. In: Der Gute Kamerad. Illustrierte Knaben-Zeitung. 27/45 (1912/13), S. 720.
28 Johann Matthias Schröckh: Allgemeine Weltgeschichte für Kinder. 6 Bde. Leipzig 1779–1784.
29 August Ludwig von Schlözer: Vorbereitung zur WeltGeschichte für Kinder. Erster Teil. Göttingen 1779.
30 Johann Friedrich August: Historisches Bilderbuch für die Jugend, enthaltend Vaterlandsgeschichte. 5 Bde. Leipzig 1797.
31 Sebastian Schmideler: Krieg und Frieden in der geschichtserzählenden Kinder- und Jugendliteratur des 18. Jahrhunderts. In: Stefanie Stockhorst (Hg.): Krieg und Frieden im 18. Jahrhundert. Kulturgeschichtliche Studien. Hannover 2015, S. 565–581.
32 Zahn: Historisches Bilderbuch für die Jugend (s. Anm. 30), Bd. 1, S. V.
33 Ebd., S. IV.

werflich diskreditiert. Dazu dienten zahlreiche moralische Erzählungen, die im 19. Jahrhundert beliebte populäre Lesestoffe der Kinder und Jugendlichen waren.[34] Der Dresdner Lehrer und Jugend- und Volksschriftsteller Gustav Nieritz, dessen Werk noch Kästner als Kind eifrig las,[35] ist dafür ein typischer Vertreter. Er lieferte für antidemokratisches Denken in der zeitgenössischen Kinder- und Jugendliteratur dieses Zeitraums zahlreiche anschauliche Beispiele. Es genügt, auf eines davon exemplarisch zu verweisen: die moralische Erzählung *Traugott und Hannchen. Eine Dorfgeschichte für die Jugend* (EA Berlin: Simion, 1852). Ein Exemplar dieser Erzählung befand sich übrigens auch, mit Lesespuren, in Friedrich Nietzsches Büchersammlung.[36] In dieser moralischen Jugendschrift werden einem frommen Lehrer, um ihn zu denunzieren, radikaldemokratische Flugblätter der Revolution von 1848 ausgerechnet in seine geistlichen Bücher gesteckt. Ein Schulinspektor findet sie und bekommt einen »fast hysterischen Ausfall gegen die revolutionäre Vergangenheit«, wobei vermutlich »alles dafür spricht«, dass Nieritz selbst, auch er als praktizierender Lehrer in Dresden-Neustadt mit derartigen Szenen vertraut, diese Figurenrede ausdrücklich »billigt«:

> Was ist das? [...] *Aufruf an das Volk zur Unterdrückung der Tyrannen!* Ha! Entsetzlich! und [sic!] ein solches Erzeugnis der Hölle in die Epistel an die Römer zu legen! Was steckt in diesem Buche? *Zu den Waffen Mitbürger!* Eine ähnliche Schmähschrift aus der Zeit der Empörung! Und hier, o Himmel! das Heckerlied! [...] Ha, da kommen all die saubern Druckbogen zum Vorschein, womit in der Rebellionszeit die Häusermauern beklebt waren und die unter das verblendete Volk vertheilt wurden.[37]

Auch wenn es mit den Bestrebungen der Erziehung zur Demokratie innerhalb der Kinder- und Jugendliteratur nicht weit her war, wie zu sehen gewesen ist, leisteten kulturhistorische Sittenbilder, Abenteuerromane und historische Romane einen folgenreichen literarischen Beitrag zur politischen Bildung der Kinder und Jugend. Sie standen vor allem in der zweiten Hälfte des 19. Jahrhunderts in der

---

34 Zum Begriff der populären Lesestoffe im Zusammenhang mit dem expandierenden Buchmarkt der Frühen Neuzeit vgl. grundlegend Rudolf Schenda: Studien zur Sozialgeschichte der populären Lesestoffe 1770–1910. Frankfurt a. M. 1970.
35 Vgl. Erich Kästner: Als ich ein kleiner Junge war. In: Franz Joseph Görtz (Hg.): Erich Kästner. Werke. Romane für Kinder I. München, Wien 1998, S. 117: Nieritz »war Lehrer und Schulinspektor gewesen, hatte viele, viele Kinderbücher geschrieben, und ich hatte sie alle gelesen«.
36 Vgl. Giuliano Campioni, Paolo D'Iorio, Maria Christina Fornari, Francesco Fronterotta u. Andrea Orsucci (Hg.): Nietzsches persönliche Bibliothek. Berlin, New York 2003, S. 409.
37 Gustav Nieritz: Traugott und Hannchen. Wesel [1881], S. 133, hier zitiert nach: Andrea Kuhn u. Johannes Merkel: Sentimentalität und Geschäft. Zur Sozialisation durch Kinder- und Jugendliteratur im 19. Jh. Berlin 1977, S. 117 f.

Tradition Gustav Freytags, Karl Mays, Sophie Wörishöffers, Oskar Höckers oder Brigitte Augustis.[38]

4 Kontext II – Systematisch: Moral und Demokratie in den *Emil*-Romanen und im *Fliegenden Klassenzimmer*

Sieht man die langfristige kinder- und jugendliterarische Entwicklung bewusst vor diesem Hintergrund, wird der Beitrag von Kinderromanen wie denjenigen von Erich Kästner für demokratische Kultur nach 1918 erst besonders deutlich. Bereits Helga Karrenbrock hat in ihrer grundlegenden Studie zur Kinderliteratur der Weimarer Republik in der wünschenswerten Klarheit gezeigt, dass und wie Erich Kästner mit seinem Kinderroman *Emil und die Detektive* auch einen kinderliterarischen Beitrag zur Förderung dieser demokratischen Kultur geleistet hat. In der »Debatte im Kinohof« des Kinderromans sieht Karrenbrock eine Schlüsselszene aus »Solidarität, Gerechtigkeitssinn – und der Lust auf Abenteuer«.[39] Besonders im Bild der Verfolgung des Diebs durch diese demokratisch organisierte, moralisch beeindruckte Kindermenge erkennt Karrenbrock eine »Massendemonstration« im Zeichen eines Gerechtigkeitssinns.[40] In Kästners »Kinderöffentlichkeit« herrsche sogar »das Prinzip der Gewaltenteilung«, einschließlich der vierten Gewalt, der Presse, die durch den fiktiven Journalisten Erich Kästner im Roman repräsentiert wird, »Moral und Vernunft« werden jeweils von Emil und dem Professor als Figuren repräsentiert.[41]

Diese Interpretation verdeutlicht damit ebenso auch Kästners Bekenntnis zur Metropole Berlin, getreu der Devise von Heinrich Mann: »Die große Stadt ist wesentlich vernünftig«.[42] Die Großstadt Berlin ist deshalb topographisch zwingend Schauplatz des Geschehens, weil nur hier die Kindergruppe um Emil und

---

38 Vgl. hierzu die grundlegenden Ausführungen in Otto Brunken, Bettina Hurrelmann, Maria Michels-Kohlhage u. Gisela Wilkending (Hg.): Handbuch zur Kinder- und Jugendliteratur. Von 1850 bis 1900. Stuttgart, Weimar 2008, Sp. 269–761.
39 Karrenbrock: Märchenkinder – Zeitgenossen (s. Anm. 2), S. 202. So auch Klaus Doderer: Reisen in erdachtes Land. Literarische Spurensuche vor Ort – Essays. München 1998, S. 220: »Das Konzept des *Emil*-Buchs beruht auf dem Gedanken der Solidarität und Hilfsbereitschaft der Mädchen und Jungen«.
40 Karrenbrock: Märchenkinder – Zeitgenossen (s. Anm. 2), S. 202.
41 Ebd., S. 202f.
42 Ebd., S. 225.

Gustav mit der Hupe durch ihren emotionalen moralischen Kompass ihres Demokratiebewusstseins, der sich in einem unerschütterlichen Gerechtigkeitssinn dieser moralisch empörten Kinder zeigt, die Bewährungsprobe im Großstadtdschungel meistern kann. Die ihnen gestellte Aufgabe der Überführung des Diebs findet eben nicht mehr als exotisches Abenteuer im undurchdringlichen Dickicht des Urwalds statt. Der demokratische Kompass macht diese Kinder im dichten Netz des Großstadtgetümmels souverän. Die Situation wird für die Detektivbande topographisch und moralisch beherrschbar, weil dieses urbane Gelände ureigener Raum der Demokratie ist. Emils Geschichte wird zum Musterfall gelingender Demokratie von »Kinderöffentlichkeit« (Karrenbrock) der Weimarer Republik; sie ist in der Form des Kinderdetektivromans traditionelles literarisiertes Exempel in der kinderliterarischen Moralbildung als Beitrag zur Förderung demokratischer Kultur; formästhetisch, als Roman, unverkennbar im Zeichen der Moderne. Besonders vor der in der kinder- und jugendliterarischen Entwicklung der langen Dauer hervorstechenden Tradition des antidemokratischen Denkens erscheinen Bekenntnisse zur Demokratie, wie hier in Kästners Roman zu sehen, nur desto mehr hervorhebenswert.

Für den 1935 erschienenen Kinderroman *Emil und die drei Zwillinge* gilt diese demokratische Souveränität nicht mehr. Kinder konnten mit dem moralischen Kompass der Demokratie nicht mehr durch den Großstadtdschungel der Metropole finden. Der herrschende Kompass war nun umgepolt und anders genordet; in der großen Stadt Berlin herrschte der Gleichschritt der HJ, deren Jugendkultur in Romanen wie *Hitlerjunge Quex* literarisch geschildert wird. Die Metropole Berlin als Garant dieser demokratischen Topographie hatte nicht nur für Kästner ihre moralische Plausibilität unrettbar verloren – in keinem seiner Romane für Kinder taucht sie seitdem nach 1933 wieder als zentraler Schauplatz der Haupthandlung auf. Kästner musste deshalb in seinem Kinderroman *Emil und die drei Zwillinge* auf ein fiktionales Kunstideal zurückgreifen und sich auf einen anderen Gewährsmann berufen. Dessen Ästhetik kann als eine Antwort auf die Realität des Nationalsozialismus verstanden kann. Sie verdeutlicht Kästners enge Verbundenheit mit der bürgerlichen literarischen Tradition einmal mehr. Gemeint sind: Goethe und seine »Pädagogische Provinz«.[43] Nur hier, in der ästhetischen Insularität der »Pädagogischen Provinz«, konnte das Ideal der kinderliterarischen Demokratieerziehung und Selbstbildung von Kästner jetzt noch plausibel darge-

---

43 Vgl. hierzu Sebastian Schmideler: »›Aha‹ sagte der Justizrat, ›Wilhelm Meisters Wanderjahre‹« – Facetten von Johann Wolfgang Goethes Pädagogischer Provinz in Erich Kästners Poetik des Kinderbuches. In: Kurt Franz u. Astrid Koopmann (Hg.): Von sachlichen Romanzen und fliegenden Klassenzimmern. Literatur lehren – Literatur verstehen. Gewidmet Prof. Dr. Bernhard Meier zum 65. Geburtstag. Baltmannsweiler 2010, S. 28–46.

stellt werden. Goethes Erziehungsutopie dient nun als Schon- und Rückzugsraum, der Dichter als literaturhistorischer Referenzkontext: »›Aha,‹ sagte der Justizrat, *Wilhelm Meisters Wanderjahre*. [...] Die pädagogische Provinz, die Goethe in den *Wanderjahren* beschreibt, ist das humanistische Wunschgebilde eines sehr alten und sehr großen Dichters. Später werdet ihr es besser verstehen.«[44]

Später ... – sollte, musste das nicht auch heißen: Erst nach 1945? Immerhin spricht hier ein Justizrat, dem ein moralisches Gewissen für Recht und Unrecht vor und nach 1933 professionell eingeschrieben gewesen ist. Für den Zeitpunkt, als der Kinderroman erschien, war auf unbestimmte Zeit kein Verlass mehr auf das Recht. Nur ein Verweis auf die Zukunft ist noch möglich. Dem Justizrat bleibt seinerseits deshalb nichts anderes übrig als ein stilles Einvernehmen mit den vernünftigen Kindern dieser in der Weimarer Republik aufgewachsenen, demokratisch großstadterprobten Generation zu bekunden. Diese Übereinstimmung der moralischen Grundhaltung des Justizrats mit der Kindergruppe um Emil wird durch die empfindsame Interjektion »Aha« geschickt angedeutet. Darüber hinaus blieb in der kinderliterarischen Öffentlichkeit des Jahres 1935 nur noch der Verweis auf ein »humanistisches Wunschgebilde«, weil die Wirklichkeit des Nationalsozialismus alle Hoffnungen auf dessen Verwirklichung längst Lügen gestraft hatte.

Dies bedeutet eine zweifache Flucht in die Literatur der Vergangenheit: im Schon- und Rückzugsraum des Ideals Goethe und im postdemokratischen Kinderroman nach dem Ende der Weimarer Republik. So gelang es, dass Kästner an der literarischen Topographie abgeschiedener Insularität der Handlung am Topos der ästhetischen Demokratiebildung festhalten konnte. Kinderliterarische Erziehung findet hier im Kinderroman als »Bildung« im humanistischen Kontext und als Erprobung in Demokratiefähigkeit in freiwilliger insularer Selbstisolation als selbstbildendes Erziehungsexperiment statt. Die Devise dieses Erziehungsprogramms und Selbstbildungsprozesses ist von Kästner direkt von Goethe abgeschaut: »Wohlgeborne, gesunde Kinder bringen viel mit; die Natur hat jedem alles gegeben, was er für Zeit und Dauer nötig hätte. Dieses zu entwickeln ist unsere Pflicht, öfter entwickelt sich's besser von selbst«.[45]

Das moralisch bildende Potenzial des Kinderromans kulminiert ungeachtet seiner vordergründigen Struktur als Kinderdetektivgeschichte in der Nachfolge und Fortsetzung von *Emil und die Detektive* in diesen Szenen der Selbstbildung.

---

44 Erich Kästner: Emil und die drei Zwillinge. Mährisch-Ostrau 1935, S. 94.
45 Johann Wolfgang von Goethe: Sämtliche Werke nach Epochen seines Schaffens. Münchner Ausgabe. Bd. 5: Wilhelm Meisters Lehrjahre. Hg. v. Hans-Jürgen Schings und Karl Richter. München 1988, S. 420.

Als freie Selbstbildung in den Ferien bedeuten sie Erziehung abseits und weitab vom Zugriff des nationalsozialistischen Erziehungsapparats. Mit dem Überlegenheitsgestus des stillen Einverständnisses wird dieser Prozess von der Mentorfigur des Justizrats ausdrücklich gebilligt: »›Meine sehr geehrten Herren‹, sagte der Justizrat lächelnd, ›wollt ihr euch also selber ein paar Tage von selber und ungestört entwickeln? Das könnt ihr haben.‹«[46] Mit diesem Bezug auf Goethe wird zugleich Kästners moralische Antwort auf die gescheiterte Demokratie von Weimar deutlich.

Dieser Kinderroman ist deshalb »politisch motiviert«, denn »in die Handlung« sind, so Karsten Leutheuser, »immer wieder leise Affronts gegen die Nazis eingeflochten«.[47] Angesichts der Realität des Nationalsozialismus zeigte sich nun nur noch eine Illusion, die nicht verloren war: Die Figur des Professors als Vertreter des Intellektuellen erklärte es in seiner Rede allen noch unbedarften Kindern der Gruppe in der wünschenswerten Deutlichkeit: »Goethe meint, daß wir von Natur aus, sozusagen noch verborgen, schon alles besitzen, was wir fürs Leben brauchen. Es muß nicht dauernd jemand an uns herumdoktorn. Mit Vorschriften und Aufsicht und Zensurverteilen.«[48]

Der moralische Kompass, der den Kindern 1929 in *Emil und die Detektive* durch den Großstadtdschungel Berlins zur Zeit Weimarer Republik half, wird nun 1935 in *Emil und die drei Zwillinge* zur inneren Natur eines Selbstbildungsprozesses der Kindergruppe um Emil umgedeutet. Kästners ästhetische Illusion im Kinderroman galt dieser Idee: Nach Goethes Vorbild im »humanistischen Wunschgebilde« soll diese Selbstbildung der Kinder im Roman zu einer ästhetischen Selbstbildung der kindlichen Rezipierenden nach 1935 eben den moralischen Kompass aus dem Verborgenen wieder in die Wirklichkeit zurückholen und gangbar machen, der durch das Ende der Weimarer Republik verloren gegangen ist. Der Natur- und Bildungsbegriff von Aufklärung und Klassik sollte in Kästners kinderliterarischem Ideal anhand von Goethes Vorbild der politischen Realität nach 1933 trotzen.

Ähnlich wie hier zu sehen gewesen verweisen auch direkte moralische Traktate Kästners in den Kinderromanen auf aufklärerische Traditionsbezüge. Diese Bezüge werden insbesondere in den Paratexten der Vorworte sichtbar – so auch in *Das fliegende Klassenzimmer*. Hier wird, wie der Untertitel einer 2016 erschienen Dissertation von Thomas von Pluto-Prondzinski lautet, Kästners »de-

---

46 Erich Kästner: Emil und die drei Zwillinge (s. Anm. 44), S. 95.
47 Karsten Leutheuser: Freie, geführte und verführte Jugend. Politische motivierte Jugendliteratur in Deutschland 1919–1989. Paderborn 1995, S. 125.
48 Erich Kästner: Emil und die drei Zwillinge (s. Anm. 44), S. 95.

mokratisches Literaturverständnis« deutlich.⁴⁹ Entscheidend ist, dass Kästner – im Unterschied zu manchen seiner eher kritisch-pessimistisch stimmenden erwachsenenliterarischen Positionierungen – die erziehungsoptimistische Grundhaltung der Aufklärung zur Perfektibilität ungebrochen teilt. Er führt sie weiter – allerdings lediglich in Bezug auf die Zielgruppe der Kinder. In der *Kinderliteratur* glaubte Kästner sogar noch unerschütterlich an den Fortschritt der Menschheit:

> Also: Ohren steif halten! Hornhaut kriegen! Verstanden? Wer das erste heraus hat, der hat schon halb gewonnen. Denn der behält trotz der dankend erhaltenen Ohrfeigen Geistesgegenwart genug, um jene beiden Eigenschaften zu betätigen, auf die es ankommt: den Mut und die Klugheit. Und schreibt euch hinter die Ohren, was ich jetzt sage: Mut ohne Klugheit ist Unfug; und Klugheit ohne Mut ist Quatsch! Die Weltgeschichte kennt viele Epochen, in denen dumme Leute mutig oder kluge Leute feige waren. Das war nicht das richtige. Erst wenn die Mutigen klug und die Klugen mutig geworden sind, wird das zu spüren sein, was irrtümlicherweise schon oft festgestellt wurde: ein Fortschritt der Menschheit.⁵⁰

Diese in der Tradition des moralischen Traktats stehende, bekenntnisartige Leseranrede an die kindliche Adressatengruppe in Kästners *Das fliegende Klassenzimmer* verdeutlicht Kästners moralische Antwort auf die unabwendbare Tatsache des Nationalsozialismus. Diese Tatsache scheint unterschwellig stets in derartigen Passagen mitzuschwingen, obwohl Kästner es aus naheliegenden Gründen als verfemter, politisch unerwünschter Autor vermeidet, sich direkt zu positionieren.

Die Argumentation selbst ist indessen in ihren mehr oder minder unverdeckten Verweisen auf die politische Realität im scheinbar leichthin gesagten Bild vom sprichwörtlichen »Ernst des Lebens« deutlich genug. Schließlich geht es hier buchstäblich um einen Aufruf zum Widerstand, zum Durchhalten, um die Verteidigung einer Position moralischer Integrität. Kästner geht in diesem Vorwort im stillen Einvernehmen ein moralisches Bündnis mit seiner jungen Leserschaft ein. So betrachtet handelt es sich bei diesem Vorwort um eine literarische Gegenrede des fiktiven Autors Kästner zu den »Ohrfeigen« des Lebens mit der »verdammt großen Handschuhnummer«. Dies lässt sich, geschickt im literarischen Rollenspiel als Doppelgängermotiv verborgen, auch als eine politische Aussage deuten. Hintergründig ist die Passage eine ästhetische Standortbestimmung eines verbotenen Autors. Der Schriftsteller Erich Kästner hatte 1933 selbst mit der Verbrennung seiner Bücher eine derartige »Ohrfeige« des Lebens versetzt bekommen. Der fiktive Autor des Vorworts Erich Kästner konnte aber gerade deshalb

---

49 Thomas von Pluto-Prondzinski: »Kein Buch ohne Vorwort«: Erich Kästners Paratexte als Medien eines demokratischen Literaturverständnisses. Marburg 2016.
50 Erich Kästner: Das fliegende Klassenzimmer. Stuttgart 1933, S. 14 f.

besonders glaubwürdig versichern, warum er nicht nachließ, an den Mut und die moralische Handlungsfähigkeit von Kindern zu glauben. Mit seiner politischen Erfahrung und dem Erlebnis der Bücherverbrennung im Hintergrund warnt der Schriftsteller Erich Kästner in der Rolle als fiktiver Vorwortautor Erich Kästner seine junge Leserschaft vor dem »Ernst des Lebens«. Er vertraut ihnen in einem Bündnis übereinstimmender moralischer Grundhaltung seine Lebensüberzeugung als Handlungsmaxime an, gerade weil er sie als Hoffnungsträger idealisiert und für noch nicht moralisch korrumpiert hält:

> Der Ernst des Lebens beginnt wirklich nicht erst mit dem Geldverdienen. Er beginnt nicht damit, und er hört damit nicht auf. [...] Nur: Macht euch nichts vor, und laßt euch nichts vormachen. Lernt es, dem Mißgeschick fest ins Auge zu blicken. Erschreckt nicht, wenn etwas schief geht. Macht nicht schlapp, wenn ihr Pech habt. Haltet die Ohren steif! Hornhaut müßt ihr kriegen! Ihr sollt hart im Nehmen werden, wie die Boxer das nennen. Ihr sollt lernen, die Schläge einzustecken und zu verdauen. Sonst seid ihr bei der ersten Ohrfeige, die euch das Leben versetzt, groggy. Denn das Leben hat eine verdammt große Handschuhnummer, Herrschaften! Wenn man so eine Ohrfeige erwischt hat und nicht darauf gefaßt war, dann braucht nur noch eine Stubenfliege zu husten, und schon liegt man längelang auf der Nase.[51]

Es hat in der Forschungsdiskussion der letzten Jahrzehnte nicht an deutlicher Widerrede gemangelt, Kästners kinderliterarischem Engagement in diesem Punkt die Aufrichtigkeit abzusprechen. Einige Interpretationen machten es sich leicht, Kästners moralische Empörung durch das Aufzeigen von Doppelbödigkeit infrage zu stellen.[52] Betrachtet man diese moralisierenden Passagen literaturhistorisch jedoch als das, was sie formal sind, nämlich als moralische Traktate, können sie dazu dienen, Kästners Poetik und Ästhetik des Kinderromans in die großen Traditionslinien langfristiger kinderliterarischer Entwicklungen einzuordnen.

Angesichts der Realität des Nationalsozialismus bekennt sich Kästner zur aufklärerischen Funktion von Kinderliteratur. Mit Blick auf Politik und Moral hat sie die Aufgabe, die junge Leserschaft ästhetisch so zu bilden und literarisch zu erziehen, dass sie ohne Schaden klug werden kann. Dabei handelt es sich um eine Weiterführung der (aufklärerischen) moraldidaktischen Erziehungstradition: der Kinderroman ist (auch) moralische Lehrdichtung. *Das fliegende Klassenzimmer* ist so gesehen prosaisches Exempel zur literarisch gestalteten Verdichtung morali-

---

51 Ebd., S. 14.
52 Siehe Alwin Binder: Sprachlose Freiheit. Zum Kommunikationsverhalten in Erich Kästners *Das fliegende Klassenzimmer*. In: Diskussion Deutsch 11 (1980), S. 290–306. Zur klar stellenden kritischen Einordnung dieser Ansätze als »überzogen« und »als Topos« innerhalb der Forschungsdiskussion vgl. Karrenbrock: Märchenkinder – Zeitgenossen (s. Anm. 2), S. 230.

scher Erziehung. Sie steht expressis verbis in der Tradition der *Prudentia*-Rhetorik, des Perfektibilitätsstrebens und des Fortschrittsoptimismus.[53] Nur formal hat das Kinderbuch die Gestalt eines modern erzählten Kinderromans. Die formal nonchalant formulierte Handlungsmaxime »Mut ohne Klugheit ist Unfug; und Klugheit ohne Mut ist Quatsch!« wird inhaltlich im Handlungsverlauf wie in der Exempelpoetik anhand des Entwicklungsgangs der Figuren als Repräsentationen moralischer Perspektiven im klassischen Äquilibrationsmodell vorgeführt. So beweist Uli Mut ohne Klugheit – und auch Matthias, Martin, Sebastian, Johnny Trotz, Justus und der Nichtraucher vertreten wie in einem aufklärerischen Diskurs kinderliterarische Positionen und figurative Argumentationen im moralischen Ringen um die Gültigkeit dieser Handlungsmaxime. Hier vom Figurenverhalten auf die Haltung Kästners selbst zu schließen,[54] verkennt das literarische Spiel um das Ringen um Positionen in den verschiedenen Deutungsmöglichkeiten der Maxime, die Kästner in das Figurenverhalten ambivalent projiziert hat. Gerade die kampf- und kriegsmetaphorisch aufgeladene Grundstimmung der Handlung des Kinderromans ruft denkende Leserschaft zur ästhetischen Distanzierung auf.

Die moralisch-politische Dimension des Kinderromans zeigt sich vielmehr in einer übergeordneten, komplexer literarisierten Funktion: Für die junge Leserschaft erwächst aus der Lektüre des Romans eine Denkaufgabe in Bezug auf die Handlungsmaxime von Mut und Klugheit. Sie steht in der *Prudentia*-Tradition. Ziel ist die »Betonung der inhärenten Kraft des rhetorischen Effekts, der [...] die Leidenschaften entzündet und den Willen zum guten Handeln bewegt«.[55] Angesichts des politisch-moralischen Desasters der Tatsache des Nationalsozialismus rettet sich Kästner ästhetisch in diese handlungsaktivierende Dimension der Funktion von Kinderliteratur als moralisch bildende, das Handeln bestimmende ästhetische Erfahrung. Wie die *Prudentia*-Tradition der klassischen Geschichtsrhetorik der Frühen Neuzeit ist auch Kästners modern erzählte Exempelpoetik in ihrem politisch-moralischem Ziel »im Kontext konkreter Umstände auf das praktische Handeln ausgerichtet«, sie bedient sich jedoch nicht der Geschichte, sondern der Kinderliteratur »als Lehrbeispiel für die Richtigkeit menschlichen

---

53 Reinhart Koselleck: Historia Magistra Vitae. Über die Auflösung des Topos im Horizont neuzeitlich bewegter Geschichte. In: Vergangene Zukunft. Zur Semantik geschichtlicher Zeiten. Frankfurt a. M. 1979, S. 38–66.
54 So in dem Argumentationsgang insbesondere bei Alwin Binder: Sprachlose Freiheit (s. Anm. 52), S. 290–306.
55 Monika Gomille: Gedächtnisbilder der Klugheit (Prudentia) in humanistischer Tradition. In: Aleida Assmann u. Dietrich Harth (Hg.): Mnemosyne. Formen und Funktionen der kulturellen Erinnerung. Frankfurt a. M. 1991, S. 218–241, Zitat: S. 226.

Handelns«.⁵⁶ Die Handlungsmaxime um das Verhältnis von Mut und Klugheit ist Ausgangspunkt für die Handlung des Romans in der Vorrede, der Roman ihre Literarisierung, das moralische Ziel Kästners, die Aktivierung der jungen Leserschaft, die Maxime in ihr eigenes Handeln umzusetzen: Kinderliteratur ist Arbeit am moralischen Kompass demokratischer Selbstbildung.

Die gattungsspezifische Rahmung als Schulroman situiert diese Idee auch innerhalb der Handlung. Das im Wortsinn geschlossene Milieu eines Internats wird zum exempelpoetischen Schauplatz von Kästners Lehrstück. Insofern stellt sich Kästner auch hier bewusst in die literaturhistorisch motivierte Weiterführung der sozialisatorischen, moralisch bildenden Funktion von Schulroman, Kadettenroman, Backfischerzählung und Pensionserzählung.⁵⁷ Den in der Tradition von kinderliterarischen Vorbildern wie Fénelons *Telemach* stehenden Mentorfiguren Justus und Nichtraucher weist Kästner in diesem Zusammenhang eine entscheidende Funktion als Anleiter für demokratiebewusste Selbstbildung der Kindergruppe zu. Den Prozess der Selbstbildung führt Kästner dann in *Emil und die drei Zwillinge* nochmals explizit erzähldramaturgisch aus.

Demokratiebildung wird von Kästner als implizite Botschaft über das Figurenverhalten vermittelt. Trotz der nicht zu leugnenden Gewaltdarstellungen im *Fliegenden Klassenzimmer* wird insgesamt eine demokratiebewusste Konfliktlösung durch das kindlich autonome Individuum als *zoon politicon* von Kästner angestrebt. Die Figuren erscheinen so betrachtet als moralische Repräsentationen des Verhältnisses von Mut und Klugheit, die im geschlossenen Milieu des Internats eine Welt im Kleinen abbilden. In der Figur des Johnny Trotz verhandelt Kästner sogar seine eigene soziale Rolle, die des Schriftstellers und Künstlers in einer Kindergestalt. Die Funktion von Kunst in dieser exempelpoetisch motivierten erzählten Welt wird in der referenziellen Poetik des Theaterstücks *Das fliegende Klassenzimmer* in der ästhetischen Tradition von Goethes *Faust* als gattungstransgressives Spiel im Spiel inszeniert. Das Verhältnis von Politik und Moral wird dort auch mit Blick auf Wissen und Wissenschaft verhandelt. Die Figur Petrus in diesem parabelartigen, gleichnishaften Theaterstück überrascht auch durch politische Aussagen. Betrachtet man sie vor dem Hintergrund des Größenwahns und der Weltmachtsfantasien des Nationalsozialismus, sind sie mit ihrer ironischen Anspielung auf das Paradies als aufklärerischer kritischer Mahnruf zur Selbstbescheidung und als fortschrittsoptimistische, gleichwohl skeptische Devise für *Prudentia* der (politischen) Klugheit wie ein kinderliterari-

---

56 Bettina Bannasch: Zwischen Jakobsleiter und Eselsbrücke. Das *bildende Bild* im Emblem- und Kinderbilderbuch des 17. und 18. Jahrhunderts. Göttingen 2007, S. 201.
57 Vgl. Otto Brunken, Bettina Hurrelmann, Maria Michels-Kohlhage u. Gisela Wilkending (Hg.): Handbuch zur Kinder- und Jugendliteratur (s. Anm. 38), bes. Sp. 490–500.

sches Epigramm Kästners im Stammbuch der Kinderliteraturgeschichte um 1933 zu lesen:

> Forscht, wo ihr was zum Forschen findet. / Das Unerforschbare laßt unergründet. / Wir kennen euch. Ihr seid entrüstet, / wenn euch etwas verboten ist. / Ihr tut, als ob ihr alles wüßtet. / Obwohl ihr noch viel wissen müßtet, / bevor ihr nur ein Zehntel wißt.[58]

5 Fazit

Dass diese moralischen Botschaften Kästners auch die zeitgenössische kindliche Leserschaft erreichte, wo sie explizit nicht nur im bürgerlichen Milieu offenbar nachhaltigen Widerhall fanden, lässt sich gerade anhand von Kindheitserinnerungen belegen. Sie zeigen zumindest in der autobiografischen Rückschau, wie diese Kinderbücher Kästners zur Entstehungszeit gelesen und verstanden worden sind. Bezeichnenderweise erinnerte sich ausgerechnet der marxistische Literaturwissenschaftler Wolfgang Harich (1923–1995) aus Anlass von Erich Kästners 50. Geburtstag an den »aufklärerisch-moralischen Grundton« des Schriftstellers und daran, dass Kästners Kinderbücher ihm als Kind im Alter von sieben, acht Jahren »in vorsichtiger, unaufdringlicher, aber äußerst wirksamer Dosierung jene moralisch-humanistischen Gegengifte verabreicht habe, die später der faschistische Staat [...] unter allen Umständen von uns fernzuhalten wünschte.«[59]

Deutlich wird: Erich Kästners kinderliterarische Demokratieerziehung in *Das fliegende Klassenzimmer* und *Emil und die drei Zwillinge* ist eine konkrete Weiterführung der modernen, demokratischen Kinderliteratur der Weimarer Republik. Als Kinderbuchautor reagierte Kästner damit mutig auf die synchron verlaufende Ideologisierung der Kinder- und Jugendliteratur, wie sie durch den Distributions- und Rezeptionserfolg des genuin nationalsozialistischen Jugendschrifttums auf dem Kinderbuchmarkt nach 1933 vorherrschend war.

Kästners kinderliterarische Poetik und Ästhetik sind anthropologisch einerseits gekennzeichnet durch die synkretistische Weiterführung aufklärerischer Traditionen (Äquilibristik, Perfektibilität, Fortschrittsoptimismus) und andererseits durch die von Mentorfiguren (Justus, Nichtraucher, Justizrat Haberland) angeleitete Selbstbildung der Kindergruppen, in *Emil und die drei Zwillinge* explizit gemacht am Vorbild Goethes und seiner »Pädagogischen Provinz«. Dabei

---

58 Kästner: Das fliegende Klassenzimmer (s. Anm. 50), S. 28.
59 Wolfgang Harich zit. n. Roland Tscherpel: Kästner, Erich. In: Bernd Lutz (Hg.) Metzler Autoren Lexikon. Deutschsprachige Dichter und Schriftsteller vom Mittelalter bis zur Gegenwart. Stuttgart 1997, S. 444–446, hier S. 444.

dominiert Individualität, die Fähigkeit zu Klugheit als Zusammenspiel von Mut und Vernunft (*Prudentia*-Tradition), zum Kompromiss und zur Konsequenz des eigenen Handelns; Kinderliteratur wird zur handlungsaktivierenden ästhetischen Bewährungsprobe für das 20. Jahrhundert, im Prozess der Modernisierung und angesichts des Totalitarismus ohne Schaden klug zu werden. Sie wird zu dem, was Werner Wintersteiner 2019 mit Blick auf die aktuelle Notwendigkeit zum Verhältnis von politischer Bildung und Kinderliteratur eingefordert hat: ein »Lebensmittel«, so wichtig »wie ein Stück Brot«.[60]

---

[60] Wintersteiner: Wie ein Stück Brot (s. Anm. 12), S. 8.

Autorinnen und Autoren

Prof. Dr. Michael Ansel, lehrt Neuere deutsche Literaturwissenschaft an der Bergischen Universität Wuppertal.
Forschungsschwerpunkte: Literatur und Philosophie des Biedermeier und Vormärz, Literatur der Klassischen Moderne, Wissenschaftsgeschichte der Germanistik, Theorie und Methodologie der Literaturwissenschaft.
Neuere Publikationen: Der Essay als Universalgattung des Zeitalters. Diskurse, Themen und Positionen zwischen Jahrhundertwende und Nachkriegszeit (Hg. gemeinsam mit Jürgen Egyptien und Hans-Edwin Friedrich), Leiden und Boston 2016; Abnorme Metrik. Zur Versstruktur und Rhythmik von Walter Hasenclevers *Die Verheißung VI* und Johannes R. Bechers *Die Irren*. In: Expressionismus 6 (2017), S. 108–118; Der steinige Weg zum Doppelleben. Benns Habitus-Sondierungen in den Jahren 1934 bis 1938. In: Benn Forum. Beiträge zur literarischen Moderne 6 (2018/19), S. 33–59

Dr. Oliver Bach, z. Z. Visiting Researcher an der University of Pennsylvania in Philadelphia,
Forschungsschwerpunkte: Literatur und Recht, Ästhetik, Aufklärung, Barock.
Neuere Publikationen: Hg. zusammen mit Astrid Dröse: Andreas Gryphius (1616–1664): Zwischen Tradition und Aufbruch. Berlin, Boston 2020; »Viel Natur und wenig Bücher«. Italien und Utopie in Wilhelm Heinses ›Ardinghello‹. In: Deutsch-italienischer Kulturtransfer im 18. Jahrhundert. Hg. von Chiara Conterno u. Astrid Dröse. Bologna 2020, S. 191–217; »Der freie Wille der Elisabeth allein«. Politik und Recht in Friedrich Schillers ›Maria Stuart‹ (1800). In: Ästhetische Staaten. Ethik, Recht und Politik in Schillers Werk. Hg. von Matthias Löwe u. Gideon Stiening. Baden-Baden 2021, S. 103–141.

Prof. Dr. Sven Hanuschek, Germanist und Publizist, seit 2004 ist Geschäftsführer des Departments für Germanistik der LMU München.
Forschungsschwerpunkte: Literatur des 19. bis 21. Jahrhunderts, Biographien und Editionen.
Neuere Publikationen: Wir leben noch. Ida und Erich Kästner, Kurt Vonnegut und der Feuersturm von Dresden. Eine Zugfahrt (2018, Atrium Verlag); Elias Canetti: Ich erwarte von Ihnen viel. Briefe. Hg. zus. m. Kristian Wachinger, 2018, Hanser Verlag). Mitherausgeber u. a. von treibhaus. Jahrbuch für die Literatur der fünfziger Jahre (2007 ff.) und neoAvantgarden (2011 ff.), beide in der edition text + kritik.

Prof. Dr. Helmuth Kiesel war von 1990 bis 2015 Inhaber des Lehrstuhls für Neuere deutsche Literaturgeschichte mit Schwerpunkt Literatur der Moderne.
Zuletzt ist von ihm erschienen *Geschichte der deutschsprachigen Literatur 1918 bis 1933* (Band X der von Helmut de Boor und Richard Newald begründeten „Geschichte der deutschen Literatur" beim C. H. Beck, München).

Dr. habil Ansgar Lyssy, z. Z. wiss. Mitarbeiter an der Universität Heidelberg.
Forschungsschwerpunkte: Leibniz, Kant, Hegel.
Neuere Publikationen: "Christian Garve und die philosophische Vorgeschichte der Fallstudie," in: Gideon Stiening / Udo Roth (Hg.): Christian Garve (1742–1798). Philosoph und Philologe der Aufklärung, Berlin 2021, 287–300; "Kant's *Anthropology* as a Theory of Integration," in:

Studia Kantiana 18.3 (2020), 107–139; "Kausalität und Objektivität bei Hegel," in: Rivista di Filosofia Neoscholastica, 112.3 (2020), 711–741.

Prof. Dr. Markus May, akademischer Oberrat um Institut für Deutsche Philologie der Ludwig-Maximilians-Universität München.
Forschungsschwerpunkte: deutsch-jüdische Literatur, Phantastik als kulturelles Phänomen, Literatur des 18. bis 21. Jahrhunderts.
Neuere Publikationen: Den Drachen denken. Liminale Geschöpfe als das Andere der Kultur (hg. mit Michael Baumann, Robert Baumgartner u. Tobias Eder), Bielefeld 2019; Celan-Perspektiven 2020 (hg. mit Bernd Auerochs u. Friederike Felicitas Günther), Heidelberg 2020.

Prof. Dr. Dr. h.c. Stefan Neuhaus, Professor für Neuere deutsche Literatur an der Universität Koblenz-Landau, Campus Koblenz.
Forschungsschwerpunkte: Themen der Literaturgeschichte des 18.–21. Jhds.; Aspekte der Literaturtheorie; Literatur und Film.
Neuere Publikationen: Grundriss der Neueren deutschsprachigen Literaturgeschichte (2017); Effi Briest-Handbuch (als Hg., 2019); Der Krimi in Literatur, Film und Serie (2021).

Prof. Dr. Julian Preece, seit 2007 Professor der German Studies an der Swansea University, Fellow of the Learned Society of Wales.
Forschungsschwerpunkte: Politik und Literatur im 20. Jahrhundert, Literatur und Film.
Neuere Publikationen: Günter Grass. London 2018; International Perspectives on Multilingual Literatures: From Translingualism to Language Mixing (hrsg. mit Katie Jones und Aled Rees, Newcastle 2021); Katharina Blum, in der Reihe British Film Institute Classics (London 2022).

Dr. phil. Sebastian Schmideler, M.A., ist wissenschaftlicher Mitarbeiter für Kinder- und Jugendliteratur an der Erziehungswissenschaftlichen Fakultät der Universität Leipzig, Fachbereich Grundschuldidaktik Deutsch.
Forschungsschwerpunkte: Geschichte und Theorie der Kinder- und Jugendliteratur vom 18. Jahrhundert bis zur Gegenwart.
Neuere Publikationen: (mit Stefan Brüdermann): Bilderbücher, Reimgeschichten. Leben, Werk und Wirkung des Bückeburger Kinderlyrikers Adolf Holst. Göttingen 2021; (mit Wiebke Helm): BildWissen – KinderBuch. Historische Sachliteratur für Kinder und Jugendliche und ihre digitale Analyse. Stuttgart 2021.

Dr. Laura Schütz, wissenschaftliche Mitarbeiterin am Institut für deutsche Philologie an der LMU München.
Forschungsschwerpunkte: Literatur des 19. bis 21. Jahrhunderts, Realismusdebatten, Popkultur, Text- und Bildrelationen, Komiktheorien, Dramentheorie und Gender Studie.
Neuere Publikationen: (Hg.. mit Margit Dirscherl) Schachnovelle. Stefan Zweigs letztes Werk neu gelesen (2019), (Hg. mit Kay Wolfinger) Eleganz und Eigensinn. Studien zum Werk von Hans Pleschinski (2019), Zwischen Unterhaltung und Aufklärung. Uwe Timms Poetik des utopischen Realismus im Kontext der (Literatur-)Geschichte und aktueller Realismusdebatten. In: Martin Hielscher, Friedhelm Marx (Hg.): Wunschort und Widerstand. Zum Werk Uwe Timms (2020).

PD Dr. Christian Sieg forscht und lehrt am Germanistischen Institut und am Exzellenzcluster „Religion und Politik" der Westfälischen Wilhelms-Universität Münster.
Zu seinen Forschungsschwerpunkten gehört die deutsche Literatur nach 1945 und die Literatursoziologie.
Aktuelle Publikationen zur Nachkriegszeit: Die ‚engagierte Literatur' und die Religion. Politische Autorschaft im literarischen Feld zwischen 1945 und 1990. Berlin, Boston 2017; „Gegen »Fertigmetaphern« und »gefriergetrocknete Realismen«! Nicolas Borns Realismus-Kritik und das utopische Schreibprogramm des »Literaturmagazins«", in: Jan-Pieter Barbian u. Erhard Schütz (Hg.), Die »Utopie des Alltäglichen«. Nachdenken über Nicolas Born (1937–1979). Hannover 2019, S. 179–200.

Prof. Dr. Gideon Stiening, z. Z., wiss. Koordinator am SFB 1385 *Recht und Literatur* an der WWU Münster.
Forschungsschwerpunkte: Literatur und Recht; Philosophie, Wissenschaften und Künste der europäischen Aufklärung; Rechtsphilosophie der frühen Neuzeit.
Neuere Publikationen: Hg. mit Isabel Karremann): Die feministische Aufklärung in Europa / The Feminist Enlightenment across Europe. Hamburg 2020, [Aufklärung 32 (2020)]; (Hg. mit Matthias Löwe): Ästhetische Staaten. Recht, Ethik und Politik in Schillers Werk. Baden-Baden 2021; .) (Hg. mit Frank Grunert u. Andree Hahmann): Christian August Crusius (1715–1775). Philosophy between Reason and Revelation. Berlin, Boston 2021.

Prof. Dr. Carmen Ulrich, Dozentin der Neueren deutschen Literatur an der LMU München, Referentin für Internationales an der Bergischen Universität Wuppertal, freiberuflich Coach im Wissenschaftsmanagement.
Forschungsschwerpunkte: Interkulturalität, Buchmarkt der SBZ und DDR, Literatur und Medizin.
Neuere Publikationen: Anthologien der SBZ und frühen DDR. Zwischen kulturpolitischer Direktive und ästhetischem Experiment. In: Die Argusaugen der Zensur. Begutachtungspraxis im Leseland. Hg. v. Siegfried Lokatis und Martin Hochrein. Stuttgart 2021, S. 579–606; Archivgeburten in Wolfgang Hilbigs Roman ICH. Über die Koinzidenz von Literatur und Staatssicherheit. In: Archive in/aus Literatur. Wechselspiele zweier Medien. Hg. v. Klaus Kastberger und Christian Neuhuber unter Mitarb. v. Lisa Erlenbusch. Berlin, Boston 2021, S. 127–141; Strandbekanntschaften in Georg Forsters Reise um die Welt und das europäische Projekt ‚Zivilisation'. In: Narrating and Constructing the Beach. An Interdisciplinary Approach. Ed. by Catharina Breidenbach, Tamara Fröhler, Dominik Pensel, Katharina Simon, Florian Telsnig u. Martin Wittmann. Berlin, Boston: de Gruyter 2020, S. 123–145.

Personenregister

Adorno, Theodor W. 3, 7, 15–17, 23–25, 77, 82, 228 f.
Alexis, Willibald 49
Andersch, Alfred 65, 115–118, 124–129
Andersen, Hans Christian 195
Aquin, Thomas von 102, 234, 247
Aristoteles 152, 234
Arndt, Ernst Moritz 14, 48
Arnheim, Rudolf 117
Augusti, Brigitte 263
Auster, Paul 156
Ayari, Kianoush 133

Bachtin, Michael M. 11 f., 39, 190
Baker, Josephin 192
Báky, Joseph von 140
Baudelaire, Charles 19, 192
Baum, Vicki 46, 95, 176, 178, 193, 246
Becker, Wolfgang 6, 15, 18, 61, 67, 144, 147, 153, 159, 165, 173, 230
Beckmann, Max 10
Benjamin, Walter 14–17, 26, 63, 67, 77–81, 83, 97, 159, 175
Benn, Gottfried 55, 60, 79, 83
Bloch, Ernst 91
Brandt, Willy 206 f.
Brecht, Bertolt 5, 10, 16, 33–35, 37, 60, 64, 79 f., 82 f., 109, 175, 219
Breuhaus, Nils 115
Broch, Hermann 83, 226
Brüning, Heinrich 251
Bruno, Giordano 105, 226
Buch, Franzinka 5, 18, 28, 42, 63, 66–70, 72 f., 79 f., 91, 96, 101, 106, 131, 137 f., 142, 153, 233, 241, 262 f., 267
Buchholz, Horst 135
Büchner, Georg 19, 158
Buffon, Georges-Louis Leclerc de 98
Byron, Georg Gordon 102

Cagney, James 134 f.
Campe, Johann Heinrich 232
Capone, Al (Alphonse Gabriel) 138

Ceaușescu, Nicolae 106
Chesterton, Gilbert Keith 69
Cornelius, Henry 132
Crichton, Charles 133
Cube, Hellmuth 127

Daquin, Louis 133
Darwin, Charles 23
Defoe, Daniel 232
Dietrich, Marlene 131 f., 134, 141, 231, 269
Disney, Walt 132, 136 f.
Dix, Otto 10
Döblin, Alfred 79, 82, 109, 226

Ebbinghaus, Carl Hermann 124 f., 127
Ebert, Friedrich 206, 251
Enzensberger, Hans Magnus 37
Erhard, Ludwig 22, 204, 206
Erler, Fritz 206

Falk, Peter 135, 246
Fallada, Hans 7, 80, 226
Färberböck, Max 144
Fénelon, François 261, 270
Feuchtwanger, Lion 109
Finkh, Ludwig 100
Fleißer, Marieluise 83, 178, 186
Fosse, Bob 131
Frank, Joseph Maria 84, 226, 231, 241
Franzen-Hellersberg, Lisbeth 187
Freud, Sigmund 23, 34, 51, 109, 258
Freytag, Gustav 263
Friedenthal, Richard 202 f.
Friedrich II. (der Große) 5

Garga, Beatrice 176
Gilm, Hermann von 45, 48 f.
Göbbels, Joseph 100
Goethe, Johann Wolfgang 6, 19, 27, 30, 45 f., 48, 51, 169, 264–266, 270 f.
Gogol, Nikolai 102
Gremm, Wolf 131, 142 f.
Großmann, Stefan 91

Gumbel, Emil Julius 28
Gundling, Nicolaus Hieronymus 231, 239, 241
Gysi, Klaus 210

Habe, Hans 33, 120
Habermas, Jürgen 7
Hager, Kurt 210f.
Haller, Hermann 189f.
Harich, Wolfgang 213, 271
Hasenclever, Walter Georg Alfred 67, 226
Heartfield, John 10
Hegel, Georg Wilhelm Friedrich 70f.
Heilborn, Ernst 93
Heine, Heinrich 45, 47f., 99, 101, 105, 214, 230, 251
Hemingway, Ernst 8, 109
Herwegh, Georg 48, 50
Heß, Rudolf 69, 73
Heuss, Theodor 109
Hißmann, Michael 232
Hitchcock, Alfred 136
Hitler, Adolf 3, 9, 68, 72, 85, 91, 108f., 123, 126, 135, 140, 161, 244, 258
Hobbes, Thomas 169, 239, 241f.
Höcker, Paul Oskar 101, 263
Hoddis, Jakob von 46, 48, 226
Hofmann von Fallersleben, August Heinrich 46–48
Hölderlin, Friedrich 70
Holz, Arno 60
Honecker, Erich 206
Horkheimer, Max 23–25, 82, 228f.
Hume, David 102
Hussein, Sadam 106
Huxley, Aldous 109

Isherwood, Christopher 132, 142f.

Jäckel, Günter 215f.
Jahn, Janheinz 209f., 212
Janka, Walter 213
Jannowitz, Hans 178
Jaspers, Karl 129
Jones, Terry 103
Joyce, James 109

Kafka, Franz 102
Kamnitzer, Heinz 202, 211, 213–215
Kant, Immanuel 21–23, 29, 33f., 70, 154, 156, 166–170, 230, 232, 246, 251
Keisch, Henryk 212
Keller, Gottfried 194
Kemnitzer, Hans-Georg 67f.
Kerr, Alfred 93, 226
Keun, Irmgard 132, 137, 141, 176–178, 192f., 195, 197f.
Kiaulehn, Walther 127
Kiesinger, Kurt 204
Klein, James 18, 24f., 64f., 117, 157, 189f., 201, 226–228, 233, 245, 270
Kolbenhoff, Walter 126–128
Kolmar, Gertrud 195
Körner, Theodor 48
Kracauer, Siegfried 177, 188f., 198
Kraus, Karl 161
Kretzschmar, Ingeburg 202, 208–212
Kropotkin, Pjotr 65f.
Kugler, Franz 46, 48
Kunert, Günter 37

Lamprecht, Gerhard 131, 133, 136, 138–140, 244
Lang, Fritz 66, 157, 176
Lange, Horst 66
Latte, Konrad 66
Lawrence, Thomas Edward 109
Lessing, Gotthold Ephraim 22, 64, 170, 214, 231, 246
Lilienfein, Hans 84
Locke, John 241
Luther, Martin 30, 47

Mann, Heinrich 7, 13f., 28, 33, 46, 50, 68, 77, 80, 82, 86, 93, 95, 131, 133, 142, 165, 173f., 177, 185, 191f., 194f., 197, 213, 226, 239, 244, 263
Mann, Thomas 7, 13f., 28, 33, 46, 50, 68, 77, 80, 82, 86, 93, 95, 109, 131, 133, 142, 164, 165, 173f., 177, 185, 191f., 194f., 197, 202, 213, 225f., 239, 244
May, Karl 3, 11, 158, 205, 263
Mehring, Walter 15, 53f., 60, 78f.
Meier, Georg Friedrich 229, 232, 242, 264

Meinert, Rudolf 244
Mendelssohn, Moses 22, 93, 246
Meyer, Conrad Ferdinand 47f., 92, 131, 162, 194, 244
Milestone, Lewis 244
Minelli, Lisa 131f., 141, 143
Mira, Brigitte 143
Modot, Gaston 244
Momplet, Antonio 133
Moore, Coleen 198
Morgenstern, Christian 60
Müller, Hermann 13, 24, 38, 46f., 80, 82, 177, 239, 241, 243
Müller, Wilhelm 13, 24, 38, 46f., 80, 82, 177, 239, 241, 243

Naumann, Richard 69
Neuländer-Simon, Else 176
Newton, Helmut 176
Nieritz, Gustav 262
Nietzsche, Friedrich 9f., 46, 48, 55, 69, 71–73, 93, 262
Norden, Albert 206f.

Obama, Barack 103
Ohser, Erich 7, 63, 174, 216
Orwell, Georg 112
Ossietzky, Carl von 12, 69

Pieralisi, Alberto 133
Piscator, Erwin 64
Polgar, Alfred 185
Pross, Harry 202, 209f.
Pufendorf, Samuel 241

Quisling, Vidkun 125

Rahman, Badal 133
Rathenau, Walther 95f.
Reifenberg, Benno 202, 218f.
Reitz, Edgar 143
Richter, Hans Werner 13, 115, 124–128, 251, 265
Riefenstahl, Leni 135, 140
Riemkasten, Felix 84–88, 90f., 93f., 97f.
Rilke, Rainer Maria 44, 48, 226
Ringelnatz, Joachim 10, 226

Rosenzweig, Franz 70
Rosmer, Milton 132
Rousseau, Jean-Jacques 231, 241–243, 245, 247, 249
Rowling, Joanne K. 103
Russel, Bertrand 65
Rüthel, Else 88

Sachs, Hans 254f.
Salomon, Ernst von 96
Schaefer, Oda 66
Scheffel, Joseph Victor von 46, 48, 51, 232
Schelling, Friedrich Wilhelm Joseph 70
Schenzinger, Karl Aloys 257f.
Schiller, Friedrich 22f., 25, 34, 45, 47f., 50–52, 229
Schlözer, August Ludwig von 261
Schmitt, Carl 250
Schneckenberger, Max 47f., 51
Schnitzler, Arthur 109
Scholz, Gerhard 202, 244
Schrader, Maria 144
Schröckh, Johann Matthias 261
Schubert, Franz 47
Schwarzschild, Leopold 91
Seghers, Anna 201–203, 208–212, 214, 217–220
Shakespeare, William 46, 48, 50f.
Shaw, Bernard 65, 69
Silesius, Angelus (Johannes Scheffler) 27, 49
Siodmak, Robert 132, 136
Stalin, Josef 68, 106
Stapel, Wilhelm 79, 208
Stein, Gertrude 8, 88, 203, 239
Steinbeck, John 109
Stemmle, Robert A. 131, 134, 136–138, 140
Sternberg, Joseph von 132, 244
Sternberger, Dolf 201, 218, 220
Stone, George E. 244
Stoph, Willi 206f.
Sulzer, Georg 232, 241

Tewksbury, Peter 132
Thomasius, Christian 231
Trump, Donald 103

Tucholsky, Kurt   15, 33, 37, 54, 60, 69, 78f., 175
Tykwer, Tom   14, 141

Uhland, Ludwig   44, 48, 58
Ulbricht, Walter   204–206
Undset, Sigrid   129

Vogel, Jürgen   144
Voltaire   65, 70

Wakasugi, Mitsuo   133
Wallenberg, Hans   120
Weber, Carl Maria von   45
Wedekind, Frank   10, 225f.
Wehner, Herbert   207
Well, Herbert G.   65, 103

Wenders, Wim   135, 143
Wieland, Christoph Martin   22, 202, 231f.
Wilder, Billie   131–136, 139–141
Wolf, Friedrich   40, 79, 204, 229, 259
Wolf, Konrad   40, 131, 141, 204, 259
Wolf-Richter, Annemarie   146
Wolschke, Johanna   68
Woolf, Virginia   109
Worgitzki, Max   259
Wörishöffer, Sophie   263

Zahn, Johann Friedrich August   261
Zimmering, Max   212
Zinnemann, Fred   132
Zörgiebel, Karl   14
Zuckmayer, Carl   81–83
Zweig, Stefan   109, 202, 211, 226

www.ingramcontent.com/pod-product-compliance
Lightning Source LLC
Chambersburg PA
CBHW050517170426
43201CB00013B/1991